浙江省“十一五”重点教材

新编 信息检索与利用

（第五版）

主 编 徐庆宁 江 梅

副主编 孙 洁 朱咫渝 陈雪飞

華東理工大學出版社
EAST CHINA UNIVERSITY OF SCIENCE AND TECHNOLOGY PRESS
·上海·

图书在版编目(CIP)数据

新编信息检索与利用 / 徐庆宁,江梅主编. —5 版
. —上海: 华东理工大学出版社,2021.8(2023.2重印)
ISBN 978-7-5628-6550-6

Ⅰ.①新… Ⅱ.①徐… ②江… Ⅲ.①情报检索
Ⅳ.①G252.7

中国版本图书馆 CIP 数据核字(2021)第 158137 号

内容提要

本书针对各类文献信息检索系统和平台的特色,系统介绍和总结了信息检索的方法、途径、技术及各类检索系统的功用。另外,本书还着重对信息利用的相关知识(包括信息筛选、科技查新、文献管理工具、学术论文撰写与投稿知识以及信息分析)等做了必要的介绍,对信息伦理知识及学术活动中应该如何遵守学术规范、杜绝学术侵权、充分而合理地利用他人成果等方面的基本知识,进行了介绍。

本书自 2009 年作为浙江省“十一五”重点教材出版后,分别于 2012 年、2014 年、2018 年及 2021 年几度修订出版,旨在及时地将信息资源的变化、信息检索系统及信息检索技术的最新发展以及信息政策及相关法规的完善等情况呈现出来,希望本书能一如既往地充当高校信息检索类课程的教材或教学参考书,更好地成为人们提高信息素质、增长检索技能、有效开展检索活动的参照及借鉴。

项目统筹 / 左金萍
责任编辑 / 赵子艳
装帧设计 / 徐　蓉
出版发行 / 华东理工大学出版社有限公司
地址:上海市梅陇路 130 号,200237
电话:021-64250306
网址:www.ecustpress.cn
邮箱:zongbianban@ecustpress.cn
印　　刷 / 常熟市大宏印刷有限公司
开　　本 / 787 mm×1092 mm　1/16
印　　张 / 17.25
字　　数 / 442 千字
版　　次 / 2004 年 8 月第 1 版
2021 年 8 月第 5 版
印　　次 / 2023 年 2 月第 3 次
定　　价 / 49.00 元

前　　言

本教材自2004年首次出版，至今已经整整17个年头了！从最早问世时的稚嫩、青涩（原名为《信息检索与利用》），到几度修订重印，再到后来被评选为"浙江省'十一五'重点教材"（更名为《新编信息检索与利用》），并于2012年、2014年、2018年及2021年再度修订出版，编者们始终以一丝不苟、认真踏实的精神，在各自的教学中反复实践、潜心研究，不断发现和反思教材与我们实际教学实践之间的契合与差距。同时，广泛听取同行和师生的意见、建议，使本书作为教材或教学参考书能最大限度地支持高校信息检索相关教学活动的开展。

同前几版修订的指导思想一致，更新变化中的资源及检索技术，增补和调整所需或不必要的内容。本次修订工作中，书中第1章及对全书的一些内容的调整、审核、修订工作的安排与最后的统稿工作，由浙江工业大学徐庆宁承担。浙江工业大学江梅主要负责第2章、第3章、第5章中5.4～5.6三个小节的更新与内容增补。浙江传媒学院朱偲渝主要负责第4章的更新。中国计量大学孙洁主要负责第6章及第5章中5.2、5.3两个小节的更新与内容增补。浙江科技学院的陈雪飞负责第5章中5.1小节的更新与内容增补。在本次修订过程中，还一如既往地得到了许多同行和老师们的关心和帮助，在此一并表示衷心的感谢！

近20年的探索、实践以及孜孜不倦的付出，诚如前几版中所言，我们总希望每一次的更新都较之前有所进步、有所发展，希望教材质量不断跟上形势发展的需要，但很多时候深感"计划不如变化快"，终究还是水平有限，错误难免！值此新版呈现给读者之际，我们还是诚惶诚恐，书中错谬之处恳请读者不吝赐教，欢迎及时向我们提出批评与指正。

编　者

2021-6-26

目　　录

第1章 导 论

在我们的日常工作、学习、研究及生活中，无处不存在信息；为了从事各种活动，人们不仅有获取信息的需求，更有传播信息、利用信息、发布信息的渴望，可以说信息与人类的一切活动密切相关。随着信息资源和技术的迅速增进，人们进行信息检索的频率、手段、方法等也都在迅速提高和改进。如何在纷繁复杂的现代信息环境中分辨出资源质量的优劣高下；如何在信息检索的过程中以最短的时间、最经济的手段、最专业的方法获得最全面、最权威、最准确的信息，来满足我们不同的信息需求，从而提高我们开展各种活动的价值和效益；如何进一步促使我们从单一的信息用户身份，转变为信息资源的传播者、创造者、净化者等信息社会更为需要的各种角色，这些正是我们将要系统学习信息检索与信息利用相关知识及技能的原因和目的。

1.1 信息环境问题及解决方案

近半个世纪以来，随着人类科学技术与文化经济的飞速发展，当代信息环境出现了以下显著特征：第一，极大地丰富了全球信息资源，人们的视野得到了前所未有的开拓。所谓“眼观六路耳听八方”的神话世界里神仙才能做到的事情，几乎已经成为普通大众的日常之举。第二，信息技术一日千里，社会的信息化程度随之迅猛提高。在家里办公、在虚拟世界做买卖、在任何时段任意地选择和接受著名大学教授的课堂教学内容……人们的生活方式甚至生存方式有了巨大的改变。第三，信息交流及传播渠道、信息沟通与流动方式等呈现出多样化、直面化、虚拟化、便利化状态及发展趋势。

所有这一切都给人们的工作、学习、研究及生活提供了更多的机会与便利。但同时也使人们明显感受到社会信息流动总量已经大大超出人们的信息接收和处理能力。另外，信息内容的复杂性也大大超过了以前所有社会发展阶段的情形，由此带来的社会信息环境问题日益突出，成为全球性问题，主要表现在：信息超载严重、信息差距扩大、信息资源分布不平衡、信息失衡明显、信息泛滥成灾、信息污染严重、信息障碍加剧、信息犯罪增多、全球信息冲突更加激烈、争夺信息控制权白热化等问题日趋严重。

1. 信息环境问题表现形式

(1) 信息超载严重

信息超载又称信息泛滥或信息爆炸。它是指在信息时代，伴随着科学技术的迅速发展，出现的数据爆炸、信息平庸化以及噪声化趋势，人们无法根据自己的需要和当前的信息处理能力选择并消化自己所需要的信息。

实质上，信息超载表现为一种矛盾。一方面，信息量在迅速增加，信息质量在下降。这具体表现为信息的过多重复、信息的费解(行话、陌生的符号等使人理解困难)、信息的无关性和不适应性(信息与需要无关或对需要不适合)、信息过于复杂、信道拥挤、伪信息(无用信息、劣质信息与有害信息等)。正如美国著名社会学家理查德·沃尔曼所指出的那样：信息时代不是“信息爆炸”,而是“非信息的爆炸”,或者是“数据爆炸”。另一方面,人们搜寻、获取和消化利用信息的能力虽有一定提高,但它还远不能跟上信息增长和复杂化的需要,人们经常处在信息的压力下,并可能会导致种种信息病的出现——信息焦虑症、信息消化不良症、信息紧张症、信息孤独症等。

(2) 信息失衡明显

所谓信息失衡是指受各国经济水平、科技水平和其他多种相关因素的影响,不同国家、不同地区以及不同阶层的人群在信息占有水平以及利用程度上存在极大差距的现象。当今世界,由于信息资源分布不均,已经出现了信息富国和信息穷国、信息富人与信息穷人的两极分化,而且这种分化还会因“马太效应”的作用而进一步加大。

(3) 信息污染严重

信息污染是指社会信息流中充斥或伴随着许多有碍人们健康而有效进行工作、学习、生活的不良信息,危害人类信息环境、影响人们对有效信息予以及时而正常吸收及利用的社会现象。主要包括以下五类。

① 虚假信息。虚假信息实际上就是无中生有、靠捏造和杜撰产生的信息。它多指企业为了赢得竞争优势、克服不利因素而散布的关于企业产品计划开发方向、财务状况和生产能力等方面的不准确信息,其目的在于诱导竞争对手做出错误判断,导致竞争对手的情报分析乃至企业决策发生错误,从而赢得时间、机遇和市场。

② 重复信息。重复信息是指同一内容的信息,被以相同或不同的形式(如改变名称或作者等方式)反复出现于各种媒体(包括传统印刷型媒体与现代化的电子媒体)之上,造成大量的信息重复现象,而重复信息会造成有用信息的淹没。接收过多的重复信息,会导致对有用信息的不敏感,影响对有用信息的吸收和利用。

③ 干扰信息。干扰信息又可称为噪声信息。它是指存在于信息资源及信息流中干扰信息接收者做出正确判断或影响系统正常运行的种种无意义信息、病毒信息等,它能降低信息用户的工作效率,使信息系统工作缓慢甚至瘫痪。

④ 错误信息。错误信息是指与事实真相完全相反、信息用户因听信或采用而导致错误决策、失败行为的信息。错误信息产生的原因主要有两方面:第一是信息在被搜集、传递及处理的过程中出现失误,如计算错误、分析方法错误等。第二是出于某种目的(如为了获得某种资格或非法利益),某些个人或组织故意制造的与事实相违背的信息。如某些不负责任的广告信息等充斥网络,极易对信息用户产生误导。

⑤ 有害信息。有害信息多指各种淫秽色情信息、暴力信息、低级趣味信息以及各种反动信息(如反政府、极端民族主义、种族歧视、恐怖主义、破坏民族团结、威胁国家安全、煽动种族冲突等信息)。有害信息会对信息用户乃至国家和民族的利益造成损害,属于一种特殊形式的信息污染。虽然可以采用过滤的办法将一些站点屏蔽掉,禁止某些站点的信息进入本国领域,但是基于信息内容的检查方法在技术上还无法很好地实现,导致大量有害信息仍然在到处散播。

(4) 信息安全堪忧

图 1.1.1～图 1.1.5 来自 2021 年 1 月由中国互联网络信息中心(CNNIC)所做的第 47 次《中国互联网络发展状况统计报告》。显然,信息安全已经成为一类比较严峻的社会问题。不法分子运用信息技术实施的各种违法犯罪活动,严重危害社会、危害公民合法权益,并给受害人带来了精神、经济、财产甚至人身安全等诸多方面的损害。信息骚扰与诈骗行为是有意识的、破坏性的,甚至是反社会的活动,其危害极其严重。信息骚扰与诈骗具有智能性、隐匿性、跨国性、严重性、社会危害性等特点。

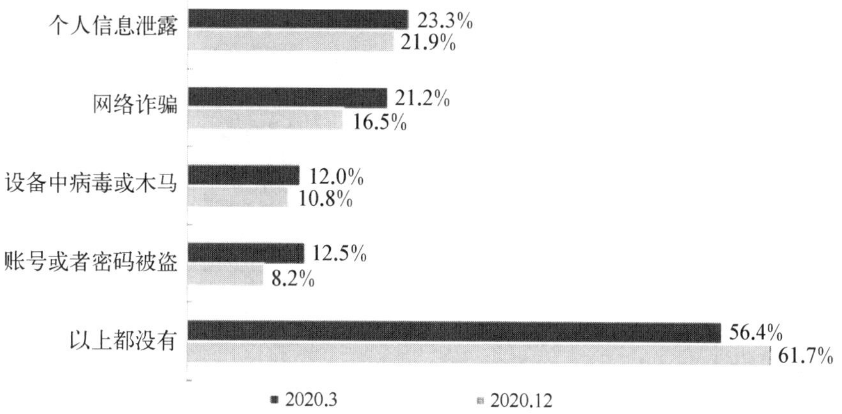

来源：CNNIC中国互联网络发展状况统计调查 2020.12

图 1.1.1 2020 年网民遭遇各类网络安全问题的比例

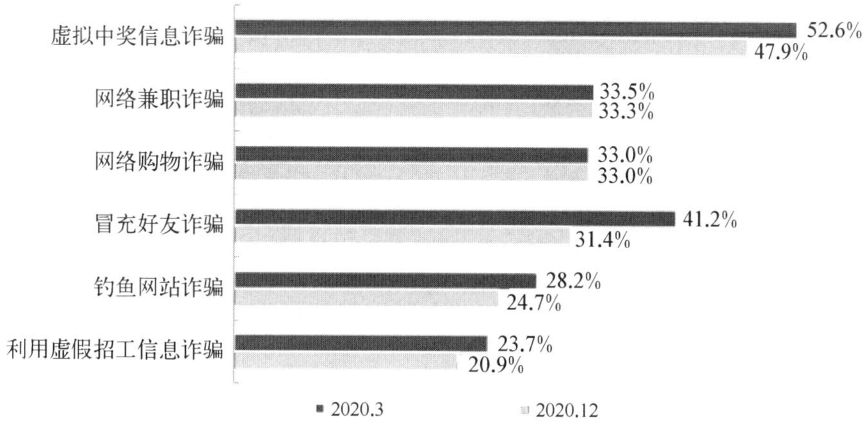

来源：CNNIC中国互联网络发展状况统计调查 2020.12

图 1.1.2 2020 年中国网民遭遇各类网络诈骗的比例

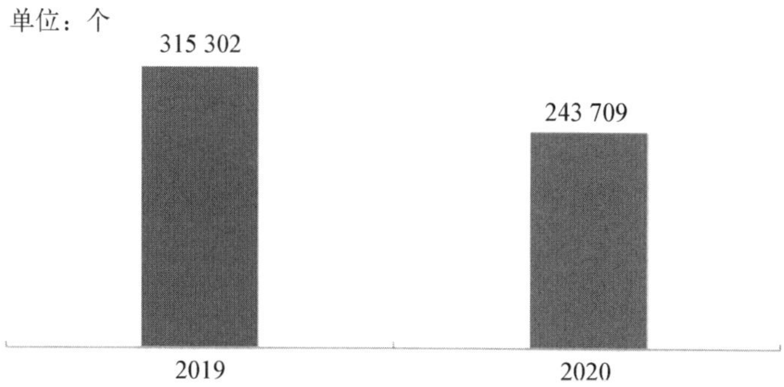

来源：CNCERT 2020.12

图 1.1.3 2019、2020 年我国境内被篡改网站的数量

2. 解决问题的对策及措施

面对信息环境的种种严峻现实，国内外众多有识之士对信息环境问题的治理与社会控制展开了积极的对策研究，并提出了各种解决问题的方案和措施。这方面的举措归结起来，主要

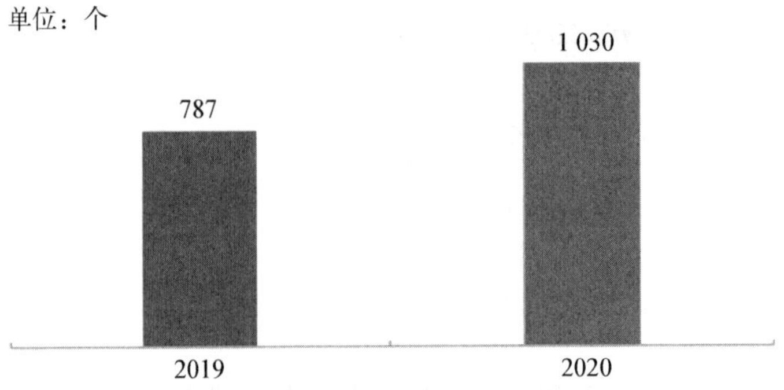

来源： CNCERT　　2020.12

图 1.1.4　2019、2020 年我国境内被篡改的政府网站数量

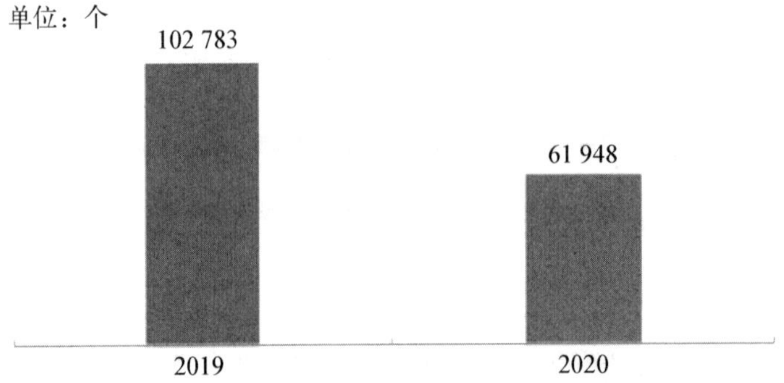

来源： CNCERT　　2020.12

图 1.1.5　2019、2020 年我国境内被植入后门的网站数量

有以下几点。

① 政策导向——对现代信息环境从政策与法规方面予以调节和控制。通过对信息政策与法规的制订和不断完善,对信息环境中出现的各种问题进行引导、协调、控制和管理,引导信息环境变动的方向,调控由于信息环境变动而引起的各种矛盾,对信息产业的各个环节进行科学而严格的管理,对从事信息搜集、存储、加工、传播、利用、创作等各种活动的个人和组织行为从法律法规方面予以规制。

② 舆论导向——宣传并教育人们树立正确的信息伦理及信息道德观念。促使人们在信息开发、信息传播、信息管理和信息利用等方面自觉遵守正确的伦理要求、伦理规则,认识和理解与信息技术相关的文化、伦理和社会等问题,负责任地使用信息技术。

③ 技术措施——强化技术手段以保障信息安全及净化信息环境。借助高新技术,如各种加密技术、认证技术、防病毒技术、防火墙技术、过滤技术等,使信息环境问题得以有效地预防与治理。

④ 倡导创新——鼓励人们积极创作,丰富人类精神文明资源,大力推进先进文化的传播,净化信息环境,努力消除不文明、不健康、不利于人们接收有益信息或降低人们信息利用效果的任何信息垃圾,消除信息污染。

⑤ 加强教育——提高信息素质教育水平,促进人的素质全面提升。改善信息用户素质,提高人们信息检索、获取、辨别及利用的意识、技能及相关的道德观念,是应对现代信息环境、防范与治理信息污染的重要内容。

⑥ 打击不法行为——对利用信息技术及网络开展反人类、反社会等危害公众利益、败坏

社会风气的人和事，采取严厉的打击措施。同时，及时制止和处罚不利于信息环境优化与健康发展的各种倾向与行为。

1.2 信息检索及其社会功用

鉴于信息对人类活动的重要支持、影响以及信息激增、信息环境严峻给人们利用信息带来的不便和困难，面对文献信息的汪洋大海，要想及时、准确而系统地掌握某一专题或某个具体方面的情况（背景、现状、趋势）以促进事物向良性发展，信息检索活动显得尤为重要。信息检索的社会功用主要表现在以下几个方面。

(1) 开阔视野，正确决策。通过对信息进行全面、细致的搜索，能够系统地了解前人的工作经验与成果，及时掌握事物的最新动态及发展趋势，开阔视野，启发思路，在现有的科技开发、学术研究基础上不断创新，取得最快、最有效的进展。

(2) 提高功效，事半功倍。高效开展信息检索活动，能节省人们对有用信息进行搜集利用的时间及精力，提高工作效益，做到事半功倍。同时还能培养人们的自学能力、科学研究能力及鉴赏能力。

(3) 规避风险，维护权益。及时准确地开展信息检索，可以对将要开展研究的课题或项目通过做全面的文献信息调研，得到其研究背景、现状及趋势方面的准确信息，使人们减少盲目开题、无效投入、重复劳动等风险，从而少走弯路、提高决策的科学性，保证相关活动的正常进行，以达到预期的目的。

(4) 学习借鉴，推动创新。信息检索活动也是促进开发和利用信息资源及进一步丰富和繁荣信息资源的基础。它不仅促进了信息用户对现有学术及研究成果的学习和借鉴，促进了人类知识宝库作用的发挥，同时对于全面提升人的综合素质，创作出更多、更优秀的文献信息也是一种强大的推动力。

(5) 科学评价，知己知彼。信息检索活动一直以来就是人们开展学术研究及其相关活动的重要组成部分。它贯穿于研究项目开题立项前的文献调研、进行过程中的动态跟踪、完成研究后的成果评价等全部环节。同时，在国家军事、经济贸易、生产开发、企业竞争以及个人求职升迁等活动中，作为及时了解竞争对手、把握市场需求和相关情况的重要手段，发挥着不可忽视的重要作用，所谓"知己知彼，百战不殆"就是古人对信息搜集与利用价值的高度总结。以下几方面是信息检索评价功用的主要体现。

① 科研课题立项信息检索，也叫科技查新，是科学技术部为避免科研课题重复立项和客观正确地判别科研成果的新颖性而设立的一项工作。通过查新检索：a. 证明即将开展的研究是否具有必要性，能否成为有研究价值的科研课题项目。b. 获得科研项目的背景材料及相关资料，使研究者对所确定的科研项目心中有数，在现有成果的基础上进行具有开创性的工作。科研课题立项信息检索一般由具有科技查新资质的查新机构承担完成（图 1.2.1）。

② 科技成果鉴定信息检索是对已经完成并准备申报成果（奖励）的研究项目进行系统而全面的信息检索。旨在通过客观、正确地判别科技成果的新颖性、创造性，从而证明所鉴定成果的级别、档次和水平。

③ 经营、产品、决策信息检索是企业所必需的对于生产经营实践活动中的项目筹划、企业管理、发展计划与组织活动等方面的相关信息的检索。经营信息包括客户资料、资源情报、招投标文件、营销计划、经营决策和策略等等；产品信息是关于产品从设计、制造工艺、性能价格

復旦大學圖書館
FUDAN UNIVERSITY LIBRARY
首页
资源
服务
指南
互动
专业硕士
关于图书馆
分馆
科技查新
科技查新
查新须知
工作流程
表格下载
联系方式
科技查新
当前位置：首页 > 科技查新 > 科技查新
疫情常规化防控期间，委托前请先查阅最新相关规定：查新站有关疫情防控期间的查新/查引委托及取件相关说明
复旦大学图书馆科技查新工作站是教育部首批认定的综合类“教育部科技查新工作站”（Z02）。同时复旦大学图书馆科技查新工作站也是上海市科委批准设立的科技成果查新站。
本查新工作站依托复旦大学图书馆丰富的电子文献资源，包括中外文各类数据库577多个，中外文全文电子期刊8.3万余种，数据库内容涉及各个专业学科，保障了检索的全面、准确以及科技查新报告的质量。
本查新工作站拥有二十位具有图书馆学、情报学、计算机、化学、物理、环境、数学、医学等专业背景的查新员和审核员，均持有教育部颁发的科技查新资格证书。查新工作人员业务技能熟练，经验丰富，具有较高的外语水平和综合分析能力。
本查新工作站本着服务第一，读者至上的理念，热忱欢迎校内外科研人员办理科技查新相关业务，我们将竭诚为您提供优质的服务和报告。
查新范围：科研立项、申报奖励、成果鉴定、技术咨询、项目结题、论文发表等。

图 1.2.1　复旦大学图书馆科技查新服务平台

到销售及市场的一系列信息，包括产品图片、产品类型、产品名称、产品规格等详细资料；决策信息是指决策者在做出某项决策前能够对其起到参考、帮助、指导等作用的各种信息，是实现正确决策的基础。对经营信息、产品信息、决策信息进行及时检索，旨在使企业知己知彼、百战不殆，在激烈的竞争中始终立于不败之地。

④ 各种应聘及谈判活动信息检索。应聘信息是指关于招聘者自身特点及对应聘者的要求、取向等方面的信息，诸如招聘单位的名称、性质、规模、主要业务、资产情况、招聘职位、招聘要求等；谈判活动信息包括技术引进谈判、商品贸易谈判以及政治、军事谈判等活动中关于“敌”我双方的各种信息。应聘信息和谈判活动信息有些类似，如果在应聘及谈判活动前能尽可能多地掌握对方的相关信息及把握自身的特点，则能胜券在握、如愿以偿。

⑤ 学术水平评价与鉴定信息检索是指具有某种权威性的单位(机构)为了客观地考察、评价或奖励在学术研究方面做出贡献的个人或组织，借助国际国内公认的著名检索系统(如中国科学引文索引、《中文核心期刊要目总览》、SCI、EI 等)，对一定时限内某地区、某组织及有关个人所撰写的研究论文进行全面检索，以便从一定层面上反映和评判相关地区、组织及个人的学术水准、研究能力、学术影响力等。这一检索活动更是促进了人们对国内外著名检索系统的认知和利用，一定程度上也刺激了人们学术创作的积极性。

1.3　信息素质教育与终身学习

1. 什么是信息素质

美国图书馆协会对信息素质的定义是：人们能够敏锐地察觉信息需求，并能进行相应的信息检索、评估以及有效利用所需信息的水平。这一定义已经得到了社会普遍的认同，我国清华大学学者孙平老师领导的关于“北京地区高校信息素质能力指标体系”研究课题得出的研究结论与之基本一致。

信息素质的内涵实际包含了三大方面的内容：信息意识、信息能力、信息道德。其中信息意识是指人对各种信息自觉的心理反应（包括对于信息科学正确的认识及对自身信息需求的意识）；信息能力包括信息技术应用能力，信息查询、获取能力，信息组织加工、分析能力，信息的有效利用、评估、传播能力等；信息道德是指整个信息活动中的道德规范，无论是信息生产者、加工者、传递者还是使用者都必须自觉遵守和维护信息道德规范。当代大学生应该对我们所处的信息社会及其特征有充分的了解和把握，努力提高自身的信息素质，以适应社会不断发展、前进的需求。

2. 信息素质教育的内容与目标

(1) 信息素质教育的内容

第一，信息观念及意识的培养。信息观念是指人们对信息的看法，对待信息的态度，对信息本质、特征和价值的认识。信息意识是指对客观存在的信息及信息活动的能动反应。通过充分了解信息、信息资源、信息技术、信息产业、信息社会等基本概念，了解信息化的发展速度、趋势及影响，理解信息的社会功能及信息资源、信息技术对社会变革、经济增长、文化发展所起到的巨大作用，树立起信息就是资源、信息就是财富的观念，从而在实际工作和生活中，能够意识到自身信息需求的存在，对信息敏感、关心，对在实际工作、学习及生活中遇到的问题，通过及时获取并利用相关信息来解决。

第二，信息知识充实与能力的提高。信息知识是对信息从产生分布、组织加工、传播流通、检索利用等各个环节的原理、现状、规律的不断总结和提炼。只有具备并不断更新信息知识、积极开展各种信息利用实践活动的人，才可能具备现代社会所要求的信息能力。具体而言包括信息检索能力、信息识别能力、信息处理能力、信息组织能力、信息评价能力、信息吸收与利用能力及信息创造能力。

第三，道德及法治的教育。信息道德是指整个信息活动中的道德规范，它是调节信息创造者、信息服务者、信息使用者之间相互关系的行为规范的总和。它的目的是促使社会个体成员遵循一定的信息伦理与道德准则来规范自身的信息活动行为，学习在信息活动和应用信息技术过程中应当遵循的法律法规，做到尊重他人的学术成果，尊重知识产权、合理使用文献信息，自觉抵制违法信息及信息行为。同时，还要学会在信息活动中的团队精神，能够与他人共享知识和信息，在查找信息、生产信息和评价信息的过程中能与他人合作。

(2) 信息素质教育的目标——终身学习

终身学习是现代社会文化、科技和经济发展的趋势，也是一个有理想、有文化、懂生活、有追求的年轻人不断完善自我、寻求自身发展的内在要求。作为信息时代的社会成员，一般都要历经婴幼儿教育、学前教育、小学教育、中学教育、大学教育以及职业教育等阶段。不断学习新的知识和技能、不断丰富自己的思想和人生阅历，是人生旅途中永恒的主题。

信息检索能满足人们把握各种信息的需求，信息利用则是人们掌握知识、消化知识、创造知识的一系列过程。信息检索的目的是信息利用，信息利用能力的强弱，直接关系到人们终身学习能力的高低，亦即一个人的信息素质在一定程度上能够反映其终身学习的能力，以及其成长、发展的空间。

信息素质教育的目标就在于提高人们自觉学习、自助学习、自主学习的意识和能力，使得终身学习成为我们自觉自愿的行为和良好的生活方式。

1.4 文献信息资源及其构成

信息资源来源广泛、包罗万象、良莠不齐、类别不同、用途各异。它既没有统一的组织管理机构及质量鉴定部门，也没有统一的目录索引可查可控。考虑到读者在学习及研究活动中，主要接触和使用的大多为信息资源中比较核心的内容与部分——文献信息资源，在此不准备对信息资源总体情况做全面和细致的介绍，而只是针对文献信息资源的构成情况及其特征进行必要的讲解，旨在帮助大家更加有效地利用它们。

“文献，记录有知识的一切载体”(GB3792.1－83)。我们把来自各种渠道、表现出各种特征的文献信息的总和称为文献信息资源。为了全面正确地了解认识、把握利用文献信息资源，我们将从不同的角度或层面对文献信息资源的构成及特征予以描述和划分。

1. 按文献信息的物质载体划分

之所以要按文献信息的物质载体特征来把握文献信息资源的构成，是因为我们常见的文献信息资源的物质表现形式可以归结为四种形态：印刷型文献、缩微型文献、声像型文献、机读型文献。

(1) 印刷型文献

印刷型文献是指以纸张为存储介质，以印刷技术为记录手段而产生的一种文献形式。它具有易于携带、方便阅读、经济实用等其他载体的文献所无法比拟的特点，尤其是对这类文献的使用符合人类长期以来形成的阅读习惯，即便是在今天数字化文献已经被人们广泛接受、普遍使用的情形下，这种载体的文献仍然是人们主要用于学习、研究活动的选择对象，是各级各类图书馆重点收藏和提供服务的基础和内容。

(2) 缩微型文献

缩微型文献是一种以感光材料为存储介质，以缩微照相技术为手段而产生的一种文献形式。缩微型文献通常有缩微平片(microfiche)、缩微胶卷(microfilm)两种形式。它主要用于保存过期文献，如报纸、档案、银行票据等，也有部分文献直接以缩微形式出版。其主要优点是：与印刷型文献相比占用的收藏空间小、质量轻，传递方便而且信息储存量大。由于这类载体的文献的查阅利用，需要借助专门的仪器设备，在我国一般只有省级以上的图书馆有收藏。

(3) 声像型文献

声像型文献是以磁性材料和感光材料为存储介质，利用专门的机电设备直接记录声音信息或图像信息而产生的一种文献形式。声像型文献又称为视听资料，它包括磁带、唱片、录音带、幻灯片、电影片、录像带等，其特点是将知识、信息表现为声音、图像、动画、视频(sound, image, animation, video)等信号，给人以直观易懂、生动形象的感受，让人喜闻乐见。因此，视听资料在语言学习、音乐学习、建筑设计、工程设计以及描述自然现象和实验现象、动态见闻等方面，具有独到之处。随着人们生活水平的不断提高，这类文献资料不仅在图书馆等文献机构广泛受人关注，在平常百姓家中也时时可见。

(4) 机读型文献

机读型文献又称为数字化文献，是伴随着计算机的问世和普及使用，在信息技术、网络技术飞速发展的基础上产生的一种文献形式，主要是指通过计算机对各种信息、数据的存取与处理，完成文献信息的数字化(digitalizing)而形成的电子化文献及形形色色的电子出版物，如各种电子化的图书、期刊、学位论文、专利文献、会议资料等，是一种必须通过各种电子设备来进行阅读、浏览、获取(下载)的文献形态。其特点主要表现在检索方便、传递迅速、利用便利,大大地拓展了人们了解、掌握各种信息的空间和范围,已经成为现代图书馆重要的馆藏建设对象,成为广大文献信息用户不可或缺的重要文献信息资源形式。

2. 按文献信息的表现形式划分

根据我们常见的文献信息的出版、发布及外在表现形态特征,可以把文献信息资源归结为11大类:图书、报刊、科技报告、会议文献、政府出版物、学位论文、标准资料、产品资料、专利文献、档案资料、网络文本。下面我们对这11种类型的文献及其特征进行简要介绍。

(1) 图书

图书是一种最为传统的文献表现形式,它具有内容系统、全面、成熟、可靠等特点,但传递信息的新颖性、快捷性不如报刊、会议文献等类型。图书可以帮助人们比较全面系统地学习各种知识、提高文化水平。从图书揭示和反映文献内容的详略程度来看,通常还可以把它区分为阅读性图书和工具性图书。

① 阅读性图书。阅读性图书包括各种教科书、学术专著、文集等。教科书主要介绍基础知识和公认的见解;学术专著是专门就某一课题或研究对象进行比较全面深入论述的学术性文献;文集是由各种文章(论文、报告等)汇编而成的一种出版物。人们必须通过整页、整章甚至整本书的阅读才能达到利用的目的,阅读性是这类图书的特点。

② 工具性图书。工具性图书又称为工具书,包括各种百科全书、大全、年鉴、手册、辞典、指南、名录、统计报告、图谱等。其内容可以是数据、事实、表格、图解、人名等,也可以是内容短小精悍的文章;所有内容按一定特征顺序编排,有些还配有多种检索途径的索引,以便人们在需要之时,迅速从中查检到特定的内容,供人们在学习研究以及生产实践活动中参考使用。

(2) 报刊

报刊主要反映各种新闻、观点、学术论文、最新研究成果等,是定期或不定期、具有连续出版编号(卷、期、年、月、日)的出版物。尤其是集中反映各学科研究论文、学术争鸣等的专业性期刊,具有品种繁多、信息量大、出版周期短、报道速度快、提供内容新、能及时反映当前科技发展趋势等特点。这类文献是人们及时把握信息、掌握动态、开阔视野、增长知识、开展创新活动的最重要的资源之一。

(3) 学位论文

学位论文是高等学校学士、硕士或博士毕业生为申请学位而提交的毕业论文。现代高校学生的学位论文,一般具有密切结合社会实际与工农业生产所需,或以某个级别的科研课题为背景展开实际研究、设计等现实意义的特征,特别是硕士、博士学位论文,所探讨的问题比较专业,且有一定难度,在某些方面往往提出了独到的见解和观点,对研究工作有较大的参考价值。因此,学位论文是构成文献信息资源的重要组成部分之一。

(4) 专利文献

专利文献是指一切反映专利发明信息、发明内容等的文献类型。由于专利制度的规定,专利文献具有新颖性、实用性、创造性的突出特点。专利文献既是科技文献,又是一种法律文件。在技术创新、开发设计等活动中专利文献扮演了极其重要的角色。

(5) 会议文献

会议文献是指在学术会议上宣读或交流的书面论文。其形式可以是单行本式的会议预印本,也可以是正规出版的会议论文集。会议文献的特点是主题鲜明、内容新颖、专业性强、学术水平高,能反映一个国家、一个地区、一个行业或专业/学科领域当前或某时期,在某一科学技术领域的最新研究成果、讨论热点、发展趋势。及时掌握相关领域的会议文献,是及时掌控相关信息与动态的重要渠道和手段。

(6) 标准资料

标准资料主要是指相关机构为促进科研、文化、生产、经济等社会活动高效、有序进行,对工农业产品和工程建设的质量、规格及其检验方法等方面所做出的技术规定或制定的具体标准。它是从事研究、生产、开发及工程建设等活动所必须共同遵守的技术指标及范式。

(7) 科技报告

科技报告是描述科研活动的过程、进展和结果,并按照规定格式编写的科技文献,其目的是实现科技知识的积累、传播和交流,其类型包括专题报告、进展报告、最终报告和组织管理报告。科研人员依据科技报告中的描述能重复实验过程或了解科研结果。在内容上,科技报告比较新颖、详尽、专业,且有一定难度;在形式上,科技报告每份自成一册,篇幅长短不一,编有由机构代号和连续顺序号组成的报告号,多数采用简装式印刷品或缩微胶片发行,印数一般不多。在流通范围上,不少科技报告属于保密的或限制发行的,但公开和解密的也占一定比例,因此,它的获得不如其他类型的文献容易。尽管如此,它仍是一种重要的文献信息资源。

(8) 产品资料

产品资料是产品的制造者、销售方为了宣传推销其产品而印刷或发布的以介绍产品性能为主的资料,如产品目录、产品样本、产品说明书、产品价格表、产品使用手册等。其内容多为已有产品的外观造型、性能用途、使用方法、操作规程和产品规格等。这类文献的特点是技术成熟可靠、图文并茂、形象直观、传播广泛、商业性强。它对于相关产品的研发、生产、销售、使用等具有重要参考价值。

(9) 档案资料

档案资料是指某级或某个组织、机构,在相关工作和生产中形成的各种文书材料、政策文件、技术文件、影片照片、录音盘片等,遵循一定的立卷归档制度而集中保管起来的材料。档案资料的特点在于完整、全面地记录和反映了某工作或活动的全部数据及结果,是一种客观的历史记录,为真实而详细了解相关方面的情况提供了最好的依据。随着国家信息政策及信息法规的不断完善,公民对档案资料的利用范围和空间将逐渐拓宽、深入。

(10) 政府出版物

政府出版物是各国政府部门及其设立的专门机构所发表、出版的各种文件,涉及的内容非常广泛,但大致可分为行政性文件(如法令、统计等)和科技文献两大类型。政府出版物由于全面系统地反映了一个国家(地区、部门等)在政治、经济、军事、文化、教育等方面的思想、方针、政策及措施等,对于人们了解、掌握上述情况,做出相应的决策、采取适当的行动等都具有指导性意义和重大的参考价值,是了解各国政治、经济、科学技术等情况的一种重要资料,应注意搜集和利用。

(11) 网络文本

网络文本是指那些大量存在于虚拟世界——网络信息资源中不属于上述任一类型文献(即非为上述各类文本的数字化形态),但又具有它们中的一些相应作用的网上文献。这类文献的特点是形式多样、图文并茂,内容广泛、质量不一,获取方便、摘录容易,新旧混杂、信度不定,作者身份难辨、信息渠道复杂。因此,对于这类文献,一方面可以作为使用相对便利,但非为主要的文献信息资源加以利用,同时还要对它们的真实性、可靠性做更多的辨识和佐证。

3. 按文献信息的加工程度划分

人们在利用文献和传递信息的过程中，为了及时报道和揭示文献、有效管理和控制文献，对文献进行了不同程度的加工。我们按照对文献进行加工的程度可以将文献分为零次文献、一次文献、二次文献和三次文献。

(1) 零次文献

零次文献又可称为灰色文献，是指未以公开形式或非正式发表及出版形式进入社会流通使用的文献，具体可以包括：① 不公开、不刊登在报刊上的会议文献；② 非公开出版的政府文献；③ 学位论文；④ 不公开发表的科技报告；⑤ 技术档案；⑥ 工作文件；⑦ 不对外发行的产品资料；⑧ 企业文件；⑨ 内部刊物，即内部征订或部分赠阅、交换的定期或不定期出版物；⑩ 未刊稿，包括手稿、译稿，以及学术往来函件；⑪ 贸易文献，包括产品说明书和市场信息机构印发的动态性资料等。零次文献因未正式发表或出版，按照我国著作权法的相关规定，一般不得在正式的论文或出版物中加以引用。

(2) 一次文献

一次文献是指作者(包括团体作者)以本人生产与科研工作成果为依据，创作、撰写而形成的已经公开发表或出版的文献。如期刊论文、科技报告、会议论文、专利说明书及各种专著等不仅已经发表而且未有人予以任何重新组织、加工过的文献。一次文献的特点在于内容新颖、翔实、具体，一般来说它是文献信息检索的终极目标。

(3) 二次文献

二次文献是指对一次文献信息进行加工、提炼、浓缩而形成的工具性文献。它主要包括通过对大量分散无序的一次文献的搜集与组织——按照一定的方法进行整理、加工，使之有序化、系统化——形成的各种书目、题录和文摘数据库。二次文献是人们对一次文献进行有效的管理、控制和利用的工具，它提供了一次文献的线索及概貌。

(4) 三次文献

三次文献是指对一次文献和二次文献的内容进行综合分析、系统整理、高度浓缩、评述等深加工而形成的文献，如综述、述评、词典、百科全书、年鉴、指南、数据库等。三次文献的内容综合性强、信息量大，为人们提供了所需了解的事实与数据，具有重要的参考、借鉴和利用价值。

了解和掌握以上内容的目的，主要在于提高对文献信息的全面掌控、重点选择与有效利用的能力。

1.5 文献检索系统与分类

丰富的文献信息资源，为我们开展各种活动、不断寻求发展提供了优越的先决条件和牢固的物质基础，应运而生的文献检索系统则为我们改善活动效率、提高发展速度起到了强大的催化效应和支持作用，更是我们创新知识、发展理论、开发新品、走在时代前列的保障体系。

1. 文献检索

狭义的检索(retrieval)是指依据特定的需求，按一定的方法，从已经搜集并组织好的大量有关文献信息的文献集合中，查找并获取特定的相关文献的过程。

广义的检索包括信息的存储和检索(storage and retrieval)两个过程。信息存储是将大量无序的信息集中起来，根据信息本身具有的内外部特征，经过筛选、加工和整序等处理，使其集约化、有序化、系统化,形成具有检索功能的数据库(检索系统),供人们检索和利用的过程。而信息检索是信息用户根据各自的信息需求,利用已经编制好的检索工具或数据库(检索系统),查找出特定信息的过程。

社会信息数量剧增、流速加快、分布散乱、优劣混杂,使我们处于"信息超载"的时代,却又过着"知识贫乏"的生活,人们认识到大量而无序的信息不是财富而是灾难。

文献检索则是解决文献生产、分布和流动的无序性与人们利用文献的有序性和特定性之间矛盾的有效方法。因为文献检索的对象,可以简单地归结为构成我们此前已经介绍过的文献信息资源——各种载体形式、各种出版类型及各种文献加工层次的文献集合。而文献集合一般是对文献进行有序化的产物。

序是事物的一种结构形式,是指事物或系统组成要素之间的相互联系以及这种联系在时空结构中的具体表现。当事物组成要素之间具有某种约束性,在时间序列及空间结构上呈现某种规律时,便可称这一事物为有序的。有序化,即把杂乱无序的事物,按一定标准、使用一定的方法手段,整理为某种容易或者说能被理解的序列的一种活动。

2. 文献检索系统及功能

(1) 文献检索系统

文献检索系统就是有序的文献集合,具体是指用来存储、报道和查找文献信息的各种数据库。它由被搜集并整序化的大量文献信息、存储与检索设备及相应的支持设施(如网络等)等要素共同构成,满足人们按一定的需求、已知的线索找寻各种各样的相关文献信息及其原文的目的,是人们开展学习、研究、预测、开发、设计、生产、商贸等活动的得力助手。

(2) 文献检索系统的功能

① 报道文献信息

检索系统具有对文献信息予以揭示、反映、报道的功能。信息用户只有通过利用文献检索系统,才能对大量产生并随时更新的各种信息进行及时了解和系统掌握。

② 存储文献信息

通过对大量分散而无序的原始文献进行有目的的存储,并按照一定特征及规则组织,形成了包容各个年代、各种载体、各个学科门类的文献检索系统。

③ 检索文献信息

通过对信息的报道和存储,把大量信息按外表特征与内容特征集中排序,实现方便、高效的信息检索。它是文献检索系统最突出的功能。

④ 辅助创新文献信息

通过提供各种各样的文献信息管理功能、学术论文投稿信息、个性化知识传播途径等,为人们搭建了一个从检索文献信息到利用文献信息,再到创新文献信息的良好平台。

3. 文献检索系统的分类

按照不同需求、不同用途、不同的检索目的,人们已经设计并开发了不同作用与功能的文献检索系统,下面我们针对常见系统的特征,分门别类地对它们做一些介绍,旨在帮助我们有针对性地选择使用相应的数据库,以期提高文献检索与利用活动的效率。

(1) 按检索系统揭示的文献信息资源特征分类

① 图书检索系统。图书检索系统是指专门提供电子图书的检索与利用的数据库,如"超星数字图书馆""美星外文数字图书馆"。它主要提供反映图书特点的各种检索入口,如书名、作者、出版社及相关主题等,供检索者根据已知线索查找相关图书之用。

② 期刊检索系统。期刊检索系统是指专门提供电子期刊的检索与利用的数据库，如“中国期刊网”“SpringerLink 电子期刊”。它主要提供反映期刊特点的各种检索入口，如刊名、作者、篇名及相关主题等，供检索者根据已知线索查找相关的期刊论文之用。

③ 学位论文检索系统。学位论文检索系统是指专门提供经过电子化的硕士或博士学位论文的检索与利用的数据库，如“中国优秀硕士学位论文全文数据库”“ProQuest 博士论文全文数据库”。它主要提供反映学位论文特点的各种检索入口，如学位授予单位、导师、作者及相关主题等，供检索者根据已知线索查找相关的学位论文之用。

④ 专利文献检索系统。专利文献检索系统是指专门提供经过电子化的专利文献信息的检索与利用的数据库，如“中国国家知识产权局专利检索及分析系统”“美国专利检索系统”。它主要提供反映专利文献特点的各种检索入口，如篇名、学位授予单位、导师、作者及相关主题等，供检索者根据已知线索查找相关的专利文献信息之用。

⑤ 会议资料检索系统。会议资料检索系统是指专门提供经过电子化的学术会议文献信息的检索与利用的数据库，如“中国重要会议论文全文数据库”“科技会议录索引(index to scientific & technical proceedings，ISTP)”。它主要提供反映会议资料特点的各种检索入口，如会议名称、会议主办单位、会议地点、论文作者及相关主题等，供检索者根据已知线索查找相关的国内外学术会议论文信息之用。

⑥ 标准资料检索系统。标准资料检索系统是指专门提供经过电子化的标准文献信息的检索与利用的数据库，如“中国标准数据库”“国际电工标准(IEC)数据库”。它主要提供反映标准文献信息特点的各种检索入口，如标准名称、标准号、标准分类号及相关主题等，供检索者根据已知线索查找相关的国内外标准文献信息之用。

⑦ 科技报告检索系统。科技报告检索系统是指专门提供经过电子化的科技报告文献信息的检索与利用的数据库，如“国家科技报告服务系统”“NTIS(national technical information service)美国政府报告数据库”。它主要提供反映科技报告文献信息特征的各种检索入口，如报告名称、报告号、报告者(作者)及相关主题等，供检索者根据已知线索查找相关的科技报告文献信息之用。

⑧ 产品资料检索系统。产品资料检索系统是指专门提供经过电子化的产品资料及信息的检索与利用的数据库，如“中国消防产品质量信息查询系统”“MBF(my boeing fleet)民用航空产品资料数据库”“化工产品数据库”。它主要提供反映产品信息特点的各种检索入口，如产品名称、厂家信息、产品型号及相关主题等，供检索者根据已知线索查找相关的国内外产品信息之用。

⑨ 档案资料检索系统。档案资料检索系统是指专门提供经过电子化的各种档案资料及信息的检索与利用的数据库，如“城市建设档案管理信息系统”“民国时期档案目录数据库”“中华人民共和国时期档案目录数据库”。它主要提供反映具有各个时期、各个领域、各个地区、各种人物及事件和各种政策等历史档案特点的各种检索入口，如名称、地名、时间及相关主题等，供检索者根据已知线索查找相关的档案资料信息之用。

⑩ 政府出版物检索系统。政府出版物检索系统是指专门提供经过电子化的政府出版物信息的检索与利用的数据库，如“GPO(美国政府出版物数据库)”。它主要提供反映政府各部门在各个时期、各种领域等出版发行的文件特点的各种检索入口，如出版物名称、作者、部门及相关主题等，供检索者根据已知线索查找相关的政府出版物信息之用。[“GPO(美国政府出版物数据库)”主要报道了与美国政府相关的各个方面的文件，包括国会报告、国会听证会资

料、国会辩论资料、国会档案、法院资料以及由美国具体实施部门如国防部、内政部、劳工部、总统办公室等出版发行的文件,数据库包含的内容范畴是与美国政府有关的所有相关主题,覆盖了从 1976 年以来的资料]

(2) 按检索系统功能及反映文献的详略程度划分

① 书目数据库。书目数据库是指全面反映某个单位、某类机构、某个地区相关组织的各种特征文献资源收藏数量、收藏地点以及流通状态等的数据库,其内容主要反映了图书馆具体收藏的各种文献的题目、作者、出版机构、版本情况、文献编号等书目信息。这类检索系统主要用于查找、了解馆藏情况,确定原始文献借阅或索取的最佳对象。

② 文摘数据库。这类数据库从内容上看,其重点在于及时而概略地反映相关领域、专业的相对完整系列或最新的研究成果。从揭示信息的详略程度上看,除了提供每一篇文献的题目、作者、出版机构、版本情况、文献编号(包括卷、期、年及页码或代码、分类号)等书目信息以外,特别对原始文献的全文进行了摘要反映,即提供了每篇文献的文摘,很好地起到了帮助检索者识别、判断文献主题与检索目标的相关度的作用。从检索功能上看,大大扩展了检索者的检索途径,甚至扩大了检索者对原文获取的能力。目前一些国际著名的检索系统都是文摘数据库,如 SA(科学文摘)、EI(工程索引)、CA(美国化学文摘)等(详见本书第 3 章)。

③ 全文数据库。以提供全文(如整本图书,整篇论文,完整的专利说明书,完整的各种统计记录、图谱或数据等)为特征的文献数据库,叫全文数据库。在这类数据库中,所收录的信息不仅反映了文摘数据库中的所有信息,还详细地提供了原始文献本身(详见本书第 2 章、第 3 章),使检索者可以方便而直接地从检索系统中浏览、下载所需要的文献全文或部分内容,大大地节省了时间和精力,同时提高了检索活动的效率。

④ 引文数据库。根据引用与被引用文献讨论的主题内容一定存在着或多或少、直接和相关联系的事实,在提供文献书目信息的基础上,强调通过揭示不同文献之间相互引用的情况,来进一步反映文献之间的内在联系的文献数据库叫引文数据库,如"SCI(科学引文索引)""中国科学引文索引"。这类数据库的主要作用在于客观显示研究与学科内部及其之间的相关性和继承性,全面了解某一学术观点、思想、研究方法等的产生、发展及最新动向及趋势,从一定程度上评估和鉴别某一研究工作在学术界的影响力,从一个侧面反映科技成果被认可和利用的程度及其学术价值,作为图书馆选择专业期刊、选定核心期刊、优化馆藏文献的参照。

⑤ 统一检索平台。统一检索平台主要是指数据库中同时包含了多种文献类型(图书、专利、期刊、学位论文等)的信息,其中部分以文摘数据库出现,部分却属于全文数据库情形,甚至部分是引文数据库形式的检索系统,如"万方数据资源系统""读秀学术搜索"。这类数据库的特点主要是为人们在同一检索平台上,进行更多需求的信息检索与利用活动提供了良好的条件。

4. 检索系统评价标准

以上我们对常见的一些检索系统及其特征、功用进行了简介,下面将对检索系统的评价标准做一些必要的介绍,目的是帮助大家在把握各种数据库特点的同时,掌握有关数据库质量的评价标准,以期选择优秀的检索系统,提高检索活动的效率。从使用者的角度来考察,检索系统的评价标准应该包含以下几个方面的内容。

(1) 检索系统的收录对象及范围

检索系统的收录对象及范围决定了检索系统中所提供信息的可靠性、完整性,是体现检索系统重要性的主要标志。

(2) 检索系统对其中所包含的各种数据的揭示与反映的质量

作为优秀的检索系统，应该对其中各种信息的揭示与反映，做到充分详尽、准确无误、规范标准，具体表现在其对信息描述的质量及信息标引的质量等方面，查全率及查准率是考查系统收录质量的两项重要指标(详见2.6节)。

(3) 数据库中信息更新的速度

数据库中信息更新的速度，反映了数据库能提供最新文献信息的水平和时差。主要表现在数据库中新增加的信息与该信息原始文献出版、发表之间的时间跨度。

(4) 数据库提供的检索途径及检索功能

一般来说，数据库所提供的检索途径越丰富，数据库响应用户需求的水平越高；数据库能支持的检索技术(如布尔逻辑检索、位置检索、截词检索、限制检索等)种类越多，检索过程的速度就会越快，检索效率(查全率与查准率)也随之越高。另外，实际操作越方便以及对检索结果的显示、排序、选择、格式转换、打印、保存等的响应情况，也反映了检索系统的功能。

(5) 数据库正常运行的支持体系

数据库正常运行的支持体系主要是指数据库商家所提供的维护数据库正常运行的数据、技术、维修等保障措施和手段。

1.6 信息检索途径及方法

所谓检索途径又可以称为检索入口，是数据库编制者为用户设立或提供的检索与查找其数据库中所有信息的路径。而检索方法就是采用什么形式、手段来查找信息及其原始文献。

1.6.1 常用文献检索途径

一般来说，检索途径的设置主要根据两方面的原则确立：一是根据文献所表现出来的特征，包括其外部特征(如文献的名称、作者、出版信息等)和文献的内容特征(如文献所描述的主题、所属的学科分类信息等)来标识具体文献。二是以用户的使用习惯作为抽取文献标志的主要依据。根据这两个原则，总结常见文献信息检索系统的主要检索途径如下。

(1) 文献名称检索途径/入口

它是以文献名称为线索进行检索的途径。文献名称主要指书名(图书的名称)、刊名(期刊的名称)、篇名(学位论文篇名、期刊论文篇名、会议论文篇名等)、专利发明名称、标准名称、产品名称、文件名称、机构名称、作者名称、事物名称、事件名称等。由于文献名称比较直接、准确地反映了文献特征，便于用户识别、判断文献的相关信息，符合用户检索习惯，因此无论什么样的检索系统都把它作为最基本、最重要的检索途径供用户使用。

(2) 文献主题检索途径/入口

它是以文献所反映的主题内容为线索开展检索的途径。具体而言，就是把每一个文献(一本书、一篇论文、一件专利等)中能够体现文献主题概念、事物特征、具有实际意义的词语抽取出来，作为检索标识，供大家检索，从而使得用户可以从不同学科背景、不同检索需求出发，检索到同一主题的所有文献。主题检索途径的优点在于检索词具有直观简洁、通俗易取的优点，能够很容易地查找到大量含有所选用主题词的文献，但同时需要用户对检索结果进行认真筛选。在选择主题检索途径时，如果能同时采用一些必要的检索技术，则会取得较好的检索结果

(相关的知识我们将在之后的章节中,结合数据库的使用做进一步阐述)。

(3) 文献分类检索途径/入口

它是以文献所反映的内容所属学科的分类体系为线索开展检索的途径,即根据一定的文献分类规范,按照所描述对象的学科分类体系,赋予每一个文献(一本书、一篇论文、一件专利等)一个或多个能够揭示文献内容特征、能够表征所属学科分类等级、具有特殊含义的由字母或数字(或共同)构成的代号即分类号,供用户从学科体系、专业属性方面检索文献,以得到一系列内容上具有从属关系或相互关联、前后继承的相关文献。

《中国图书馆分类法》(简称"中图法")作为我国图书分类的国家标准,根据书籍内容的学科属性及知识的内在联系,采用字母作为学科代号,将图书划分为"A 马列主义、毛泽东思想,B 哲学,C～K 社会科学,N～T 自然科学,Z 综合性图书"五大部类、22 个基本大类,是我国各级各类图书馆进行图书分类、管理、组织、利用的依据和基础。

(4) 文献代码检索途径/入口

它是以某些文献所具有的特指或特定的代码为线索开展检索的途径。这类代码包括专利号、专利公开号、文摘号、化学物质登记号、标准号、科技报告号、合同号、ISBN、ISSN 等,其特点就是一个代码只代表一件特指的文献。以上介绍的分类号却不具备特指某一具体文献的特点,原因在于同一篇文献涉及的主题概念、反映的学科属性往往不止一个,同时,同一学科主题的研究往往具有众多的研究者和研究成果(论文等),使得同一文献具有多个分类号、不同作者的文献具有同样的分类号的情形经常可见。因此,采用文献分类号检索的结果,可以使我们获得一系列的相关文献,而采用文献代码检索的结果,却能使我们准确地获取特定的、唯一的所需文献。

决定用户选择什么检索途径的依据主要有两方面:一是检索系统已经为我们提供的各种检索入口;二是用户当前已经掌握的相关线索。要取得既完善又准确的检索结果,正确地选择检索途径是很关键的,同时用户所具有的数据库知识、检索技能以及对检索目标的把握情况也是非常重要的。

1.6.2 常用文献检索方法

这里讲的检索方法就是根据用户的自身条件,以最少时间、最佳途径获得最满意检索效果的方法。常用的检索方法大致有以下几种。

(1) 系统检索法

系统检索法也叫"工具法"或"常用法",即利用检索系统开展全面的文献信息检索的方法。这是人们最常用的检索方法,只要检索者具备利用相关检索系统的条件,对检索系统足够了解,掌握了检索技巧,能够及时进行检索实践并不断总结经验,一定能取得令人满意的结果。

(2) 引文查找法

引文查找法也叫"追溯法",是以已经获得的文献中所注明的"参考文献"为线索,查找所需要文献的方法。优点是所要查找的对象已经被人采用、引用,具有相对的准确性和可靠性;减少了相关文献检索的难度;有利于对同一主题内容研究轨迹的追踪、回顾,把握其历史和趋势。

(3) 系统—引文交替法

系统—引文交替法即是将以上两种方法相结合的检索方法。当用户手中没有掌握任何相关文献原文的情况时,可先采用系统法,即利用检索系统进行检索,然后对检索到的比较切题的文献进行全文浏览,如果内容的确相关度很大,则进一步对其所采用的参考文献进行追踪,以便尽快获得核心参考文献。另外,如果用户在进行系统检索前已经拥有一篇重要的参考资料,则一定要先根据其后的“参考文献”进行引文追踪,进而再利用检索系统检索,如此会提高检索效率,节省因不断摸索尝试而耗费的时间。

1.6.3 图书馆书目信息(简称“馆藏书目”)检索

所谓“图书馆书目信息检索系统”,是最常见、历史最悠久的文献检索系统。它在电子文献出现之前的100多年前,就在传统图书馆中产生并受到广泛重视和利用。直到今天,数字化文献增长迅速、利用普及,在数字图书馆大有取代传统图书馆的强劲势头下,图书馆书目信息检索系统依然是图书馆收藏的重要检索系统。

1. 馆藏书目的检索

随着图书馆现代化技术的普遍应用,自20世纪80年代起,全国各大高校图书馆、公共图书馆以及研究机构图书馆大都对馆藏文献进行了计算机编目,形成了各自的馆藏书目(数据库)并向公众开放,旨在方便人们了解有关图书馆的全部收藏,方便用户查找自己需要的文献所在,提高文献资源的利用率。

尽管考虑到诸多的因素,各个不同单位的图书馆选用了不同供应商研制的图书馆自动化系统,使得各馆的馆藏书目(数据库)并不是千篇一律、具有同样界面的,但其所反映的图书馆收藏的基本信息和系统的检索功能大致是相似的。

题名(书名、丛书名或期刊名等)、责任者(作者、团体作者、编者等)、主题词、分类号、出版社、ISSN或ISBN(书号或刊号)、索书号是馆藏书目(数据库)检索的主要途径(字段),也是用户在查找图书馆馆藏之前通常已经掌握的一些线索(图1.6.1)。

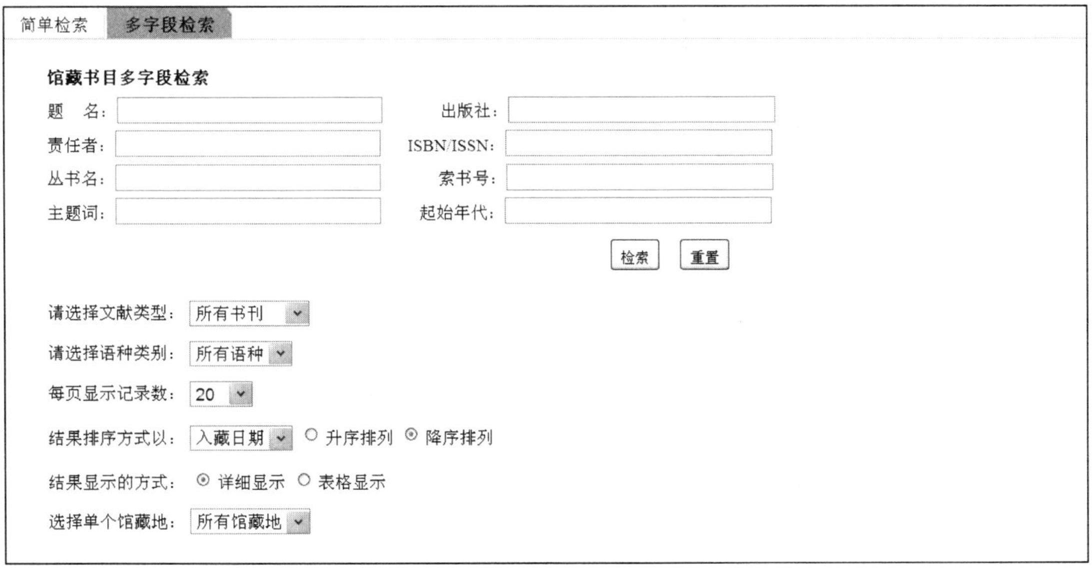

图1.6.1 图书馆书目信息检索系统及常见检索途径(检索字段)

2. 图书馆书目信息检索系统的作用

图书馆书目信息检索系统反映的内容,就是图书馆全部文献收藏的书目信息。无论是过去、现在还是将来,每个图书馆都具有自己的馆藏书目,而不同特点、不同大小的图书馆,对于记录和揭示自己“家底”的本馆书目信息检索系统,都会放置在其主页上比较醒目的位置,以方便用户识别和使用。

所谓图书馆书目信息主要包含了文献的题名、作者、出版情况、排架标识、内容梗概等大体情况。图书馆书目信息检索系统的主要作用有：① 以文献的种/册为单元揭示文献特征，展示某个图书馆文献收藏的详情，指引用户按照一定的规则及已经掌握的线索，查找所需要的文献在某个馆是否有馆藏；② 如果有馆藏，指示其具体收藏的地址、位置；③ 标明目前该文献的流通状态(是否可借？是否可阅？等)(图 1.6.2)。

图 1.6.2 图书馆书目信息检索系统检索结果举例

图书馆书目信息检索系统尽管在每个图书馆都有，而且一般都设置在图书馆主页的显要位置，但它的称谓或表现形式却不尽相同，如称之为“书刊检索”“馆藏检索”“馆藏目录”“书刊目录检索”的都有，但它们的功能却是基本一样的。

3. 常用检索技术及其作用

所谓检索技术，实际就是在检索的过程中所采用的“扩检”及“缩检”的措施，作用在于使得检索结果既全面、又准确。本教材第 2 章将对具体的“扩检”及“缩检”措施做出介绍和分析。以下介绍一些常用的检索技术。

(1) 布尔逻辑检索

利用布尔逻辑算符进行检索词之间的逻辑组配，是现代信息检索系统中最常用的一种技术。常用的布尔逻辑算符有三种，分别是逻辑“与”/AND、逻辑“或”/OR、逻辑“非”/NOT。

逻辑“与”/AND 运算，意味着同时要包括“AND”前后两个检索词的书目记录才能满足检索条件。例如，输入“计算机 AND 检索技术”的检索结果必须既包括“计算机”又包括“检索技术”，显然这样限定后的检索结果会比较少(“缩检”)，但比较准确。

逻辑“或”/OR 运算，意味着只要满足其中任何一个检索词即可。例如“俄罗斯 OR 苏联”

的检索结果或包括俄罗斯，或包括苏联，范围扩大很多（“扩检”）。

逻辑“非”/NOT运算，意味着需要从一个检索词的概念中排除某个或某些概念（“缩检”）。

（2）截词检索

截词检索是计算机检索系统中应用非常普遍的一种“扩检”技术。由于西文的构词特性，在检索中经常会遇到名词的单复数形式不一致，同一个意思的词，英美拼法不一致，词干加上不同性质的前缀或后缀就可以派生出许多意义相近的词等原因，在实际检索过程中，如果仅仅选择检索词的某一种或几种情形，都有可能造成“漏检”（即遗漏本应该有的检索结果），采用截词检索，能够避免检索结果不全面的现象发生，避免“漏检”的情况出现。

（3）位置检索

位置检索就是在全文中限定检索词之间的距离（或关系），即对检索词之间的相对位置进行限定，使得检索结果更加逼近检索要求的一种“缩检”举措。通常是在检索词之间用位置算符组配（连接），以表达比较专指的主题概念。

（4）限定检索

限定检索是对检索词在文献中出现的包括时间、文种、文献类型、文献级别及字段进行限定性检索，是常见的“缩检”举措之一。其中，字段限定检索是指采用检索词在数据库记录中的一个或几个限定的字段范围内进行查找的检索方法。

另外，还有“加权检索”“聚类检索”等检索技术，由于它们在我们常用的国内外数据库检索中使用非常有限，此处不做赘述。还有需要说明的是在不同的检索系统中，截词算符、位置算符等的表现形式有所不同，我们将在之后的相关章节，对某个数据库中的这些算符的具体表现形式和作用做具体的介绍。

复习思考题

1. 信息环境问题的主要表现情形有哪些？你认为“只要不断强化技术手段就可以保障信息安全及信息环境优良”的说法对吗？为什么？

2. 信息检索的功用表现在科学评价、权威鉴定方面主要有哪些？

3. 查找文献的方法中，什么是引文查找法？

4. 常用的文献检索途径（字段）有哪些？

5. 根据教材，按文献信息的表现形式划分的11种文献类别分别是什么？

6. 什么是文献？什么是一次文献、二次文献、三次文献？

7. 什么是书目数据库？什么是文摘数据库？什么是引文数据库？什么是全文数据库？它们各自的特点主要有哪些？举例说明其特征。

8. 什么是科研课题立项信息检索？主要作用是什么？

9. 馆藏书目一般能提供哪些信息？

10. 当检索结果过少时，应该采取哪些措施提高检索命中率？检索结果过多时，又将如何应对？

第 2 章　国内常用文献信息数据库检索

国内公开出版的电子文献检索系统已经有百十来种之多，为了达到举一反三的目的，下面我们将这些检索系统中人们常用的、比较有影响的、适用面相对比较大的，首先按照其文献出版及发表类型特征，进行专门介绍，以便读者从使用文献的习惯及特定需求出发来开展检索。然后，针对一站式（统一）检索平台的便易性、多功能等特点，着重对国内比较成熟的这类平台做基本的介绍和推荐，帮助大家能在比较短的时间里，对相关方面的文献信息做出相对全面和概貌性的认识和了解。

2.1　电子图书及电子期刊检索

电子图书（或称数字化图书）是指以数字化形式存放、展示的包括文本、图像、音频等格式的图书，它们通过磁盘、光盘、网络等电子媒体出版发行，并需要借助计算机、手机、ipad 等电子设备进行阅读、下载、保存、传递。国内在教学、科研方面比较有影响的电子图书检索系统主要有“超星数字图书馆”“书生之家”等。以下重点对“超星数字图书馆”检索系统做较为详细的介绍。

2.1.1　超星读书（超星数字图书馆）

1. 数据库简介

该数据库由超星公司研制、编排。它作为目前世界上最大的中文在线数字图书馆，提供了包括文学、计算机通信、工业技术、经济和管理、历史地理、教育、社会科学、语言文字、医学、文化艺术、哲学宗教、自然科学、建筑交通、综合等十多个门类的约 300 多万种图书的信息检索及全文浏览、下载。

2. 数据库访问方式

(1) 作为中国最大的知识社区，非订购单位的用户目前可以通过互联网直接访问超星读书主站点（http://book.chaoxing.com/，图 2.1.1），来获取各学科的数万种电子图书、数万集大学课程及讲座视频。前提是需要进行用户注册，成为其合法会员后，可以通过各种贡献获得“星币”，通过“星币”换取各种学习资源和资料。当然，大多数会员是通过付费形式来赚取“星币”（1 星币＝1 元人民币），享用系统提供的全文浏览、下载所需的具体内容的。

上述网站是一个集电子图书检索、新书出版信息发布、阅读推荐、利用排名、读者交流、专题讨论等多种功能于一体的电子图书阅读、利用及相关信息交流的平台，其功能和作用已经大大突破了之前我们对电子图书检索系统的定义范畴，值得广大读者、作者、出版发行者、文献工作者等相关群体的广泛关注和使用，大家可以在网络支持的环境下随时随地对其进行访问，以便及时了解、获取相关信息。

(2) 作为已经订购了本数据库单位的用户，访问数据库的方式是由各自图书馆主页上的

图 2.1.1　超星读书主页

"超星数字图书馆"进入本数据库的镜像检索系统进行检索。

所谓镜像检索系统，是超星公司根据各级各类图书馆的具体情况，专门开发设计的供各图书馆根据其主要用户需求、馆藏文献建设原则及文献购置经费等因素，选择订购的"超星数字图书馆"检索系统。一般国内大多数高校及县级以上公共图书馆、科技系统图书馆都订购了这种超星数字图书馆镜像检索系统(图 2.1.2 为苏州大学超星数字图书馆)。

镜像检索系统区别于上述网上访问数据库商家主站点的地方主要在于：① 镜像数据库中的文献信息已经通过技术手段存放在用户本地的服务器中，对合法用户而言(即在订购单位范围内使用数据库)不需要口令密码等即可方便进入使用，即可以免费进行包括检索、浏览全文、下载全书或所需要的部分内容等数据库提供的所有功能；② 由于各订购单位相对而言服务对象稳定、用户素质比较整齐，因此，镜像数据库中的内容更加具有针对性强、学术性强的特点，是开展学习及研究活动的重要支持系统。

3. 数据库检索方式

以下我们就针对超星公司面向各级各类图书馆所提供的"超星数字图书馆"镜像检索系统，对其检索利用方面的知识和技巧进行介绍。

从单位订购的该数据库主页下载安装超星阅览器(根据图 2.1.2 苏州大学超星数字图书

图 2.1.2　苏州大学超星数字图书馆

馆检索截面中双圈所提示的步骤进行)。为能够顺利阅读数据库中的 pdg 格式的全书内容,需要先下载并安装专用阅读工具“超星阅读器 SSreader 5.4 PC 版”(目前最新版本)。

选择检索途径检索。一般来说,查找本数据库中的图书有三种方式。

1) 快速检索(系统默认检索途径)

进入数据库后,通过页面上方的“检索”入口进行相关检索。这是系统默认的检索途径(如图 2.1.2 中的苏州大学超星数字图书馆),为用户提供了书名、作者、目录、全文四种检索入口和将检索范围局限在某个具体的大类之中进行的功能,同时还可以根据初步的检索结果,将检索目标锁定在更小范围内的“在结果中检索”的功能,目的是为了提高检索的精确性。

例如:(以“苏州大学超星数字图书馆包库站点”为例)需要查找有关“信息检索”方面的图书。

采用“快速检索”从“书名”入口来检索书名中含有“信息检索”时,检索结果显示的是书名中含有“信息检索”的书。之后,我们可以根据需要,选择查看其中某一本书的具体内容,同时还可以进一步根据需要扩大检索范围(图 2.1.3)。

如果需要了解在检索结果中,侧重反映专利信息检索的书有哪些时,可以将“专利”作为检索词,选择“书名”为检索入口,选定“二次检索”,最后检索出《中外专利信息网络检索与实例》等两本符合检索要求的图书(图 2.1.4)。

当检索到相关满意的结果后,如图 2.1.4 所示,可以直接点击“网页阅读”来查看全文内容。同时对感兴趣的部分,可以进行“文字摘录”,系统会将文字摘录的内容连同其来源(出处)同时转换为 word 文档,便于用户保存利用,如图 2.1.5 所示。另外,也可以点击图 2.1.4 中的“阅读器阅读”,通过本数据库特定的阅读器进行全文内容的阅读及相关处理(详见本小节中的“4. 检索结果查看及处理”)

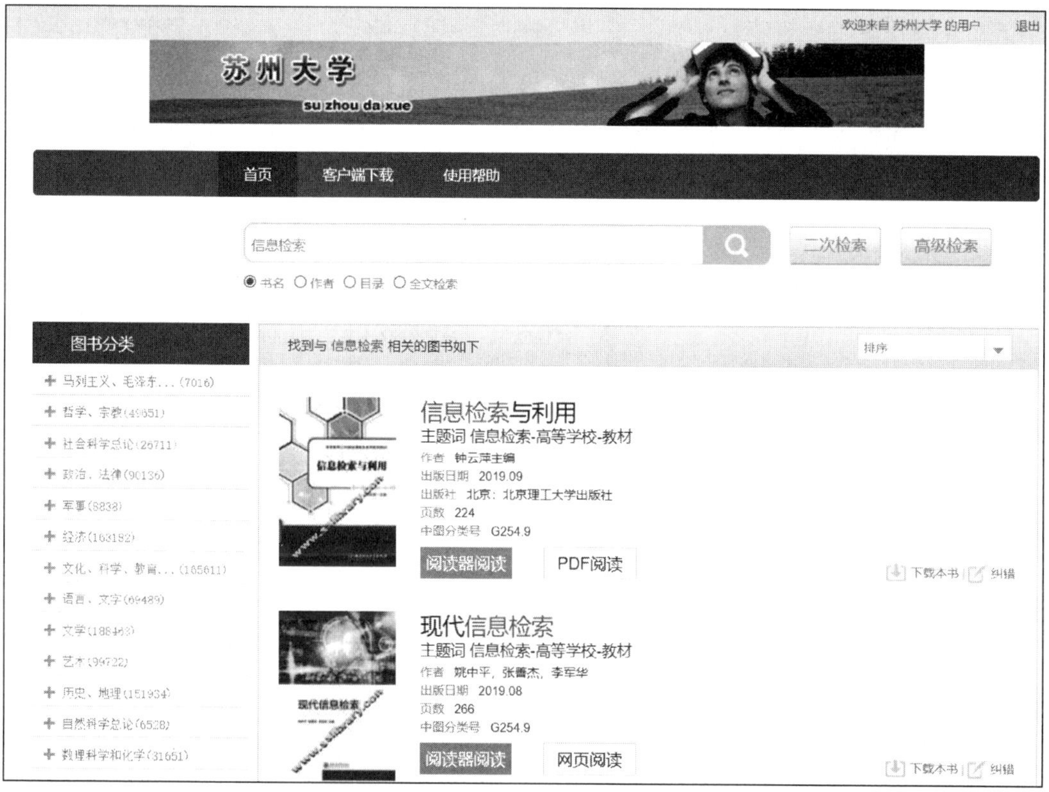

图 2.1.3　"快速检索"从"书名"入口检索书名中有"信息检索"的检索结果之一

图 2.1.4　选定"在结果中检索"(即二次检索)后的情形

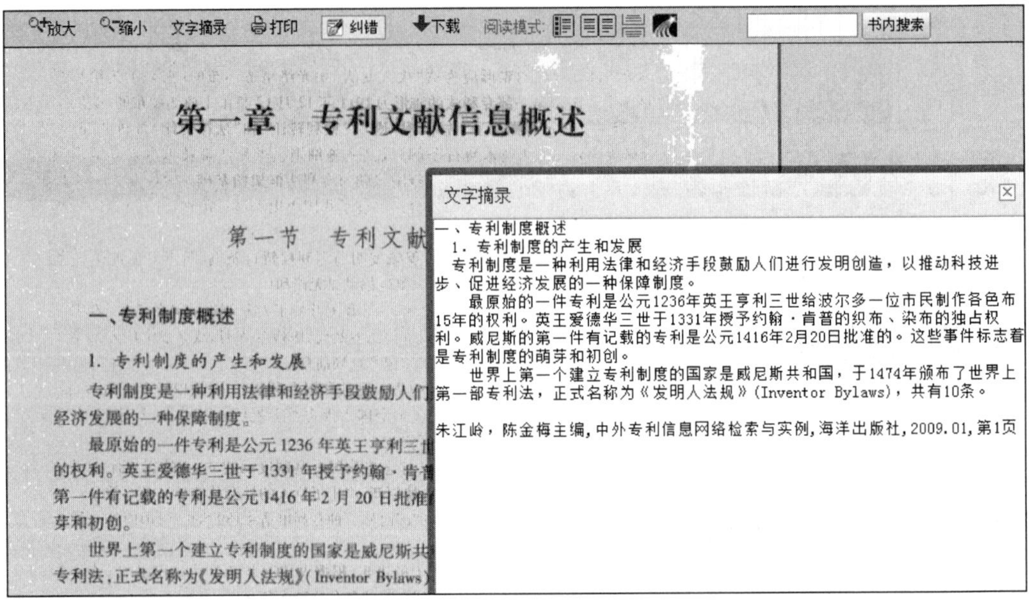

图 2.1.5　选择"网页阅读"全文的结果时选定"文字摘录"功能的情形

2）高级检索

(以"苏州大学超星数字图书馆本地镜像站点"为例)进入数据库后,通过"高级检索"入口进行图书查找。所谓"高级检索",主要是在以上"快速检索"的基础上:

(1) 增加了限制性检索条件,对检索结果进行时间限定及输出排序、每页显示记录条数的选择功能;

(2) 提供了逻辑运算功能(检索技术的应用),数据库可以响应用户同时对书名、作者、主题词、分类号四种条件进行逻辑运算的检索需求。

选择"高级检索"途径(图 2.1.6),可以帮助我们节省检索的时间,提高检索的效率。

图 2.1.6　"高级检索"界面

所谓逻辑运算,即是第 1 章所介绍的常用的检索技术之一,是采用布尔逻辑运算式来表达检索者对检索对象之间关系的限定及对检索结果范围的限定。

① 逻辑与——要求系统在检索时,所输出的检索结果,要同时满足用户提交的两个或两个以上的检索条件。常用运算符有"与""AND""＊",不同检索系统对于采用这三种代号中的某种可以有不同的规定。在超星数字图书馆中采用逻辑与运算时,其表现形式为"与"。

在实际的检索活动中，单一主题的检索需求常常少于对多主题内容的需求，即人们往往需要检索系统能提供同时满足多个检索条件的结果。如：需要检索关于“汶川大地震灾后重建民用建筑标准及材料的研究”的相关课题，我们在确定课题相关主题概念时，起码有如下几个主题词需要同时采用：地震灾害、民用建筑、建筑设计标准、抗震设计、抗震材料……采用逻辑与的运算，即在检索时，将这些概念用逻辑与的符号连接在一起，可以起到准确检索同时满足相关条件文献信息的作用。逻辑与技术的使用，主要起到精确检索结果的作用。

② 逻辑或——要求系统在检索时，所输出的检索结果只要满足所给出的两个以上检索条件中的任何一个或几个或全部都是可以的。常用运算符为“OR”“或”“+”，同样，不同的检索系统对于采用这三种代号中的某种可以有不同的规定。在超星数字图书馆中采用逻辑或运算时，其表现形式为“或”。

通常情况下，当我们需要全面检索某方面内容时，采用逻辑或的运算，即在检索某对象时，将其同义的概念、近义的概念、不同表现形式的称谓等用逻辑或进行连接，可以起到避免漏检重要信息的作用。

③ 逻辑非——要求系统在检索时，将某些内容排除在检索结果之外，以“减少噪声”，提高检索结果精确度。常用运算符为“非”“NOT”“AND NOT”或“—”。不同的检索系统对于具体采用某种代号可以有不同的规定。超星数字图书馆没有提供逻辑非的运算，亦即系统不支持本项检索技术的实施。

3）分类检索

进入以上数据库后，通过页面左侧图书分类目录，直接选择需要的类目，逐级进行图书查找。根据中图分类法分类原则，本数据库将其中收录的所有电子图书分为 22 大类，当点击所需检索的类目时，在其下将会出现该类目所包含的子类，点击子类即可显示该子类下属的所有图书。

图 2.1.7 反映的就是“艺术”大类下“摄影艺术”小类中部分图书的信息。

图 2.1.7　通过“分类检索”途径按类检索界面

4. 检索结果查看及处理

此节专门对"阅读器阅读"的情形进行说明与介绍。图 2.1.8 上的"客户端下载",就是系统用以支持用户选择"阅读器阅读"进行全文内容的阅读及相关处理的前提。只有事先按照系统提示进行了"客户端下载",才能使用"阅读器阅读"的所有功能。用户可以根据自己的需要,选择下载电脑版或手机版的超星阅读器。

图 2.1.8　"客户端下载"

如果在图 2.1.7 的检索结果界面,选择了"阅读器阅读",查看、浏览《摄影摄像技术》一书的全书内容,只需要单/双击该书名即可。读者打开一本书后可以根据自己的需要进行前后翻页或指向特定页码的操作并得到所要浏览的具体页面内容(图 2.1.9、图 2.1.10)。

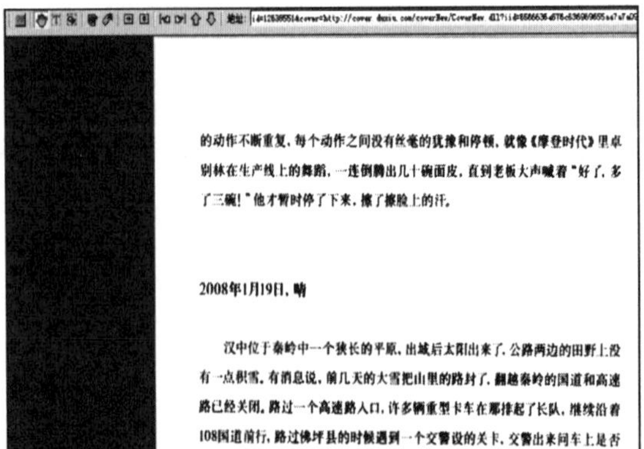

的动作不断重复，每个动作之间没有丝毫的犹豫和停顿，就像《摩登时代》里卓别林在生产线上的舞蹈，一连倒腾出几十碗面皮，直到老板大声喊着"好了，多了三碗！"他才暂时停了下来，擦了擦脸上的汗。

2008年1月19日，晴

汉中位于秦岭中一个狭长的平原，出城后太阳出来了，公路两边的田野上没有一点积雪。有消息说，前几天的大雪把山里的路封了，翻越秦岭的国道和高速路已经关闭。路过一个高速路入口，许多辆重型卡车在那排起了长队，继续沿着108国道前行，路过佛坪县的时候遇到一个交警设的关卡，交警出来问车上是否带有防滑链，得到肯定回答后就把我们放行了，看来前面的路是可以走的。

图 2.1.9　所需要浏览的具体页面

图 2.1.10　浏览具体图片

另外,用户可以对具体图书中的内容进行网上全文下载或部分摘要,并通过数据库所嵌入的汉王 OCR 识别系统,将部分需要的内容从原来的图像格式转化为 word 文本,以便进一步利用(图 2.1.11)。但是,需要注意文字识别系统的辨识度并不是百分之百准确,要注意及时核对原文修正相关内容。

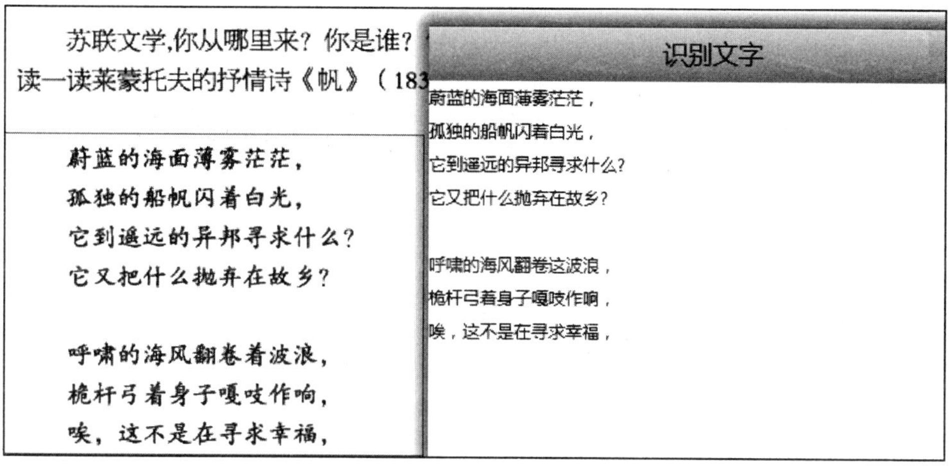
苏联文学,你从哪里来? 你是谁?
读一读莱蒙托夫的抒情诗《帆》（183
蔚蓝的海面薄雾茫茫,
孤独的船帆闪着白光,
它到遥远的异邦寻求什么?
它又把什么抛弃在故乡?
呼啸的海风翻卷着波浪,
桅杆弓着身子嘎吱作响,
唉,这不是在寻求幸福,
识别文字
蔚蓝的海面薄雾茫茫,
孤独的船帆闪着白光,
它到遥远的异邦寻求什么?
它又把什么抛弃在故乡?
呼啸的海风翻卷这波浪,
桅杆弓着身子嘎吱作响,
唉,这不是在寻求幸福,

图 2.1.11　选中所需利用 OCR 使其从原来的图像格式转化为 word 文本

在全书浏览的过程中,根据需要,阅读某页面内容时,可以进行文字或图片的放大或缩小、做适当的标注并保存、建立具有个性化特征的“我的图书馆”等,目的都是为了方便我们阅读利用电子图书。

2.1.2　其他电子图书检索平台

1. 书生之家数字图书馆

该数据库由北京书生数字技术有限公司研制,主要收录了 2000 年以来国内出版的各种图书,其内容涉及社会科学、人文科学、自然科学和工程技术等所有类别,现有 100 多万种电子图书,每年以六七万种的数量递增。访问该数据库时,一般都需要从订购单位进入,或注册用户方可浏览、下载全文内容。

该数据库的主要检索方式如下。

(1) 简单检索

根据已知线索,选择在图书名称、作者、丛书名称、主题、提要某一个字段进行检索(图 2.1.12)。

(2) 分类检索

选择主页左侧“图书分类”(图书设有四级目录导航),点击相应类目即可打开该类目下属全部图书。具体方法是根据所要查找的图书内容确定其所属类别,按分类体系逐级选择相应类目,直至出现该类目所包含的全部图书。点击相关图书“阅读器阅读”字样即可在线阅读全书内容(图 2.1.13)。

(3) 组合检索

采用字段组配的方法(逻辑或、逻辑与),提供更为精确的组合检索(图 2.1.14)。

检索举例:利用“组合检索”方式查找郭玉强编写的“信息检索”方面的电子图书。检索步骤:

① 进入书生之家点击“图书”,在展开的页面中点击“组合检索”。

② 在“组合检索”页面,同时选择图书名称(字段)和作者(字段),进行“查询”(图 2.1.14),得到检索结果 1 条(图 2.1.15)。

图 2.1.12　简单检索界面(图书名称、作者、丛书名、主题、提要)

序号	图书名称	作者	开本	翻看
1	更年期自我保健	陆曙民	32	阅读器阅读
2	前列腺疾病	李军	32	阅读器阅读
3	家庭自然疗法.骨伤科病	诸福度	32	阅读器阅读
4	高校教师身心健康指南	郭晋武	32	阅读器阅读
5	头痛患者之友	刘智壶	32	阅读器阅读
6	阳痿病防治	肖相如	32	阅读器阅读
7	孩子防病18法	顾刚臣	32	阅读器阅读
8	孩子减肥18法	顾刚臣	32	阅读器阅读
9	肝炎患者之友	李军	32	阅读器阅读
10	看病住院知识问答	李丽芬	32	阅读器阅读
11	骨质疏松症诊治问答	李娟	32	阅读器阅读
12	肾脏病食物疗法	庞焕光	32	阅读器阅读

图 2.1.13　“图书分类→生活百科→医疗保健”检索结果一览

图 2.1.14　“组合检索”(逻辑组配检索)

图 2.1.15　检索结果[命中 1 条记录(2021－7－19)]

③ 点击“阅读器阅读”,即可阅读本书全部的内容。

需要注意的是,查看全文内容,事先应该在图 2.1.12 中点击“软件下载”,安装本数据库的专用阅读器后,方可实现全文阅读的功能(图 2.1.16)。

2. 中国基本古籍库

中国基本古籍库由北京爱如生数字化技术研究中心开发制作、黄山书社出版发行。该数据库分 4 个子库、20 个大类和 100 个细目,共收录自先秦至民国的历代名著和各学科基本文献 10 000 种,其内容总量相当于 3 部《四库全书》,每种均提供 1 个通行版本的数码全文和一两个珍贵版本的原版影像;总计收书约 17 万余卷,版本 12 500 多个,全文约 17 亿字,影像约 1 000 万页。该数据库提供了对古籍浏览、校勘、标注、分类、编辑、下载、打印等基本服务与功能。

数据库的访问方式是从订购该库的单位主页上的本数据库入口,按照提示的方式打开数据库。

(1) 数据库检索方式

① 分类检索。通过学科分类,逐级进行检索,可以检索到某一领域的某些或某种古籍,并

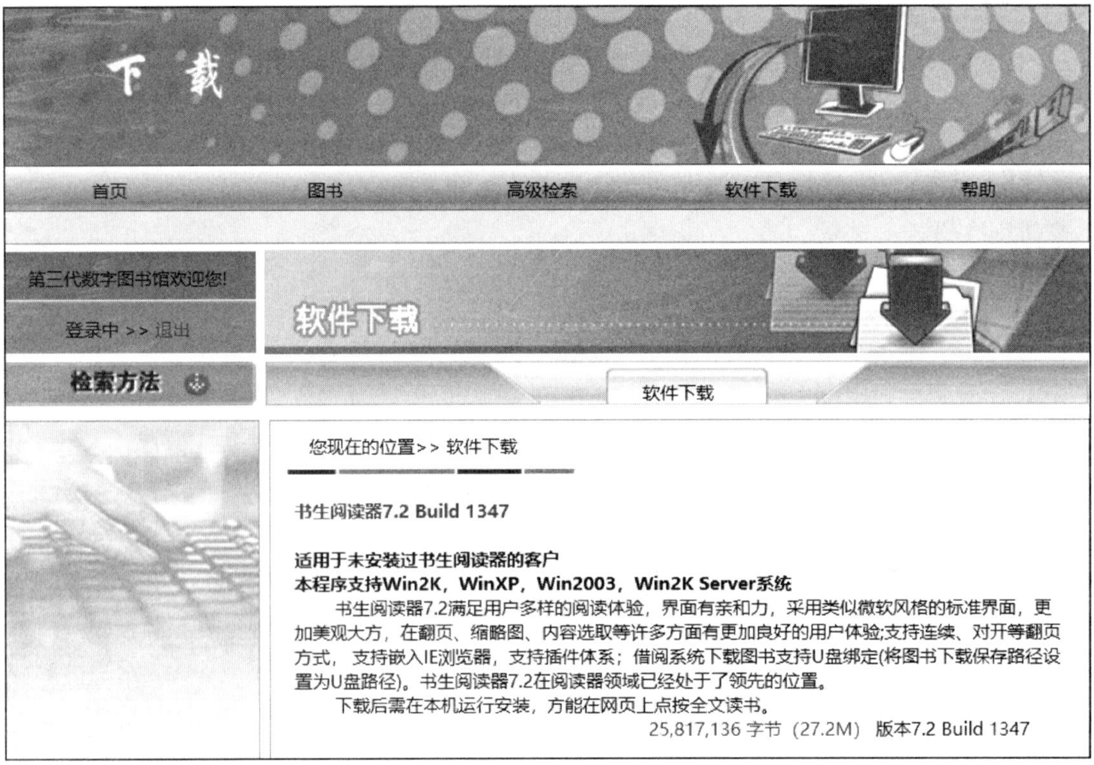
下 载
首页
图书
高级检索
软件下载
帮助
第三代数字图书馆欢迎您!
登录中 >> 退出
软件下载
检索方法
软件下载
您现在的位置>> 软件下载
书生阅读器7.2 Build 1347
适用于未安装过书生阅读器的客户
本程序支持Win2K，WinXP，Win2003，Win2K Server系统
书生阅读器7.2满足用户多样的阅读体验，界面有亲和力，采用类似微软风格的标准界面，更加美观大方，在翻页、缩略图、内容选取等许多方面有更加良好的用户体验;支持连续、对开等翻页方式，支持嵌入IE浏览器，支持插件体系；借阅系统下载图书支持U盘绑定(将图书下载保存路径设置为U盘路径)。书生阅读器7.2在阅读器领域已经处于了领先的位置。
下载后需在本机运行安装，方能在网页上点按全文读书。
25,817,136 字节 (27.2M) 版本7.2 Build 1347

图 2.1.16　书生之家数字图书馆阅读器下载

且可以预览概要。

② 字段检索。限定在书名、朝代、作者、版本、篇目，可检索到某时代某作者某本古籍某版本某卷某篇的具体信息，并且可以预览概要(图 2.1.17)。

書　名 孟子
作　者
時　代 所有時代
版　本
篇　目
輸入簡化字請在□中打√

图 2.1.17　中国基本古籍库“字段检索”结果界面

③ 全文检索。可以输入任意字、词或字符串进行精确检索。看到具体的文献全文的时候，所用的检索词也能清楚地以颜色背景显示其中(图 2.1.18)。如要缩小检索范围，可在左栏关联选项的“类目”下拉列表中选择库、类，也可在“时代”下拉列表中选择具体时代，还可在“书名”框中输入书名，在“作者”框中输入作者，限制范围进行检索。

图 2.1.18　中国基本古籍库原始文献全文页面

④ 高级检索。高级检索是在全文检索的基础上，增加了检索词之间的逻辑运算选项（“与”“或”“非”），或对前次检索结果不断进行“二次检索”以提高检索结果精确度的检索方式。

（2）检索结果处理方法

中国基本古籍库共提供了 10 个基本功能。

① 版式设定。运用此功能可随意调整版面，或设定竖排，或设定横排，或设定有列线，或设定无列线。

② 字体转换。运用此功能可实现文字的繁简、大小、粗细及色彩的自由转换。

③ 背景音色。运用此功能可选择不同的乐曲和底色，营造愉悦的研读环境。

④ 阅读记忆。运用此功能可以帮助查找先前看过的书名及页码，以省重复翻检之劳。

⑤ 版本对照。运用此功能可根据需要调阅版本图像，实现全文与版本图像，以及第一个版本图像与第二个版本图像的同屏对照，为校勘提供便利。

⑥ 缩放控制。运用此功能可随意调节图像的大小，辨读模糊不清的文字。

⑦ 标点批注。运用此功能可在浏览原文时添加标点及批语，记录阅读心得。

⑧ 分类搜集。运用此功能可自动收藏并分类管理所查阅的数据，以便归纳研究或编辑成文。

⑨ 下载编辑。运用此功能可拷贝全文或节选条节导出到其他文档，重新编辑。

⑩ 原文打印。运用此功能可打印原文。

2.1.3　电子期刊数据库

电子期刊是网络普及以来在教育界、学术界、科技界广受重视并广泛使用的一类电子化的文献类型。它不仅是指对传统期刊进行电子化后所得到的印刷版期刊的电子文本，更包含了在强大的信息技术支持下大量以网络版的形式直接在网上定期或不定期发布、发表的“连续性出版物”。

2.1.3.1　中国学术期刊(网络版)(https://cajn.cnki.net/cajn/)

1. 数据库简介

该数据库属于中国知识资源总库[中国知网(china national knowledge infrastructure，CNKI)网络资源共享平台](https://www.cnki.net/)的重要组成部分，是世界上最大的连续动态更新的中国学术期刊全文数据库。本数据库以学术、技术、政策指导、高等科普及教育类期刊为主，内容覆盖自然科学、工程技术、农业、哲学、医学、人文社会科学等各个领域。目前共收录10 895种期刊(共计1 697 032期)、60 340 870篇文章。收录文献时间是从1915年至今(出版的期刊)，部分期刊回溯至创刊。

数据库中的内容按照学科被划分为十大专辑：基础科学、工程科技Ⅰ、工程科技Ⅱ、农业科技、医药卫生科技、哲学与人文科学、社会科学Ⅰ、社会科学Ⅱ、信息科技、经济与管理科学。十大专辑下分为168个专题和近3 600个子栏目。

2. 数据库访问方式

(1) 非订购单位用户，目前可以通过互联网访问“中国知网”(图2.1.19)，在家里或任何可以上网的地方，对其中包括中国期刊全文数据库在内的150个数据库中的题录、文摘进行检索。

图 2.1.19　中国知网主页

一般情况下，用户通过到所在地的省(或市，或区县公共图书馆)办理认证手续后，就可以凭自己的读者号或用户号，上网免费进行检索并获取其中的全文内容。否则，必须通过注册、付费的方式，才能获得自己想要的文献全文内容。

(2) 订购单位的用户,访问数据库的方式是由各已经订购了该全文数据库的图书馆主页上本数据库的链接处,进入数据库的检索界面。

3. 数据库检索方式

数据库为用户提供的检索方式有 7 种:出版物导航(整刊检索)、高级检索、专业检索、作者发文检索、句子检索、一框式检索、分类检索。下面分别对 7 种检索方式进行介绍。

(1) 出版物导航(整刊检索)

在图 2.1.19 中选择右上方的"出版物检索",实际就是选择整刊检索(图 2.1.20),就是以一种期刊名称为检索入口,来查找其上面所登载的论文情况。在"出版物检索"的界面下,用户可以根据自己的要求或检索目的,分别选择出版物来源导航、期刊导航、学术期刊导航、学位授予单位导航、会议导航、报纸导航、年鉴导航、工具书导航等导航系统,了解各种出版物的详细情况,其中可以通过"期刊导航"来浏览某刊(包括核心期刊)所载;同时也可以在检索提问栏中直接输入刊名(曾用名)、主办单位或 ISSN 代码、CN 代码,来查找某本刊物所刊登的所有论文。

图 2.1.20　"出版物检索"(整刊检索)

核心期刊主要指在某学科(或某专业领域)中那些发表该学科领域学术论文较多、被使用频率(包含被引、被转载、被摘录、被阅读利用的频率)较高、学术影响力较大的期刊。

国内对核心期刊的评选因不同的机构而形成不同的标准和评价体系。在中国期刊全文数据库的"期刊导航"中,采用的是北京大学图书馆牵头制订的《中文核心期刊要目总览》,该目录也是国内众多高校作为学术成果评价的指标之一。

(2) 高级检索

"高级检索"是当前系统默认的首选检索方式(图 2.1.21)。它支持进行"多项双词逻辑组合检索""双词词频控制检索"等功能。"多项"是指同时可选择多个检索项;"双词"是指同时在一个检索项中可输入两个检索词(在两个输入框中输入),每个检索项中的两个词之间还可进行逻辑运算(并且、或者、不包含),旨在帮助用户精确搜索到所需文献。

图 2.1.21 采用"高级检索"方式进行检索

检索实例:要求检索最近十年(2011—2021)发表的研究主题包含"登革热"及"进展"或"综述"或"述评"的属于文献综述类的期刊文章(2021-4-7),检索界面如图 2.1.21 所示,检索结果如图 2.1.22 所示(命中记录 266 条)。

图 2.1.22 检索结果

在检索结果中我们可以了解到的相关信息及可以开展的进一步举措如下。

① 该检索结果来源于《军事科学》《应用昆虫学报》《昆虫学报》等核心期刊。

② 涉及"登革热"的相关关键词还有"白纹伊蚊""蚊虫"……

③ 与所查主题密切相关的,并不是核心期刊上发表的同类文献——"为我推荐"。

④ 检中文献发表的年度及相应的篇数。

⑤ 检中文献的“影响力”——“被引”与“下载”次数。

⑥ 系统默认显示的检索结果排序是“发表年度”，但通过分组浏览功能，读者可以自行选择按“学科”或“基金”“期刊”“作者”“机构”来排序检索结果。

⑦ 对选中需要进一步查看全文的某一篇文章，可以直接点击文章名称进行全文内容的阅读。

⑧ 对需要进一步查看全文的多篇(或全部)文章，可在图 2.1.23 中的文章篇名序号前的小方框中标记，选择“批量下载”或“导出文献”“可视化分析”，分别将检索结果下载到本地机器，或导出其符合国家标准的“参考文献”格式(图 2.1.23)，便于作为读者今后撰写相关论著的参考文献；也可以通过“可视化分析”(图 2.1.24)来直观地了解本次检索结果的分布情况以及所用的检索策略。

图 2.1.23　系统自动生成的符合国家标准的“参考文献”格式

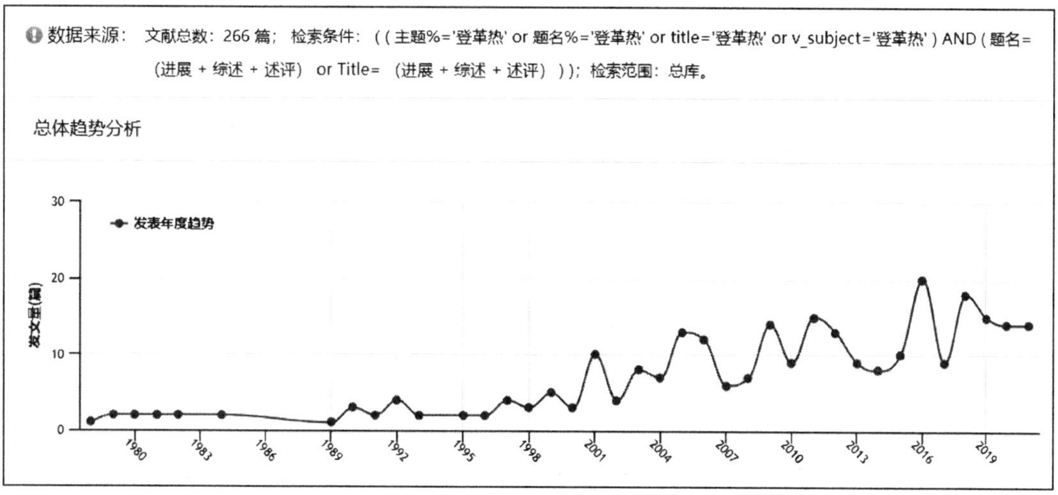

图 2.1.24　检索结果可视化分析

在图 2.1.24 的可视化分析结果中，系统自动记录了本次检索课题完整的检索策略——检索条件：(主题：登革热)AND(篇名：(进展＋综述＋述评))，检索范围：总库。

检索策略是用户为了开展针对某个活动或课题而制订的信息检索全盘计划或策略。一般可以包括选什么检索词(及其同义词)、选什么数据库、选什么检索途径、构造的检索式、相关的限制性条件(如文献发表时间、文献等级等)。一个周全的检索策略,非常有助于我们高效、准确、全面获取相关信息,但往往需要多次修改和完善才能争取做到尽善尽美。

检索式也称为检索提问式,是检索者为了达到课题检索的需要,所构造的用以表达检索提问的逻辑表达式。通常由检索字段名、检索词和逻辑运算符号及检索限定条件等共同构成。现有检索系统一般会根据用户的操作,自动记录和生成当前检索活动的检索式。如以上检索实例的检索式为:(主题:登革热)AND(篇名:(进展+综述+述评))。检索式有比较简单的形式,也有比较复杂的情形,主要取决于课题检索的实际需要及系统设置的相关规定。

(3) 专业检索

“专业检索”要求检索者自行构造检索提问式来准确地表达其多主题的、多条件的检索要求。

检索举例:在“中国期刊全文数据库(中心网站,文献起止时间设为1980—)”中检索钱伟长在清华大学以外的机构工作期间所发表的、题名中包含“流体”“力学”的文章。

检索步骤:① 进入“专业检索”界面。② 按照数据库提示及要求构造检索式:TI=流体 * 力学 AND AU=钱伟长 NOT AF=清华大学,检索后有1条命中记录(图2.1.25)。

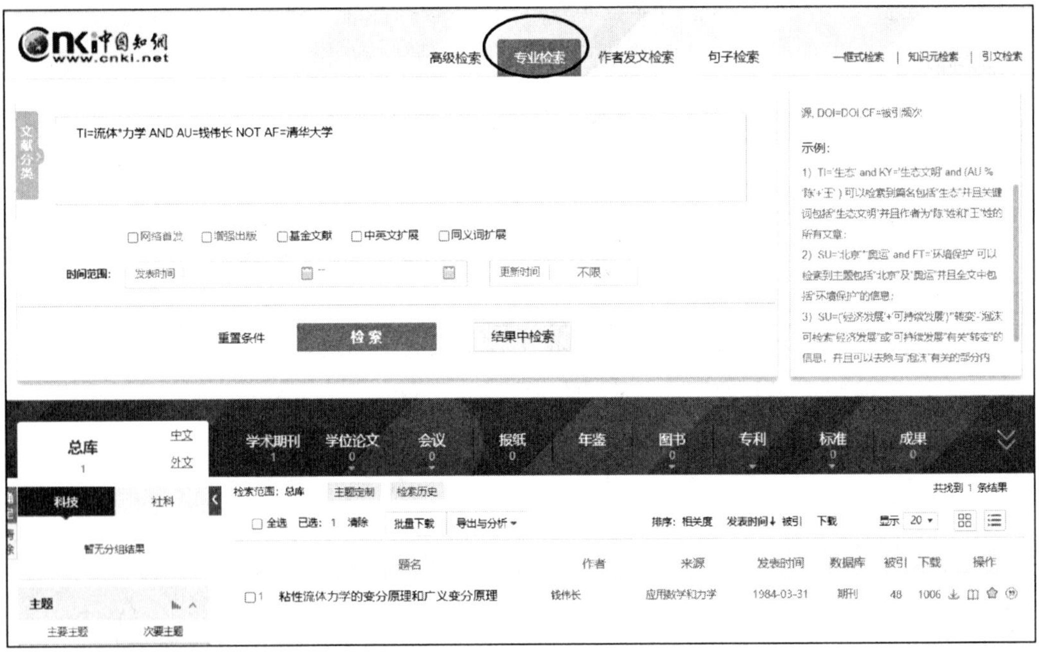

图 2.1.25 采用“专业检索”方式的界面

(4) 作者发文检索

选择“作者发文检索”方式进行检索,是通过已知作者姓名、单位信息,对其独立或合作(第一作者或非第一作者)所发表的所有期刊论文统统检索一遍,旨在对该作者的研究内容、期刊发文量等情况做总体的了解或证实。图2.1.26是采用“作者发文检索”方式的检索界面(结果)。

(5) 句子检索

选择“句子检索”方式,表示需要在整篇文章中,查找同一句或同一段话里同时存在具有关联意义的两个或多个检索词,以满足检索提问的需求。一般情况下,我们可以把这种检索方式

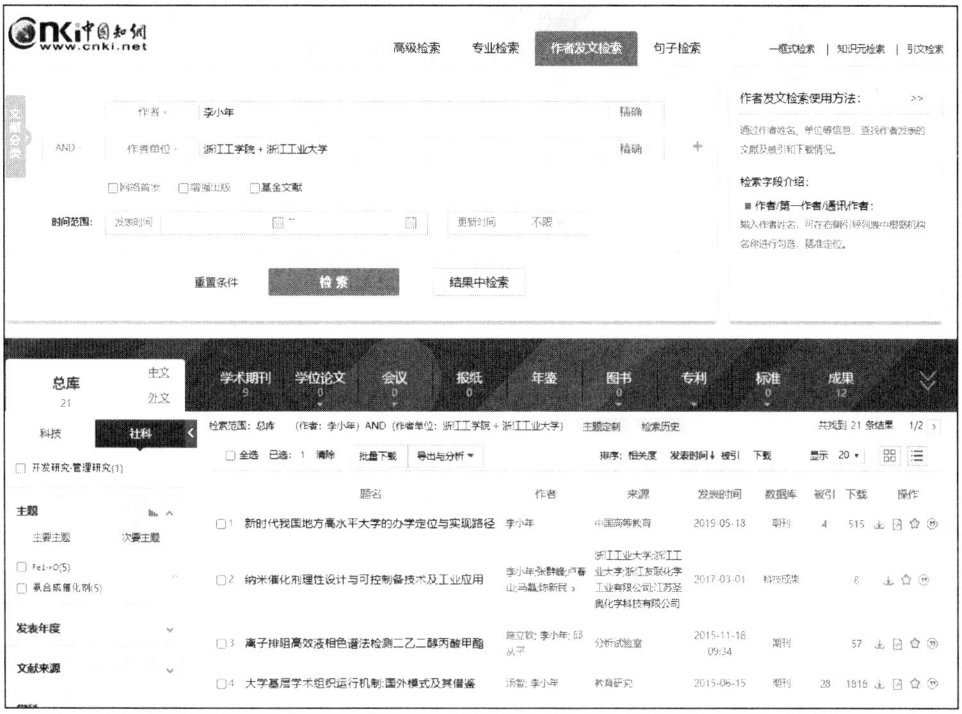

图 2.1.26　采用“作者发文检索”方式的检索界面(结果)

当作“高级检索”方式的一种补充，即是采用“高级检索”方式后，对检索结果不太满意(检中文献过少甚至检索结果为零)的情况下，才使用的一种检索方式。

检索举例：需要检索有关残疾人开展柔力球运动方面的相关文献。采用同样的检索词及逻辑组配技术的情况下，采用“高级检索”方式和“句子检索方式”的结果是有明显差异的。

① “高级检索”方式的检索结果是命中文献为 15 条(图 2.1.27)。

图 2.1.27　“高级检索”方式的检索结果(2021－4－8)

② “句子检索”方式的检索结果是命中文献为 76 条(图 2.1.28)。

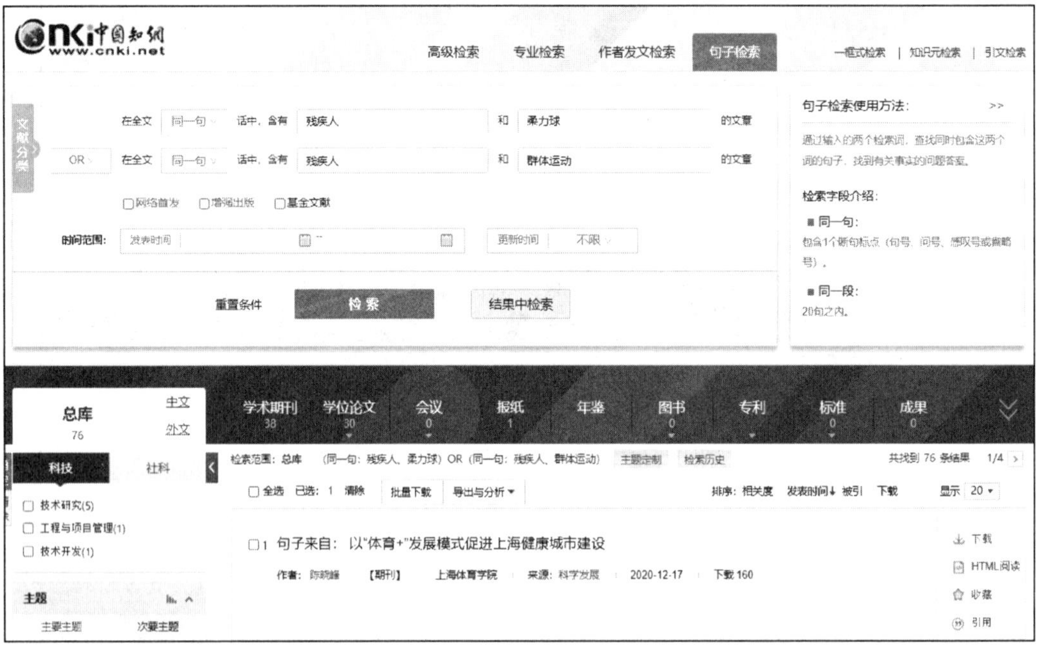

图 2.1.28　“句子检索”方式的检索结果(2021 - 4 - 8)

(6) 一框式检索

“一框式检索”方式是类似搜索引擎式的检索方式(图 2.1.29),一般可以在专题文献普查时使用。必要时用户也可以作为上述各种检索方式的一种补充形式。

图 2.1.29　“一框式检索”方式界面

(7) 分类检索

事实上在本数据库中的分类检索方式,有三种情形。

① 通过系统提供的分类体系,逐级检索某类目下的所有文献,在检索输入栏中不必输入任何检索词。这种情形往往在进行系统文献统计、调研时采用。

检索举例:查找数据库中关于“医药卫生”大类下“感染性疾病及传染病”的小类“感染性疾病的预防”类的所有文章,即只需要从“医药卫生”大类中逐级深入,直到系统自动给出检索结果——在“感染性疾病的预防”类中一共收录的文献总量为 6 086 条记录/篇文章(2021 - 4 - 8)及其详细内容(图 2.1.30)。

② 分类-主题结合型检索方式。选定系统提供的分类体系中的相关类目,作为限制性检索

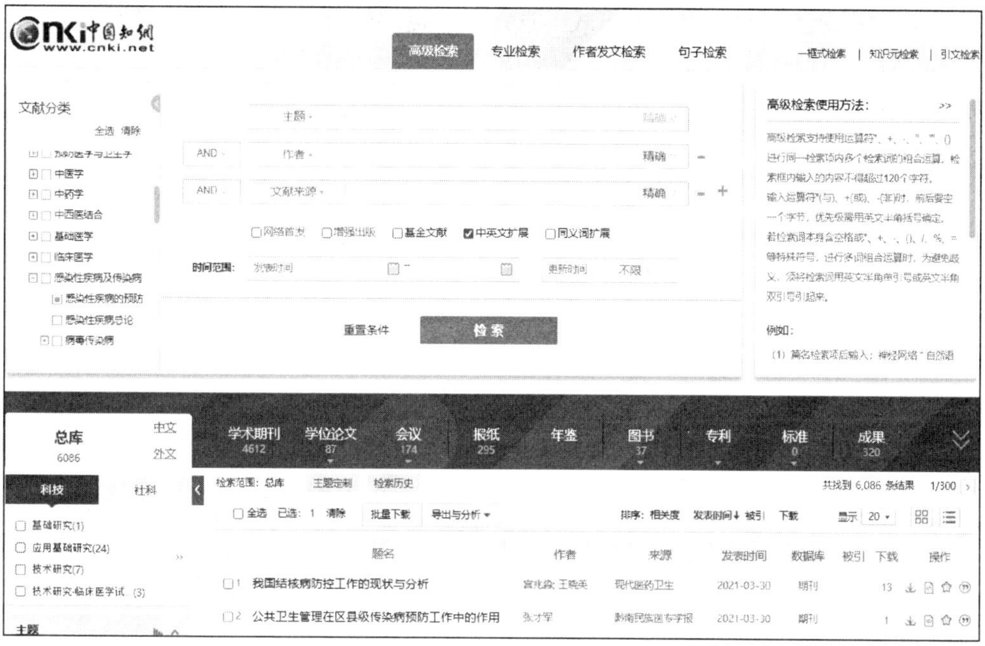

图 2.1.30　通过系统提供的“文献分类目录”逐级检索某个小类目中的全部文献

条件，把检索目标锁定在某个或某些学科领域范围，再通过在检索输入栏中输入相关的检索词(用户已经掌握的相关信息，如主题词、作者、机构等)进行检索。这种情形往往在进行相关学科背景下的文献调研时采用，旨在提高检索效率，避免不相干内容的检出，减少检索结果的不准确性。

检索举例：查找生物医学工程领域关于“知识产权保护”方面的期刊论文。检索步骤如下。

首先，将查询的学科范围限定在“生物医学工程”。

其次，选择从“主题”途径(实际数据库是同时在“篇名”“主题”“摘要”三个字段中检索，检索结果如图 2.1.31 所示)。

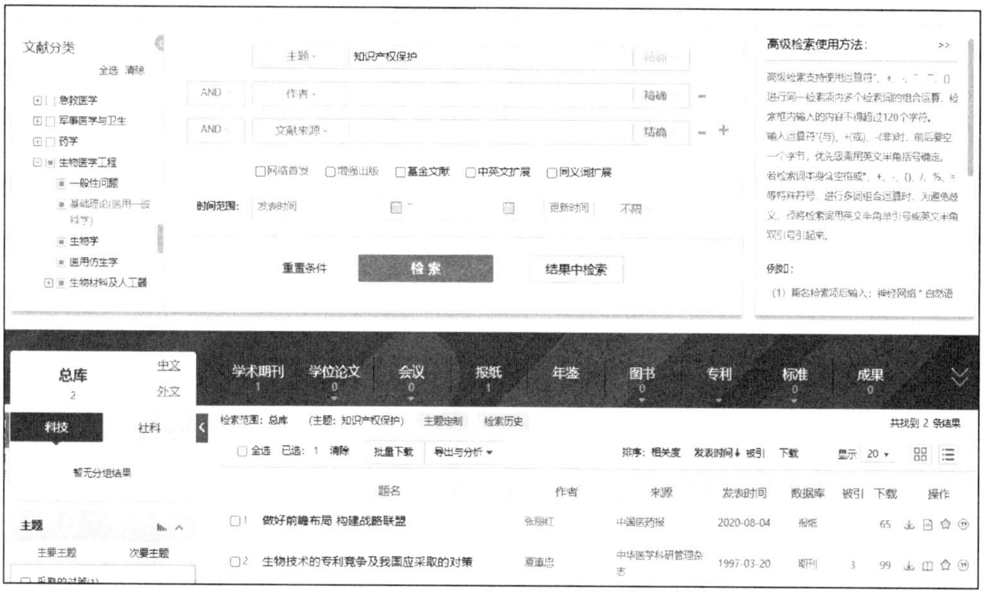

图 2.1.31　采用“分类-主题结合型检索”方式的情形

③ 利用中图分类号进行检索的方式。选定系统提供的分类号检索途径,把已知的中图分类号填入检索框里进行检索,如图 2.1.32 所示。采用中图分类号进行检索的特点是: a. 必须事先掌握准确的中图分类号; b. 有了准确的中图分类号,检出的文献切题性、全面性相对较高。

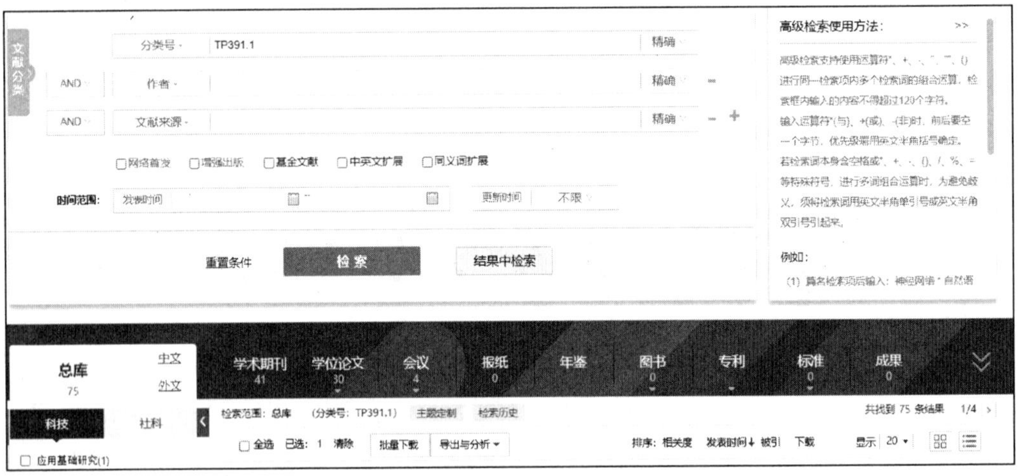

图 2.1.32　采用中图分类号进行检索的情形

4. 检索结果查看及处理

无论选择上述哪一种方式来进行课题(专题)论文的检索,首先可以得到的都是检索结果的主要书目信息(图 2.1.33),包括检中文献的总记录条数,每条记录的篇名、刊名。其中采用基本检索方式所得到的书目信息比其他两种方式多了两项内容: 作者(姓名)。

图 2.1.33　检索结果的主要书目信息

在上图界面下,可以按照具体的要求进行下面几种选择。

① 保存或下载论文的主要书目信息(包括篇名、作者、刊名、关键词、文摘等),以便专题资

料积累、备用。具体方法是通过全选或标记记录的形式，选中一批相关性更高的文献“存盘”。值得注意的是系统提供的数目信息存盘保存的文献信息的格式，基本符合国家标准 GB/T7714－2015《信息与文献 参考文献著录规则》的相关规定，可以直接或略做修改后进行使用。

② 中国知网的文献资料，主要提供 PDF 格式、CAJ 格式两种全文的阅读和下载方式。阅读 PDF 格式文章，请安装 Adobe Reader 阅读器，阅读 CAJ、KDH、NH 等格式文件请安装 CAJViewer7.3 阅读器。这两类阅读器均可以在中国知网首页上的下载中心下载，下载完成后直接运行安装，按默认的选项直到安装完毕即可(https://www.cnki.net/software/xzydq.htm)。

安装了以上阅读器后，就可以直接查看或下载该库中的任何文献的全文，同时按照当前界面提供的各种功能，对所需文章的具体内容进行摘要、文字转换等处理。

2.1.3.2　中文科技期刊数据库(http://www.cqvip.com)

1. 数据库简介

中文科技期刊数据库诞生于 1989 年，累计收录期刊 15 200 余种，现刊 9 000 余种，文献总量 7 000 余万篇。该数据库内容基本涵盖的学科门类包括经济管理、哲学宗教、生物学、天文地球、化学工程、矿业工程、石油与天然气工程、冶金工程、金属学及工艺、机械工程、动力工程及工程热物理、电子电信、电气工程、自动化与计算机技术、建筑科学、水利工程、轻工技术与工程、交通运输工程、航空宇航科学技术、环境科学与工程、核科学技术、医药卫生、农业科学、一般工业技术、社会学、政治法律、军事、文化科学及体育、语言文字、文学及艺术、历史地理、自然科学总论、兵器科学与技术等。

2. 数据库访问方式

(1) 非订购单位用户，可以通过访问“http://www.cqvip.com/”在家里或任何可以上网的地方免费访问该数据库，获得每篇论文的题录、文摘信息。具体方法是直接在页面上选择“高级检索”或直接输入“http://www.cqvip.com/main/advanced.aspx”。

一般情况下，用户通过到所在地的省(或市，或区县公共图书馆)办理认证手续后，可以凭自己的读者号或用户号，上网免费进行检索并获取其中的全文内容。否则，必须通过注册、付费的方式，才能获得自己想要的文献全文内容。

需要注意的是如果要从数据库中直接读取、下载期刊论文的全文，则需要付费进行。

(2) 订购单位的用户，访问数据库的方式是由各已经订购了该全文数据库的图书馆主页上本数据库的链接处，进入数据库的检索界面。

3. 数据库检索方式

该数据库提供 4 种检索方式：基本检索、高级检索、检索式检索、期刊导航。

(1) 基本检索

如图 2.1.34 所示，“基本检索”是系统默认的检索方式。它为用户提供了“题名或关键词”“作者”“机构”“文摘”“分类号”等 14 条检索途径(检索入口)；能够响应布尔逻辑运算；提供检索对象的时间、学科及来源范围(“全部期刊”“核心期刊”等)的限定取舍；对检索词的精准度一律采取“精确”运算(即两个以上汉字的检索词一律做词组处理)。这些功能对实现检索结果的完整性、准确性有很大帮助。

(2) 高级检索

“高级检索”是通过多个字段的逻辑组配实现较为复杂的检索，如图 2.1.35 所示。与“基本检索”的不同之处还表现在：增加了“同义词扩展”“时间限定”“期刊范围”“学科限定”等限制性条件，旨在帮助用户更加准确、快速、便利地找到相关的文献信息(图 2.1.35)。关于“同义

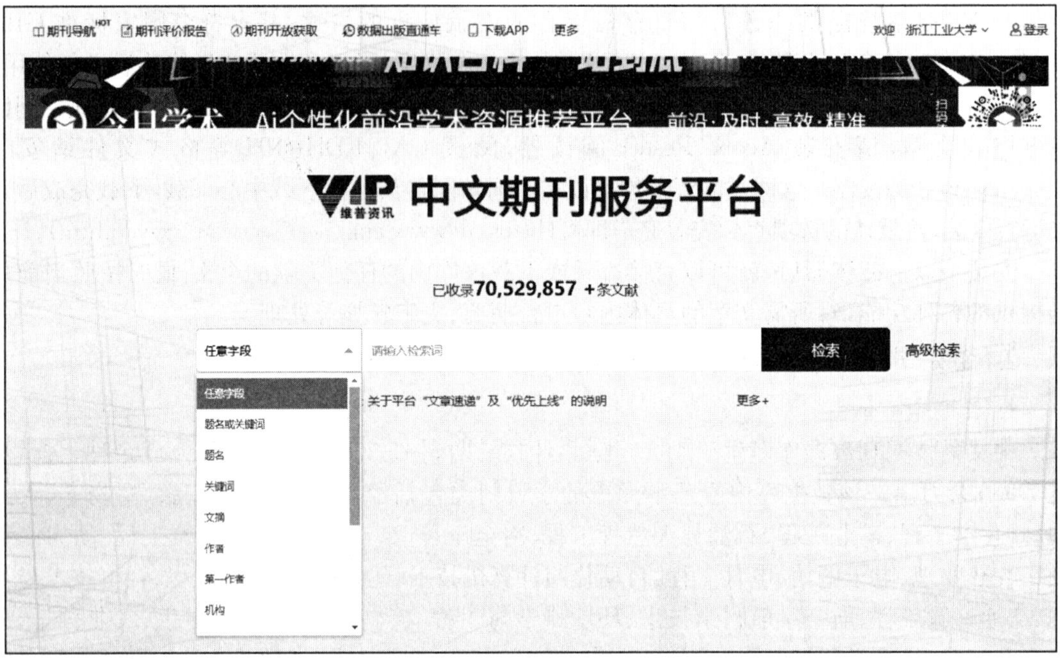

图 2.1.34　"基本检索"界面

图 2.1.35　"高级检索"界面及检索入口

词扩展"选项的使用,例如,输入关键词"土豆",点击"同义词扩展"按钮,系统会提示同义词"马铃薯、洋芋",用户可以选择是否同时作为检索条件。

(3) 检索式检索

"检索式检索"是通过检索字段标识符取代高级检索中检索字段,从而实现较为复杂的检索。例如,检索基于光谱成像技术的中药材分选技术的文献,可输入以下检索式:R=((分选 OR 分拣 OR 分类)AND 光谱 AND(图像 OR 成像)AND(中药 OR 药材 OR 中草药))。其中的 R 是文摘字段标识符，类似的系统还提供有 U=任意字段、M=题名或关键词、K=关键词、A=作者、C=分类号、S=机构、J=刊名、F=第一作者、T=题名，逻辑运算符有 AND(逻辑“与”)、OR(逻辑“或”)、NOT(逻辑“非”)(图 2.1.36)。

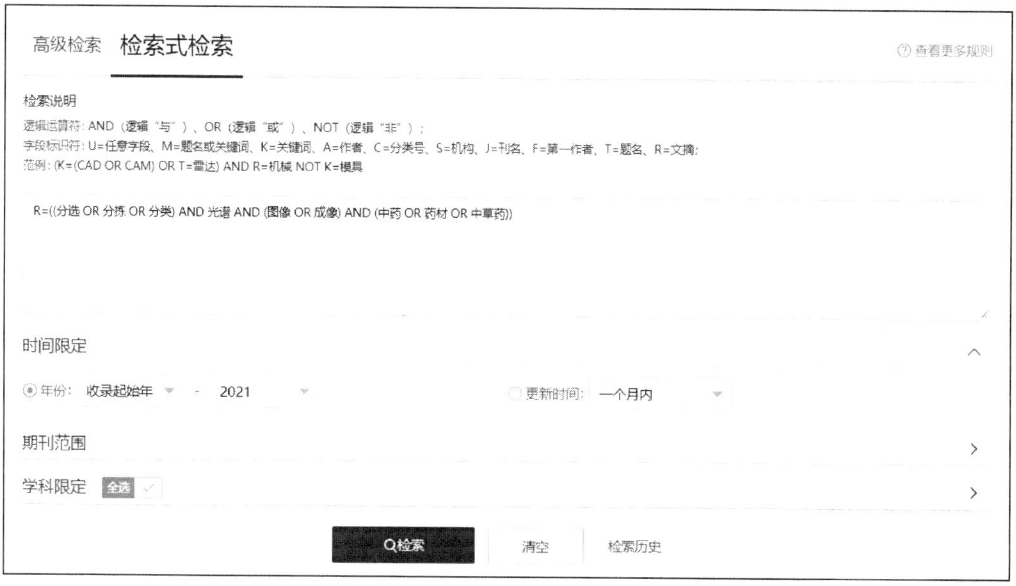

图 2.1.36　“检索式检索”界面及相关限制性条件

(4) 期刊导航

“期刊导航”检索方式，一是提供了对某学科专业中学术刊物出版的基本情况展示；二是提供了用户对自己所关心的某种(或几种)具体刊物的整刊查阅、浏览的功能；三是为需要向学术期刊投稿的用户选择投稿对象、评判刊物质量和影响力提供了参考线索。

如图 2.1.37 所示，在左栏中，系统将所收录的所有刊物进行了分类展示：“核心期刊”“国内外数据库收录”“地区”“主题”，这是按照刊物的不同特征进行的分类展示；中间部分则是按照刊物的音序(从 A 到 Z)提供的查询依据以及按照学科及专业特色进行的排列组合。

用户通过“期刊导航”，可以用以下几种搜索方式来查看所需的期刊。

① 直接用刊物的名称或曾用名、ISSN(international standard serial number)、CN(国内统一刊号)、主办单位、主编、邮发代号等来检索某刊及其刊发的全部内容。

② 按刊名音序查找相应的期刊。如用户点击字母 A，即可列出以拼音字母 A 为首字母的所有期刊列表，从中可进一步选择某种刊物作为浏览对象。

③ 按刊物的学科分类来检索。用户可以根据学科分类来查找需要的期刊。选中某个学科分类后，还可以继续选择其下更加具体的小类目，逐级深入其所有期刊的刊名，然后根据需要进行具体内容的查看。

④ 根据需要，了解“核心期刊”“国内外数据库收录”“地区”中的相关信息。

例如需要核实刊物《新闻大学》是否属于新闻传播专业的核心期刊，只需要在图 2.1.38 中“刊名”一栏中填入“新闻大学”，就能查出全部信息(包括该刊被数据库收录的每一期的目录及全文)(图 2.1.38)。

4. 对检索结果的处理

(1) 根据系统的提示可以选择在线全文浏览、下载全文内容到本地或请求文献传递全文

图 2.1.37　“期刊导航”界面

图 2.1.38　根据已知刊名查找该刊的基本信息及每期内容

(到用户指定的信箱)。

(2) 对检索结果进行选择性下载——标记所需下载的文献(具体方法是在每条或选定的文章编号前的小方框内打“√”做标记)，然后点击左上位置的“导出题录”按钮，再重复一次该操作后，可按照需要选择“参考文献”或其他格式进行信息导出，以便下一步利用。

2.1.4　举例

【检索课题】

利用 CNKI 检索近 3 年（2018—2021）发表在核心期刊上的“关于登革热防控与治疗研究”的论文。

【检索过程】

① 选择检索词：登革热、预防、控制、防控、治疗；

② 选择高级检索方式并构造检索式：检索范围：总库（主题：登革热）AND（主题：（预防＋控制＋防控＋治疗））；

③ 限制性条件：时间限定于 2018—2021 年；

④ 检索结果如图 2.1.39 所示。

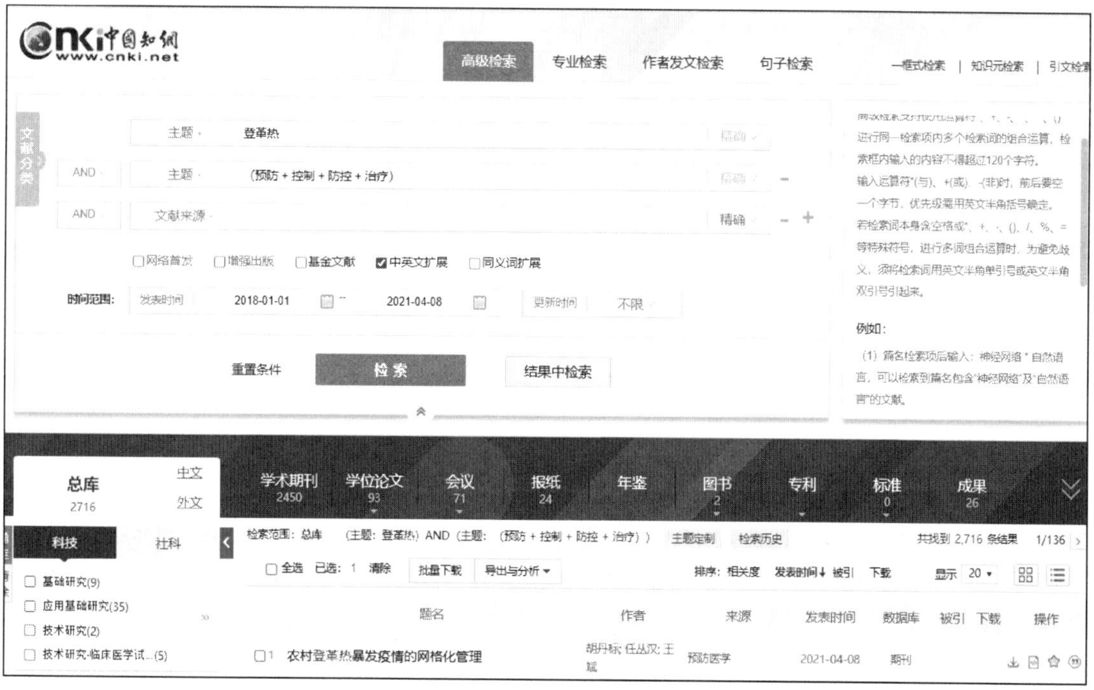

图 2.1.39　检索结果

【结果处理】

通过查看检索结果的书目信息（题名、文摘等），可以做进一步筛选，包括查看其参考文献、了解系统提供的相关词和相似性文献等，下载全文内容并对其认真研读，进而扩大或缩小检索范围，最终取得令人满意的结果。

2.2　学位论文及会议信息检索

国内学位论文数据库，目前比较有影响的是由北京万方数据股份有限公司编制的中国学位论文全文数据库,以及由清华同方编制的中国博士学位论文全文数据库、中国优秀硕士学位论文全文数据库。

学位论文数据库,由于收录的内容都是已经通过论文答辩后的硕士、博士学位论文,其内容具有专业性强、学术水平高、内容相对可靠且翔实具体、参考文献丰富、信息量大、多涉及最新研究领域和成果的特点,因此受到高校及研究机构信息用户的广泛重视和普遍使用。以下我们着重介绍北京万方数据股份有限公司编制的中国学位论文全文数据库的相关情况,以期大家对学位论文数据库的使用有基本的了解和必要的认识。

2.2.1 中国学位论文全文数据库(http://www.wanfangdata.com.cn/)

1. 数据库基本情况简介

中国科学技术信息研究所、中国文化产业投资基金、中国科技出版传媒股份有限公司、北京知金科技投资有限公司、四川省科学技术信息研究所和科学技术文献出版社等单位是该数据库的提供和支持单位。该数据库收录了我国硕士、博士及博士后研究生撰写的学位论文2 971 366篇(2017-9-2),内容涵盖了人文社会科学、工程技术、医学、农业及自然科学各个学科领域,几乎涉及我国高校及研究机构的所有学位点。该数据库集成在万方数据知识服务平台中,是该平台最具有特色的数据库。

2. 数据库访问方式

与此前介绍过的中国期刊全文数据库、中文科技期刊数据库等情况相似,一般情况下,用户通过到所在地的省(或市,或区县公共图书馆)办理认证手续后,就可以凭自己的读者号或用户号,上网免费进行检索并获取其中的全文内容。否则,必须通过注册、付费的方式,才能获得自己想要的文献全文内容。

已经订购该数据库的单位的用户,通过超链接的方式,在各用户所在单位的图书馆主页上的"万方数据知识服务平台",选择"学位"进行学位论文全文数据库检索(图 2.2.1)。

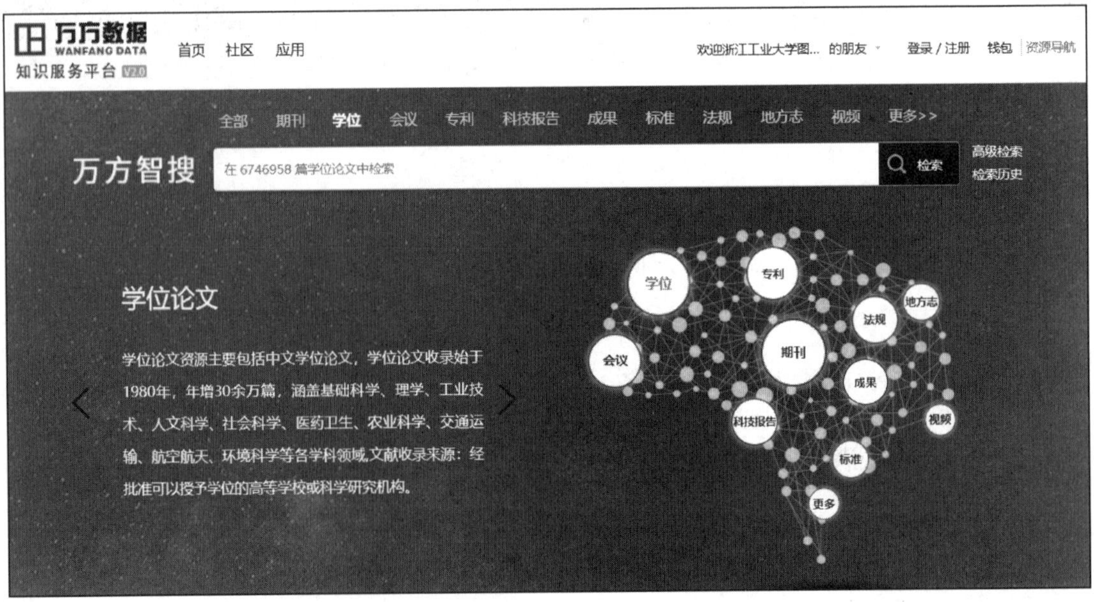

图 2.2.1 中国学位论文全文数据库检索界面

（1）学科、专业检索

例如需要查找数据库中关于“文化、科学、教育、体育”大类下“新闻传播学”小类中的“新闻学”专业目前所有被收录的学位论文情况，只需要从“文化、科学、教育、体育”大类中逐级深入，直到系统自动给出检索结果：“新闻学”专业的学位论文一共被收录 12 845 篇（2021－4－8）（图 2.2.2）。

图 2.2.2　学位论文按照分类、专业目录检索的界面

（2）学校检索

所谓“学校检索”就是通过数据库高级检索界面上的“学位-学位授予单位”检索字段进行检索（图 2.2.3、图 2.2.4）。

图 2.2.3　通过“学位-学位授予单位”查找具体学校

（3）高级检索

“高级检索”相对于以学科分类或学校名称作为入口去检索专题信息来得方便和高效，是系统为用户设置的同时满足多项检索需求的强大检索功能（图 2.2.5）。

图 2.2.4　宁波大学学位论文截至 2021 年 4 月 8 日被收录 8 447 篇

图 2.2.5　学位论文"高级检索"界面

"高级检索"方式,提供具体包括全部、主题、题名或关键词、题名、作者、作者单位、关键词、摘要、中图分类号、DOI、学位-学位授予单位、学位-专业、学位-导师、学位-学位的 14 个检索字段(入口)。

针对上面检中的结果:

① 可以通过年代选择,进一步查看所需要年代的文献全文。

② 也可以通过“高频关键词”“相关词”进一步拓展或准确定位主题范围。

③ 点击文章题目后，可以根据用户所需，做图 2.2.6 中的选择。

图 2.2.6　记录的输出（全文下载、阅读、导出等）

在“高级检索”界面还可以选择“专业检索”（图 2.2.7）方式进行检索。专业检索要求用户按检索课题需要构造检索式来开展检索，一般多被专业的检索工作者所采用。

图 2.2.7　学位论文“专业检索”界面

2.2.2　中国博士学位论文全文数据库、中国优秀硕士学位论文全文数据库

1. 数据库基本情况简介（http://www.cnki.net/index.htm）

中国博士学位论文全文数据库、中国优秀硕士学位论文全文数据库由《中国学术期刊（光盘版）》电子杂志社有限公司出版，同属于“中国知网”的核心数据库。两个数据库中的学位论文覆盖了基础科学、工程技术、农业、医学、哲学、人文、社会科学等各个领域。

中国博士学位论文全文数据库简称 CDFD，截至 2021 年 4 月，收录了 1984 年至今，来自全国 985 工程、211 工程等重点高校，中国科学院、中国社会科学院等研究院所的博士学位论文 40 多万篇。

中国优秀硕士学位论文全文数据库简称 CMFD，截至 2017 年 9 月，重点收录了来自全国 985 工程、211 工程等重点高校，中国科学院、中国社会科学院等研究院所的优秀硕士学位论文 440 多万篇。

2. 数据库访问方式

一般情况下，用户通过到所在地的省（或市，或区县公共图书馆）办理认证手续后，就可以凭自己的读者号或用户号，上网免费进行检索并获取其中的全文内容。否则，必须通过注册、付费的方式,才能获得自己想要的文献全文内容。

已经订购中国博士学位论文全文数据库、中国优秀硕士学位论文全文数据库的单位的用户,访问数据库的方式是由各已经订购了该全文数据库的图书馆主页上本数据库的链接处,进入数据库的检索界面(图 2.2.8)。

图 2.2.8　学位论文“高级检索”(系统默认的检索)界面

在以上界面中,用户可以进行以下选择性操作。

① 选择检索方式:高级检索、专业检索、句子检索、一框式检索。

② 按学科分类途径进行某类目的学位论文检索。

③ 从“学位授予单位导航”入手,检索某校全部或某专业的部分学位论文。

④ 从“博士电子期刊”或“硕士电子期刊”入手,可以按照篇名、作者、导师、第一导师、导师单位等更多、更细致的线索进行博士或硕士学位论文的相关检索,如图 2.2.9 所示,即是从《中国博士学位论文全文数据库(电子期刊)》界面进行相关检索的情形。

上面介绍的两个数据库与以上我们介绍的同属于学位论文检索系统的《中国学位论文全文数据库》的主要检索功能与途径基本相似。

另外,由于中国博士学位论文全文数据库、中国优秀硕士学位论文全文数据库与中国期刊全文数据库同属于“中国知网”系列数据库,因此其检索方法及相关注意事项基本等同,在此不再赘述。

3. 需要强调的问题

中国博士学位论文全文数据库、中国优秀硕士学位论文全文数据库与之前介绍的中国学位论文全文数据库虽然同属于学位论文检索系统,但由于编制单位不同,它们之间最大的差异就在于其中所收录的文献并不都来自相同的学校、相同的领域,而是各自有所选择、有所特色,因此,在进行国内学位论文数据库检索时,为了做到检索结果的全面和准确,有条件的情况下,建议对中国博士学位论文全文数据库、中国优秀硕士学位论文全文数据库、中国学位论文全文数据库这三个数据库同时进行检索,用户将得到更为满意的检索结果。

图 2.2.9　中国博士学位论文全文数据库(电子期刊)检索界面

4. 检索举例

【检索课题】

利用中国博士学位论文全文数据库、中国优秀硕士学位论文全文数据库查找近 3 年(2018—2021)有关石油污染海水生物修复的学位论文。

【分析课题】

本课题主要是研究石油对海水污染后，生物对海水的修复作用，文献类型是学位论文。

【选择检索词】

根据对检索课题的分析，选择“石油污染海水”(或“海洋石油污染”)、“生物修复”(或“生物降解”)作为主要检索词。

【检索步骤】

① 同时选中两个数据库中国博士学位论文全文数据库、中国优秀硕士学位论文全文数据库，选择“高级检索”方式进行跨库检索。

② 为了检索结果的相对全面和准确，选择从“主题”字段进行检索。

③ 根据检索要求构造检索式为(主题＝石油污染海水＋海洋石油污染)AND(主题＝生物修复＋生物降解)。

④ 要求系统对检索词进行"精确"匹配,得到图 2.2.10 中相对准确的检索结果为 14 条命中记录(2021－4－8)。

图 2.2.10 近 3 年(2018—2021)有关石油污染海水生物修复的学位论文的检索结果

⑤ 根据需要选择拷贝、全文浏览、下载文献全文等操作。

⑥ 建议:点击某篇检中文献的篇名后,除了重视对该论文摘要、关键词等信息的了解外,还要同时对数据库提供的"本文相关文献链接"中的那些文献信息给予足够的关注;特别需要对已经查到的、阅读后认为比较切题的论文后面的"参考文献"进行认真查阅,这样可以帮助我们在比较短的时间里获得更多、更满意的文献。

2.2.3 学位论文数据库(国家科技图书文献中心)

国家科技图书文献中心编制的学位论文数据库收录了美国 ProQuest 公司博硕士论文资料库中 2001 年以来的优秀博士论文。学科范围涉及自然科学各专业领域,并兼顾社会科学和人文科学。该数据库将每年递增约 2 万篇最新博士论文,更新时间为每年年底。由于该数据库正在建设中,有极少原文暂不能提供。此数据库提供单位为中国科学技术信息研究所。该数据库还收录了 1984 年至今我国高等院校、研究生院及研究院所发布的硕士、博士和博士后的论文,学科范围涉及自然科学各专业领域,并兼顾社会科学和人文科学,每年增加论文 6 万余篇,每季更新(图 2.2.11)。

2.2.4 中国学术会议文献检索

会议文献主要是指在各种专业学术会议上进行交流或发言的论文。这类文献的特点主要

图 2.2.11　学位论文数据库（国家科技图书文献中心）

体现在其具备相当高的专业性、学术性、新颖性（会前未在公开出版物上登载、出版过）。一般学术会议之前，作者会根据相关会议的主题要求，进行撰稿作为应征论文，会议组办单位则会及时组织专家学者，对相关征文进行切题性、学术水平以及反映最新研究成果等方面的考查和评审，选定其中符合要求的作为会议交流论文，在大会上发言或书面交流。因此，会议论文往往能反映某学术领域的研究热点、最新成果，会议文献与之前介绍过的图书、期刊、学位论文等一样，也是一种重要的文献信息资源。

但是，由于会议文献的出版、发行或公开的情况比较复杂、无序，在各类文献中，相对于期刊论文，会议文献是比较难以搜集和检索的一种。由北京万方数据股份有限公司编制的中国学术会议论文全文数据库（中文版）和清华同方编制的中国重要会议论文全文数据库，为我们查找和获取国内学术会议文献提供了一定的帮助和支持。

2.2.4.1　万方数字资源——会议论文全文数据库(http://www.wanfangdata.com.cn/)

1. 数据库简介

据万方数据知识服务平台（北京中心网站）介绍，集成在该平台上的中国学术会议论文全文数据库（中文版）是全文资源，其中收录了由中国科学技术信息研究所提供的、1985 年至今世界主要学会和协会主办的会议论文，以一级以上学会和协会主办的高质量会议论文为主，覆盖自然科学、社会科学领域的学科专业。截至 2014 年 5 月 25 日，已经收录了各类学术会议论文 2 483 650 篇。同前，一般情况下，用户通过到所在地的省（或市，或区县公共图书馆）办理认证手续后，就可以凭自己的读者号或用户号，上网免费进行检索并获取其中的全文内容。否则，必须通过注册、付费的方式，才能获得自己想要的文献全文内容。

2. 数据库检索方式

已经订购本数据库的单位的用户，通过超链接的方式，在各用户所在单位的图书馆主页上的“万方数据知识服务平台”，选择“会议”检索入口进入检索界面(图 2.2.12)。

图 2.2.12 万方数字资源——会议论文全文数据库的检索界面

① 快速检索——直接在图 2.2.12 的检索提问框里输入需要查找的主题词、作者等检索词进行相关检索。得到一批检索结果后，还可以进一步采用“标题”“作者”“会议名称”“会议起止时间”等进行限制性检索(在结果中检索)，以取得更加满意的结果。

② 检索会议(会名检索)——在检索提问框里填入完整或部分的会议名称，可以查出系统是否收录了某会的论文及所收录的该会议上交流的全部论文情况(通过点击图 2.2.13 中的会议名称)。同时通过选择会议名称下方的众多“相关检索词”，还可以了解其他与所查会议主题相关的学术会议情况及其论文情况。

图 2.2.13 会议名称检索界面

③ 学术会议分类检索——按照会议的学科分类，检索相关领域的学术会议论文。

④ 会议主办单位检索——按照不同系统的学术会议主办单位的名称，检索相关的会议论文。如要检索由浙江大学主办的学术会议论文，可通过“会议主办单位检索”→“高等院校”(按学校名称音序排序)→“浙江大学”，进而查到相关的文献本身。

⑤ 高级检索——在“高级检索”方式中(图 2.2.14)，系统提供了“全部”“主题”“题名或关键词”“题名”“作者单位”“关键词”“摘要”“中图分类号”“第一作者”“会议名称”“会议-主办单位”等 13 种具有会议文献特征的检索入口及相互进行“逻辑与”运算的功能，可以帮助大家更加准确、及时地查找相关的会议论文。同时，在“高级检索”界面系统还提供了“专业检索”方式，具体功能在本章 2.2.1 节的相应部分已经进行了介绍和说明，此处不做赘述。

图 2.2.14　“高级检索”界面

3. 检索提示

① 学术会议文献检索，不仅可以使我们及时查到和利用已经召开过的学术会议论文资料，同时还为我们今后参与学术会议及其相关的学术活动提供了信息和渠道：从检索已有的会议信息中，我们可以洞察和了解本学科、本行业相关学术活动的主办单位、活动周期、活动特色等超出论文本身内容的情况和趋势。

② 通过检索和利用学术会议文献，进而参与学术会议等相关学术活动，可以使同领域、同行业及相关领域的同行、同事、同志之间有更多、更好的交流机会，从而促进自己与专家(同行)及其个人与学术组织间更广泛而深入的了解，以利于更快地提高、进步。

2.2.4.2　中国重要会议论文全文数据库、国际会议论文全文数据库

这两个数据库是由《中国学术期刊(光盘版)》电子杂志社有限公司编辑出版的国家级连续

电子出版物,共分为十大专辑:基础科学、工程科技Ⅰ、工程科技Ⅱ、农业科技、医药卫生科技、哲学与人文科学、社会科学Ⅰ、社会科学Ⅱ、信息科技、经济与管理科学。十大专辑下分为168个专题,如图2.2.15所示。

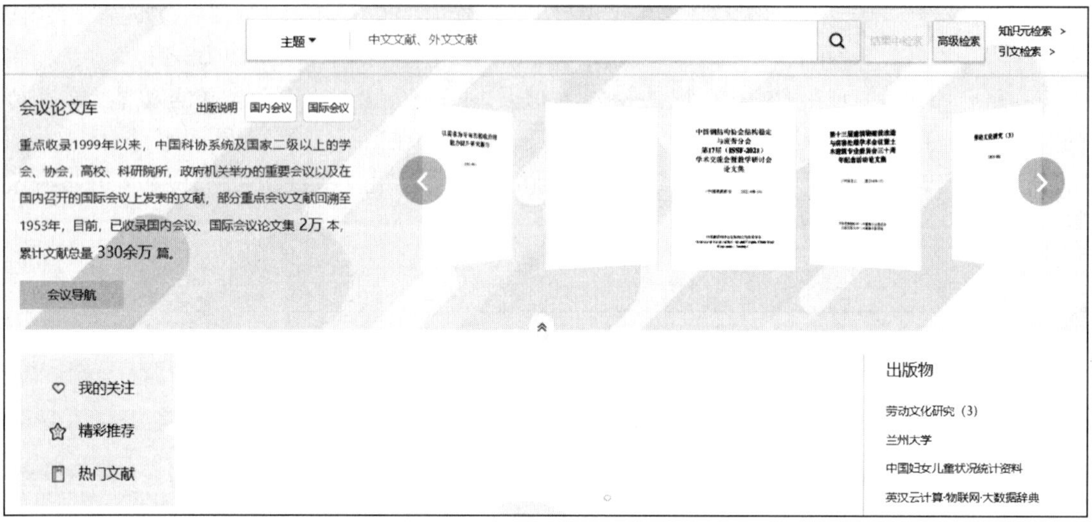

图2.2.15　CNKI平台国内外学术会议检索界面及检索入口

中国重要会议论文全文数据库收录了国内重要会议主办单位或论文汇编单位书面授权、投稿到"中国知网"进行数字出版的会议论文。重点收录1999年以来,中国科学技术协会、社科联系统及省级以上的学会、协会,高校、科研机构,政府机关等举办的重要会议上发表的文献。其中,全国性会议文献超过总量的80%,部分连续召开的重要会议论文回溯至1953年,目前已收录出版1万次国内重要会议投稿的论文,累计文献总量200万篇。

国际会议论文全文数据库的文献是由国内外会议主办单位或论文汇编单位书面授权并推荐出版的重要国际会议论文,重点收录1999年以来,由中国科协系统及其他重要会议主办单位举办、在国内召开的国际会议上发表的文献,已收录自1981年至今的国际学术会议论文集4 152本,累计文献总量70万篇。

这两个数据库属于"中国知网"系列数据库,因此,它们的检索方法与利用数据库中需要注意的问题与本章2.1节相应部分介绍的情况基本无殊,在此不予赘述。用户可以根据各自的不同需求,对相关的学术会议文献进行检索。

2.2.4.3　会议信息网上检索系统选介

1. 中国学术会议网(http://conf.cnki.net/)

中国学术会议网由CNKI主办,是一个专为会议主办方、作者、参会者设计并开发的网络化学术会议服务平台。平台的主要功能有创建会议网站、在线投稿审稿、在线注册参会等功能,功能涵盖主办会的各项重要需求(图2.2.16)。

2. 国家科技图书文献中心——会议信息检索系统(https://www.nstl.gov.cn/)

通过访问国家科技图书文献中心及国家科技图书馆,可以对其中"会议文献"检索平台上的中文和外文学术会议论文信息进行检索并有偿索取全文(图2.2.17)。

图 2.2.16　中国学术会议网

图 2.2.17　国家科技图书文献中心——会议信息检索系统

2.3 专利文献及标准信息检索

专利文献是专利制度的产物。由于它是对申请专利的发明创造及授予专利权的专利技术成果及相关信息的专门记录,所以与其他类型的文献相比较,它不仅是一种十分重要的科技文献,同时蕴涵了大量可信度高的经济信息,而且在规定的时空中还具有权威的法律时效,是我们在学习、研究、生活中非常重要的信息资源。不具备一定的专利知识,就不能有效地检索专利信息;不了解专利文献中的特有称谓及含义,就不能识别和选择正确的专利文献检索途径与方法。

2.3.1 中国专利文献检索

2.3.1.1 关于专利的基本知识

1. 专利及专利制度

专利是国家按《中华人民共和国专利法》(简称《专利法》)授予申请人在一定时间内对其发明创造成果所享有的独占、使用和处分的权利。《专利法》于 1985 年 4 月 1 日开始施行,在 1992 年、2000 年、2008 年、2020 年进行过 4 次修订。可以用"日趋完善、更加科学"来形容这一制度的发展。根据我国《专利法》的规定,中国专利分为发明专利、实用新型专利和外观设计专利三种类型,如表 2.3.1 所示。

表 2.3.1 中国专利的三种类型

名称	发 明 专 利	实用新型专利	外观设计专利
要求	对产品、方法及其改进所提出的新的技术方案	对产品的形状、构造或者其结合所提出的适于实用的新的技术方案	对产品的形状、图案或者是这两者的结合以及色彩与形状、图案的结合所做出的富有美感并适于工业应用的新设计
特点	具有突出的实质性特点和显著进步	具有实质性特点和进步	与现有设计或者现有设计特征的组合相比,应当具有明显区别
专利权时限	授权专利自申请之日起,保护期限为 20 年	授权专利自申请之日起,保护期限为 10 年	授权专利自申请之日起,保护期限为 10 年

《专利法》规定授予专利权的发明和实用新型,应当具备新颖性、创造性和实用性。

(1) 新颖性

该发明或者实用新型不属于现有技术(是指申请日以前在国内外为公众所知的技术),也没有任何单位或者个人就同样的发明或者实用新型在申请日以前向国务院专利行政部门提出过申请,并记载在申请日以后公布的专利申请文件或者公告的专利文件中。

(2) 实用性

实用性是指该发明或者实用新型能够制造或者使用,并且能够产生积极效果。

(3) 创造性

与现有技术(是指申请日以前在国内外为公众所知的技术)相比,该发明具有突出的实质性特点和显著的进步;该实用新型具有实质性特点和进步。

授予专利权的外观设计,应当不属于现有设计(是指申请日以前在国内外为公众所知的技术);也没有任何单位或者个人就同样的外观设计在申请日以前向国务院专利行政部门提出过申请,并记载在申请日以后公告的专利文件中。授予专利权的外观设计与现有设计或者现有设计特征的组合相比，应当具有明显区别。授予专利权的外观设计不得与他人在申请日以前已经取得的合法权利相冲突。

发明和实用新型专利权被授予后，除《专利法》另有规定的以外，任何单位或者个人未经专利权人许可，都不得实施其专利，即不得为生产经营目的制造、使用、许诺销售、销售、进口其专利产品，或者使用其专利方法以及使用、许诺销售、销售、进口依照该专利方法直接获得的产品。

外观设计专利权被授予后，任何单位或者个人未经专利权人许可，都不得实施其专利，即不得为生产经营目的制造、许诺销售、销售、进口其外观设计专利产品。

以上对专利授权条件及保护的规定，体现了专利制度的科学性、重要性。作为一种科学管理制度，专利制度在保护发明创造专利权，鼓励发明创造者积极性，促使发明创造成果的尽早、尽快推广应用，促进科学技术不断创新，适应社会发展、前进等方面起到了非常重要的作用。

世界知识产权组织的研究结果表明，全世界最新的发明创造信息，90%以上首先都是通过专利文献反映出来的。例如，① 对异氰酸酯和聚氨酯的发现和研究，从首次出现在专利文献上（1945年）到见诸期刊文献报道（1960年），其间相距15年；② 关于电视机的发明及研究，1929年就出现在专利文献中，直到1948年才在期刊中有所反映，其间相隔了近20年。

专利制度催生了专利文献的产生和激增，而人们对专利文献的广泛重视与深入利用，又反过来促进了更多、更好的发明创造的问世和实施，促进了专利制度的不断完善及对人类社会的更大贡献。作为知识产权的重要组成部分，对专利权的申请和获取正日益成为科技领域发言权的激烈争夺对象，对专利成果的自主开发即自主知识产权的拥有，在很大程度上代表着一个国家或企业的技术水平与实力，也显示出其潜在的科学技术竞争力。

2. 专利文献特征及利用的意义

(1) 专利文献的特征

① 内容涉及人类社会生产、生活各个领域。一切有利于促进人类健康、文明、科学发展的，涉及人类生活、生产、科技、经济等各领域的创造发明，无论巨细、不分繁减都是有条件申请专利的。

② 反映的内容新颖、实用并富于创造性。对专利审查的“三性要求”，决定了专利文献的利用价值相对于其他类型的文献而言，在许多领域是比较高的。

③ 说明书内容具体、详尽。《专利法》规定：专利说明书所描述的技术实质内容，要做到该技术领域的一般技术人员因为学习和研究的缘故，经过阅读、分析、领会，基本可以在实验室等场合下进行复制、完成。

④ 报道速度快、时效性强。专利公报一周一次，非常及时地报道、公布、展示了最新的专利信息；对专利文献中提供的技术信息如何使用与其授权后的保护期限十分有关。

⑤ 格式规范、语言措辞缺乏通俗性。为了识别的通用性，各国专利文献的格式基本一致。但是专利申请人为了有效地保护其发明创造，在专利文献中往往会用一些繁复晦涩、意义含混的专用术语（或法律术语），与一般科技论文中的通用技术用词不同、构句不似，缺乏通俗性。

⑥ 存在等同专利，不同文种重复报道。由于专利审查制度程序的规定，以及专利的保护具有地域性，常常会有同一技术发明在多国申请保护，从而出现技术内容完全相同却以不同的语言文字形式出现的所谓“重复报道”的专利文献。专利文献的重复报道对检索者在选择适用的语种（版本）方面提供了便利。

(2) 专利文献检索与利用的意义

① 查证、创新。专利文献提供了最新的技术成果，能使利用者及时了解最新的技术研究进

展,启发思路,提高科研起点,求证选题的科学性,避免低水平开发与重复劳动,节约时间,少走弯路。根据欧洲专利局的统计,欧洲每年大约要浪费200亿美元用于重复项目的开发投资。若能充分利用专利文献,则能节约40%的研发经费及大量的时间、空间用于高水平的研发工作。

② 跟踪、预测。全面系统地检索专利文献,能够连续地、及时地、准确地跟踪一项技术、一个企业、一个行业甚至一个地区或国家在某方面的发展情况,把握竞争对手、同行的研究进展,洞察技术发展趋势,预测技术发展方向。

③ 调研、开发。全面开展专利文献的检索与分类、统计、分析,能比较完善地掌握某专利技术的保护范围及国内外市场等,从而可以及时了解竞争对手的研发优势,更能据此判断本企业技术与产品开发以及市场占有的前景,扬长避短、发挥优势、研发最新、填补空白。

④ 自我保护、规避风险。专利信息的检索,对于规避专利陷阱、技术壁垒,获得技术引进及经贸谈判的成功,处理专利侵权与被侵权等相关问题,具有其他类型文献无法取代的重大作用。

3. 专利文献的合理使用情形

① 不以营利为目的的利用行为——用于学习、科研。

② 失效专利可无偿使用——不仅用于学习、科研,还可以直接采用、创利。

③ 不受本国专利法保护的专利可以有条件地无偿使用——专利保护有地域性,不受本国专利法保护的专利技术可以无偿使用,但其产品不得出口到受保护的国家或地区。

④ 通过专利权转让——通过与专利权人签订专利技术转让合同,合法使用受保护的专利技术。

⑤ 在现有技术的基础上开发、创新——对已有的专利文献进行深入学习、研究,在前人的基础上进一步创新。

4. 中国专利文献利用中的常见概念

① 申请人——对专利权提出申请的单位或个人。我国《专利法》第六条规定:“执行本单位的任务或者主要是利用本单位的物质技术条件所完成的发明创造为职务发明创造。职务发明创造申请专利的权利属于该单位,申请被批准后,该单位为专利权人。非职务发明创造,申请专利的权利属于发明人或者设计人;申请被批准后,该发明人或者设计人为专利权人。”

② 发明人(设计人)——实际从事发明创造工作的人。

③ 专利权人——当专利申请被批准授权以后,一般情况下原申请人就成为专利权人。只有专利权人,对其专利具有独占、使用、处置权的权利。

④ 代理人——专利代理人是经过专利培训与考核,并在国务院专利行政部门登记,专门从事专利代理业务的人员。

⑤ 专利代理机构——专利代理机构是经省级专利管理局审核、国家知识产权局批准设立、可以接受委托人的委托、在委托权限范围内以委托人的名义办理专利申请或其他专利事务的服务机构。目前我国已有专利代理机构500多家,包括涉外代理机构。

⑥ 申请号——申请号是申请人在专利申报时,由国家知识产权局给申请人的受理号,即国家知识产权局受理专利时给专利提供的识别代码。三种专利申请号均由12位数字组成,按年编排,如200810000082.4,其中,第一至第四位数字表示受理专利申请的年份,第五位数字表示专利申请的种类:1—发明,2—实用新型,3—外观设计,8—进入中国国家阶段的发明专利的国际申请,9—进入中国国家阶段的实用新型专利的国际申请,第六至第十二位数字(共7位)表示当年申请的顺序号,小数点后的第十三位数字为计算机校验码。

⑦ 公开号——发明专利公布的编号。发明专利申请公开号自CN1030001A开始,发明专

利申请审定号自 CN1003001B 开始。

⑧ 公告号——三种专利授权后登载在专利公报上的编号。一般由国别代码、7 位阿拉伯数字及法律状态码构成：CN 代表中国；CN 后的首位数字表示专利种类：1—发明，2—实用新型，3—外观设计；法律状态码：A、C 分别表示发明专利公开号、发明专利授权公告号，Y 表示实用新型专利授权公告号，D 表示外观设计专利授权公告号。

⑨ 专利号——三种专利授权以后的代号，通过在原申请号之前添加 ZL 后构成。

⑩ 分类号——《国际专利分类表》(international patent classification，IPC)，是根据 1971 年签订的《国际专利分类斯特拉斯堡协定》编制的，是目前唯一的一个国际通用的专利文献分类和检索工具，它将与发明专利有关的全部技术内容按部、分部、大类、小类、主组、分组这六个级别逐级分类，组成完整的等级分类体系。在这个分类表中，代表各种技术门类或名称的、由字母和数字间隔标识的代码即为国际专利分类号。2021 最新版《国际专利分类表》全表共分 8 个部：A——人类生活必需；B——作业、运输；C——化学、冶金；D——纺织、造纸；E——固定建筑物；F——机械工程、照明、加热、武器、爆破；G——物理；H——电学。另外，针对外观设计专利分类管理的有专门的《国际外观设计分类表》(《洛迦诺分类表》)，它由世界知识产权组织编发，其分类代码由大类两个数字及小类两个数字共同组成。专利分类号在对专利文献及技术的管理与检索中具有不可替代的重大作用。

⑪ 主分类号——同一专利申请中，由于技术内容的复杂性，有时会涉及多个技术领域，则会出现一个申请具有若干个分类号。这时，其中第一个被称为主分类号。

⑫ 申请日——申请日是指国家知识产权局专利局收到专利申请文件的日期。申请日既可以是申请时的面交之日，也可以是邮寄申请文件的邮戳日，还可以是申请人通过《专利合作条约》(PCT)规定的途径申请国际专利的国际申请日。该日期非常重要，首先，它是作为判断提交专利申请先后的唯一法律依据；其次，它也是判断发明创造专利性条件的时间标准；最后，它更是该件专利授权后的权利期限的起始日。

⑬ 公开日——发明专利申请公开之日。

⑭ 公告日——三种专利授权后在专利公报上的公告之日。

⑮ 优先权日——专利申请人就同一项发明在国际专利组织缔约国中的一个国家(一般是申请人国籍所在国)提出申请之后，在规定的期限内又向其他缔约国提出申请时，申请人有权要求以第一次申请日期作为后来提出申请的日期，这一申请日就是优先权日。

2.3.1.2　中国专利文献检索系统举要

网上有不少的可以免费检索到全文说明书的中国专利文献检索网站，而更多这类的网站仅提供专利文献的文摘、题录。一般来说，无论我们使用哪个网上的中国专利文献检索系统，由于文献特性的规定，其基本的检索方法和途径是相同或相似的。因此，教材中我们将重点介绍国家知识产权局网站上的《专利检索及分析》，以便大家能举一反三地利用各种类似的专利信息检索系统。

1. 中国专利全文数据库(知网版)

该数据库集成于“中国知网”检索平台中，包含发明专利、实用新型专利、外观设计专利三个子库，数据来源于国家知识产权局知识产权出版社，准确地反映从 1985 年至今的中国专利文献情况。目前，中国专利全文数据库(知网版)共计收录专利 34 784 384 条(2021 - 7 - 22)。

该数据库中的专利文献，按照专利种类分为发明专利、外观设计专利和实用新型专利三种类型，其中发明专利和实用新型专利采用国际专利分类法和 CNKI 168 学科分类，外观设计专利采用国际外观设计分类和 CNKI 168 学科分类。

用户需要通过所在单位(或大型公共图书馆及文献机构)订购的 CNKI 平台进入该库。一般可以通过申请号、公开号、专利名称、摘要、分类号、申请人、发明人、优先权等检索项进行检索(图 2.3.1)、下载专利说明书全文。

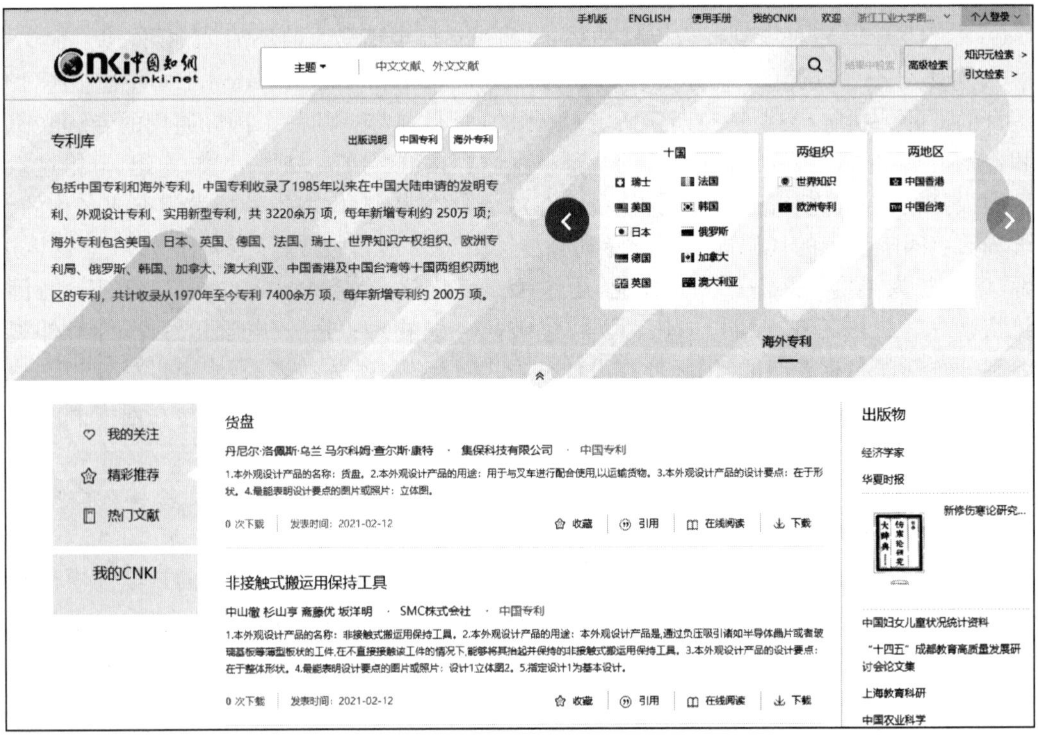

图 2.3.1　中国专利全文数据库(知网版)基本检索

同前面 2.2 节介绍的内容,对检索结果的处理还可以有多种选择,在此不一一赘述。

值得一提的是:

(1) 与通常的专利信息数据库相比,该数据库的一大突出优势表现在:从《中国专利全文数据库(知网版)》中检索出的每条专利的知识网络节点集成了与该专利相关的相似专利、本领域科技成果标准、研究与应用等期刊、学位论文、会议、报纸等文献信息,可以完整地展现该专利的产生背景、最新发展动态、相关领域的发展趋势;可以浏览发明人与发明机构更多的论述以及在各种出版物上发表的相关文献,有助于用户更加全面系统地掌握相关情况(图 2.3.2)。

(2) 浏览和打印全文专利说明书内容的前提是事先在"中国知网"主界面上下载 CAJ 浏览器到本地机器上。

(3) 因为专利技术的时效性,大多数用户都会很关心所查到的专利是否已经授权(享有《专利法》的保护)或失效。如图 2.3.2 所示,用户可通过"查询法律状态"来了解和确认相关情况。

2. 海外专利数据库(知网版)

该数据库中的数据,来源于国家知识产权局知识产权出版社,包含美国、日本、英国、德国、法国、瑞士、世界知识产权组织、欧洲专利局、俄罗斯、韩国、加拿大、澳大利亚、中国香港及中国台湾地区十国两组织两地区的专利。

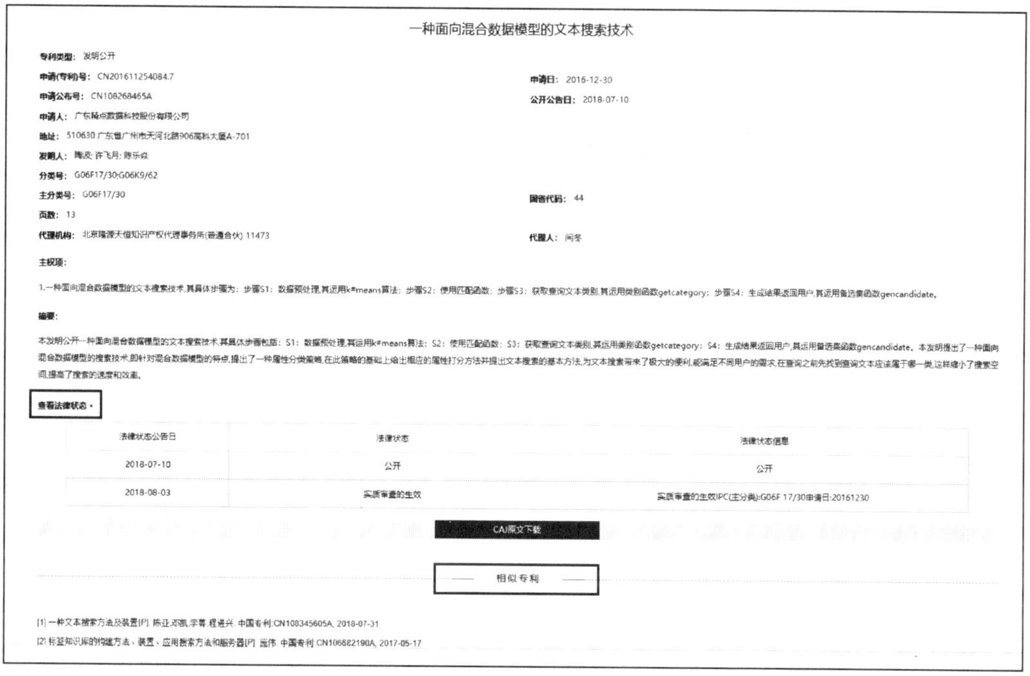

图 2.3.2　中国专利全文数据库(知网版)具有的多种功能一览

进入该数据库的方式同中国专利全文数据库(知网版)，都是需要从订购单位的 CNKI 检索平台位置入手。同样可以通过申请号、公开号、专利名称、摘要、分类号、申请人、发明人、优先权等检索项进行相关的检索(图 2.3.3)，其中的专利说明书全文，直接链接到欧洲专利局网站(图 2.3.4)。

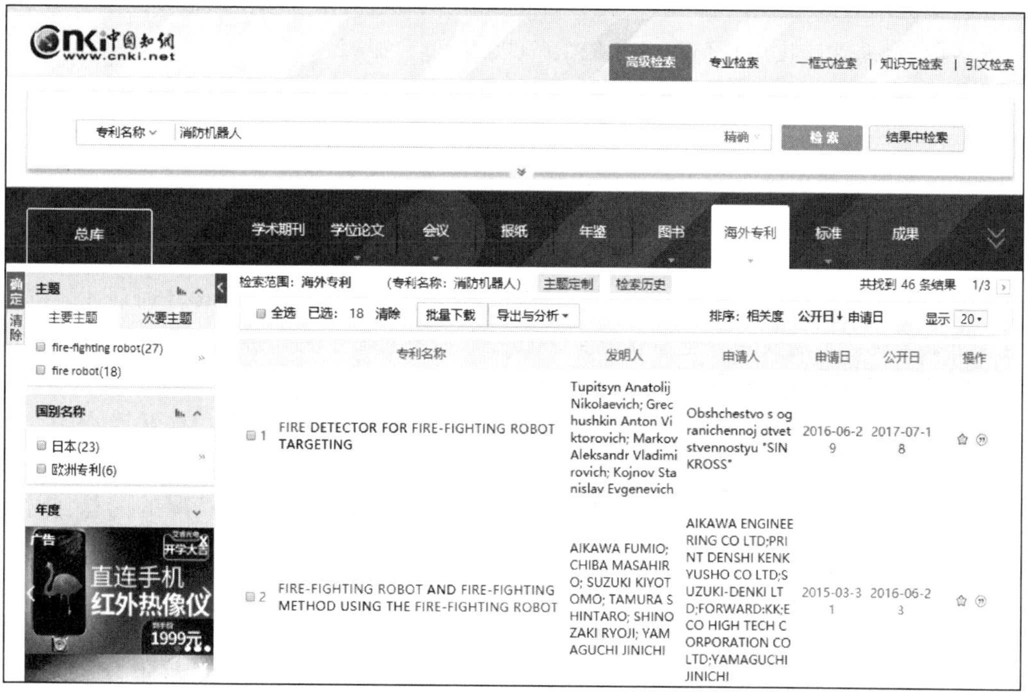

图 2.3.3　海外专利数据库(知网版)“高级检索”

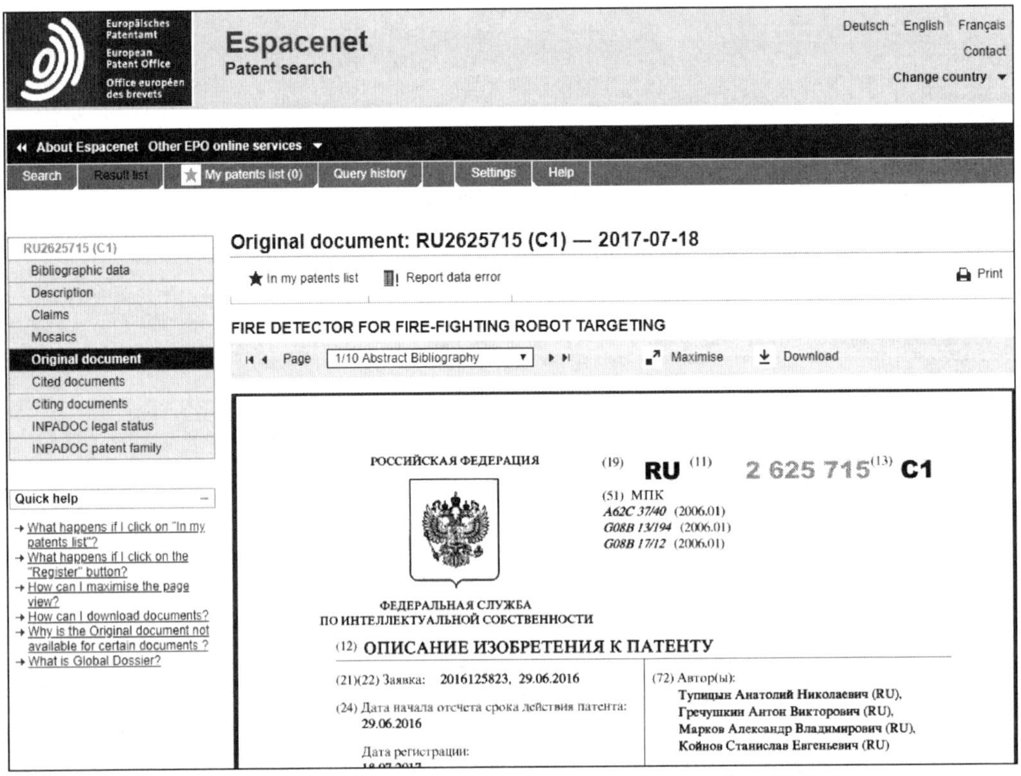

图 2.3.4　海外专利数据库(知网版)检索结果(全文)

同上所述,该数据库与通常的专利检索数据库相比,检中的每项专利的知识网络节点,都直观地展现了该专利的基本信息及同族专利情况,还可以链接到专利全文及进行法律状态查询。

该数据库中的数据采用国际专利分类和学科分类,包含了从 1970 年至今的国外专利,少量回溯目前,目前共计收录专利 98 179 083 条(2021－7－22)。

3. 国家知识产权局搭建的专利检索及分析(http://www.pss-system.cnipa.gov.cn/sipopublicsearch/portal/uiIndex.shtml)

专利检索及分析由国家知识产权局搭建,主要提供对中外专利文献进行全面的信息检索及专利说明书的免费全文浏览和下载服务。其收录的内容,包含了全世界 103 个国家、地区和组织的专利数据,主要包括中国、美国、日本、韩国、英国、法国、德国、瑞士、俄罗斯、欧洲专利局和世界知识产权组织所颁布的专利申请及授权专利的相关信息。用户需要注册后才能进行检索直至下载全文。不需安装浏览器就能直接查看专利说明书全文。系统提供的主要服务包括专利检索、专利分析、药物检索、专利服务。

(1) 主要检索方式为常规检索、高级检索、导航检索、命令行检索、药物检索等(图 2.3.5)。

(2) 专利分析的作用

① 通过对某人、某单位(企业)、某领域、某地区、某时间段专利申请情况的汇总、分类,从总体上把握相关的信息,作为技术能力与水平的评估、产品及技术的开发、战略决策的制订等重大活动的信息支撑与参考。

例如,分析 2017 年以来以浙江工业大学为专利权人的中国发明专利所涉及的技术领域。

第一,利用在高级检索指定字段输入检索词的方式或在检索式编辑区编辑检索式:申请日＞2017AND 申请(专利权)人＝(浙江工业大学)(图 2.3.6)。

图 2.3.5　国家知识产权局所搭建的专利检索及分析"常规检索"界面

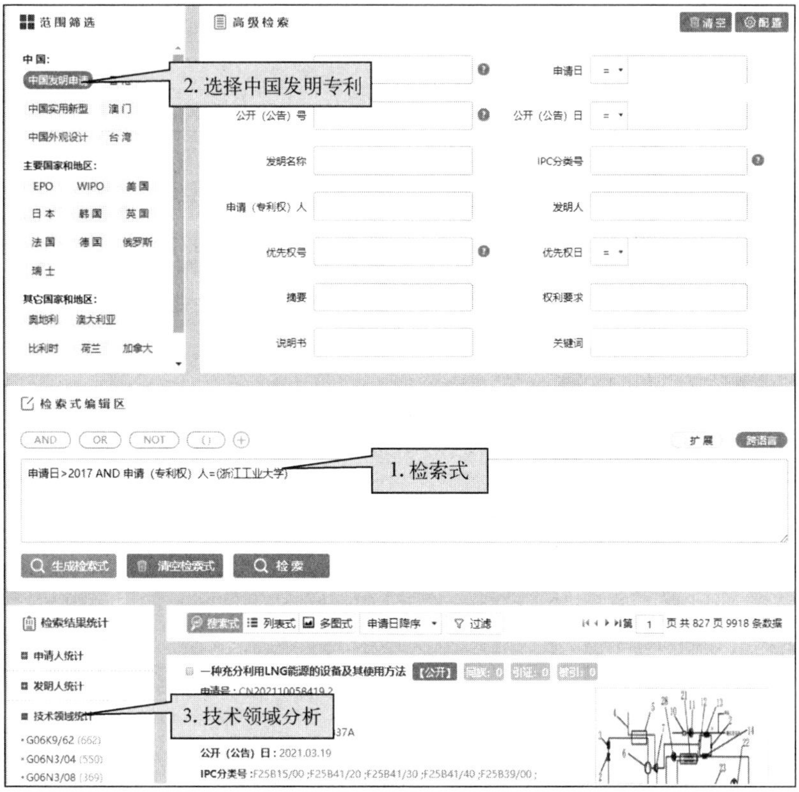

图 2.3.6　专利分析举例：2017 年以来以浙江工业大学为
专利权人的中国发明专利所涉及的技术领域

第二，选择检索页面左上方的"中国发明申请"，点击检索。

第三，点击结果显示页面左侧的"检索结果统计"下面的"技术领域统计"，可见 2017 年以来以浙江工业大学为专利权人的中国发明专利所涉及的主要技术领域为 G06K9/62、G06N3/04、G06N3/08、G06K9/00、A61P35/00、G06Q10/04、G05B13/04、C12N1/21、B01D67/00、C12R1/19 等。

② 分析竞争对手的关键专利,了解自身产品上市或出口是否可能侵权,从而为企业规避损失。

③ 分析竞争对手的专利及产品信息,了解自身专利被侵权的可能,从而通过防御、许可、转让、诉讼等方式实现自身专利的潜在价值。

④ 分析行业技术申请趋势,为企业自身研发方向提供思路。

(3) 检索时需要注意的几个方面。

① 选择申请号或公开号、公告号检索时,用户必须按照系统所要求的相关代码规定格式进行(如申请号的格式为文献申请国别代码+申请流水号);系统支持模糊匹配检索、截词检索等常规的逻辑检索。

② 选择申请人或专利权人、发明人及发明名称检索时,系统支持布尔逻辑检索;尤其对具体的人名、机构名、技术与产品名称等,系统会提供多个可能相关的名词供用户选择,以达到准确的检索效果。当将鼠标移至申请(专利权)人名称输入框上时,系统会显示关于查询条件的输入规则,用户可以按照规则进行更广泛的查询操作。

检索举例:检索从 2017 年 1 月 1 日至 2021 年 3 月 27 日期间,由我国高等院校申请并已经授权或公开的关于垃圾的分类、回收及处理技术方面的中国专利(2021-3-27)。

检索过程:

a. 选择"高级检索"方式,按照系统提示格式输入检索词进行检索(图 2.3.7),得到相关检索结果的数量为 2 800 条(2021-7-23)。

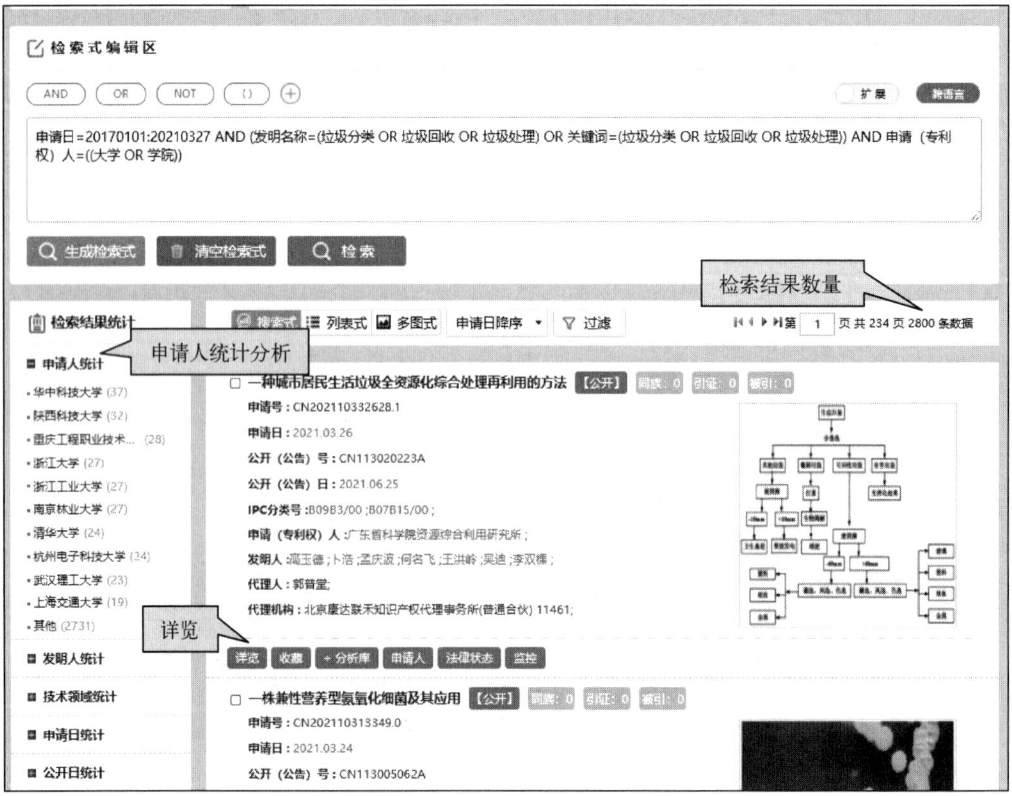

图 2.3.7 检索结果界面(检中文献记录为 2 800 条)

b. 专利分析结果——按申请人统计。从图 2.3.7 中的左栏可见，2017 年至今，华中科技大学在这一领域申请的专利数量最多，达 37 件；陕西科技大学次之，为 32 件。依次往下我们还可以准确地了解其他申请该技术领域专利的学校排名。由此，我们可以从一个侧面准确而全面地了解到国内高校在研究垃圾的分类、回收及处理技术方面的水平与能力。

c. 点击图 2.3.7 中的“详览”可查看到专利说明书全文(图 2.3.8)。

文献浏览 (1)
全选
高亮
高密
聚焦
格式设置
加入分析库
收藏
一种城市居民生活垃圾全资源化综合处理再利用的方法
下载
收藏
+分析库
审查
著录项目
全文文本
全文图像
CN113020223A[中文]
翻译
权利要求书
1.一种城市居民生活垃圾全资源化综合处理再利用的方法，其特征在于，包括以下步骤：
垃圾收集工序、垃圾分拣工序和无害化资源化处理工序；
S1、垃圾收集工序；采用车辆运输的方式将以不同颜色垃圾箱的形式暂存在各个垃圾转运站的分类垃圾送入垃圾卸料区域的舱内，具体垃圾被分为其他垃圾、餐厨垃圾、可回收垃圾、有害垃圾；
S2、垃圾分拣工序；卸在所述垃圾卸料区域的垃圾箱经机器识别系统识别垃圾箱的种类后送入不同垃圾的回收线，通过机器识别系统，将同类垃圾的垃圾箱进行归类，送入不同的分拣线，垃圾被分为其他垃圾、餐厨垃圾、可回收垃圾、有害垃圾；
S3、无害化资源化处理工序；
所述其他垃圾的分拣线通过滚筒筛进行粒级分类，筛上的用于垃圾发电，筛下的用于卫生填埋；
所述餐厨垃圾的处理线通过打浆后，使用新型抗酸耐盐复合菌进行降解，降解后的残余用于堆肥；
所述可回收垃圾通过滚筒筛进行粒级分类，不同粒级产品分别进行磁选、风选、光电选，得到玻璃、纸类、塑料、金属制品；
所述有害垃圾作为危废，集中进行无害化处理。
2.根据权利要求1所述的一种城市居民生活垃圾全资源化综合处理再利用的方法，其特征在于，所述其他垃圾处理过程具体为：经过10mm滚筒筛筛分，+10mm粒级的其他垃圾热值较高，用于垃圾发电，-10mm粒级的其他垃圾用于卫生填埋。
3.根据权利要求1所述的一种城市居民生活垃圾全资源化综合处理再利用的方法，其特征在于，所述餐厨垃圾的处理过程具体为：打浆后，以芽孢杆菌、酵母和霉菌为原菌，进行酸和盐分诱变后分别获得具有抗酸耐盐性的驯化菌株，以餐厨垃圾的有机物组成比例为基准，配制出新型抗酸耐盐复合菌，用于居民小区餐厨垃圾的降解，餐厨垃圾在负压下经过降解后得到水和残渣，残渣用于堆肥。
4.根据权利要求1所述的一种城市居民生活垃圾全资源化综合处理再利用的方法，其特征在于，所述可回收垃圾处理过程具体为：经40mm滚筒筛分级，-40mm粒级的可回收垃圾经过风选、磁选、色选得比重较大的金属制品和比重轻的纸张和塑料，+40mm粒级的可回收垃圾经风选、磁选、色选得比重大的玻璃制品和塑料制品和纸张。
5.根据权利要求1所述的一种城市居民生活垃圾全资源化综合处理再利用的方法，其特征在于，所述垃圾卸料区域的舱为负压舱，且设置有多个除臭单元。
法律状态
详细>>
20210625
发明专利申请公布
引证(0)
无引证文献数据
同族(0)
无同族文献数据

图 2.3.8　专利说明书全文

d. 点击图 2.3.8 中的“法律状态”旁边的详细，可查看到与该件专利相关的法律情况(图 2.3.9)。

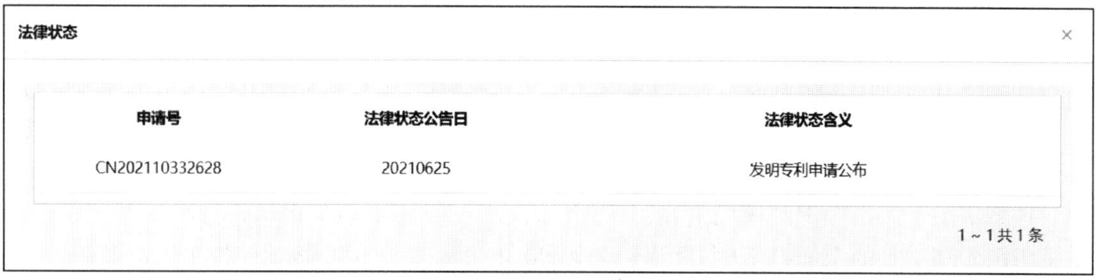
法律状态
×
申请号
法律状态公告日
法律状态含义
CN202110332628
20210625
发明专利申请公布
1～1共1条

图 2.3.9　该件专利是否授权等相关法律现状

事实上，比学习和掌握专利文献信息检索与利用更为重要的是学会尊重他人的知识产权，捍卫自己的知识产权；在学习专利知识、增长见识的同时，要敢于创新、大胆实践，从而树立起自主开发、自力更生、自强不息、敢为人先的决心和勇气。

4. 其他网上中国专利检索平台

(1) 专利信息服务平台(http://search.cnipr.com/)

由“中国知识产权网”搭建的《专利信息服务平台》提供了相似于以上中国专利查询系统的中国专利信息检索功能,但专利全文说明书需要注册缴费才能下载使用。而相对于上述系统,本系统在其他方面显示出了更为强大的功能,主要表现在以下几个方面。

① 提供国际专利组织、多个发达国家及其他地区的专利信息检索,包括提供中国台湾、中国香港、美国、日本、英国、德国、法国、欧洲专利局、世界知识产权组织、瑞士、韩国、俄罗斯以及其他一些国家和地区的专利信息检索。

② 提供中国专利中的失效专利检索。失效专利(失效专利申请)是指因申请专利但未交保护费,或申请专利尚未进入保护期或超过保护期等原因,申请人即放弃专利权及专利申请权的专利及专利申请。据本系统统计,自 1984 年确认《专利法》开始至今,中国失效专利数量已经达到 4 459 816 件(其中外观设计专利为 1 574 908 件、实用新型专利为 1 549 177 件、发明专利为 1 335 731 件),约占中国专利申请总量(10 340 201 件)的 40%(2014-6-11)。

实际上,虽然失效专利保护时效已过,但技术含量和市场价值却未必失效。专利界的人士认为,失效专利是一座未被人们开发的宝库,是一座未被挖掘的金山,非常值得我们重视和免费利用。

③ 提供专利技术信息分析服务。如上所述,人们利用对专利文献的检索、统计、归类、分析,对某项或某类专利技术进行查新及侵权情况的了解;通过对技术的跟踪,对其发展和法律状态进行分析、判断,围绕竞争战略目标进行信息搜集、加工、分析并提出建议,为企业制订竞争战略,提供决策参考。

④ 提供专家所做的相关行业的专利技术发展报告。如查阅“超级电容器专利技术现状及其发展趋势分析,刘红梅,王志宇,张颖,黄丹萍(国家知识产权局专利局电学发明审查部)专家专利报告”,用户需要注册后进行相关操作直至下载全文,不需安装浏览器就能直接查看专利说明书全文。

(2) 佰腾网(https://www.baiten.cn/)

该系统由佰腾科技集团编制,该单位成立于 2006 年,是国内知名的专利信息服务和创新解决方案提供商,江苏省科学技术厅、经济和信息化委员会、财政厅认定的“江苏省产业知识产权公共技术服务中心”“江苏省中小企业技术服务示范平台”“江苏省重点科技中介服务机构”。

该系统不仅提供了中国专利文献的全面检索,还提供了美国、日本、英国、德国、法国、PCT、瑞士、俄罗斯及欧洲专利局的专利检索。用户需要注册后进行相关操作直至下载全文,不需安装浏览器就能直接查看专利说明书全文。

(3) 上海知识产权(专利)公共服务平台检索系统(http://www.shanghaiip.cn/wasWeb/index.jsp)

该系统由上海市知识产权局主办、上海市知识产权服务中心负责运行维护。系统不仅提供了中国专利文献的全面检索(书目及全文内容),还提供了对世界知识产权组织以及美国、日本、英国、德国、法国、瑞士、俄罗斯、欧洲专利局等国家及国际专利合作机构的专利文献检索。

作为上海市知识产权信息平台的重要组成部分,该系统在研制中吸收了目前世界上大多数著名联机检索系统平台的先进功能,同时结合我国用户的特殊检索需求,提供了简单检索、表格检索、高级检索、IPC 检索、中英文双语检索、概念检索等检索功能,还提供了专利分析功能,利用专利分析功能可以对检索结果进行比较全面的、分门别类的统计与分析。用户需要注册后进行相关操作直至下载全文，不需安装浏览器就能直接查看专利说明书全文。

2.3.2　中国标准文献检索

2.3.2.1　关于标准的基本知识

1. 什么是标准

"标准是对重复性事物和概念所做的统一规定。它以科学、技术和实践经验的综合成果为基础，经有关方面协商一致，由主管机构批准，以特定形式发布，作为共同遵守的准则和依据。"(国家标准 GB 3935. 1－83《标准化基本术语第一部分》)

2. 标准的特点

(1) 标准的本质属性是一种"统一规定"。这种统一规定是作为有关各方"共同遵守的准则和依据"。根据《中华人民共和国标准化法》规定，我国标准分为强制性标准和推荐性标准两类。

强制性标准必须严格执行，做到全国统一；推荐性标准国家鼓励企业及有关单位自愿采用。但是一旦推荐性标准经过协商，成为相关合同中必须执行的内容时，有关各方则必须认真执行。

(2) 标准制定的对象是重复性事物和概念。例如，批量生产的产品在生产过程中的重复投入、重复加工、重复检验等；同一类技术管理活动中反复出现同一概念的术语、符号、代号等被反复利用等。实施和执行标准的目的，在于最大限度地减少不必要的重复劳动，规范相关的活动及要求，提高、促使或保证活动及产品的质量。

(3) 标准产生的客观基础是"科学、技术和实践经验的综合成果"。标准既是科学技术成果，又是实践经验的总结，并且这些成果和经验都是在分析、比较、综合和验证的基础上，加以规范化后形成的，因此标准有科学性、权威性。

(4) 标准必须"由主管机构批准，以特定形式发布"。标准从制定到批准发布的一整套工作程序和审批制度，使得标准本身具有法规特性及效力范围。标准文件有其自己一套特定格式和制定颁布的程序。标准的编写、印刷、幅面格式和编号、发布的统一，使得标准的质量有充分的保证，同时又便于这类文献的管理、检索与利用。

3. 什么是标准化

为在一定的范围内获得最佳秩序，对实际或潜在的问题制定共同和重复使用规则的活动，被称为标准化。它包括标准的制定、发布及标准的实施过程。标准化的重要意义在于改进产品、改善过程和提高服务的适用性，防止贸易壁垒，促进技术合作。

标准化的主要作用表现在以下十个方面。

① 标准化为科学管理奠定了基础。所谓科学管理，就是依据生产技术的发展规律和客观经济规律对企业进行管理，而各种科学管理制度的形式，都以标准化为基础。

② 促进经济全面发展，提高经济效益。标准化应用于科学研究，可以避免研究上的重复劳动；应用于产品设计，可以缩短设计周期；应用于生产，可使生产在科学的和有秩序的基础上进行；应用于管理，可促进统一、协调、高效率等。

③ 标准化是科研、生产、使用三者之间的桥梁。一项科研成果，一旦纳入相应标准，就能迅速得到推广和应用。因此，标准化可使新技术和新科研成果得到推广应用，从而促进技术进步。

④ 随着科学技术的发展，生产的社会化程度越来越高，生产规模越来越大，技术要求越来

越复杂,分工越来越细,生产协作越来越广泛,这就必须通过制定和使用标准,来保证各生产部门的活动,在技术上保持高度的统一和协调,以使生产正常进行,所以我们说标准化为组织现代化生产创造了前提条件。

⑤ 促进对自然资源的合理利用,保持生态平衡,维护人类社会当前和长远的利益。

⑥ 合理发展产品品种,提高企业应变能力,以更好地满足社会需求。

⑦ 保证产品质量,维护消费者利益。

⑧ 在社会生产组成部分之间进行协调,确立共同遵循的准则,建立稳定的秩序。

⑨ 在消除贸易障碍、促进国际技术交流和贸易发展、提高产品在国际市场上的竞争能力方面具有重大作用。

⑩ 保障身体健康和生命安全,大量的环保标准、卫生标准和安全标准制定发布后,用法律形式强制执行,对保障人民的身体健康和生命财产安全具有重大作用。

综上所述,标准化工作的意义十分重要。因此,作为标准化活动的产物——标准文献的利用价值不言而喻。

4. 标准文献及其特点

随着科学技术的进步和社会的快速发展,过去比较常见的都是产品标准、技术标准,而现在却出现了大量的管理标准、工作标准。同时,标准化工作也由原来的主要实施于工农业生产领域,扩展到安全、卫生、环境保护、交通运输、行政管理、信息代码等方面。正是由于标准化工作不断地扩展和深化,带来了标准文献的日益增多和广泛应用。

所谓标准文献,狭义的主要是指由技术标准、管理标准、工作标准及其他规范性文件所组成的一种特种文献体系。广义的标准文献,除了各类标准外,还包括标准分类资料、标准检索工具、标准化期刊、标准化专著、标准化管理文件、标准化会议文件、标准化手册、标准化定型图册等。

标准文献是标准化活动的产物,因此它带有明显的标准化活动的特征,具体表现在以下几个方面。

① 标准文献有特定的编号——标准号。标准号通常由国别(组织)代码＋顺序号＋年代组成。

例如,ISO 13297－2000《小型船舶-电器系统-交流电安装》,GB 4706.15－2008《家用和类似用途电器的安全 皮肤及毛发护理器具的特殊要求》

② 标准文献有不同的级别。由于标准的制定机构有国际组织、国家机构及相关部门、各种行业组织及企业本身,这决定了标准的级别具有不同情况。

在我国,除了有国家标准外,还有部颁标准、行业标准、企业标准。其中行业标准代码以主管部门名称的汉语拼音声母表示,如 JT 表示交通行业标准;企业标准编号由 Q/省、市简称＋企业名代码＋年份组成。

③ 标准文献具有新旧更替的特点。由于科技水平在不断提高、管理水准在不停进步,原来的标准如果不修改、不补充,反而将阻碍社会的进步,因此新标准会不断出台,同时原来的相关旧标准也就废止,不再具有标准的作用。

④ 标准文献有独立的分类体系。中国标准文献分类法其类目的设置以专业划分为主,适当结合科学分类。

⑤ 标准文献对有关各方有约束性,在一定条件下具有法律效用。如前介绍,强制性标准必须严格执行,做到全国统一,推荐性标准国家鼓励企业及有关单位自愿采用。但是一旦推荐性标准经过协商,成为相关合同中必须执行的内容时,有关各方则必须认真执行。

识别标准文献的主要依据有标准级别、标准名称、标准号、审批机构、颁布时间、实施时间等。这些内容已经在以上的叙述和表 2.3.2～2.3.5 中充分反映，请大家在实践中加深印象，不断熟悉。

表 2.3.2　标准文献常见国别代码

代码	国家或组织	代码	国家或组织	代码	国家或组织
ANSI	美国国家标准	DIN	德国国家标准	JIS	日本工业标准
BS	英国国家标准	GB	中国国家标准	NF	法国国家标准
CEN	欧洲标准化委员会	IEC	国际电工委员会	ГОСТ	俄罗斯国家标准
CENELEC	欧洲电子技术标准委员会	ISO	国际标准化组织		

表 2.3.3　中国标准代号

内容	代　号	含　义	代　号	含　义	代　号	含　义		
国家标准	GB	强制性国家标准	GB/T	推荐性国家标准	GB/Z	国家标准化指导性技术文件		
行业标准	行　业　标　准　代　号　及　含　义							
	HB	航空	HG	化工	NY	农业	WB	物资管理
	TY	体育	HJ	环境保护	QB	轻工	WH	文化
	BB	包装	HS	海关	QC	汽车	WJ	兵工民品
	CB	船舶	HY	海洋	QJ	航天	WM	外经贸
	CH	测绘	JB	机械	QX	气象	WS	卫生
	CJ	城镇建设	JC	建材	SB	商业	XB	稀土
	CY	新闻出版	JG	建筑工业	SC	水产	YB	黑色冶金
	DA	档案	JR	金融	SH	石工	YC	烟草
	DB	地震	JT	交通	SJ	电子	YD	通信
	DL	电力	JY	教育	SL	水利	YS	有色冶金
	DZ	地质矿产	LB	旅游	SN	商检	YY	医药
	EJ	核工业	LD	劳动安全	SY	石油天然气	YZ	邮政
	FZ	纺织	LY	林业	MZ	民政	DB+ *	强制性地方标准
	GA	公共安全	MH	民用航空	TB	铁路运输	DB+ * /T	推荐性地方标准
	GY	广播电影电视	MT	煤炭	TD	土地管理	Q	企业产品标准

表 2.3.4　中国标准文献分类一级类目表

分类号	类目名称	分类号	类目名称	分类号	类目名称
A	综合	B	农业、林业	C	医药、卫生、劳动保护
D	矿业	E	石油	F	能源、核技术

续表

分类号	类目名称	分类号	类目名称	分类号	类目名称
G	化工	H	冶金	J	机械
K	电工	L	电子元器件与信息技术	M	通信、广播
N	仪器、仪表	P	工程建设	Q	建材
R	公路、水路运输	S	铁路	T	车辆
U	船舶	V	航空、航天	W	纺织
X	食品	Y	轻工、文化与生活用品	Z	环境保护

表 2.3.5　国际标准分类表(ICS)一级类目表

分类号	类目名称	分类号	类目名称	分类号	类目名称
01	综合、术语学、标准化、文献	33	电信、音频和视频工程	71	化工技术
02	社会学、服务、公司(企业)的组织和管理、行政、运输	35	信息技术、办公设备	73	采矿和矿产品
		37	成像技术	75	石油及相关技术
07	数学、自然科学	39	精密机械、珠宝	77	冶金
11	医药卫生技术	43	道路车辆工程	79	木材技术
13	环保、保健和安全	45	铁路工程	81	玻璃和陶瓷工业
17	计量学和测量、物理现象	47	造船和海上建筑物	83	橡胶和塑料工业
19	试验	49	航空器和航天器工程	85	造纸技术
21	机械系统和通用件	53	材料储运设备	87	涂料和颜料工业
23	流体系统和通用件	55	货物的包装和调运	91	建筑材料和建筑物
25	机械制造	59	纺织和皮革技术	93	土木工程
27	能源和热传导工程	61	服装工业	95	军事工程
29	电气工程	65	农业	97	家用和商用设备、文娱、体育
31	电子学	67	食品技术		

2.3.2.2　中国标准检索系统举要

1. 国家标准查询(国家标准化管理委员会)(http://www.sac.gov.cn/)

国家标准化管理委员会官网,是我国标准化工作建设与指导的权威网站,包括在其中的国家标准查询系统,由国家标准化管理委员会主管、国家标准化管理委员会标准信息中心搭建。不仅可以直接从中查得标准文献的全文内容,还能了解相关标准的状态(如"废止""替代""强制""推荐"等)。

我们可以通过标准号、中文标准名称、英文标准名称、标准属性(强制性、推荐性、指导性)、国际标准分类号、中国标准分类号、发布日期、实施日期、标准制定单位、被替代国标号等十余个检索字段对相关的标准信息进行检索。

检索举例:

需要查找标准号为 GB/T 17256－2012 的标准文献全文(图 2.3.10)。

国家标准查询
National Standard Query

国家标准号 Standard No. of China	GB/T 17256-2012	现行 (Active) ☑ | 废止 (Revocatory) ☑	
中文标准名称 Standard Title in Chinese			
英文标准名称 Standard Title in English			
标准属性 Standard Attribute	标准性质 (Standard Kind)	制/修订(Draw/Edit)	标准类别(Standard Sort)
国际标准分类号 ICS		中国标准分类号 CCS	
采用国际标准号 Adopted International Standard No.		采用国际标准(Adopted International Standard)	采用程度(Application Degree)
被代替国标号 Replaced Standard		计划编号 Plan No.	
发布日期 Issuance Date	从(From)	到(To)	

图 2.3.10　国家标准查询系统检索界面

检索结果如图 2.3.11 所示。

共1条记录
Search Result

每页显示 Number of Every Page Shows 20 个记录

序号	标准号 Standard No.	中文标准名称 Standard Title in Chinese	英文标准名称 Standard Title in English	状态 State	备注 Remark
1	GB/T 17256-2012	残疾人自行车和射箭运动员医学和功能分级	Medical and functional classification of cycling and archery for disabled athletes	现行	2012年第42号公告

图 2.3.11　检索结果

查得的该标准全文如图 2.3.12 所示。

GB/T 17256—2012

残疾人自行车和射箭运动员
医学和功能分级

1　范围

本标准规定了残疾人自行车和射箭运动员的医学和功能分级标准。
本标准适用于视力残疾、脊髓损伤、脑瘫、截肢和其他肢体残疾的运动员。

2　自行车运动员分级

2.1　自行车分类

参赛自行车分为 4 种类型，残疾人运动员根据残疾类别使用不同类型的自行车：
H：手动自行车(包括原 HCA-C 级的运动员，部分选择参加手动自行车比赛而不选择两轮自行车比赛的原 LC2 和 LC3 级的运动员)。

图 2.3.12　检索到的相关标准的全文信息示意图

2. 标准网(http://www.standardcn.com/)

标准网是由机械科学研究院中机生产力促进中心建设并维护的我国工业行业的标准化门户网站。该网站主要内容包括轻工、纺织、黑色冶金、有色金属、石油、石化、化工、建材、机械、汽车、锅炉压力容器、电力、煤炭、包装、制药装备、黄金、商业、物流和稀土等 19 个行业的行业标准管理与服务信息。网站首页的“信息查询”提供了中外标准文献信息的检索功能及标准文献的书目信息(图 2.3.13),获取全文内容需要付费购买。

▸▸ 现行标准检索

标准编号	DIN EN 301716-2003
标准名称	数字蜂窝式远程通信系统(2+相位)(GSM).移动(通信手机)号码可携带业务(MNP)的支持.技术实现.第2阶段
英文名称	Digital cellular telecommunications system (Phase 2+) (GSM) - Support of Mobile Number Portability (MNP) - Technical Realisation; Stage 2 (GSM 03.66 version 7.3.1 Release 1998) (Endorsement of the English version EN 301716 V 7.3.1 (2000-10) as German standard)
代替号	
采用标准	EN 301716 V 7.3.1-2000,IDT;GSM 03.66-1998,IDT
归口单位	
起草单位	
分类号	M37
国际分类号	33.070.50
发布日期	2003-08
实施日期	
内容介绍	通信系统;呼叫号码;呼叫传输;通信链路;无线电话机话务量;特殊业务;通信网;电气工程;远程通信;电信;电信设备;移动无线电通信系统;数字的

图 2.3.13　标准网国内外标准信息检索界面

2.4　事实及数据检索系统

事实及数据检索系统是事实型数据库和数值型数据库的简称。与本章之前大量介绍的文献信息类型数据库相比(如图书、期刊论文、会议文献、学位论文等数据库),事实型数据库的最大特点在于它所提供的内容大多来源于对客观事实、统计数据、图像图谱、人物事件等的忠实记录与汇总,更具有直接利用、可信度高的特征,而文献信息类型数据库的利用价值和意义则更多地体现在对读者或用户所从事活动的参考与启发作用方面。

在日常工作生活中,人们常常会接触到各类事实和数据问题。比如,某个英文缩写、某个字或词汇的读音和含义及用法、某种物质的物理化学性质、某一句名言出自哪朝哪代哪个人、某个用人单位的基本情况介绍、某个产品的技术特性数据等。事实型数据库的作用就是提供对此类问题的检索结果。

常见的事实型信息检索工具/系统包括各类年鉴(包括统计年鉴)、百科全书、字典词典、人物机构名录、各种手册、方志、家谱等。

2.4.1　统计数据检索系统举要

1. 国务院发展研究中心信息网(http://www.drcnet.com.cn/www/int/)

国务院发展研究中心信息网(简称“国研网”)由国务院发展研究中心主管、国务院发展研究中心信息中心主办、北京国研网信息有限公司承办，创建于 1998 年 3 月，并于 2002 年 7 月 31 日正式通过 ISO9001：2000 质量管理体系认证，是中国著名的专业性经济信息服务平台。

国研网以国务院发展研究中心丰富的信息资源和强大的专家阵容为依托，与海内外众多著名的经济研究机构和经济资讯提供商紧密合作，以“专业性、权威性、前瞻性、指导性和包容性”为原则，全面汇集、整合国内外经济金融领域的经济信息和研究成果，旨在为中国各级政府部门和企业提供关于中国经济政策和经济发展的深入分析和权威预测，为海内外投资者提供中国宏观经济和行业经济领域的政策导向及投资环境信息，使投资者及时了解并准确把握中国整体经济环境及其发展趋势，从而指导投资决策和投资行为。

全文数据库包括国研视点、宏观经济、金融中国、行业经济、世界经济与金融评论、高校管理决策参考、企业胜经、区域经济、基础教育、发展规划报告、经济普查报告、政府工作报告、政府统计公报、中国国情报告、财政税收、经济形势分析报告。

统计数据库包括对外贸易数据，工业统计数据，宏观经济数据，金融数据，医药工业，建材工业，汽车工业，机械工业，冶金工业，轻工行业，信息产业，石油化工，交通运输，纺织工业，房地产业，旅游行业，能源工业，农、林业，科学技术，批发零售贸易和餐饮业，最新数据，每日财经，产品产量数据，世经数据，区域经济数据，教育经费统计数据。

专题数据库包括领导讲话、宏观调控、体制改革、聚焦十一五、市场与物价、基础设施建设、人口与就业、公共管理理论、社会保障、资源环境、科学发展观、农民工问题、新农村建设、国际贸易、跨国投资、循环经济、国内政府管理创新、国外政府管理借鉴、政策法规。

(1) 全文数据库检索方式

通过订购单位图书馆主页进入国务院发展研究中心信息网信息服务平台主页(图 2.4.1)。

图 2.4.1　国研网主页

从国研网主页右上方,选择"高级检索"方式开展各种信息的全文检索(图 2.4.2)。

图 2.4.2 "高级检索"界面

(2) 统计数据库检索方式

从国研网主页上的"统计数据库"进入,可以按照用户所需,对各种相关的统计数据进行检索(图 2.4.3)。

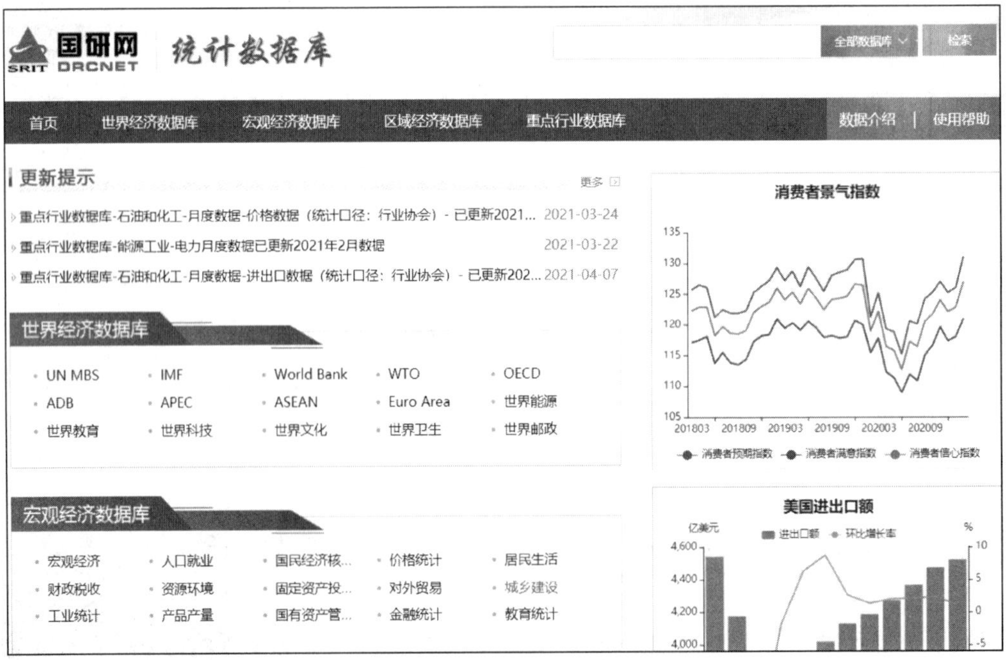

图 2.4.3 统计数据库检索界面

国研网统计数据库是集成在国务院发展研究中心信息网上的一个统计数据库，事实上在平台上还有众多的栏目和信息非常值得我们关注和利用，包括国研视点、宏观经济、金融中国、行业经济、区域经济、国研参考、专家库、国研大讲堂、世经评论、企业胜经、高校参考、职业教育、基础教育、国研网系列研究报告、专题专家访谈、精品资料室等都为我们提供了很有参考价值的相关信息和数据。

（3）专题数据库报告检索

从国研网主页上的“国研网系列研究报告”进入，可以按照用户所需，对各种相关专题数据库进行检索（图 2.4.4）。

图 2.4.4　专题数据库检索界面

2. 其他中文统计数据库举要

（1）中国经济信息网（https://www.cei.cn）

中国经济信息网（简称“中经网”）是经原国家计委批准，由国家信息中心联合部委信息中心和省区市信息中心共同建设的全国性经济信息网络，于 1996 年 12 月 3 日开通，是互联网上最大的描述和研究中国经济的专业信息资源库和媒体平台（图 2.4.5），主要提供以下五类产品与服务。

① 系列经济研究报告

系列经济研究报告包括中国行业发展报告系列、行业月度监控报告、产业政策解读报告、中国地区经济发展报告、宏观经济形势预测报告、固定资产投资分析季报、金融市场流动性分析月报、中国权威经济论文库、中国行业发展报告会。

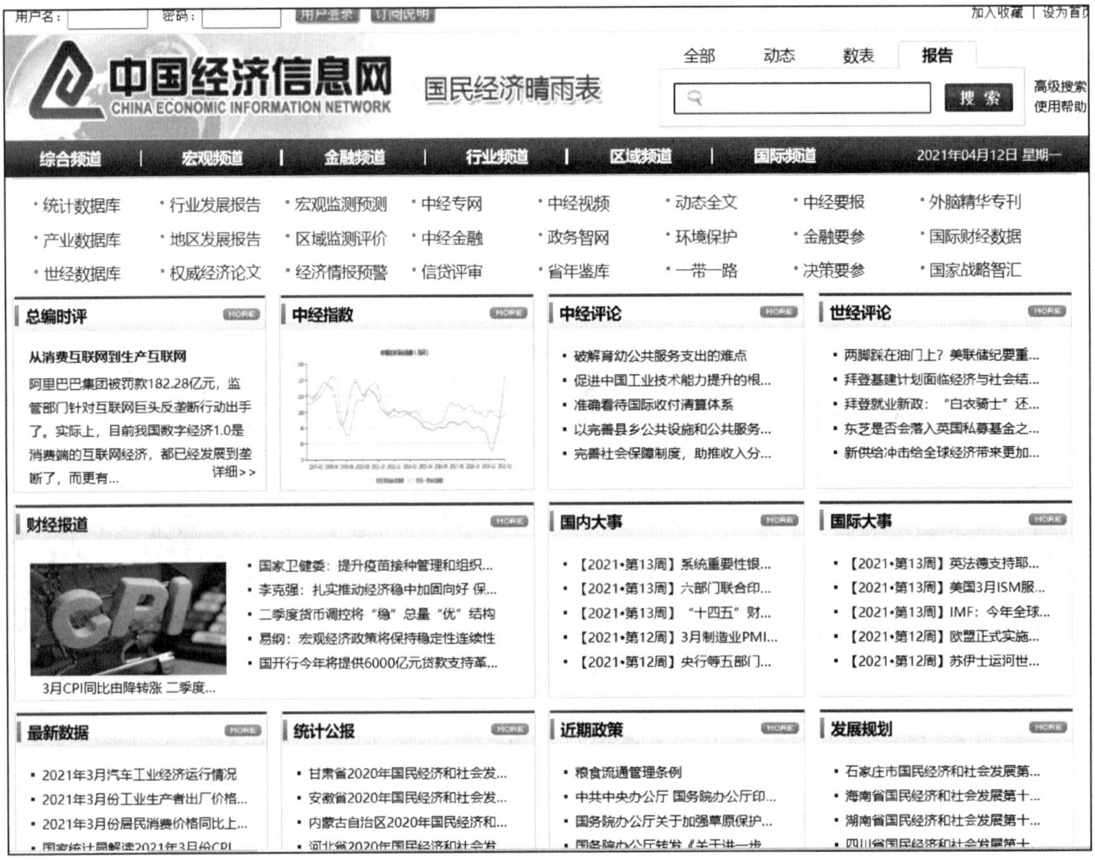

图 2.4.5　中国经济信息网

② 综合经济动态平台

综合经济动态平台包括中经专网、中经要报、中经金融决策要参、中经网经济形势与政策大数据平台。

③ 统计数据库与经济监测平台

统计数据库与经济监测平台包括中经网统计数据库、中经网产业数据库、世界经济数据库、一带一路统计数据库、中经网省级统计年鉴时序库、中国环境保护数据库、全国宏观经济监测预测系统、中国区域经济监测评价系统、经济景气分析系统、行业绩效标准值比较系统。

④ 经济管理专题远程教育

面向中央部委及各级组织、人社、专技、财政部门在内的党政机关干部教育培训部门，以及大中型企业、高等院校和金融机构，提供从视频课程、学习平台、镜像专版到线上线下混合式教学服务等解决方案。

⑤ 信用大数据应用平台

作为全国首批综合信用服务机构试点工作单位，应用大数据、人工智能等前沿信息技术，整合全社会信用信息资源，建立评价指标体系和模型，对城市、行业、企业信用状况进行量化评价，为多样化信用应用场景提供个性化定制服务。主要包括城市信用评价、行业信用监管、企业风险监控等平台。

中国经济信息网有两种检索方式。第一种检索方式是在"搜索"处直接输入检索词进行检索；第二种检索方式是利用数据库提供的高级检索功能，进行相关信息的检索。

(2) 搜数网

搜数网是中国资讯行(国际)有限公司为广大用户精心推出的面向统计和调查数据的专业数据垂直搜索网站；秉承中国资讯行“信息银行　信息共享　利益共享”的理念，汇集中国资讯行自 1992 年来搜集的所有统计和调查数据(图 2.4.6)。

图 2.4.6　搜数网主页及系统默认的快速检索界面

目前该数据库拥有 4 000 余本年鉴，统计数据逾 2 亿个，时间跨度从 1949 年至 2017 年，覆盖了全国 23 个省、5 个自治区、4 个直辖市、2 个特别行政区、280 余个地级市，数据内容涉及全国 54 个行业，每日新增数据 10 万条。

数据来源于国家及各省市地方统计局的统计年鉴及海关统计、经济统计快报、中国人民银行统计季报等月度及季度统计资料，其中部分数据可追溯至 1949 年，以及部分海外地区的统计数据，内容相对全面、权威、可靠。所有《搜数网》输出的统计表格皆附有数据来源及出处，保证数据的严谨及权威。同时，该数据库还独家录入了港澳台地区的统计数据，能够支持更多、更深、更广泛的用户需求。

用户可以根据各自的需要选择“快速检索”或“专业检索”(图 2.4.7)。“专业检索”方式为用户提供了更多的限制性条件和字段，如选择行业、地区、时间等，可以使检索结果更能反映检索者的需要。

图 2.4.7 “专业检索”界面

另外，该数据库为方便使用者灵活地分析和处理数据，为授权用户提供了 excel 表格的生成和下载功能。

2.4.2 中文百科全书检索系统举要

百科全书是概要记述人类一切知识门类或某一知识门类的工具书。百科全书在规模和内容上均超过其他类型的工具书。百科全书的主要作用是供人们查检必要的知识和事实资料，其完备性在于它几乎包容了各种工具书的成分，囊括了各方面的知识，常被誉为“没有围墙的大学”。高质量的百科全书的编纂成为衡量一个国家科学文化发展水平的标志之一。

1. 中文百科(http://www.zwbk.org/index.html)

中文百科由中国大陆(内地)和台湾、香港、澳门等地区的专家、学界人士与互联网界专家，以及海外华侨华人联合发起、参与创建。其内容涵盖当代科学技术和人文社会科学的各门学科，范围涉及人类活动的各个领域。

该平台的特色是以专家队伍为主体建设和完善“中文百科·专业版”；以网络百科爱好者及知识志愿者为主共同建设“中文百科·通俗版”。以服务于社会发展为目标，建设地域性、行业性、专业性网络百科(图 2.4.8)。目前上线的有广东百科信息网、云南百科信息网、贵州百科信息网、四川百科信息网、东盟百科信息网、法律百科、动漫百科等。该平台还提供了中文字典及成语字典检索以及四大名著、十三经、十三经注疏、全唐诗、全宋词、全元曲等古典文献的全文及相关词条的检索。

2. 中国科普博览(http://www.kepu.net.cn/)

中国科普博览以中国科学院为强大的支持体系，是一个综合性的以宣传科学知识，提高全民科学文化素质为目的的大型科普类百科全书型的网站。其内容包括天、地、生、数、理、化等各个学科。该数据库将每一类科普信息重新编写脚本并组织整理成虚拟科普博物馆与科普专题，以生动形象、图文并茂的方式通过互联网络对外发布，融知识性和趣味性为一体，使之成为青少年课外学习的好去处，也同时为成年人继续学习提供了良好的素材，其中每一个博物馆或科普专题都全面、系统地介绍了这一领域的科学知识，结构清楚、层次分明，并配有大量的动画与图片(图 2.4.9)；对相关知识，强调从一些有趣的故事与现象说起，用通俗易懂、形象生动的文字由浅入深展开论述，揭开其背后的科学知识。

图 2.4.8　中文百科首页

图 2.4.9　中国科普博览主页

3. *百度百科*(https://baike.baidu.com/)

百度百科是百度公司推出的一部内容开放、自由的网络百科全书,其测试版于 2006 年 4 月 20 日上线,正式版于 2008 年 4 月 21 日发布。百度百科旨在创造一个涵盖各领域知识的中文信息搜集平台。百度百科强调用户的参与和奉献精神,充分调动互联网用户的力量,汇聚上亿用户的头脑智慧,积极进行交流和分享。同时,百度百科实现了与百度搜索、百度知道的结合,从不同的层次上满足用户对信息的需求(图 2.4.10)。

图 2.4.10　百度百科主页

2.4.3　字典词典检索系统举要

1. *在线汉语字典*(http://xh.5156edu.com/)

在线汉语字典使我们在网络环境下能随时对不能正确把握的字、词的读音、含义、用法及相关的词语、成语等进行系统而全面的了解和学习,到目前为止已经收录了两万余个汉字、50 多万个词语(2017-9-13)。该系统提供了从拼音、笔画、部首等已知条件找到相应汉字的各种信息,是学习中文的有效工具(图 2.4.11)。另外,该系统还提供了成语词典、反义词查询、近义词查询、文言文翻译、歇后语大全、古诗词大全、万年历、中文转拼音、简繁转换、区位码等的查询功能。

2. *汉典*(https://www.zdic.net/)

汉典作为网上字词典检索系统,不仅提供了“汉语字典”“汉语词典”“成语词典”的检索功能,还为我们提供了“计量单位简表”“常用标点符号用法简表”“化学元素周期表”等常量数据及物理化学数据(图 2.4.12)。

图 2.4.11　在线汉语字典主页

图 2.4.12　汉典主界面

3. 海词(http://dict.cn/)

海词由美国印第安纳大学的博士范剑淼创建，正式启用于 2003 年 11 月 27 日，致力于在线学习词典及数字辞书出版服务。本系统不仅为用户提供覆盖小学、初中、高中和大学的词汇学习必备内容，还提供覆盖英、韩、日等 20 多个语种，粤语、沪语等特色方言以及 80 多个行业专业词汇的在线查词及学习服务(图 2.4.13)。

图 2.4.13　海词主界面

2.4.4　年鉴类检索系统举要

年鉴，顾名思义，是逐年出版、提供相应年份内各行业现行资料的工具书，常被称为“微型百科全书”。年鉴既是各类动态性资料和实事、数据的综合性查考工具，也是编制百科全书类工具书的基本信息源。它一般由重要文献、概况、专题论述、大事记、统计资料和附录几部分组成，其中专题论述是年鉴的主体，或刊载专为年鉴撰写的综合性文章，或刊载原始文献，叙述前一年中出现的重要事件和新知识、新成果。

年鉴按编写方式可分为记述体年鉴和统计年鉴；按内容范围分为综合性年鉴、专科年鉴及统计年鉴。

1.《杭州年鉴》

作为综合性年鉴，《杭州年鉴》由杭州市人民政府地方志办公室主编、方志出版社出版，它对杭州市每年社会生活中发生的大事、工农业生产、经济贸易、文化教育、科研学术、文艺体育等各方面的情况及具体数据做了比较完善和系统的搜集，同时进行了分门别类的整理、呈现，对记录、证实、了解、学习、宣传、把握杭州市历年各方面的发展、数据、现状等，都是最具有权威性、科学性、连续性的参考系统(图 2.4.14)。

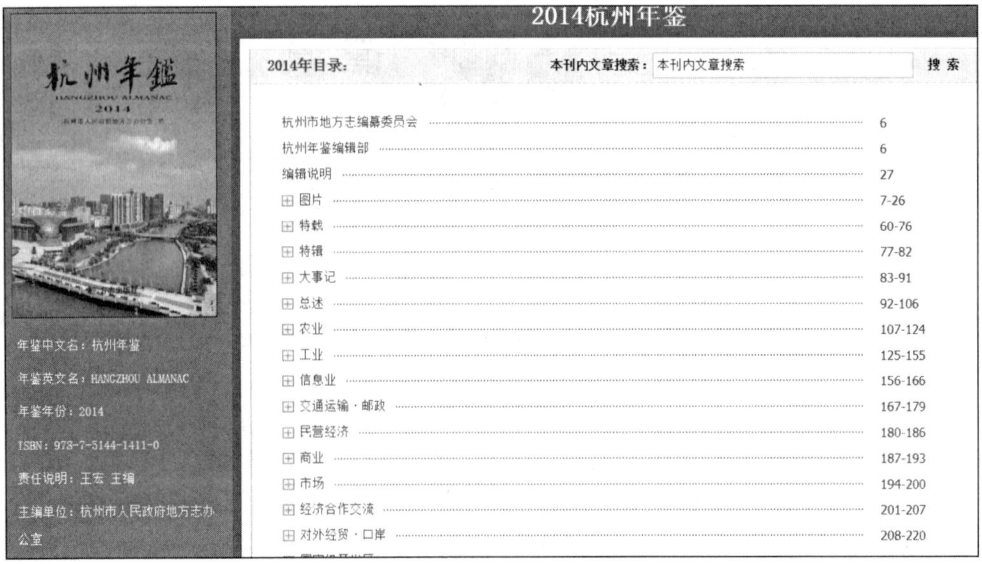

图 2.4.14　《杭州年鉴》(目录)

2. 中国测绘地理信息年鉴

中国测绘地理信息年鉴由国家测绘地理信息局组织编纂，主要记述测绘地理信息行业年内对国家经济建设和社会发展有重大影响的事件、活动、成果和重要统计资料等内容，除部首彩页外，设有综述、特载、综合工作、地方工作、行业单位工作、法律法规、公告、大事记、统计资料、插页、附录 11 个栏目，是反映我国测绘地理信息事业发展的专业性年鉴(图 2.4.15)。

图 2.4.15　中国测绘地理信息年鉴首页

统计年鉴在 2.4.1 节“统计数据检索系统举要”中已经被覆盖，此处不再单独介绍。需要在此强调的是：① 年鉴的检索方式与之前介绍过的统计数据库相似，一般可以通过分类或直接在检索提问栏中输入检索词来检索。② 年鉴的查询一是利用其印刷本来完成，二是通过网上访问进行，但大多数的情况下年鉴的使用需要进行身份认证或购买年鉴本身。

2.4.5　机构名录检索系统举要

由教育部高校学生司指导、全国高等学校学生信息咨询与就业指导中心主办的院校信息库(https://gaokao.chsi.com.cn/sch/)是国内权威发布我国大陆以及港澳台地区国家正式备案和认可的各级各类高等院校办学基本信息及招生信息的数据库(图 2.4.16)。

该系统提供“按院校查询”“按专业查询”两大主要检索方式。同时，在选中某种检索方式的时候，还可以进行更小范围或更精确条件的限制性检索，如“院校所在地”(北京、天津、上海等)、“院校类型”(综合、工科、农业、医药、语言、师范、体育、艺术等)、“主管部门类别”(教育部、其他部委、地方、军校)、“学历层次”(本科、高职(专科))、“院校特性”(一流大学建设高校、一流学科建设高校、研究生院)，对了解各高校的特色、基本的专业设置情况、办学优势，尤其是招生信息(包括专科、本科、研究生的招生信息)很有参考意义和指导作用。

2.4.6　专业手册类检索工具举要

目前，在我国提供常见数据库检索功能的各种专业手册比较鲜见，现有的多是属于某手册的“随书光盘”性质，并不能提供有效的检索方法和途径。但专业手册的作用却不容忽视，非为之前

院校名称	院校所在地	教育行政主管部门	院校类型	学历层次	一流大学建设高校	一流学科建设高校	研究生院	满意度
北京大学	北京	教育部	综合	本科	✓		✓	4.7
中国人民大学	北京	教育部	综合	本科	✓		✓	4.7
清华大学	北京	教育部	综合	本科	✓		✓	4.8
北京交通大学	北京	教育部	工科	本科/高职(专科)		✓	✓	4.4
北京工业大学	北京	北京市教育委员会	工科	本科/高职(专科)		✓		4.4
北京航空航天大学	北京	工业和信息化部	工科	本科	✓		✓	4.5
北京理工大学	北京	工业和信息化部	工科	本科	✓		✓	4.5

图 2.4.16　院校信息库主界面

所介绍的各类文献数据库及其他数据库所能代替的。为了引起大家对这类事实性检索工具的关注和利用，以下选择几种各专业手册进行简介，方便大家对专业手册的特征、性质、作用的了解。

1.《建筑经济大辞典》

《建筑经济大辞典》由上海市基本建设优化研究会、上海基本建设优化研究所、《基建管理优化》杂志社组织编写、编审，由深圳国际房地产咨询股份有限公司、建设银行湖南省信托投资公司、沈阳市建筑安装工程定额站、本溪市城乡建设经济技术定额管理站、上海长城建筑装潢工程部等单位协助合编，凝聚着国家有关部委、全国 20 多所大专院校、20 多个研究机构的 150 多位顾问、专家、学者、教授、研究员、高级工程师、高级经济师、高级统计师、高级会计师和编辑、编务人员的心血和汗水。它是集体智慧的结晶，是精英荟萃的成果。

本辞典词条坚持四条基本原则：定义准确、文字精练、释文确切、语句流畅。本辞典尽可能利用当代科学研究的最新成果，反映我国建筑经济科学的发展水平；尽可能做到简明性、科学性、实用性和稳定性的统一；也借鉴了国外有关的资料和介绍了国外有关的情况。本辞典的主要内容包括建筑经济总论、建筑业预测、勘察设计经济、建筑业计划、建筑施工、定额与概预算、建筑市场、招标投标、劳动工资、材料与机械管理、建筑经济合同、对外承包、建筑财务、建筑会计、建筑经济核算、建筑能源、建筑业统计、建筑技术经济、建筑经济效果等。

2.《化学化工物性数据手册(无机卷)》

《化学化工物性数据手册(无机卷)》由刘光启，马连湘，刘杰主编，于 2002 年由化学工业出版社出版。《化学化工物性数据手册》分为无机卷和有机卷。

本手册(无机卷)共分 16 章。内容包括水和水蒸气，无机气体，无机酸，金属、非金属及其氧化物，氢化物和氢氧化物，氰化物和氰酸盐，硼化物和硼酸盐，碳化物和碳酸盐，硅化物和硅酸盐，氮化物和硝酸盐及其他无机物料的物性数据。

手册中一律采用法定单位制，以物性为主线，用数据表达了 12 000 余种物料的物性；资料全面、准确，实用性强；可供化学化工企业和设计研究院所科技人员以及各行各业的化验人员使用；对轻纺、医药、机械、冶金、地质、环保等领域的相关技术人员亦有很大的实用价值。另外，在书末附有附录，介绍无机物料的缩写和别名。

3.《建筑工程计算速查手册》

《建筑工程计算速查手册》于 2008 年由华中科技大学出版社出版。该书根据现行的国家标准及相关设计规范编写而成，内容全面，简明适用，全书共分为 13 个章节，主要讲述了施工常用数据及有关的计算公式、地基基础工程施工快速计算、基坑工程施工快速计算、土方工程施工快速计算、临时设施工程施工快速计算、钢工程施工快速计算、模板工程施工快速计算、预应力混凝土工程施工快速计算、混凝土工程施工快速计算、防水与防腐蚀工程快速计算、冬期施工快速计算等方面内容，系统归纳、总结了建筑工程施工计算方法，编制出可供快速查阅的计算手册。

2.4.7　方志与家谱检索系统举要

方志又称地方志，是记述地方情况的史志，有全国性的总志和地方性的州郡府县制两类。总志如《山海经》《大清一统志》。以省为单位的方志称“通志”，如《山西通志》。元代以后著名的乡镇、寺观、山川也多有志，如《南浔志》《灵隐寺志》。方志分门别类，取材宏富，是研究历史及历史地理的重要资料。

家谱又称族谱、家乘、祖谱、宗谱等，是一种以表谱形式，记载一个以血缘关系为主体的家族世系繁衍和重要人物事迹的特殊图书体裁。家谱以记载父系家族世系、人物为中心，是由记载古代帝王诸侯世系、事迹而逐渐演变来的。家谱是一种特殊的文献，就其内容而言，是中国五千年文明史中最具有平民特色的文献，记载的是同宗共祖的血缘集团世系、人物和事迹等方面情况的历史图籍。

1. 中国国家图书馆的数字方志

中国国家图书馆的《数字方志》是由中国国家数字图书馆研制的。

地方志文献是中国国家图书馆独具特色的馆藏之一，所存文献数量与品质极高。《数字方志》采用数字图书馆方式，整理、加工编纂清代（含清代）以前的方志资源，此举有利于方志文献的保存、检索、传播、研究、开发。本系统具有简单检索、高级检索、二次检索、关联检索和全文影像浏览等功能（图 2.4.17）。

2. 上图家谱

上图家谱由上海图书馆研制。

据统计，上海图书馆共收藏有约 22 000 种、110 000 余册中国家谱，是国内外收藏中国家谱（原件）数量最多的单位。上海图书馆开设了全国第一个家谱阅览室，自 1996 年 12 月对社会开放以来，每年有数以万计的海内外人士来家谱阅览室参观查阅。

上海图书馆收藏的中国家谱分为 335 个姓氏，其中张姓、陈姓、王姓、李姓、刘姓、吴姓均在 500 种以上，而周、朱、徐、黄、杨、胡等姓也达数百种之多，冷僻姓氏有 90 余种。地区涵盖全国 20 余个省市，以浙江、湖南、江苏、安徽为多，其次是江西、上海、福建、湖北、广东、河南、四川、山东、河北等省。浙江家谱主要在金华、余姚、上虞、慈溪一带，安徽家谱则以徽州地区最为集中。上海图书馆收藏的家谱多为清代、民国期间的木活字本和刊本，但也不乏珍稀版本，最早者为宋内府

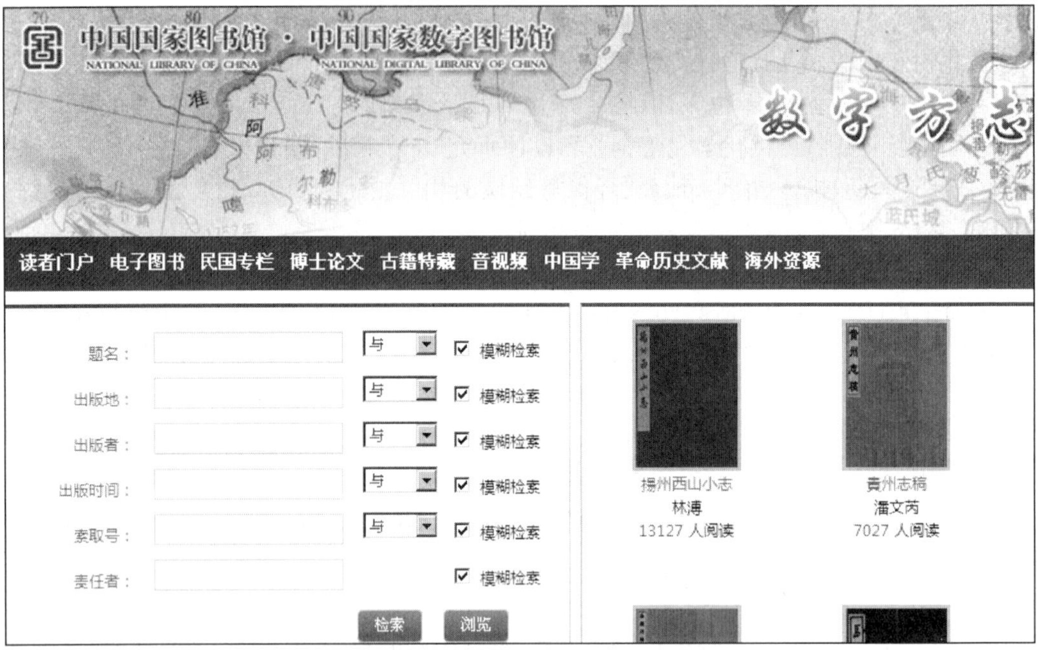

图 2.4.17　数字方志检索主界面

写本《仙源类谱》(残页),明刊本、明抄本有近三百部,稿本及纂修底本也不少见。此外,还有相当一部分是上海开埠后外地来沪人士的家谱,对于研究上海近代史有重要的史料价值。

《上图家谱》支持对七个字段进行检索:① 题名;② 姓氏;③ 居地;④ 堂号;⑤ 著者;⑥ 名人;⑦ 丛书。同时可在检索字段中选择“全部索引”对这些字段进行合并检索。

检索方式分为基本检索和高级检索两种。基本检索是指用户选择单个字段,并输入单个检索词进行查询的检索方式。高级检索是指用户在多个字段中输入检索词,并对检索词进行布尔逻辑组配的检索方式。此外,用户可在检索词后添加“?”,进行前方一致检索。

需要注意的是,对本库的检索一般需要到馆进行,网上访问系统一般不予响应。

2.4.8　CNKI 工具书库(https://gongjushu.cnki.net/rbook/)

该数据库由《中国学术期刊(光盘版)》电子杂志社网络出版、同方知网(北京)技术有限公司研制发行,是中国知识资源总库的重要组成部分。

CNKI 工具书库又称中国工具书网络出版总库,是一个事实型数据库的集合体,它集成了近 200 家知名出版社的 6 700 余部工具书,类型包括语文词典、双语词典、专科辞典、百科全书、图录、表谱、传记、语录、手册等,约 2 000 万个条目、70 万张图片,内容涵盖哲学、文学艺术、社会科学、文化教育、自然科学、工程技术、医学等各个领域。

该数据库按学科分 10 大专辑 168 个专题,不但保留了纸本工具书的科学性、权威性和内容特色,而且配置了强大的全文检索系统,大大突破了传统工具书在检索方面的局限性;同时通过超文本技术建立了知识之间的链接和相关条目之间的跳转阅读,使读者在一个平台上能够非常方便地获取分散在不同工具书里的、具有相关性的知识信息。

CNKI 工具书库除了实现了库内知识条目之间的关联外,每一个条目后面还链接了相关的学术期刊文献、博士硕士学位论文、会议论文、报纸、年鉴、专利、知识元等,帮助人们“多维度”“立体化”地运用相关数据、了解最新进展,发现新知,开阔视野。

只有订购单位可以访问数据库全文内容。CNKI 工具书库的检索方法主要有快速检索(系统默认的方式)、高级检索(相应逻辑运算)和书目浏览三种情形,如图 2.4.18 所示。

图 2.4.18　CNKI 工具书库检索首页

2.4.9　联合目录及其利用

随着科学技术的发展,文献信息迅猛增长,资源的分布复杂、无序,图书馆购置文献的经费“捉襟见肘”,使得人们充分认识到资源的共建和共享才是解决相关问题的根本之路。

1. 联合目录的作用与种类

联合目录(union catalogue)是揭示和反映多个图书馆所收藏的文献信息基本情况的数据库(检索系统),也是事实型数据库中的重要一员。对于信息检索用户来讲,主要用来帮助用户了解自己需要的、本单位图书馆缺藏的文献在其他什么地方、什么单位有收藏,进而加以利用;对于图书馆界而言,要实现资源共建、共享,首先需要资源共知,即编制联合目录,利用联合目录,全面了解各馆收藏现状,进而有计划、有目的地补充缺藏文献,减少重复馆藏,优化资源结构,满足用户各种需求。

按照不同的收录情况,联合目录可划分为:① 国际性的、国家性的和地区性的联合目录(由收录文献机构的地域决定);② 图书联合目录、期刊联合目录、电子文献联合目录等(由所反映的文献类型情况决定);③ 综合性的、专科性的联合目录(由收录文献的内容范围决定),例如 CALIS 联合目录公共检索系统(反映全国主要高校图书馆文献收藏情况)、中国科学院文献情报中心全国期刊联合目录(主要反映中国科学院系统图书馆及其他大型图书馆文献收藏情况)、全国外文生物医学期刊馆藏联合目录数据库(反映国家医学中心馆、中国医学科学院及相关高校图书馆文献资源情况)等等。

2. CALIS 联合目录公共检索系统(http://opac.calis.edu.cn/opac/simpleSearch.do)

CALIS 是中国高等教育文献保障系统(China academic library & information system)的简称,是经国务院批准的我国高等教育“211 工程”,“九五”、“十五”总体规划中三个公共服务体系之一。CALIS 的宗旨是,在教育部的领导下,把国家的投资、现代图书馆理念、先进的技术手段、高校丰富的文献资源和人力资源整合起来,建设以中国高等教育数字图书馆为核心的教育文献联合保障体系,实现信息资源共建、共知、共享,以发挥最大的社会效益和经济效益,为中国的高等教育服务。

从 1998 年开始建设以来,CALIS 联合目录公共检索系统汇集“211 工程”“985 工程”等全国馆藏实力雄厚的高校图书馆的资源于其中,供公众免费检索利用。用户可以通过该系统,检索本馆缺藏的所需文献是否在存有的某馆之中,方便我们及时而准确地索取相关的原始文献,达到资源共享的目的。

【检索举例】需要查找徐庆宁主编的、2004 年由华东理工大学出版社出版的《信息检索与利用》的收藏信息。

【检索步骤】① 将完整的书名写入检索提问栏(图 2.4.19)。

② 了解到馆藏所在地及具体单位信息(图 2.4.20)。

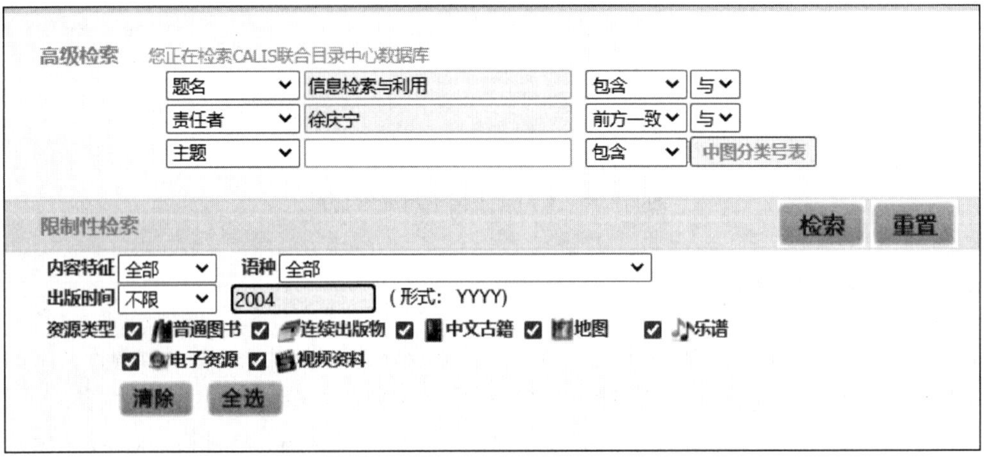

图 2.4.19　书名写入检索提问栏

书目基本信息: 信息检索与利用徐庆宁主编.

馆藏基本信息: 显示馆藏信息: 43

选择馆	地区	馆藏机构	馆际互借状态
☑	东北	大连工业大学图书馆	返回式馆际互借
☑	东北	东北财经大学图书馆	返回式馆际互借
☑	东北	东北大学图书馆	返回式馆际互借
☑	东北	东北林业大学图书馆	返回式馆际互借
☑	东北	哈尔滨工业大学图书馆	返回式馆际互借
☑	东北	辽宁大学图书馆	返回式馆际互借
☑	华北	北方工业大学图书馆	返回式馆际互借
☑	华北	北京大学图书馆	返回式馆际互借
☑	华北	北京大学医学部图书馆	返回式馆际互借
☑	华北	北京工业职业技术学院图书馆	返回式馆际互借
☑	华北	内蒙古大学图书馆	返回式馆际互借
☑	华北	天津大学图书馆	返回式馆际互借
☑	华北	中国农业大学图书馆	返回式馆际互借
☑	华北	中国人民大学图书馆	文献传递
☑	华北	中央民族大学图书馆	返回式馆际互借
☑	华东北	安徽工业大学图书馆	返回式馆际互借
☑	华东北	东南大学图书馆	返回式馆际互借
☑	华东北	南京大学图书馆	返回式馆际互借
☑	华东北	南京航空航天大学图书馆	返回式馆际互借
☑	华东北	山东大学图书馆	返回式馆际互借
☑	华东南	复旦大学图书馆	返回式馆际互借
☑	华东南	福州大学图书馆	返回式馆际互借
☑	华东南	华东师范大学图书馆	返回式馆际互借
☑	华东南	上海财经大学图书馆	返回式馆际互借
☑	华东南	上海交通大学图书馆	返回式馆际互借
☑	华东南	厦门大学图书馆	返回式馆际互借
☑	华东南	浙江大学图书馆	返回式馆际互借

图 2.4.20　具体收藏单位信息

③ 根据“最省力”原则，选择距离最近或最方便的收藏单位作为原文索取对象提取原文。

2.5　统一检索平台及其功能

所谓“统一检索平台”，即是集各种类型的文献信息资源（包括各种文献类型）、各种文献信息形式（包括题录、文摘、全文、图片、课件、影像等）于一体，提供统一检索界面，满足用户同时对多种类型、多种形式的文献信息的需求，比较适合专题文献调研的初始阶段，可以达到一览概貌、节省时间的效果。

如本章开篇所述，到目前为止，国内公开出版的电子文献检索系统已经有百十来种之多。这当中不乏像“超星数字图书馆”“中国专利检索系统”等集中搜集、揭示、检索某一种文献类型（前者为图书，后者是专利）的数据库，同时，也出现了不少提供统一检索功能的平台或系统。

通过前面的介绍，大家对单一类型的文献数据库的内容特征及检索方法等，应该有了基本的了解和把握。事实上，无论是单一类型的文献数据库还是统一检索平台，它们的检索方法、途径等差异不大，甚至基本相似。因此，下面我们只是重点对目前比较有影响的国内三大综合性检索平台——读秀学术搜索、万方数据知识服务平台、中国知网的资源、构成以及主要检索功能做一些简要介绍，旨在推荐资源、促进利用。

2.5.1　读秀学术搜索(http://www.duxiu.com/)

读秀学术搜索是由北京超星公司建立和维护的由海量中文学术资源组成的庞大知识库系统。它以超过 6 亿页中文资料为基础，为读者提供深入图书内容的章节和全文检索、部分文献试读、参考咨询等多种功能。同时，读秀学术搜索将检索结果与所订购图书馆馆藏的各种资源库对接，使读者检索任何一个知识点，都可以直接获取本图书馆内与其相关的纸质图书、电子文献的全文或书目信息，从而实现统一检索的功能。

非订购单位用户，目前可以通过免费访问读秀学术搜索检索相关内容的题录或文摘。已经订购单位的广大用户，由各自图书馆主页上本综合检索平台的链接处进入(图 2.5.1)。

图 2.5.1　读秀学术搜索检索界面

1. 读秀学术搜索检索方式

(1) 知识检索

通过知识检索可以深入搜索到文章全文中与检索词有关的内容，点击相关链接后即可进行文章的阅读。所有试读页面明确提示“本书仅提供试读”。阅读规则为同一册书、同一个 IP 地址、一天最多可阅读 3 个章节(包括章节不含关键词的情况)，隔天后可继续阅读。阅读时可对页面进行放大、缩小以及用“选取文字”的功能对所选内容进行复制和使用。

【检索举例】需要检索关于“科技查新规范”方面的资料(2021－7－23)。

检索步骤：

首先，选择“知识检索”方式，在检索提问栏中输入检索词“科技查新规范”(图 2.5.2)，检中结果为 797 条记录。这些记录出自以下各类文献载体(图 2.5.2 右侧所圈)——图书：273 种；期刊论文：385 篇；学位论文：31 篇、会议论文：44 篇以及其他类型文献若干。

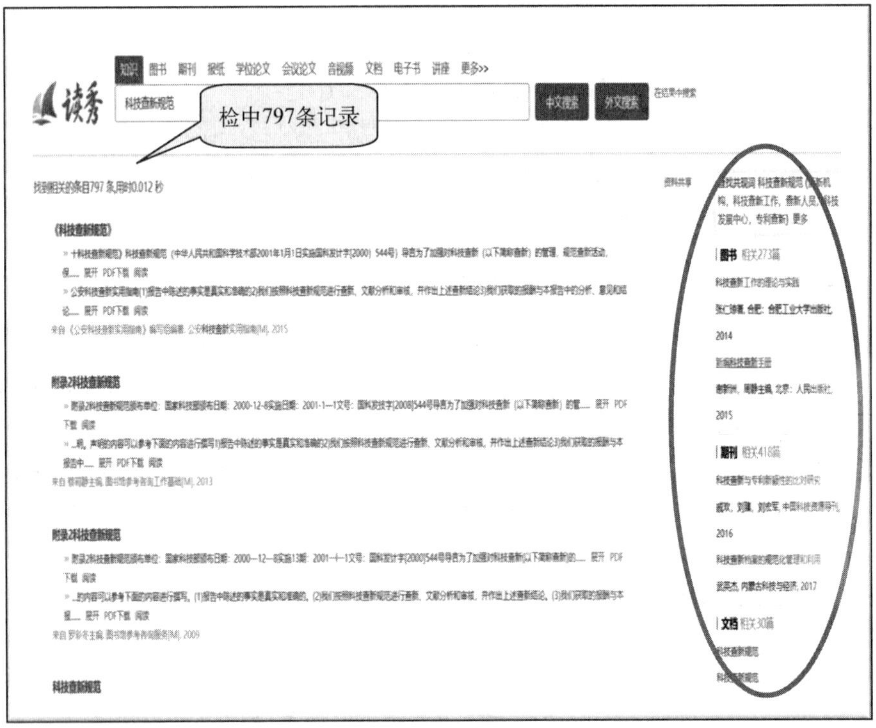

图 2.5.2　采用“知识检索”方式查找关于“科技查新规范”方面的资料的相关结果

然后，选中一条检索结果，查看全文内容(图 2.5.3)。

最后，在图 2.5.3 界面上端，用户可以根据各自的需求，对检索到的全文内容进行翻页、放大缩小、文字转换等操作处理。

(2) 高级检索

“高级检索”是一种可以实现字段间检索词相互的逻辑运算检索方式，如图 2.5.4 所示。这种检索方式不仅适合于对本数据库图书的检索，同样也适合于对其中所提供的包括期刊、报纸、学位论文、视频等多种类型文献信息的检索。

【检索举例】需要查找武汉大学出版社 2012 年出版的《大学计算机基础实验教程》。

① 选择图书“高级检索”，分别在相应的字段输入已知信息后检索(图 2.5.4)。

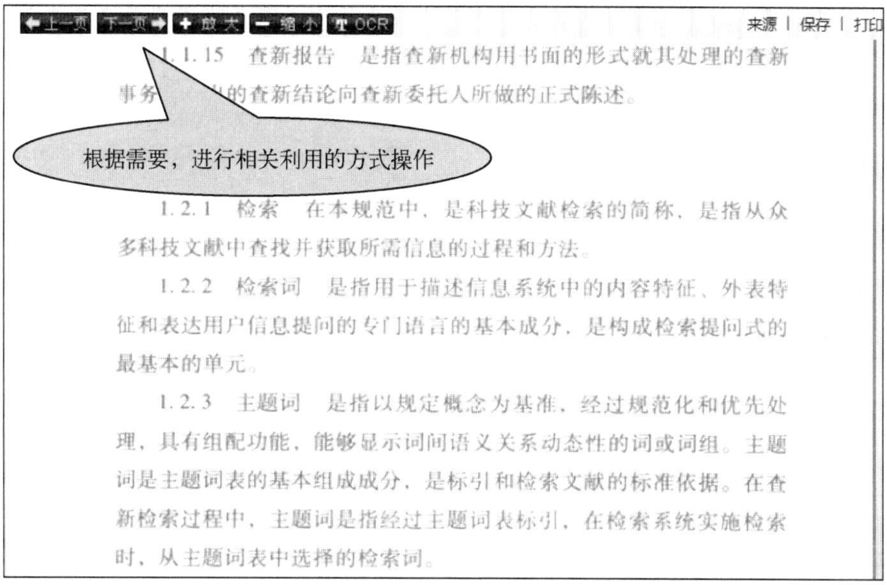

图 2.5.3　检中文献全文内容示例

图 2.5.4　图书"高级检索"界面

② 检索结果如图 2.5.5 所示。点击本书后可看到本书作者、出版社、出版日期等信息。

③ 从图 2.5.5 可以了解以下信息。

a. 本馆是否有此书的馆藏纸质书。如果有，点击此链接后可看到学校图书馆中此本书的详细馆藏信息，并且可以直接进行图书借阅。

b. 本馆是否有此书的电子全文。如果有，点击此链接将会链接到超星数字图书馆（如本章 2.1 节介绍的内容），点击图书，在安装有超星阅览器的状态下进行书籍阅读、下载等功能。

图 2.5.5　检索结果示例

c. 在没有馆藏纸质书及电子全文的情况下,点击“图书馆文献传递”进入“图书馆参考咨询服务”页面,根据自己的需求进行图书文献参考咨询,点击“需求范围”右侧的加减号,可进行分段页码追加(每天索取范围不超过正文的 50 页,一周内咨询数量不超过本书的 20%)。输入 E-mail 后该邮箱即可收到所咨询的书目链接。

d. 如果图书馆没有此书,可以点击“推荐购买纸本图书”或“推荐购买电子图书”,向图书馆工作人员推荐购买此书的纸质文献或电子图书。

e. 选择“本省馆藏借阅”,了解此书在全省的收藏单位是哪些,以便前往借阅。

f. 选择“试读”,通过查看试读内容,判断是否需要阅读全文。

(3) 期刊、报纸、学位论文、会议论文等多种类型的检索

读秀学术搜索平台通过与相关数据库内容的无缝链接为我们同时检索不同文献类型的同主题文献创造了条件。读秀学术搜索平台能提供的所有文献形式已经达到 15 种(图 2.5.6)。

图 2.5.6　读秀学术搜索平台能提供的所有文献内容

2. 检索结果的获取及处理

(1) 直接浏览和下载所需要的全文内容,通过系统提供的文字转换功能加以及时利用。

(2) 查看系统提供的试读内容，判断文献的重要性。

(3) 对系统不能提供全文的文献，可以通过请求系统提供的"图书馆文献传递"服务或从系统提供的其他图书馆收藏信息中了解所需文献的馆藏情况，进而设法获取相关文献全文。

(4) 向所在图书馆"推荐购买电子图书"或"推荐购买纸本图书"或在"你可能还需要"的相关性图书中选择同类图书阅读。

3. 读秀学术搜索功能总结

(1) 支持统一检索

读秀学术搜索大多已经嵌入订购该平台的图书馆网站的首页，实现资源统一检索(即能同时查询图书、期刊、专利、学位论文及会议论文、视频、讲座、课件、人物、电影、音乐等多种类型的文献)，方便对检索对象总体情况的了解和把握。

(2) 提供知识搜索

能对图书内容深入知识单元进行检索，即能对图书的每一页上的内容进行字、词级别的检索，大大扩展了检索的范围，提高了查全率。

(3) 支持全文阅读

对订购超星数字图书馆及 CNKI、万方数据库及维普等全文数据库的单位，一律提供从书目检索到全文浏览、下载等服务。

(4) 提供文献试读

对具有版权限制的文献，提供从书名、目录到部分全文内容的试读，方便对相关文献切题性的判断，提高了查准率。

(5) 提供原文传递

对不能即刻在系统中查看到全部内容的文献，允许申请原文传递服务，以满足用户对原始文献的利用需求。

(6) 链接本馆收藏

对检中的图书，提示本单位图书馆是否有收藏(包括是否有印本或电子版全文)，方便用户及时了解和获取馆藏信息并利用文献本身。

(7) 揭示他馆收藏

对检中的图书，提示本单位图书馆没有收藏，列举出本地区其他图书馆相应的馆藏情况，方便用户获取原始文献。

(8) 提供图书推荐

对检中的图书，提示本单位图书馆没有收藏的，但用户很需要的文献，允许用户及时在系统中进行图书推荐，以便图书馆及时补充缺藏文献。

(9) 网上图书购买

对用户自己需要购买的图书，提供网上交易平台(如"当当网")，方便用户购买所需。

2.5.2　万方数据知识服务平台(https://www.wanfangdata.com.cn/index.html)

由北京万方数据股份有限公司搭建的万方数据知识服务平台，作为一个综合性的数据库检索平台，通过跨库检索，支持对包括期刊、学位论文、科技报告、会议文献、专利文献、标准文献、科技成果、政策法规以及机构、专家、学者等多种类型文献的统一检索(图 2.5.7)。

本系统的主要检索功能已经在本章"2.2　学位论文及会议信息检索"中介绍过，在此不再重复。非订购单位用户，可以从网上访问数据库主站点来检索其所提供的"期刊论文""会议论

图 2.5.7　万方数据知识服务平台检索主界面

文”“学位论文”“专利技术”“法律法规”等系列数据库中的书目信息，全文下载需要付费进行。

已经订购本数据库的单位的用户，通过超链接的方式，由各用户所在单位的图书馆主页上的本数据库平台进入。

2.5.3　中国知网(https://www.cnki.net/)

中国知网由清华大学、清华同方公司编制，是一个大型数据库集成平台，已经建成或正在建设的大小数据库超过 150 个(图 2.5.8)。

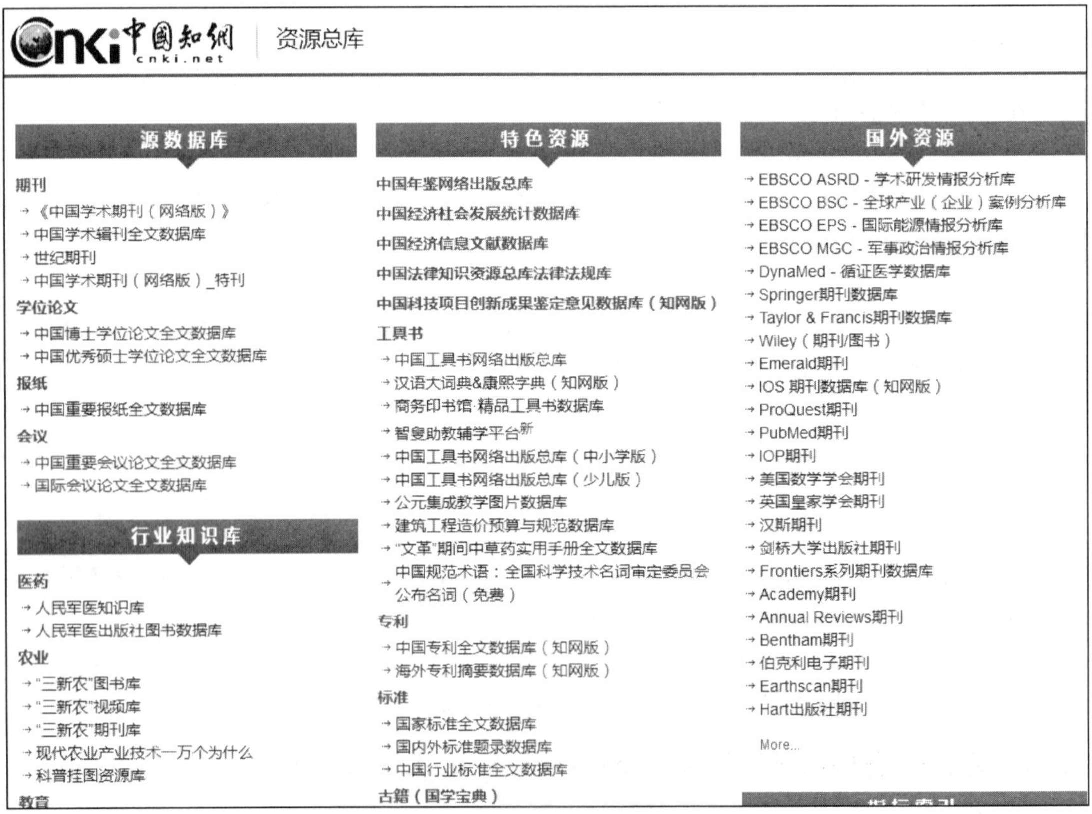

图 2.5.8　中国知网集成的各类数据库一览(部分)

作为一个综合性数据库平台，系统响应用户对选中的某一数据库的单库检索和同时选定多个数据库进行统一检索。该数据库平台的基本检索功能已经在本章“2.1　电子图书及电子期刊检索”中介绍过，在此不再重复。非订购单位用户，目前可以通过免费访问中国知网，检索相关内容的书目信息，全文浏览与下载需要付费。订购单位的广大用户，由各自图书馆主页上本检索平台的链接处进入。

综上所述，综合性检索平台的功能，主要在于其节省用户时间、提高检索效率。但是，由于不同文献类型具有其各自特定的检索字段（如图书检索系统中"ISBN"字段、专利检索系统中的"专利申请人"字段、学位论文检索系统中的"导师"字段等），而对于这些特定字段的检索是很难在统一检索平台上实现的，故综合性检索平台最好是在对某主题内容进行初步检索时采用比较好，能省时、省力。如果要对课题进行深入的追踪检索（特别是根据已经掌握的一些特定检索线索进行查找时），有针对性地选择某个或某类型数据库，会收到更好的效果。因此，认真把握各种数据库本身的特点，正确认识和利用综合性检索平台，适时地选择恰当的数据库非常重要，将跨库检索与单库检索良好结合，才是取得满意的检索结果的前提和保证。

2.6　检索效果及优化方法

2.6.1　检索效果评价

查全率（recall ratio，R）、查准率（precision ratio，P）是由 J.W.佩里和 A.肯特于 20 世纪 50 年代中期提出来的，是普遍采用的对文献检索效果评价的两大量化指标。

1. 查全率

查全率是指从检索系统检出的与某课题相关的文献信息数量与检索系统中实际与该课题相关的文献信息总量之比率，它反映检索系统中实有的相关文献总量在多大程度上被检索出来，可用下式表示。

$$\text{查全率}(R)=\frac{\text{检出的相关文献数}}{\text{系统中的相关文献总数}}\times 100\%$$

例如，假设在某个文献数据库中，一共有相关文献 1 200 篇，而在实施检索后，只检索出 600 篇，那么本次检索的查全率就是 50%。

2. 查准率

查准率是从检索系统检出的有关某课题的文献信息数量与检出的文献信息总量之比率，是反映检索者对系统中切题文献捕捉的能力，可用下式表示。

$$\text{查准率}(P)=\frac{\text{检出的相关文献数}}{\text{检出的文献总数}}\times 100\%$$

如果检出的文献总篇数为 500 篇，经认真筛选和分析，确认其中与课题相关的只有 40 篇，那么这次检索的查准率就只等于 8%。

一般地说，查全率表示应该得到的信息中，已查出了多少；查准率表示已经检索出来的信息中，有用的是多少。查全率和查准率是两个矛盾的参数，一方面性能提高，另一方面性能就会有所下降。这是因为，若要增大查全率，必须使需求表达尽量全面，以确保获得所有可能相关的信息，因此用户最终得到的信息量要比实际需求的信息量大，这就造成相对低的查准率；若要增大查准率，必须准确表达用户需求，从而保证用户获得的信息肯定是需要的信息，这就造成一些相关信息不可避免地会被漏掉，降低了查全率。

综上所述，虽然查全率与查准率能较好地反映出一个检索系统的检索效果，也从一个侧面反映出用户检索能力与水平的高下,但事实上查全率、查准率在实际检索活动中比较难以测算,主要是我们对准确的“系统中相关文献总数”以及准确的“检出的相关文献数”的确认存在诸多不定因素。同时,对于系统中全部相关文献对用户的价值是建立在假定具有同等价值认同标准之上的,然而实际情况却并非如此,即便是相关课题的检索者,不同的用户对相关文献的认可也存在不一致性,因此,存在着太多的主观成分和一些模糊概念,所以说明上述方法求得的查全率与查准率并不是绝对的,而只能是相对近似地描述检索效果。但是,作为用户,应该努力追求每次检索的结果是相对全面而准确的。

3. 影响检索效果的因素

查全率和查准率与文献的存储和信息检索两个方面是直接相关的,也就是说,与系统的收录范围、索引语言、标引工作和检索工作等都有着非常密切的关系,因此影响查全率和查准率的因素也是多方面的。

① 检索系统存在不足——文献库收录文献不全、提供的高质量文献偏少;系统提供的检索功能不完善;索引词汇缺乏控制和专指性;词表结构不完整;词间关系揭示模糊或不正确;检索标识(如主题词、分类号等)标引不详细、不准确;标引前后不一致;标引人员遗漏了原文的重要概念或用词不当等。

② 检索人员能力有限——制订的检索策略不周全、不恰当;对检索系统的特征及适用性了解不够,选择检索系统不合适,不能很好地利用各种系统提供的检索支持技术;对检索词及其逻辑组配等选择不当;采用的检索途径和方法过于单一等。

2.6.2 优化检索结果措施

影响检索效果的因素一半来自系统,一半来自用户。系统的改善不能由用户在一段时间内实现,而用户水平的提高却是可以通过不断学习和更多的实践来改善的。这里我们主要介绍一些用户如何提高检索效果的举措和具体方法。

1. 提高检索效果的措施

(1) 完善检索策略

制订和完善检索策略关系到检索效果的优劣。不同的检索策略得到的检索效果有着很大的差别。因此,检索人员必须要具有良好的文献检索知识,同时对所查找的对象有足够的了解和正确的理解,才能全面正确地表达检索要求,制订出科学、全面、合理、细致的检索策略。

(2) 提高检索技巧

提高检索人员关于检索技术、检索方法等方面的知识和运用技能,使其正确、灵活地使用相关的检索系统及检索技术,充分发挥检索系统的功能。

(3) 优选检索系统

根据用户的检索目的和具体要求,选择最恰当的检索系统,是保证检索效果的重要环节之一。因为每一种检索系统在搜索范围、系统功能和文献质量方面都有自己的特色,以满足不同的检索需求。

(4) 优化检索提问

检索提问式是信息检索中用来表达用户检索需求的逻辑表达式,由检索词和各种布尔逻辑算符、位置算符、截词符以及系统规定的其他组配连接符号组成。检索提问式构建得是否合理,将直接影响查全率和查准率。

(5) 逐渐逼近检索目标

对稍微复杂一点的多主题检索课题而言，很少有通过一次检索提问，就完全捕捉到所有符合要求的检索结果的完美结局，往往需要通过不断尝试采用不同的检索方法、检索途径，构造不同的检索提问式并不断地调整检索限制条件等举措，来使得检索结果逐渐逼近检索目标。

2. 优化检索结果的方法

(1) 当检索结果数量过多时

① 采用专有名词概念，做精确检索，减少同义词与相关词的使用；增加限制性概念，提高检索词的专指度。

② 采用逻辑“与”连接检索词；使用逻辑“非”算符，排除无关概念。

③ 使用字段限定，将检索词限定在某个或某些字段范围(如时间、语种、文献级别等)。

④ 调整位置算符，使得检索词之间的位置由松变严。

⑤ 将检索对象限定在某学科领域、某专业范围内进行等。

(2) 当检索结果数量过少时

① 选用检索词的同义词与相关词，采用逻辑“或”将它们连接起来；丢掉一些次要的或者太专指的概念；选用上位词以增加检索词网罗度。

② 减少逻辑“与”、逻辑“非”的运算；采用截词检索、使用通配符。

③ 去除某些字段限制，放宽检索范围和条件；选择“任意字段”“全部字段”，采用全文检索。

④ 调整位置算符，使得检索词之间的位置由严变松。

⑤ 将检索对象设定在整个数据库包含的学科领域范围内进行。

2.6.3　举例

【检索举例】

全面调研有关“用中草药制备的杀虫剂”的中国专利。

【检索策略】

(1) 选择“中国知网——专利”为检索系统。

(2) 选择“中草药”“杀虫剂”作为检索词。

(3) 选择检索字段为关键词字段。

(4) 采用逻辑“与”算符连接检索词，构造检索式(本系统默认关键词之间空格表示逻辑“与”运算)。

(5) 对初步检索结果进行分析，根据课题需要，确定“扩检”或“缩检”。

(6) 浏览、筛选检索结果，提取相关的其他检索词或分类号等完善检索结果。

【检索步骤】

(1) 进入网上免费的中国专利检索系统——“中国知网——专利”。

(2) 按照检索策略实施相关检索，得到初步检索结果——63 条命中记录(2021 - 4 - 08)(图 2.6.1)。

(3) 浏览并认真筛选相关检索结果后，了解到本技术的国际专利分类(IPC)号主要是 A01N 65/00。采用专利分类号与专利名称进行逻辑组配后，检出更多的相关文献(200 条)(2021 - 4 - 08)，如图 2.6.2 所示。

(4) 浏览这些记录，选择出一批非常切题的文献如下。(以下是选中的其中五条记录的基

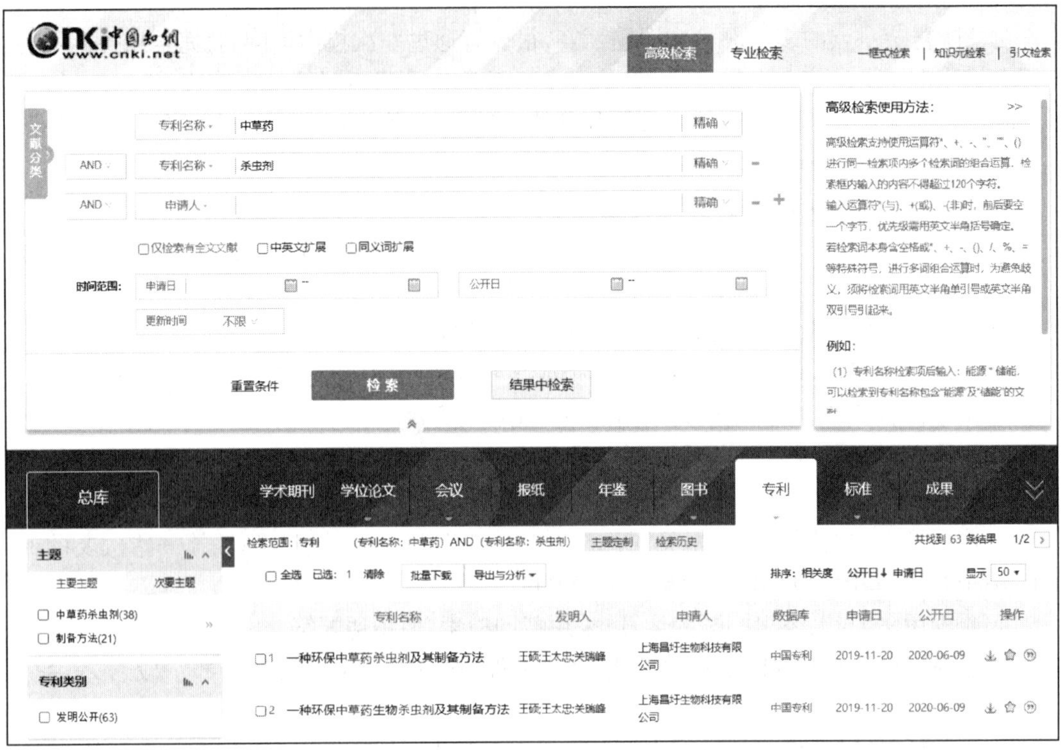

图 2.6.1　以"中草药""杀虫剂"作为检索词并进行逻辑"与"运算

图 2.6.2　采用专利分类号与专利名称进行逻辑组配后的检索结果

本信息）

① 香菇菌棒在防治虫害中的应用和杀虫剂及其制备方法(CN 201910334200.3)。

② 除螨专用杀虫剂及制作方法(CN 201810834099.3)。

③ 一种植物源自乳化纳米杀虫剂及其制备方法和应用(CN 201810061636.5)。

④ 一种植物源桃蚜杀虫剂及其制备方法(CN 201810171784.2)。

⑤ 一种利用银杏外种皮制备樱花树杀虫剂的方法(CN 201610684775.4)。

【检索提示】

(1) 以上 200 条检索记录作为课题调研的相关文献，具有一定的参考价值。

(2) 如果对以上检索词出现的检索字段进行调整，检索结果会不同于现在的情况。

(3) 还可以根据检索者的具体需求，在以上结果的基础上，采用各种优化检索结果的方法，再进行“扩检”或“缩检”。

复习思考题

1. 中国期刊全文数据库中的“期刊导航”是用来查什么的？

2. 什么是核心期刊？举例如何查找本专业的核心期刊？

3. 利用什么数据库可以检索到核心期刊上篇名中包含“虚假新闻”的论文？

4. 与期刊数据库相比，学位论文数据库、会议文献数据库的特点是什么？

5. 事实型数据库与常见的论文数据库的主要区别在哪里？

6. 什么是专利权？中国专利分为哪几种类型？我国《专利法》所规定的授予专利权的条件是什么？

7. 根据我国《专利法》的规定，各种类型的专利保护期限分别是多长时间？从何时开始计算？

8. 利用中国专利检索系统，系统检索正在关注的技术领域中的专利申请情况。

9. 技术标准有哪些不同的级别？如何检索相关的国家标准？

10. 在本馆缺藏的情况下，如何设法找到自己需要的文献？原文索取的原则是什么？

11. 什么叫统一检索平台？主要有什么特点？

12. 读秀学术搜索提供的文献传递功能主要用来解决什么问题？如何使用？

13. 在实际检索的过程中，什么时候需要进一步用检索词的上位词、下位词、同义词去进行检索？举例说明。

14. 提高检索效果一般需要从哪些方面进行改善？

15. 利用本章所有介绍过的检索系统，针对你目前正面临的课题，进行全面而系统的检索实践。

第3章　国外常用文献信息数据库检索

文献数据库种类繁多且各有特色，从前一章的介绍中我们实际对国内的全文数据库已经有所了解。本章中，将着重按照文献出版及发表类型特征，对人们常用的、比较典型的国外全文数据库进行详细介绍。

所谓全文数据库是集题录、文摘、全文于一体，将各类文献资源进行回溯整合，并根据其内容进行专业知识结构分类、组织后，作为一种检索系统通过网络提供给多用户同时进行检索的文献资源检索平台。全文数据库最令人满意的就是它将检索的结果直接以原貌的形式呈现在用户面前，并提供用户（一般是订购单位的用户）方便地进行相关内容打印、下载、编辑等操作，能满足用户省时、省力、快速取得文献原文的需求。

3.1　NetLibrary /eBook Collection（电子图书）检索

3.1.1　NetLibrary 简介

NetLibrary 创建于 1999 年，总部在美国科罗拉多州的博尔德市，2002 年 1 月，NetLibrary 被 OCLC 收购，2010 年 3 月又被 EBSCO 出版公司收购。该数据库先后收录了近 400 家出版社提供的 10 万多种西文电子图书，其中 90%是 1990 年后出版的，80%面向大学的读者，涉及自然科学和人文科学各个领域，不仅包含学术性强的著名专业著作，还收录最新出版的各类人文、社会科学图书，其中语言、文学、哲学、宗教、商业、经济、政治、法律 8 个学科的图书占了总图书量的 60%以上。国内订购用户可访问订购的 9 000 余种电子图书（eBooks）和 3 400 多种无版权图书（publicly-accessible eBooks），如莎士比亚的《哈姆雷特》，此类图书主要是以美国历史、小说、诗歌、人物传记、哲学宗教等为主题的图书。

3.1.2　检索方式

1. 进入检索界面

NetLibrary 转入 EBSCO 出版公司后，NetLibrary 电子书的访问正式迁移至 EBSCOhost 平台，从访问入口进入后，选择“EBSCOhost 一站式检索平台”，进入后点击“选择数据库”（图 3.1.1），在跳出的选项中勾选“eBook Collection（EBSCOhost）”后点击“确定”则进入 eBook Collection（EBSCOhost）的 Basic Search\基本检索界面（图 3.1.2）。

2. Basic Search\基本检索

“eBook Collection（EBSCOhost）”在系统中默认的检索模式为基本检索，点选界面左上方工具栏中的 eBooks 链接即可使用图 3.1.2 显示的分类书籍列表接口。在该页面，EBSCOhost 平台提供以下方式来搜寻利用图书馆采购的电子书（图 3.1.2）。

① 在“Browse by Category\按目录浏览”下方可选择感兴趣的主题类别浏览电子书；

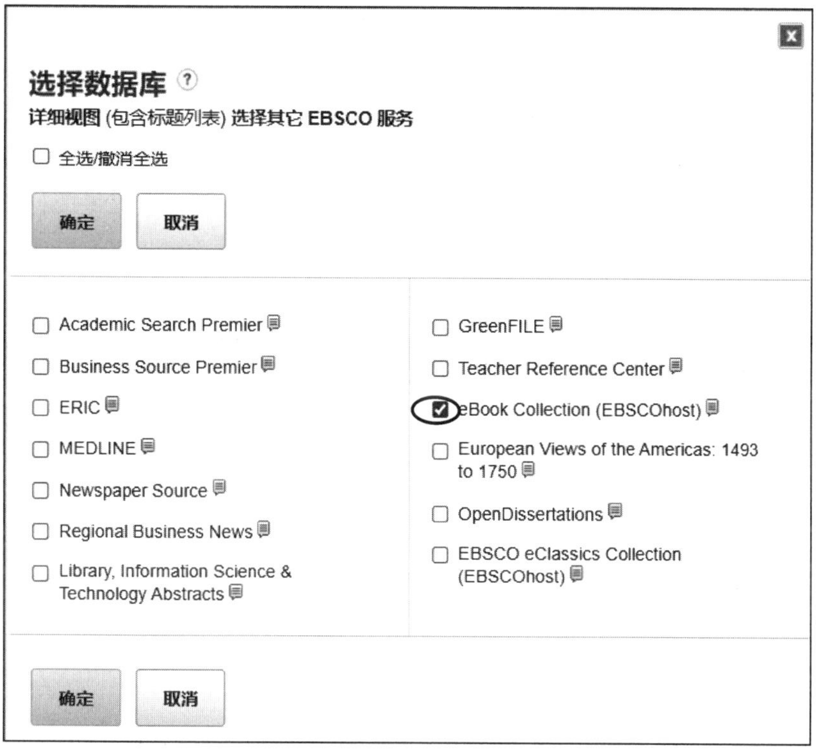

图 3.1.1　EBSCOhost 一站式检索平台上的数据库列表

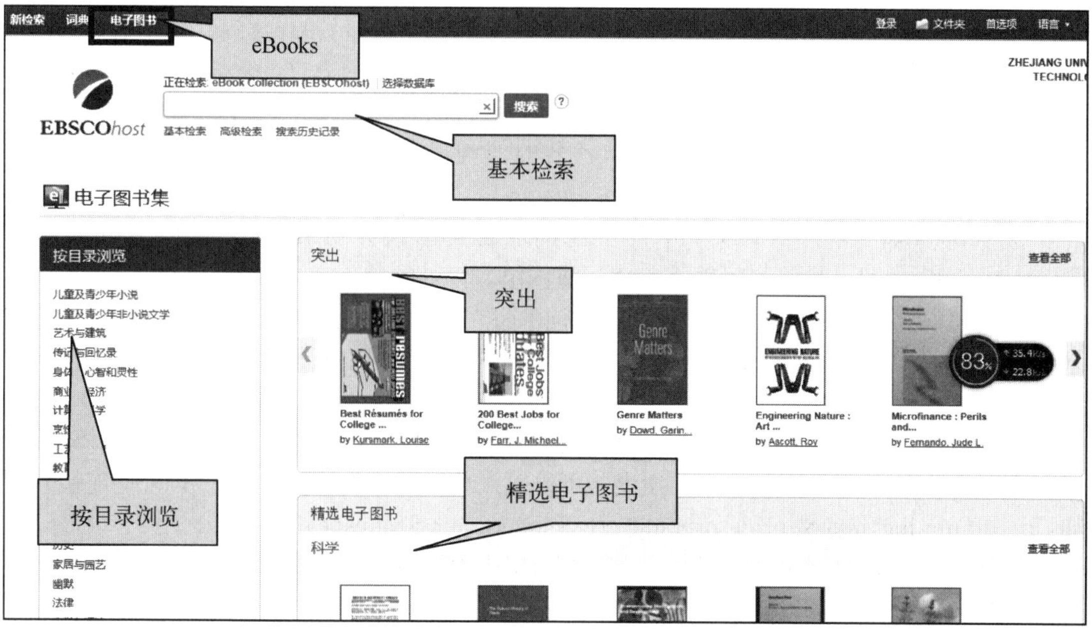

图 3.1.2　eBook Collection (EBSCOhost)的“基本检索”界面

② 点选“Highlights/突出”区块可点选左右箭头来浏览图书馆采购之新书,或者点选“View All/查看全部”以浏览所有图书馆近期采购之书籍;

③ 在“Featured eBooks/精选电子图书”区块点选左右箭头可浏览各主题学科之热门书籍,点选“View All\查看全部”以浏览所有学科之热门书籍;

④ 在“Basic Search\基本检索”输入框中输入检索词进行检索,如输入 business,则检索结果页面出现与所查找词汇相关的电子书结果列表。

3. Advanced Search\高级检索

点击“Advanced Search”进入高级检索界面(图 3.1.3)。高级检索提供的检索途径有 All Text Fields(全文)、Title(题名)、Author(作者)、Subject(科目)、Category(类别)、ISBN(国际书号)、Year of Publications(出版年)、Publisher(出版者)。

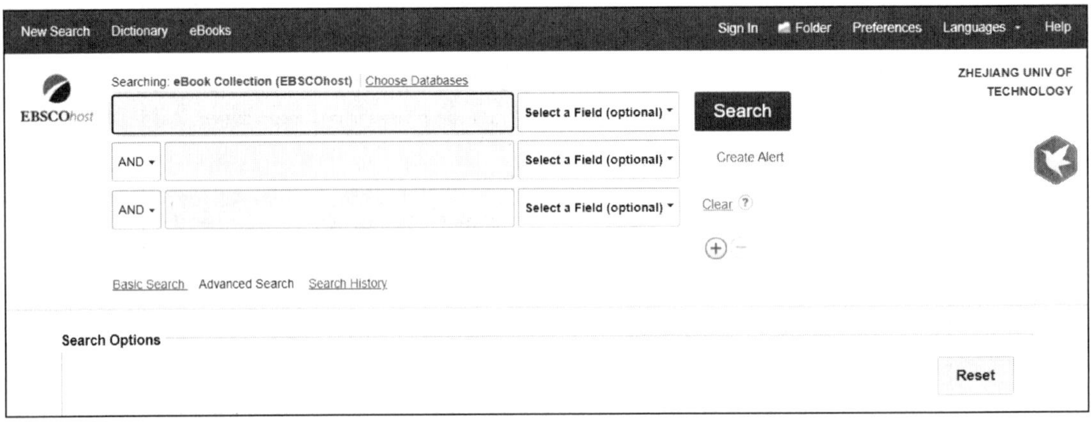

图 3.1.3　eBook Collection (EBSCOhost)的高级检索界面

(1) 检索字段说明

① Title 检索:检索题名中含有检索词的文献。可以输入书名的全称,也可以是书名的一部分。不必输入书名开头的冠词等停用词(the,a,an 等)。例如:A Tale of Two Cities。

② Author 检索:NetLibrary 中作者姓名的写法没有严格的要求,不区分大小写,姓和名的次序任意。可键入的关键字可以是作者名的任何一部分,大小写不限。例如:Twain,Mark or mark twain or Twain Mark。

③ Subject 检索:NetLibrary 中的主题词取自美国国会图书馆主题词表(Library of Congress Subject Headings),可输入单个词或词组。

④ All Text Fields 检索:所键入的检索词汇将在每本电子书的内容中搜寻,所得到的结果必定出现在书的正文中,但也有可能出现在题名中。当使用全文检索时尽可能地将检索词汇特定化。

⑤ Category 检索:键入关键词后,系统会在 Title,Author,Library of Congress Subject Heading,Publisher 和 ISBN 等字段搜索。可以输入单一词汇或是复合词汇(以“or”连接),例如:programming 或者是 pride prejudice or midsummer Shakespeare

⑥ ISBN 检索:按国际书号检索,同时检索印刷图书和电子图书的 ISBN 号。

⑦ Publisher 检索:可检索与 NetLibrary 合作的出版商出版的电子书。

⑧ Year of Publications 检索:可键入单一年(例如 1998)或是年的区间(例如 1955—1995),所检索出来的结果则是西文 1998 年出版的电子书或是 1955—1995 年间出版的电子书。同样地,若要检索 Netlibrary 收录的 1960 年之后出版的电子书,则检索策略为“1960—”,依此类推。

(2) 检索限定

提供有无全文、出版年、出版者、作者、题名、语种、能否下载等选项的限定。

(3) 检索结果排序

① 时间顺序(Date Descending)：按出版的时间顺序排，后出版的排在前面。

② 时间倒序(Date Ascending)：按出版的时间顺序排，先出版的排在前面。

③ 匹配程度(Rank)：最佳选择，匹配程度越大的排在前面。

④ 题名(Title)：按题名排。

⑤ 作者(Author)：按作者的姓名排。

3.1.3　检索规则

(1) 布尔逻辑运算符：AND、OR、NOT。

(2) 双引号“”用于词组检索，仅用于全文检索字段，例如：Full-Text：“international trade”。

(3) 通配符：一个星号 * 代替若干个字符，用于查找一个词的多种形式，例如：输入 drive * 可以检索到 drive，driving，driven 等。

3.1.4　检索结果的显示及处理

在检索结果列表显示页面的左边显示的是检索结果记录数，窗口中的每条记录以简要格式显示，包括题名、作者、出版社、出版年。点选电子书全文链接便可以阅览全文。点选书籍的目录，同时可通过点选目录中的段落链接，直接进入该段落之全文进行阅读(图 3.1.4)。

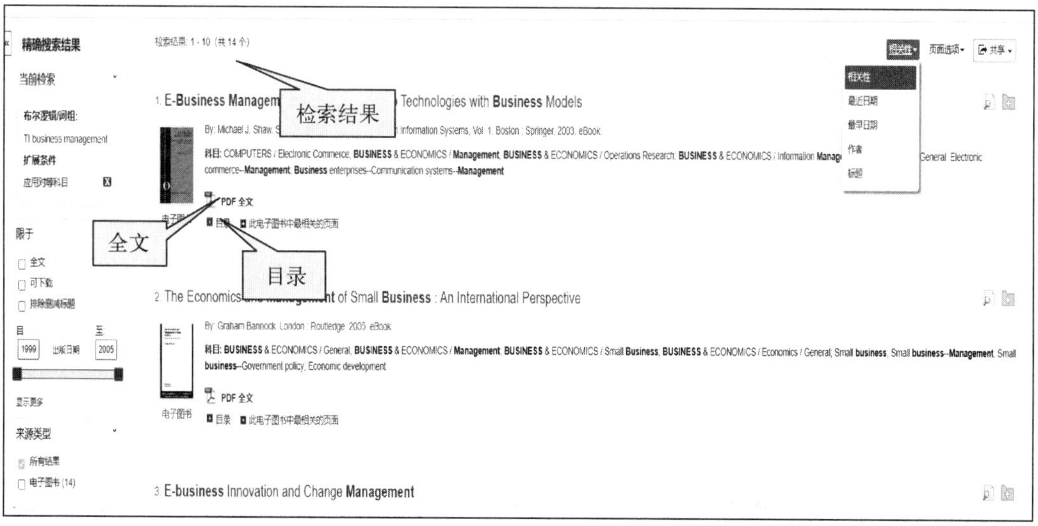

图 3.1.4　eBook Collection(EBSCOhost)的检索结果列表页面

点选某书籍名称即可进入电子书详细数据页面浏览书目信息。左方区块中可点选在线，在浏览器中阅读全文(图 3.1.5)。在右方区块选项中，可对该书籍进行打印、寄送电子邮件、储存或输出该书目信息，并可将该书籍的永久网址与他人共享，以及储存至个人账号中。

在检索的结果列表或者书籍的详细信息页面点选 eBook Full Text(电子书全文)即可于浏览器中直接在线阅读书籍全文(图 3.1.5)。通过阅读页面中左方的工具栏选项，可进行查询文本、储存心得笔记于 My EBSCOhost 个人资料夹。

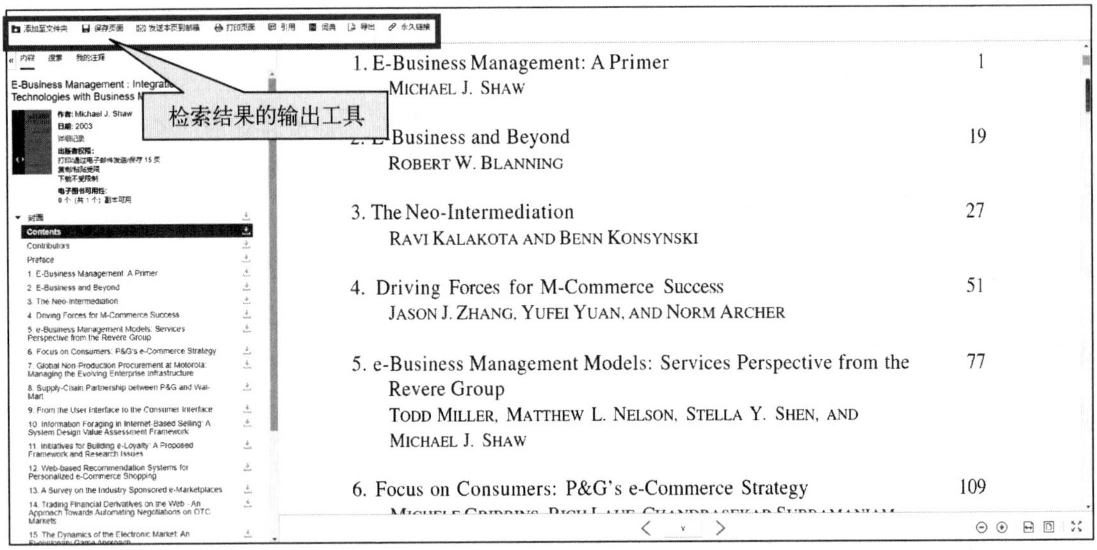

图 3.1.5　eBook Collection(EBSCOhost)的电子书全文显示页面

3.1.5　检索举例

【检索课题】

查找由 Eijck, J. van 编写的书名中包含 Information Flow 的图书。

【分析课题】

本课题所要检索的图书作者为 Eijck, J. van,书名中包含检索词 Information Flow。

【选择检索词、编制检索式】

根据课题分析,选择:Eijck, J. van、Information Flow 作为检索词。

【检索步骤】

选择高级检索方式,在作者字段后的检索词输入框中输入:Eijck, J. van,在题名字段后的检索词输入框中输入:Information Flow。点击 Search 按钮,系统反馈命中记录 1 条。

【检索结果】

命中的图书名为 Logic and Information Flow,由 Eijck, J. van 编写,出版于 1994 年。符合检索要求。

3.2　Elsevier 及 Wiley-Blackwell(全文期刊)检索

3.2.1　Elsevier 全文电子期刊数据库

3.2.1.1　Elsevier 简介

Elsevier(爱思唯尔)(www.elsevier.com)是一家经营科学、技术和医学信息产品及出版服务的世界领先的出版集团,总部设在荷兰的阿姆斯特丹。公司出版的期刊(包括 2002 年收购的 Academic Press 出版的 170 多种学术期刊)和图书,涵盖了医学、生命科学、自然科学、社会科学 4 个主要学科领域。旗下的著名子公司和品牌包括 Engineering Information(EI,工程信息)、Academic Press、Cell Press、ScienceDirect、The Lancet、Scopus 等。

1997 年，Elsevier 公司推出名为 ScienceDirect 的电子期刊计划，将其全部印刷版期刊电子化。截至 2021 年 1 月，该数据库已有 2 825 种全文电子期刊和 29 916 种图书(图 3.2.1)。对于国内订购用户，大多可以通过专线访问国外服务器(https://www.sciencedirect.com)上 1995 年以来大部分的电子期刊的全文，ScienceDirect 平台上有一部分期刊尚未购买其全文的阅览权限，只能看到题录和文摘。

图 3.2.1　Elsevier 全文电子期刊数据库首页

3.2.1.2　检索方式

用户可以通过浏览和检索两种途径获取论文。

1. 浏览

系统提供了两种浏览期刊的途径：按字顺(Browse Publications by Title / Alphabetically)、按分类(Browse Publications by Subject)。Elsevier 期刊共分为 4 大类(自然科学与工程、生命科学、卫生科学、人文和社会科学)、24 个小类。依照大类\小类级阶式顺序点击浏览期刊，或者点击刊名首字母链接即可看到相应的期刊列表。在期刊浏览页面左侧，有不同的细分浏览限定，如按 Publication type 浏览，可以选择按 Journals、Books、Textbooks、Handbooks、Reference works、Book series 分类浏览；或按 Access type 浏览，可以选择 Subscribed & complimentary、Open access、Contains open access 分类浏览。在期刊文章列表页面显示有灰色图标的文章是可以看全文的，如图 3.2.2 所示，包括开放存取期刊(Open access)和机构订购的期刊(full text access)，后者的全文服务时限通常是 1995 年(含)之后。

2. 检索

(1) Quick Search\快速检索

数据库首页上方的快速检索区域提供关键词、作者、刊名、卷、期、页码等检索路径，用于快速从数据库中定位某类或某篇文章。

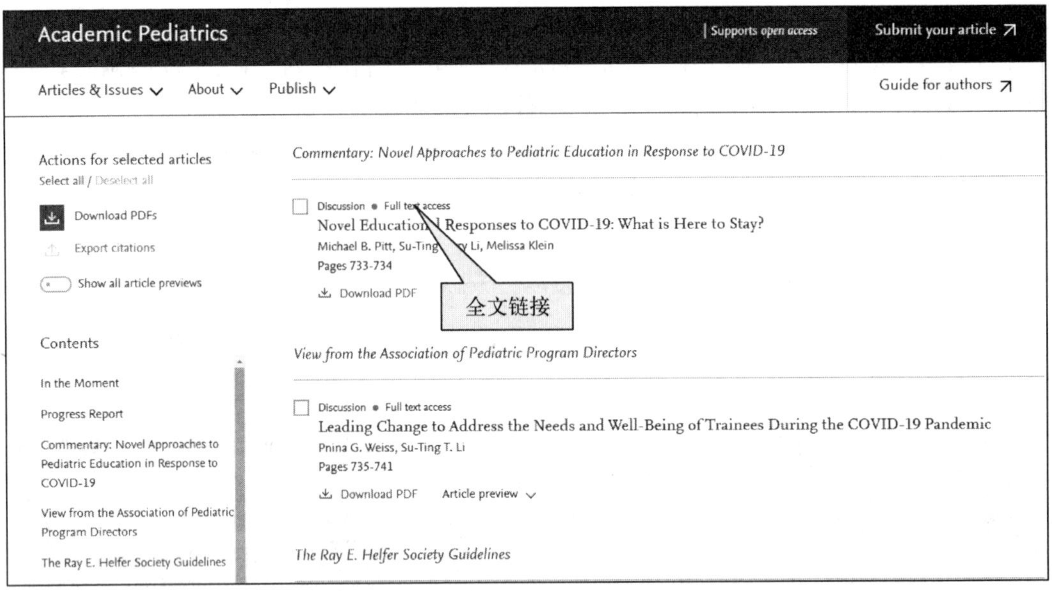

图 3.2.2 期刊浏览界面

(2) Advanced Search\高级检索

如图 3.2.3 所示,高级检索界面提供了一个开放的设计,可以单独使用一个或同时使用多个字段组合(例如在文章范围内检索刊名、年、作者、作者单位、卷、期、页码、标题\摘要\关键词、标题、ISSN\ISBN、引文等)在 ScienceDirect 中查找相关文档。检索界面下方还提供了对检索结果的文献类型进行限定。

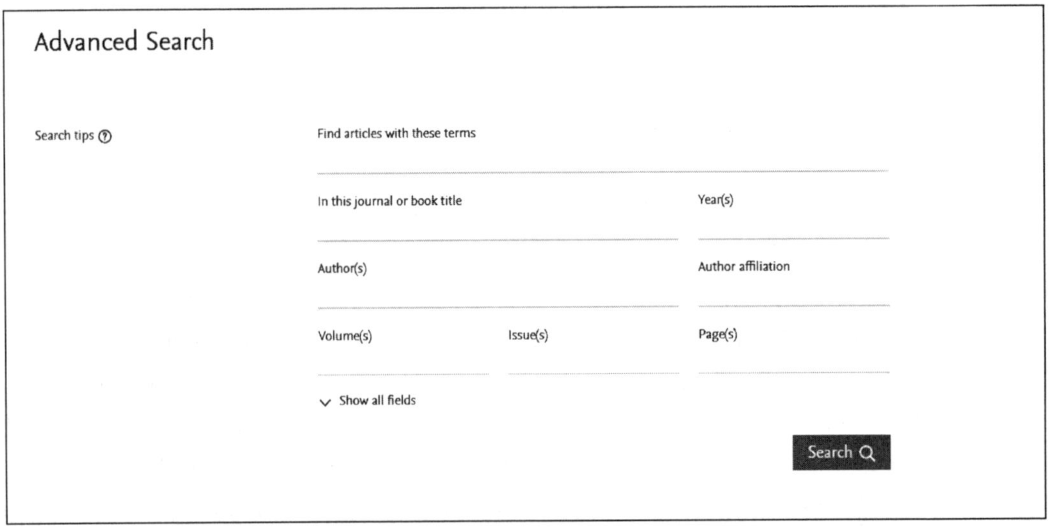

图 3.2.3 "Advanced Search"界面

3.2.1.3 检索规则

适用于该数据库的规则如下。

布尔逻辑算符[AND、OR、NOT(或减号\连字符),连字符(或减号)被解释为 NOT 运算符]的优先级顺序为 NOT>AND>OR,例如:("heart attack" OR "myocardial infarction ")

AND diabetes AND NOT cancer 和(“heart attack” OR “myocardial infarction ”) AND diabetes-cancer 的检索结果是一样的。

词组检索时连字符被忽略，也就是“heart attack”和“heart-attack”的检索结果是一样的。此外，词组检索时会检索出复数形式和变体，如“heart attack”会检索出 heart attacks，“color code”会检出 colour code。

检索带有上下标的字符时，与其他字符同行输入。例如：检索“H_2O”，输入 H2O。

所有布尔运算符须为大写。

3.2.1.4　检索结果的显示和输出

结果显示页面显示的是记录列表，每条记录显示标题、刊物信息、作者等项(图 3.2.4)。对需要保存的记录可以标记，然后点击 Export 输出。点击 Export 会跳出一个对话框，提示需要选择输出记录的格式(Save to RefWorks、Export citation to RIS、Export citation to BibTeX、Export citation to text)。

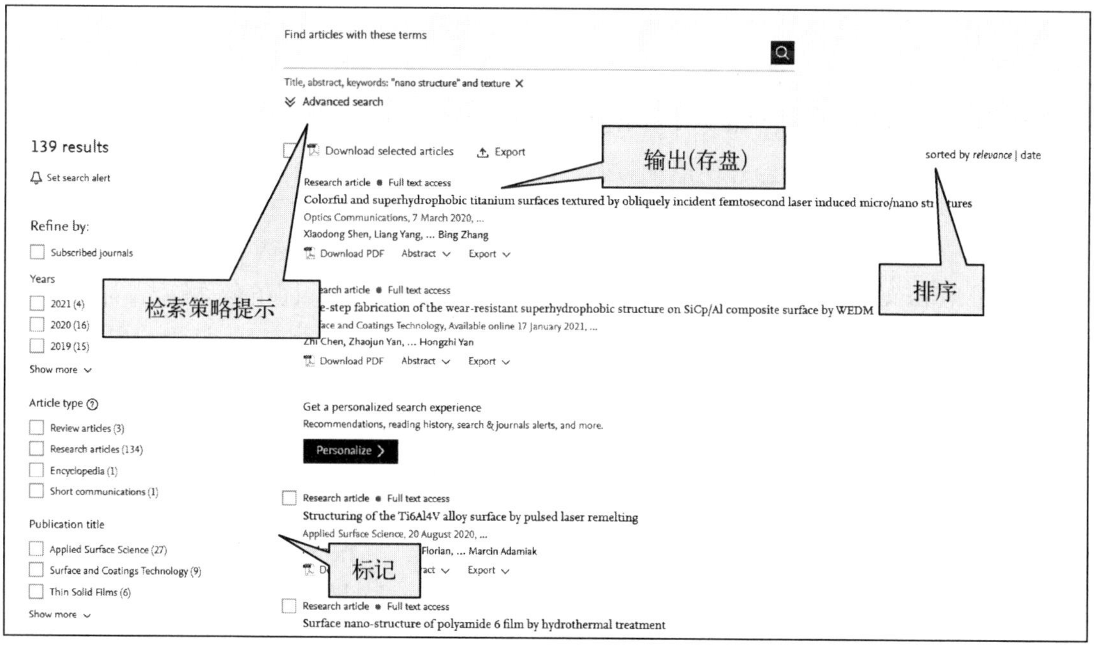

图 3.2.4　检索结果列表显示

3.2.1.5　检索举例

【检索课题】

检索贸易自由化对税收的影响。

【分析课题，选择检索词、编制检索式】

本课题研究贸易自由化与税收的关系，根据对检索课题的分析，选择贸易自由化(trade liberalization、liberalization of trade、trade liberty、trade liberalism、trade freedom、free trade)和税收(revenue、tax、duty、dues、customs)作为检索词。初步拟定检索式为：贸易自由化((“trade liberalization” OR “liberalization of trade” OR “trade liberty” OR “trade liberalism” OR “trade freedom” OR “free trade”))AND 税收((revenue OR tax OR duty OR dues OR customs))。

【检索步骤】

首先利用 ScienceDirect 的 Advanced Search，选择 Title，Abstract，Keywords 字段，在检索框中输入：（"trade liberalization" OR "liberalization of trade" OR "trade liberty" OR "trade liberalism" OR "trade freedom" OR "free trade"），再选择 Title 字段，输入（revenue OR tax OR duty OR dues OR customs）。检索结果为 56 条记录，默认检索结果是按 Relevance(相关度)排序，排在前面的文献的篇名分别为

① Tax revenues and the fiscal cost of trade liberalization，1792—2006.

② Trade liberalization，exchange rate changes，and tax revenue in Sub-Saharan Africa.

③ Impact of multilateral trade liberalization and aid for trade for productive capacity building on export revenue instability.

④ Tax revenue and (or?) trade liberalization.

⑤ The impact of trade liberalization on tax structure in developing countries.

3.2.2 Wiley-Blackwell(全文电子)

3.2.2.1 Wiley-Blackwell 简介

Wiley-Blackwell 是 2007 年 2 月由美国约翰威廉父子出版公司(John Wiley & Sons Inc.)与原英国 Blackwell 出版社合并而成的，通过 John Wiley & Sons 公司的动态在线服务系统 Wiley Online Library 提供访问。截至 2021 年 1 月，通过该平台可访问 1 600 余种科学、技术和医学(STM)等领域的 Journals\期刊、22 000 余种 Online Books\在线图书、250 多种 Reference Works\专业参考书。凡题名(包括刊名、书名、论文篇名、词条名称等，大都在 1995 年之后或 1997 年之后)前有绿色或蓝色的小锁头图标 **Full Access**(机构订购的内容)以及 **Free Access**(所有用户均可免费访问的内容)的，均可访问全文。

Wiley-Blackwell 所有的文献资源涵盖 17 个主题领域：Agriculture，Aquaculture & Food Science(农业、水产养殖与食品科学)；Architecture & Planning(建筑与规划)；Art & Applied(艺术与应用艺术)；Business，Economics，Finance & Accounting(商务、经济、财务及会计)；Chemistry(化学)；Computer Science & Information Technology(计算机科学和信息技术)；Earth，Space & Environmental(地球、空间和环境)；Humanities(人文)；Law & Criminology(法律和犯罪学)；Life Sciences(生命科学)；Mathematics & Statistics(数学和统计学)；Medicine(医学)；Nursing，Dentistry & Healthcare(护理、牙科及保健)；Physical Sciences & Engineering(物理科学与工程)；Psychology(心理学)；Social & Behavioral Sciences(社会与行为科学)；Veterinary Medicine(兽医药学)。

Wiley Online Library 服务系统实现了与重要的二次文献检索系统的全文链接，目前已经与 SCI、EI、INSPEC、BIOSIS Previews、SciFinder 等建立了从二次文献直接到 Wiley-Blackwell 全文的链接。

3.2.2.2 检索方法

1. 进入检索界面

进入 Wiley 数据库可以直接通过网址 https://onlinelibrary.wiley.com/访问。Wiley-Blackwell 提供三种检索方式：Search\快速检索、Advanced Search\高级检索和 Browse\浏览检索。

2. Search\快速检索

在 Wiley Online Library 的主页上方有一个快速检索输入框(图 3.2.5)。在检索词输入框中输入检索词,点击圆形的 Search 图标即可进行快速检索。快速检索的使用方法与步骤如下。

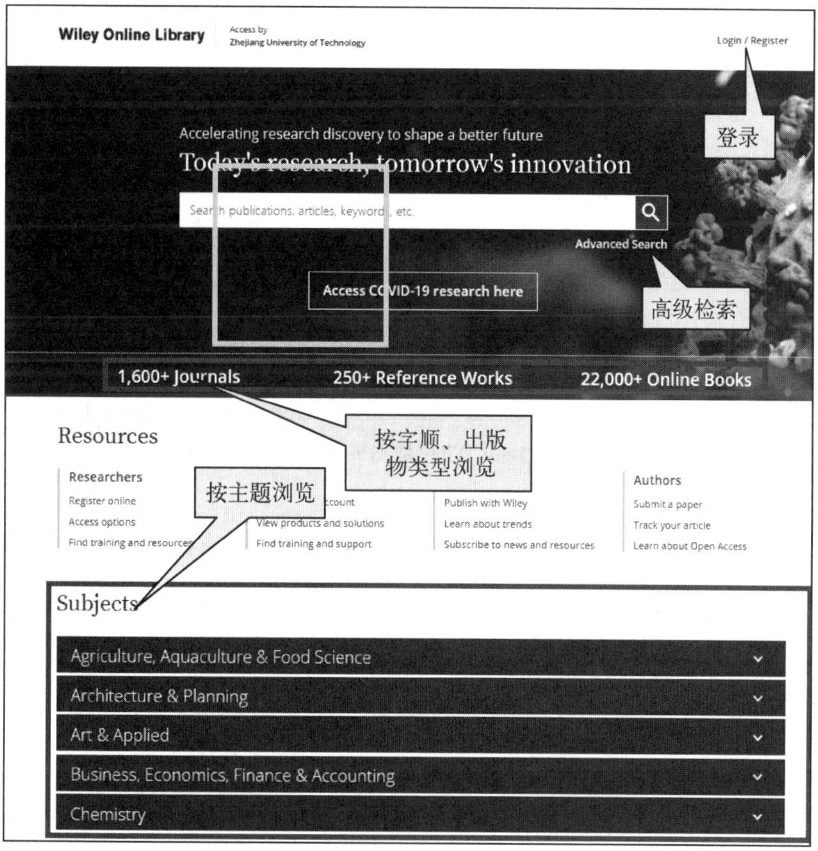

图 3.2.5　John Wiley 数据库首页

(1) 输入检索表达式。在检索词输入框中输入一个或多个检索词。快速检索支持用运算符 AND、OR 连接多个检索词,可用逗号代表 OR。支持通配符 *、双引号代表词组检索。

(2) 选择检索范围。在检索词输入框的下方有两个单选框,选择"All Content"可做跨库检索,即在 Wiley Online Library 的期刊、图书的章节、专业参考书、数据库及实验手册等所有类型文献里进行关键词检索。选择"Publication Title"则查找特定的期刊或图书,相当于出版物名称检索。

(3) 检索。点击检索框右边的圆形图标进行检索。

3. Advanced Search\高级检索

从主页屏幕进入高级检索页面(图 3.2.6)。利用高级检索可以实现快速有效的组合检索。不同于快速检索的是,该功能仅在 Wiley Online Library 的期刊和图书范围内进行检索,可供检索的字段有 Anywhere(任何字段)、Title(期刊论文标题或书的章节名)、Author(作者)、Keywords(关键词)、Abstract(文摘)、Author Affiliation(作者单位)、Funding Agency(经费补助机构,该字段仅用于期刊论文的检索)。

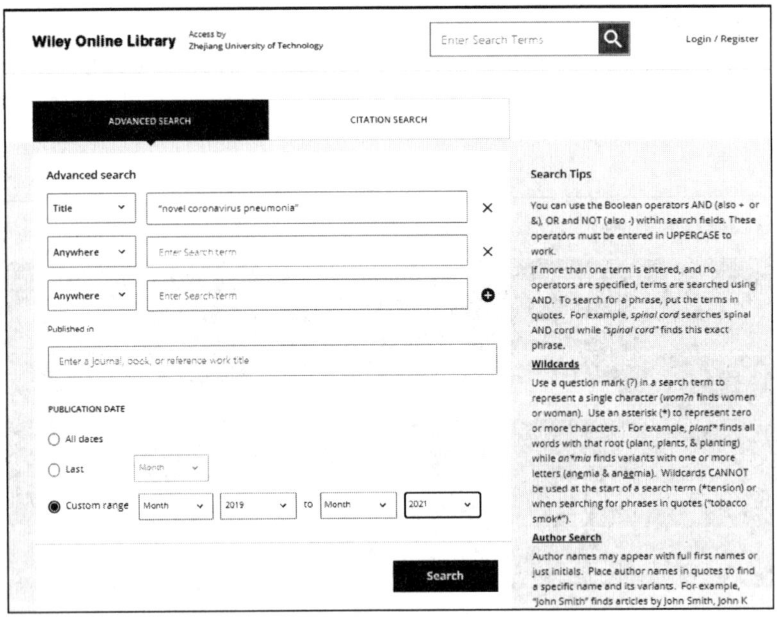

图 3.2.6　John Wiley 数据库的高级检索页面

4. Browse\浏览检索

(1) 按资源名称字顺浏览(Browse by Publications A～Z)

点击首页检索框下方的 1 600+Journals、22 000+Online Books，进入按资源名称字顺浏览界面(图 3.2.7)，点击具体的刊名即可查看有关该刊的详细信息，包括期刊介绍、影响因子、编辑、投稿信息等，可以按时间(Most recent)查看发表的文章和按引用次数(Most cited)查看发表的文章；通过页面上的"Full Access"和"Open Access"查看文章的全文。

图 3.2.7　John Wiley 数据库的 Browse by Publications A～Z 结果显示页面

（2）按主题浏览（Browse by Subject）

Wiley Online Library 将所有的文献信息分为 17 个主题领域，在每个主题下又细分为子类目。按学科浏览时，将鼠标移至最高一级学科上，下一级学科列表会在右侧显示。点击一个学科，即可浏览该学科下的所有出版物名称。例如，点击首页上某个主题“Agriculture, Aquaculture & Food Science”，进入该主题浏览界面，可见其下又分若干个子类，系统反馈在“Agriculture”下的所有按字顺排列的刊名及书名等（图 3.2.8）。

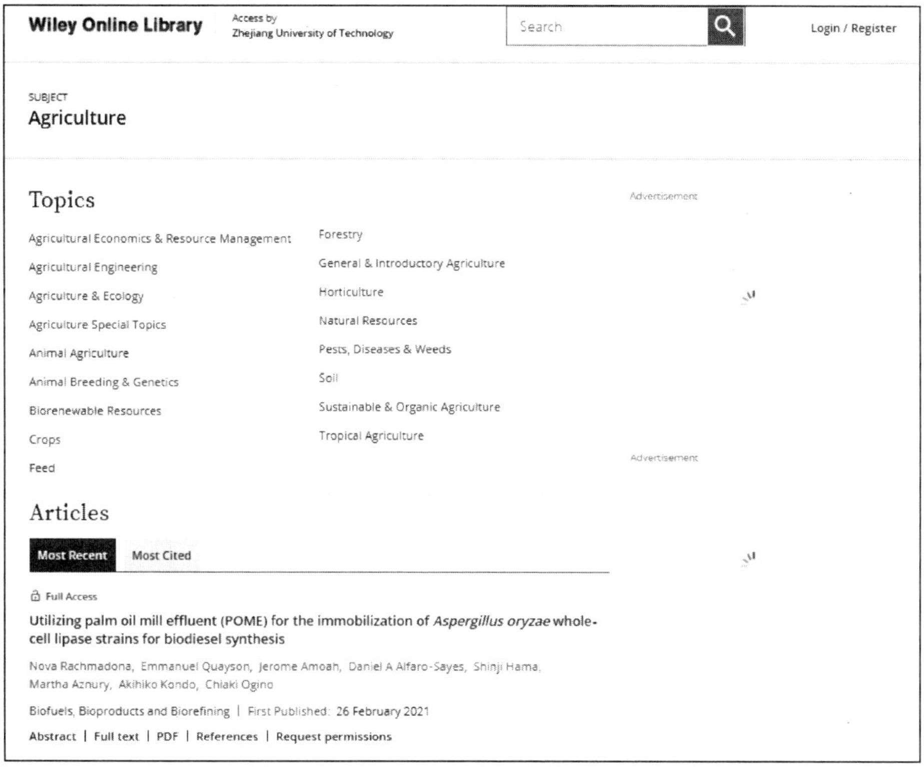

图 3.2.8　John Wiley 数据库的 Browse by Subject

3.2.2.3　检索规则

（1）可利用逻辑算符 AND（或+、&）、OR、NOT（或−）建立较复杂的检索，但必须是大写。三个逻辑算符的运算顺序为 NOT>AND>OR。

（2）输入两个没有逻辑算符限定的单词，系统默认是 AND 的逻辑关系，例如：输入 spinal cord 系统将按照 spinal AND cord 检索，如果要检索词组需要置于双引号内，例如：“spinal cord”将精确检索这个词组。

（3）利用截词符 * 和通配符？可以执行更广泛的词根检索：？代表 0 或 1 个字符，例如 wom? n 可以检索到 women 或 woman；* 代表 0 或多个字符，plant * 可以检索以 plant 为词根的词：plant、plants 和 planting，an * mia 可检索到 anemia 或 anaemia。值得注意的是截词符不能置于词首或用于词组检索，如 * glycemia 或（“tobacco smok * ”）。

（4）检索作者时，可以检索到一个具体的名字或其变化形式。例如“John Smith”可以检索到 John Smith、John K Smith 和 John Colby-Smith，而“J Smith”可以检索到 J Smith、JR Smith、John Smith 和 Julie Smith。

3.2.2.4 检索结果的显示及处理

(1) 显示、排序、筛选检索结果

当用户进行快速检索或高级检索后,系统根据检索条件反馈命中记录,每条记录可以提供文摘、参考文献、HTML 全文、PDF 全文的链接,其中的全文和参考文献链接仅提供给订购用户使用。在检索结果页面(图 3.2.9)上方显示的是本次检索命中的文献记录条数以及检索策略。检索结果右上方可以对检索结果选择排序方式:按 Relevance\相关度(默认)或 Date\时间。可以按不同方式对检索结果进行筛选:点击页面左边的 Filters,选择所需的 Publication Type(出版物类型)、Acess Status(全文获取状态)、Subjects(学科类型)、Published in(出版者)、Authors(作者)。快速检索将提供四种文献类型的选择:Journals、Books、Database、Lab Protocols,高级检索仅提供 Journals 和 Books 两种文献类型的选择。

(2) 检索结果标记、输出

点击 Export Citations 后选择需要输出的记录,再选择需要输出的格式(Plain Text、RIS(ProCite, Reference Manager)、EndNote、BibTex、Medlars 和 RefWorks)和输出的类型(Citation file or direct import、Indirect import or copy/paste),点击 Submit 即可。

(3) 检索策略的保存

点击检索结果列表上方的"SAVE SEARCH"(保存检索式),可将检索策略保存到 My Profile\个人文档中,被保存的检索式将显示在 My Profile 中,用户可以在任何时候进入 My Profile,重新执行检索命令。但只有注册用户才能使用该功能。

(4) 输出全文

Wiley Online Library 可以提供 PDF 和 HTML 两种全文格式。点击检索结果页面上的 Download PDFs,或点击标题即可显示 HTML 格式全文。以 HTML 格式呈现的全文,具有"跳至某页面"的导览功能;PDF 格式的全文可方便保存及打印。

3.2.2.5 检索举例

【检索课题】

新冠肺炎研究

【分析课题】

本课题主要是了解新冠肺炎最近两年的研究状况。

【选择检索词、编制检索式】

选择新冠肺炎("novel coronavirus pneumonia")作为检索词,选择 Article Title 检索字段。时间限定为 between 2019 and 2021。

【检索步骤】

进入数据库检索的高级检索界面,选择 Title 作为检索字段。

在检索词输入框中依次输入检索式:("novel coronavirus pneumonia")。点击"Search"检索,系统反馈命中记录 11 条(2021-4-8)(图 3.2.9),其中前 5 条记录的标题如下。

① Clinical analysis of pregnant women with 2019 novel coronavirus pneumonia.

② Prevalence of venous thromboembolism in patients with severe novel coronavirus pneumonia.

③ A novel coronavirus pneumonia case report from an ear, nose, and throat clinic.

④ Abnormal coagulation parameters are associated with poor prognosis in patients with

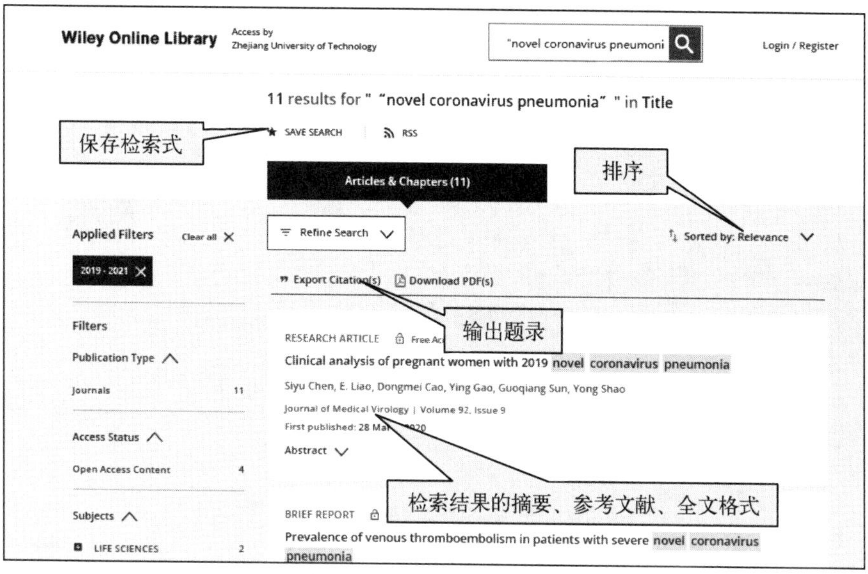

图 3.2.9　检索结果列表显示

novel coronavirus pneumonia.

⑤ The value of high-flow nasal cannula oxygen therapy in treating patients with novel coronavirus pneumonia.

3.3　PQDT\PQDD(学位论文)检索

3.3.1　PQDT\PQDD 简介

ProQuest 是美国国会图书馆指定的收藏全美国博硕士论文的机构，ProQuest Dissertations & Theses Global(PQDT Global)是目前世界上规模最大、使用最广泛的博硕士论文数据库，收录从 1637 年至今全球超过 3 100 余所高校、科研机构逾 498 万篇博硕士论文信息，其中，全文逾 260 万篇；很多世界著名的高校如 Harvard University、Massachusetts Institue of Technology、University of Cambridge、Stanford University、Hong Kong University of Science and Technology 等的博硕士论文也收录在这个数据库中，涉及文、理、工、农、医等多个领域，是学术研究中十分重要的信息资源。

为了方便获取 PQDT 的全文，国内若干图书馆、文献收藏单位自 2001 年起联合购买了一定数量的 ProQuest 学位论文全文，提供网络共享，即凡参加联合订购成员馆均可共享整个集团订购的全部学位论文资源，截至目前，可访问论文全文 70 余万篇。

3.3.2　检索方式

PQDT 数据库首页除了有检索框，新增了舆情分析栏目和新论文上线、平台新闻通告栏目，如图 3.3.1 所示，还提供了基本检索、高级检索及分类导航三种检索方式。

1. 基本检索

检索界面即数据库主页上提供的检索输入框。直接输入检索词如 artificial intelligence,

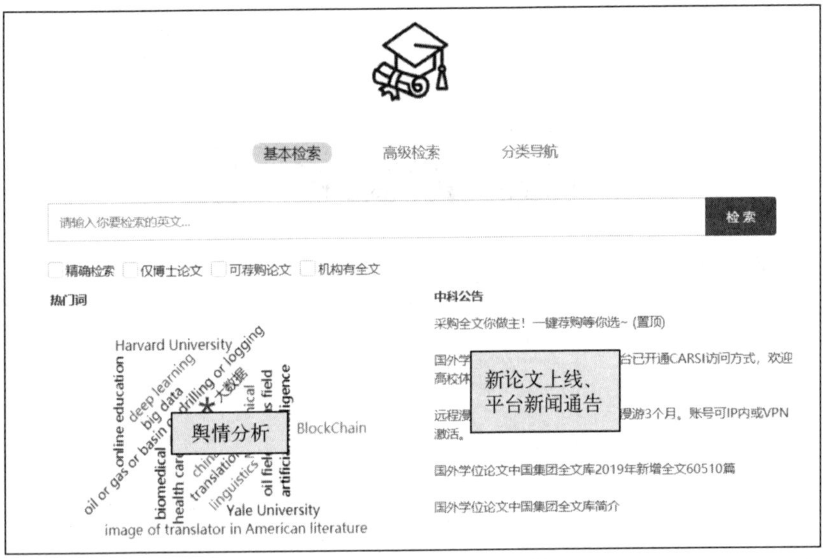

图 3.3.1　PQDT 数据库主页\“基本检索”页面

检索框下方提供“精确检索”“仅博士论文”“可荐购论文”和“机构有全文”4 个限制选项，精确检索可以锁定专业词汇。

2. 高级检索

点击“高级检索”标签即可进入高级检索界面(图 3.3.2)。高级检索可提供 7 个不同检索字段的逻辑组配，检索字段共 10 个，包括所有字段、标题、摘要、作者、导师、学校 / 机构、学科、ISBN、FullText 、论文编号。对检索结果可从出版年度、学位等级、语种和有无全文等方面进行限定。

图 3.3.2　PQDT 数据库“高级检索”页面

3. 分类导航

图 3.3.1 中数据库首页上的分类导航，可以分别按主题分类或按学校分类浏览。PQDT 按学科分成 Agriculture（农业）；Architecture（建筑）；Area，Ethnic，and Gender studies（地区、种族和性别研究）；Behavioral sciences（行为科学）；Biological sciences（生物科学）；Business（商业）；Communications and Information sciences（通信和信息科学）；Ecosystem sciences（生态科学）；Education（教育）；Engineering（工程）；Environmental sciences（环境科学）；Fine and Performing arts（美术和表演艺术）；Geosciences（地球科学）；Health and Medical sciences（卫生和医学科学）；History（历史）；Interdisciplinary（跨学科）；Language and Literature（语言和文学）；Law and Legal studies（法律研究）；Mathematical and Physical sciences（数学和物理科学）；Philosophy and Religion（哲学和宗教）；Social Sciences（社会科学）21 个一级类目。点击一级类目将显示该类目下的所有论文列表。

3.3.3　检索结果显示及处理

无论是何种检索方式，其检索结果首先是检索结果列表的形式，如图 3.3.3 所示。检索结果列表可选择按相关性、发表时间或全文上传时间排序。在该列表显示页面左侧可按全文（或仅目次摘要）、学科、发表年度和语种精练结果。在检索结果列表页面可通过标记选择需要输出的记录，点击“引文导出”图标。在此页面点击每条记录的题名链接或查看详情链接，则进入该记录的详细书目信息＋摘要显示页面。检索结果包含单位已订购的（本单位有全文）和可荐购的记录（仅可看摘要等信息）。

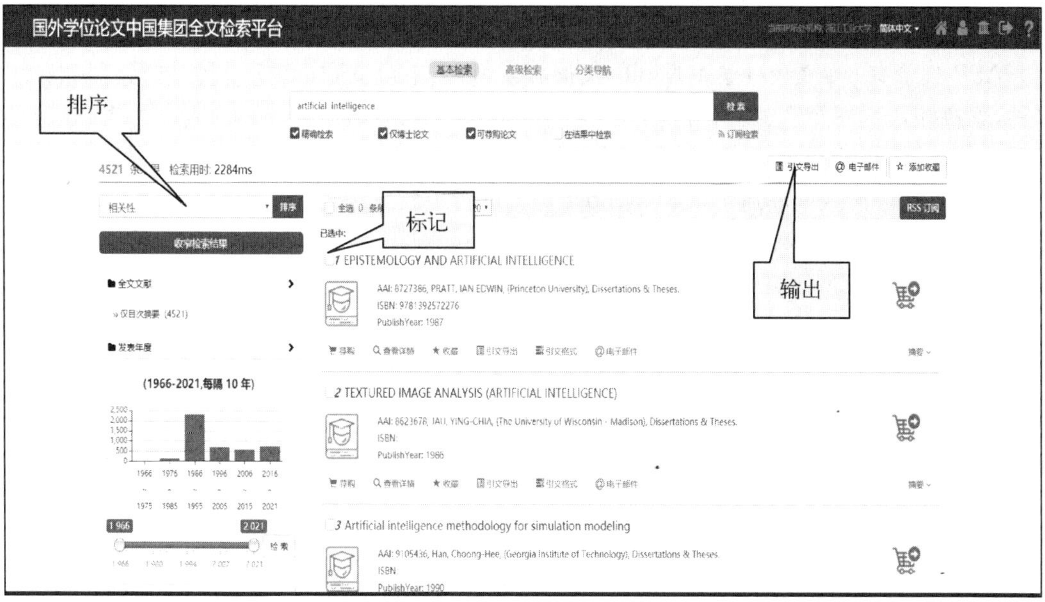

图 3.3.3　PQDT 数据库检索结果列表显示页面

3.3.4　检索举例

【检索课题】

查找有关废水处理和再利用的文献。

【检索步骤】

选择高级检索,在字段下拉菜单中选择标题,在检索框中输入 wastewater and(treatment or reuse),进行检索。

【检索结果分析】

结果显示有 1 594 条记录(2021-3-5)。按相关性排序后,前 5 条记录的标题如下。

① Advanced treatment and monitoring of wastewater for improved water reuse.

② Using subsurface dams for wastewater treatment and reuse.

③ Characterization and treatment of a petrochemical wastewater for reuse.

④ Contribution to modeling of treatment and reuse of industrial wastewater.

⑤ Immersed ultrafiltration membranes for tertiary wastewater treatment and reuse.

3.4 EBSCO(综合类数据库)检索

3.4.1 数据库简介

EBSCO 是全球知名的提供期刊、文献订购及出版服务的专业公司之一,EBSCOhost 系统是该公司的三大系统之一,用于数据库检索,它将二次文献与一次文献“捆绑”在一起,为最终用户提供文献获取一体化服务,检索结果可能是文献的目录、文摘,也有可能是全文(PDF 格式)。目前中国用户通过该系统可以访问的有 10 余个全文数据库,其中最主要的是综合学科参考类全文数据库和商业资源全文数据库。

(1) 综合学科参考类全文数据库(Academic Search Premier,ASP)

ASP 收录有 8 000 余种学术期刊的文摘和索引,其中全文刊近 4 700 种,同行评审刊 3 600 多种,学科涉及工商经济、资讯科技、人文科学、社会科学、通信传播、教育、艺术、文学、医药、通用科学等领域。其中的 100 多种期刊可追溯到 1975 年或更早,并提供了 1 000 多个题名的可检索参考文献。该数据库通过 EBSCOhost 每日进行更新。

(2) 商业资源全文数据库(Business Source Premier,BSP)

BSP 收录有 2 300 多种期刊的全文,其中同行评审刊 1 100 多种,涉及的主题范围有国际商务、经济学、经济管理、金融、会计、劳动人事、银行等,著名的如《每周商务》(*Business Week*)、《福布斯》(*Forbes*)、《哈佛商业评论》(*Harvard Business Review*)、《经济学家预测报告》(*Country Reports from the Economist Intelligence Unit*(*EIU*))等。全文最早追溯至 1886 年,可检索引文参考可追溯至 1998 年。BSP 相比同等数据库的优势在于它对所有商业学科(包括市场营销、管理、MIS、POM、会计、金融和经济)都进行了全文收录。该数据库通过 EBSCOhost 每日更新。

进入 EBSCOhost 检索界面有两种方式,一是通过图书馆主页上的相关链接进入系统;二是在浏览器的地址栏中输入 http://search.epnet.com 或 http://search.ebscohost.com,选择 EBSCOhost 一站式检索平台,进入 EBSCOhost 基本检索页面,点击“选择数据库”按钮,进入选择数据库页面,如图 3.4.1 所示。

① 选择单个数据库进行检索。如果要对某个数据库单独进行检索,只需用鼠标点击这个数据库的名称(如 Academic Search Premier),然后按“确定”按钮。

② 选择多个数据库进行检索。在所有欲同时检索的数据库前的方框内打钩,然后按“确

定”按钮。请注意：同时对多个数据库进行检索可能会影响某些检索功能或数据库的使用。比如，如果所选的数据库使用了不同的主题词表，则无法使用主题检索功能；又如单独检索 Business Source Premier 数据库时可以使用 Company Profiles 数据库，而同时对 Business Source Premier 和其他数据库进行检索时则无法使用此数据库。

3.4.2　检索方式

选择数据库后，即进入检索界面。EBSCOhost 可分为“基本检索”和“高级检索”两大类检索方式。此外不论是基本检索界面还是高级检索界面，除了最基本的关键词检索功能外，还针对每一特定数据库提供了 Subject Terms（主题词 /科目术语）检索、Publications（出版物）检索、Cited References（参考文献）检索、Indexs（索引）检索、Images（图像）检索等辅助检索功能。

1. Basic Search\基本检索

Basic Search 界面只有一检索输入框，可以在输入框中输入关键词，或输入用布尔逻辑算符（AND，OR，NOT）连接组成的检索表达式（图 3.4.1）。例如如果检索美国的高等教育的情况，则可以用 advanced education and American 这一表达式来检索，如果检索时没有限定字段，则将在所有字段中进行检索。此外，还可以使用字段代码来限定检索途径，如“AB digital library and TI metadata”，表示检索摘要中出现“digital library”及在文章名中出现“metadata”的文献。

图 3.4.1　EBSCOhost 的 Basic Search 界面

2. Advanced Search\高级检索

高级检索是 EBSCOhost 默认的检索方式，其界面提供了 3 个检索词\式的输入框，可以根据需要增加或删减检索框，检索途径和逻辑算符可在相应的下拉菜单中选择。页面下部是检索条件限定区，用于对检索结果做适当的调整（图 3.4.2）。

此外，“搜索历史记录”功能可以记录检索历史，再与当前检索进行组配，以简化检索步骤。但调用检索历史进行检索时只能选用“默认字段”，即“选择一个字段（可选）”。

3. 视觉检索

视觉检索实质上提供给用户一个直观、动态的检索结果。使用视觉检索可在广泛的主题中高效地进行检索，之后返回结果的视觉导航图。导航图中有圆形和矩形两种，其中圆形表示结果的类别，类别中可以包括表示子类别的圆，单击某圆（类别）可查看其内容。矩形表示文章

图 3.4.2 EBSCOhost 的 Advanced Search 页面

的链接,单击某矩形可以将该文章加入窗格中。

要在导航图中向后(向上)移动,请单击圆形或矩形的外部;单击顶部,可查看整个导航图。

注意:需要 JAVA 才能运行视觉检索。

4. 检索选项和限制结果

在检索框下方可通过“检索模式”和“限制结果”实现对检索结果进行减少或扩大调整,其中“检索模式”中各选项的意义如下。

(1)“布尔逻辑/词组”:检索词之间运用布尔逻辑算符或词组检索。

(2)“查找全部检索词语”:检索词同时在一篇文章中出现,词间是“and”关系。

(3)“查找任何检索词语”:检索词之间是“or”关系。

(4)“智能文本检索”:输入尽可能多的文本词或词组、句子、文章段落等检索。

(5)“运用相关词语”:也检索相关词(相关词指同义词,如 bike 和 bicycle)。

(6)“同时在文章全文范围内搜索”:同“运用相关词语”一样,用于扩大检索结果。

“限制结果”栏目提供查找具有“全文”“有参考”“学术(同行评审)期刊”及“出版日期”“出版物名称”“文献类型”和“页数”选择等方面的检索限制。使用限定选项可以缩小检索结果数目。限定选项会因选用的检索方式(Basic Search/Advanced Search)和检索的数据库的不同而略有不同。该栏目下各选项的意义如下。

(1)“全文”:只检索有全文的文章。

(2)“有参考”:显示有参考文献的文章。

(3)“学术(同行评审)期刊”:在有专家评审的学术期刊中检索文章。

(4)“出版日期”:限定文章的出版时间范围。起、止时间可以填一个,也可以两个都填,以表示在一个时间之前、在一个时间之后、在两个时间之间。

(5)“出版物名称”:在限定的出版物中检索。

(6)“文献类型”:只检索发表在指定类型出版物上的文章,可使用 shift 或 ctrl 多选。

(7)“页数”:全文页数选项,可限定全文的页数范围。如:“1-3”表示全文的页数为 1~3;“10-”表示全文页数大于 10;“-5”表示全文的页数小于 5。

(8)“封面故事”:封面故事是指在期刊封面上注重介绍的文章,通常是在期刊出版当时发生的比较重要的事件或比较重要的文章。选择此选项则只在封面故事中进行检索。仅限于高级检索的限定。

(9)“图像快速查看”：图像快速查看功能可以从结果列表、引文或文件夹中查看文章的图像缩略图。

(10)“图像快速查看类型”：提供插图、图表、彩色照片、黑白照片、地图等选项。

5. 其他检索功能

不论在基本检索界面还是在高级检索界面，除了最基本的关键词检索功能外，还针对每一特定数据库提供了 Subject Terms、Publications、Cited References、Indexes、Images 等检索方式。

Subject Terms\科目术语检索：该检索基于 EBSCOhost 的“叙词表”(Thesaurus)，利用词表中的词进行检索可以有效地提高检索效率。具体步骤如下：检索时先输入初拟的检索词，点击“浏览”(Browse)找出相关的主题词，将其“Add”到检索框中进行检索。

Publications\出版物检索：通过对具体出版物的检索，可以了解出版物的概况：名称、书\刊号、出版者、出版周期、所属学科、报道范围及被 EBSCOhost 收录的情况等。

Cited References\参考文献检索：该栏目提供 Cited Author\被引作者、Cited Title\被引题目、Cited Source\引文出处、Cited Year\引文出版年等途径的检索，可以了解某一作者引用参考文献的情况。检索结果是引文的摘要信息及其在数据库中的被引次数。刊名的输入格式不规范，全称和缩写要求不确定。被引作者姓名的格式为姓(全称)在前，单名(首字母)在后或姓(全称)在前，双名(首名全称，后名首字母)在后。

Indexes\索引检索：在 Browse an Index 下拉菜单中选择 1 个字段，点击“浏览”即可看到数据库中对应字段所包含的全部项目及记录数。

Images\图像检索：EBSCO 公司 1999 年年底推出图片检索，图片库中搜集了近 10 万张人物、自然科学、历史题材、各国地图和国旗的照片和图片，甚至包括中华人民共和国成立前的一些具有历史意义的照片。EBSCO 把图片分成人物照片、自然科学照片、地方风景照片、历史照片、地图、标志共 6 大类。在检索窗口下面选择需要的图片类型，然后在检索框中输入检索词，即可进行图片检索。

输入检索词或用布尔逻辑算符组配的检索式，选择要检索的图片类型，可以找到特定的图片。系统提供的图片类型有 Photos of People\人物图片、Natural Science Photos\自然科学图片、Photos of Places\某一地点的图片、Historical Photos\历史图片、Maps\地图、Flags\国旗。

3.4.3 检索规则

适用于 EBSCOhost 的检索规则如下。

(1) 布尔逻辑 AND、OR、NOT 适用于基本检索和高级检索，运算顺序为优先级( )>NOT>AND>OR

(2) 通配符(Wildcard)：“?”，可以匹配单个字符，例如输入 ne?t 可以检索到 neat、nest、next 等结果；截词符(Truncation)：“*”，可以匹配多个字符，例如输入 comput* 可以检索到 computer、computers、computing 和 computation。

(3) 位置算符“Nn”、“Wn”表示所连接的两个词之间最多相隔 n 个字符，“Nn”对词序无限制；“Wn”则要求两个词在文章中出现的顺序必须与输入的顺序相符。

(4) 词组检索：用双引号“”；但当词组中出现禁用词时，禁用词不作为检索词，如：“glucose metabolism in”。

(5) 短语中出现连接符，检索时按照带连接符和不带连接符两种情况检索，如 coca-cola 检索结果为 Coca Cola 和 Coca-Cola。

3.4.4 检索结果的显示及处理

(1) 检索结果的显示

在检索结果的题录显示页面,每条记录包含标题、作者、来源刊名、出版日期、卷期、起始页码、文章页数及文章中所包含的图表等相关信息。如果有全文的,可以有两种格式:HTML、PDF。当看到有“Full Text from …”图标时,说明这篇文章在检索者拥有使用权的数据库中有全文。

(2) 检索结果的输出

如果想实现记录的题录信息批量下载,可以在图 3.4.3 的页面中点击所需的记录后面的添加图标,则上方的文件夹中显示有内容,点击打开文件夹,此时可对存放在文件夹中的记录进行选择输出(打印/电子邮件/保存/输出)的操作。此外,点击题录显示页面的记录的标题,进入文摘显示页面,在其右侧可以看到“打印\电子邮件\保存\导出”等选项,根据需要选择相应的方式进行输出(图 3.4.4)。

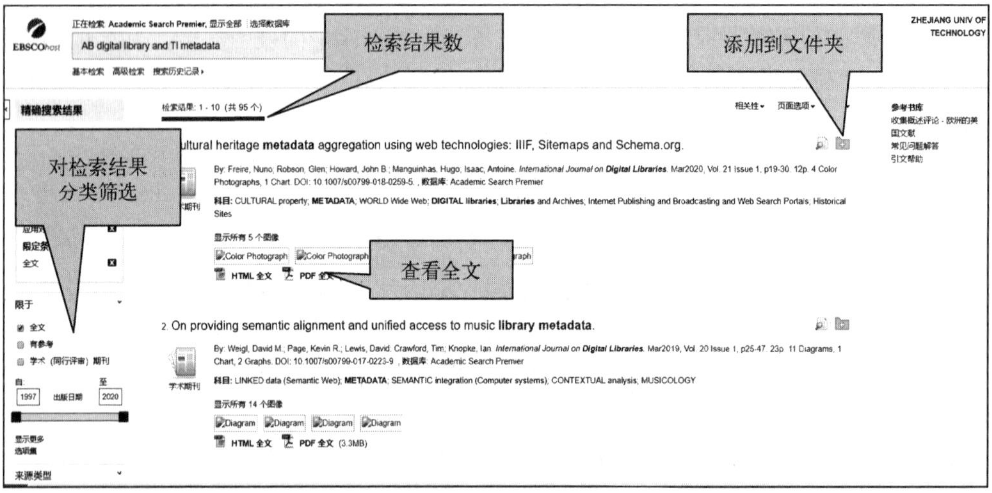

图 3.4.3 检索结果的题录显示页面

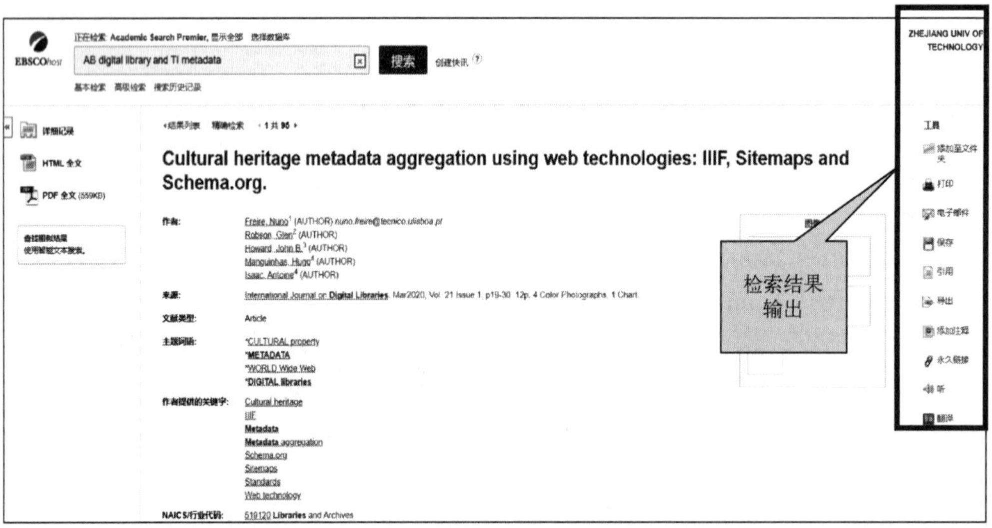

图 3.4.4 检索结果的文摘显示页面

3.4.5　检索举例

【检索课题】

转基因玉米

【分析课题】

本课题研究的是转基因玉米

【选择检索词、编制检索式】

根据课题要求，可以选定“玉米”“转基因植物”作为关键词进行检索。而 EBSCOhost 有“叙词表”(Thesaurus)，为此可以利用系统的 Subject Terms 功能，查找有关的主题词进行检索(图 3.4.5)。

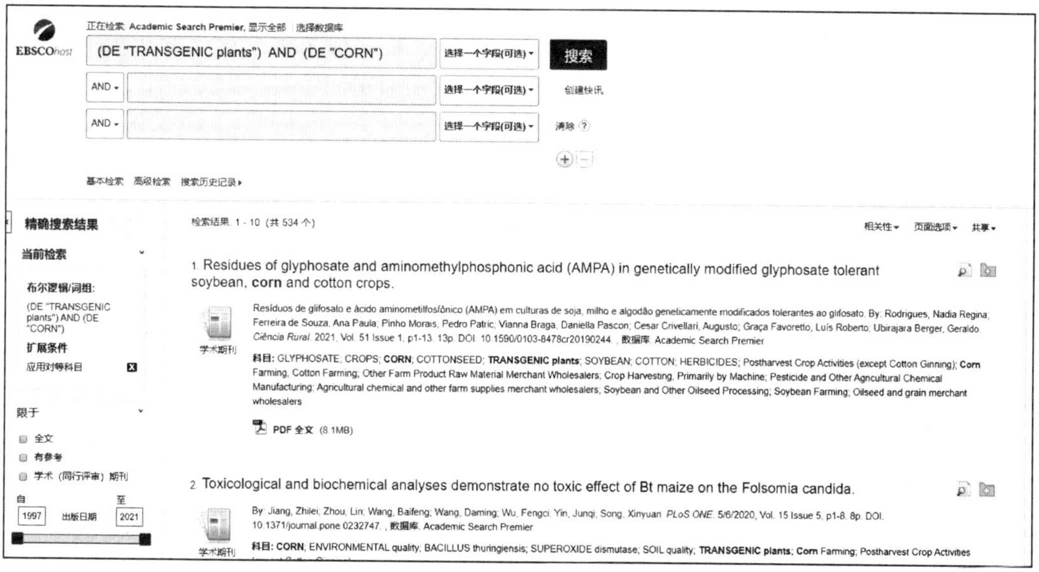

图 3.4.5　Subject Terms 检索

【检索步骤】

如图 3.4.5 所示，在浏览后的检索框中分别输入“corn”，点击浏览后会找到相应的主题词“CORN—Biotechnology”，点击添加，则将出现在上方的检索框中；然后以同样的方法找到“transgenic plants”的主题词为“transgenic plants”，在选定添加时使用的布尔逻辑算符为“AND”，则主题词依次被添加到上方的检索框中。

【检索结果分析】

检索结果有 534 条记录(2021－3－25)，同时在此页面可以看到系统自动生成的检索式：(DE “TRANSGENIC plants”)　AND　(DE “CORN”)。

按相关度排序，前 5 条记录的标题如下。

① Residues of glyphosate and aminomethylphosphonic acid (AMPA) in genetically modified glyphosate tolerant soybean, corn and cotton crops.

② Toxicological and biochemical analyses demonstrate no toxic effect of Bt maize on the Folsomia candida.

③ Identification of genomic insertion and flanking sequences of the transgenic drought-tolerant maize line "SbSNAC1 - 382" using the single-molecule real-time (SMRT) sequencing method.

④ Up-regulated 2-alkenal reductase expression improves low-nitrogen tolerance in maize by alleviating oxidative stress.

⑤ Annual replication is essential in evaluating the response of the soil microbiome to the genetic modification of maize in different biogeographical regions.

3.5 美国及欧洲专利数据库检索

专利文献作为一种记载和传递科技成果的重要信息资源,具有内容广泛、技术新颖、文字严谨、实用可靠、出版迅速、信息量大等特点。据世界知识产权组织统计,世界上每年发明创造成果的90%~95%皆在专利文献上,其中约70%未见于非专利文献。对于专利文献的检索、分析与利用,已成为科学研究进程中不可缺少的重要组成部分。

3.5.1 美国专利数据库

3.5.1.1 数据库简介

美国是世界上的专利大国,建国伊始便确立了专利制度。美国专利与商标局(United States patent and trademark office,USPTO)由既是发明家,又曾任美国总统的托马斯·杰斐逊创立,至今已有200多年历史。自20世纪70年代以来,每年受理10万件以上专利申请,第700万件专利申请于2004年受理。

美国专利分为实用专利(utility patent)、外观设计专利(design patent)、植物专利(plant patent)、再公告专利(reissued patent)、防卫性公告(defensive publication)和法定发明登记(statutory invention registration,SIR)。所出版的专利文献除前述各类专利的说明书外,还有再公告证书和再审查证书等。再公告证书是专利权人发现原专利说明书有误,报经专利局批准补充或修改后再次出版的说明书;再审查证书是公众提出异议,经专利权人修改及专利局重新审查后再次授予专利权的专利说明书。这两种证书出版后,原专利说明书中被修改的内容即告无效。而防卫性公告是指发明人向专利局申请公开其发明的技术内容,使该项技术失去新颖性,从而防止他人就相同技术申请专利。自1985年12月起,此公告改称依法登记的发明。

为了方便、快捷地向公众提供检索美国专利文献的途径,USPTO在Internet上开设了美国专利数据库。目前的USPTO专利数据库的全称为"美国专利全文和页面图片数据库",该数据库收录了自1790年以来至最近一周的所有美国专利,每周公开日(周二)更新。数据库中的全部专利均提供TIFF格式的说明书全文扫描图形,而1976年以来的说明书还实现了全文代码化,可以在专利全文中进行检索。

USPTO专利数据库的网址是 http://patft.uspto.gov/(图3.5.1)。

3.5.1.2 检索方式

USPTO网站上提供两个专利数据库:① PatFT: Patents(授权专利全文数据库)。在该数据库中可检索已授权的美国专利,其中1975年前的专利只提供图像格式(TIFF格式)专利说明书,1976年以来除了提供TIFF格式的说明书全文,还提供了HTML格式的专利全文。

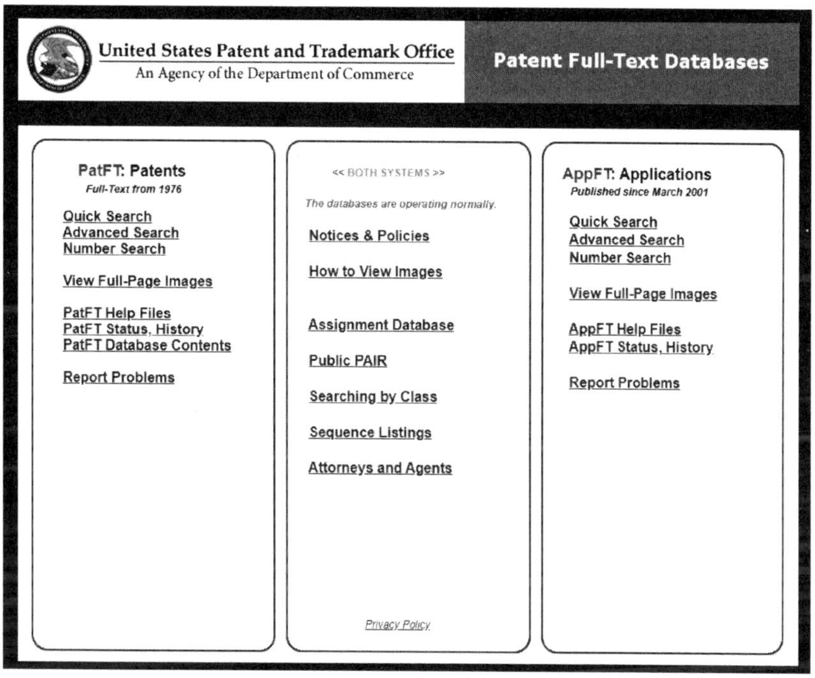

图 3.5.1　USPTO 专利数据库的主页面

② AppFT：Applications（申请公布专利数据库）。在该数据库中可检索 2001 年 3 月 15 日以来公开（但未授权）的专利申请，全部免费提供图像格式和 HTML 格式全文。USPTO 专利数据库每周更新。

“授权专利全文数据库”和“申请公布专利数据库”均提供 Quick Search、Advanced Search 和 Patent Number Search 三种检索方式。在检索页面上点击其中一种方式，即可进入相应的检索界面。

（1）Quick Search\快捷检索

快捷检索又称布尔检索（Boolean Search），采用填表式的检索方式，适合初学者使用。其检索界面如图 3.5.2 所示。

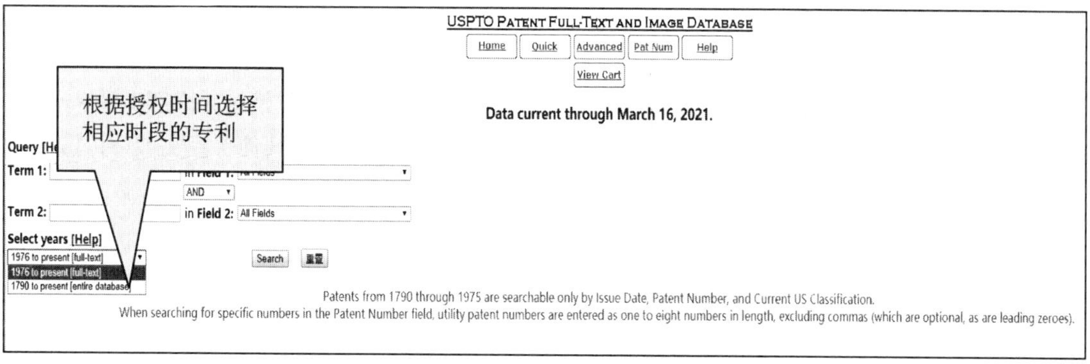

图 3.5.2　USPTO 的 Quick Search 页面

系统提供上下两行检索词输入框，分别标记为“Term 1”和“Term 2”。检索时，先在两个输入框中分别输入一个词（或一个词组、人名、日期、号码等），在对应的字段下拉菜单“Field 1”

和“Field 2”中分别选择适当的检索字段,然后在布尔逻辑算符下拉菜单中选择一个算符,再从“Select years”下拉菜单中选定检索年限,最后点击“Search”键即可。输入过程中如有错误,可点击“重置”键清除原有检索词,然后重新输入。

在检索 1790 年到 1975 年的授权专利时,只能通过 Issue Date(出版日期)、Patent Number(专利号)和 Current US Classification(现行美国分类)进行检索,其中使用专利号检索时,要求专利号长度需 7 个字符(包括括号)。

(2) Advanced Search\高级检索

高级检索又称手动检索(Manual Search),要求检索者能自己编写检索式,适合具有一定检索基础的人员使用,其检索界面如图 3.5.3 所示。

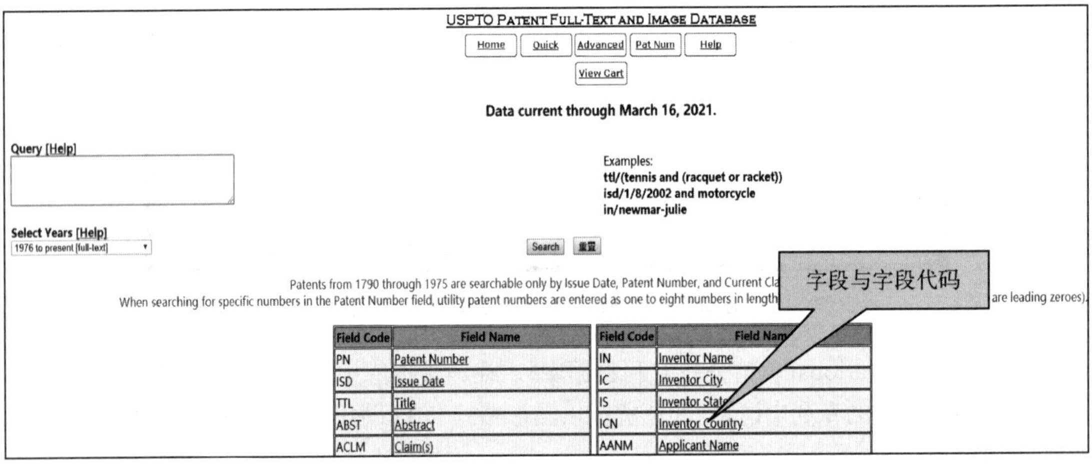

图 3.5.3　USPTO 的 Advanced Search 页面

系统提供一个输入框,供检索者输入检索式。其格式为字段代码/检索词,式中的检索词可以是单词或词组(包括人名、日期、号码等),如 IN/Dobbs。输入完成后,在“Select Years”下拉菜单中选择年限,然后点击“Search”键即可。

(3) Number Search\专利号检索

专利号检索用于按专利号(patent number)或申请公开号(publication number)进行检索。虽然快捷检索和高级检索中也有用专利号或申请公开号检索字段,但速度较单独的专利号检索要慢。

专利号检索的界面如图 3.5.4 所示。检索工业实用专利或在“申请专利”部分进行检索时,可直接输入专利号或申请号,例如 5146634 或 20010000044;检索其他类型的专利时,需要在专利号前分别输入专利类型代码:D(外观设计专利)、PP(植物专利)、R(再公告专利)、T(防卫性公告)、H(再审查证书),例如 D339,456,PP8,901 等。

3.5.1.3　检索规则

(1) USPTO 专利数据库支持布尔逻辑检索,以 AND、OR 和 ANDNOT 为基本的逻辑算符,并可用优先级算符()设定运算次序。

(2) USPTO 专利数据库采用后截断的截词方式,截词符为“$”。进行截词检索时,截词符前的英文字母不能少于 4 个,对于加了“”号的词组检索,不能利用截词算符,例如“general assemb$”就是错误的。

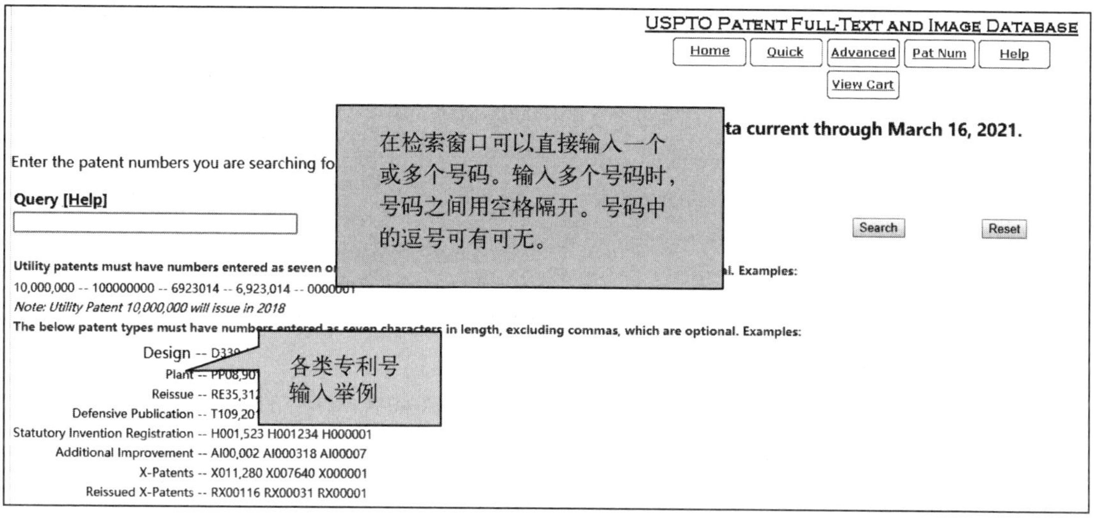

图 3.5.4　USPTO 的专利号检索页面

(3) Quick Search\快捷检索方式中，当输入两个以上的检索词时，系统默认为词组检索，如在 Term 1 检索框中输入 record player，系统默认的是“record player”检索。

(4) Advanced Search\高级检索方式中，当输入两个以上的检索词时，则需要用布尔逻辑算符将其连接起来，如 TTL/needle ANDNOT ((record AND player) OR sewing)，否则系统会提示 Missing boolean operator between expressions(表达式之间缺少布尔逻辑算符)。

(5) USPTO 数据库中设置了 30 多个检索字段，检索时可按需选(表 3.5.1)。

表 3.5.1　USPTO 专利数据库常用检索字段

字段名	字 段 代 码	中 文 说 明	字段名	字 段 代 码	中 文 说 明
ABST	Abstract	文摘	IC	Inventor City	发明人所在城市
APD	Application Date	申请日	ICN	Inventor Country	发明人所在国家
APN	Application Serial Number	申请号	IN	Inventor Name	发明人姓名
APT	Application Type	专利申请类型	IS	Inventor State	发明人所在州
AC	Assignee City	专利权人所在城市	ISD	Issue Date	出版日期
ACN	Assignee Country	专利权人所在国家	OREF	Other Reference	其他参考文献
AN	Assignee Name	专利权人名称	PARN	Parent Case Information	母专利信息
AS	Assignee State	专利权人所在州	PN	Patent Number	专利号
EXA	Assistant Examiner	助理审查员	PCT	PCT Information	PCT 信息
LREP	Attorney or Agent	代理人或代理机构	PD	Publication Date	公开日期
ACLM	Claim(s)	权利要求	EXP	Primary Examiner	一级审查员
SPEC	Description/Specification	说明书	REIS	Reissue Data	再公告信息
PRIR	Foreign Priority	国外优先权	TTL	Title	发明名称

续表

字段名	字 段 代 码	中 文 说 明	字段名	字 段 代 码	中 文 说 明
FREF	Foreign Reference	国外参考文献	RLAP	Related US Application Data	相关美国专利申请
GOVT	Government Interest	政府利益	CCL	Current US Classification	现行美国分类
ICL	International Classification	国际专利分类号	REF	US Reference	美国参考文献

使用检索字段时的注意事项如下。

① 使用日期型字段(申请日、公开日等)检索时,输入格式为月/日/年,如 APD/5/13/2003;若需检索某一时间段的专利,可利用运算符“—>”,如 ISD/11/2/1999—>7/25/2000。日期可用 1 个 \$,如 1/\$/2001。

② 在用 ICL 字段检索时,应在原始 IPC 格式中的空格处补“0”,例如,检索国际专利分类号为 G06F 19/00 的专利,应输入 ICL/G06F019/00。

3.5.1.4 检索结果显示及处理

输入检索式之后,点击“Search”,系统将执行检索,然后提示命中记录数,并显示结果列表(图 3.5.5)。每条记录包括序号、专利号、全文图标及发明名称等 4 部分内容,继续点击专利号或发明名称即可浏览该项专利的摘要,而 1976 年以后的专利则可看到文本格式的专利说明书全文。USPTO 中的所有专利均有 TIFF 格式的说明书全文扫描图像,用户的计算机中需预先安装支持该格式文件的软件才能正确显示专利全文。目前支持 USPTO 中 TIFF 格式文件的免费软件为 AlternaTIFF 或 InterneTIFF,可分别打开 http://www.alternatiff.com 或 http://www.internetiff.com 网页下载。

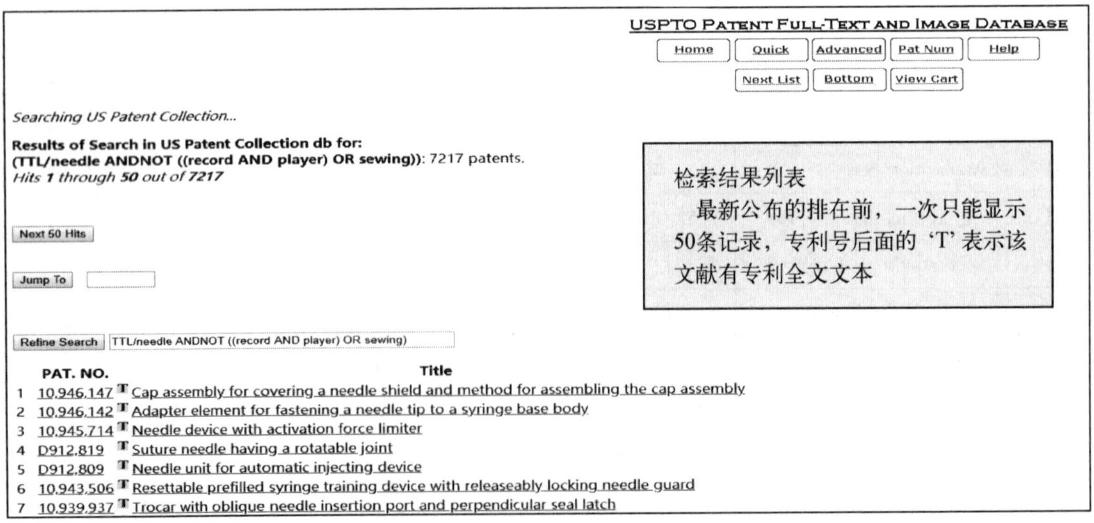

图 3.5.5 USPTO 的检索结果列表页面

浏览或下载某篇专利的扫描图像只有一个入口,即在该篇专利的摘要或全文页面点击“Images”按钮(图 3.5.6),在打开的全文图像页面中先逐页浏览,若需保存则点击“下载”按钮。

值得注意的是，点击“下载”一次只能下载一页图像，且“Images”按钮只在检索专利后的两个小时内有效，超过这一时限则需重做检索。

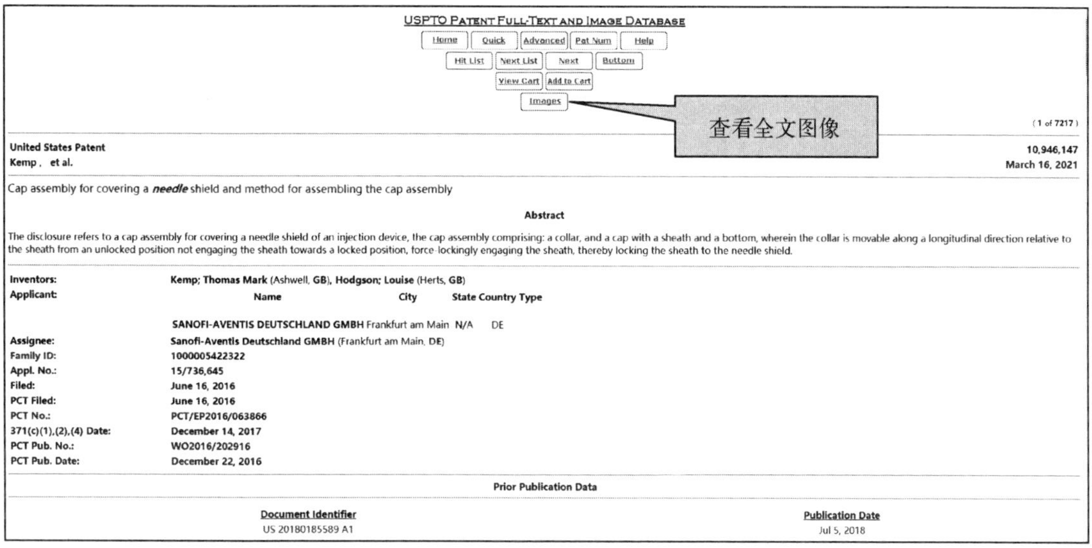

图 3.5.6　专利文本全文页面\浏览及下载全文图像

3.5.2　欧洲专利数据库

欧洲专利局(EPO)的 Espacenet 服务的具体内容包括检索最近两年内由欧洲专利局和欧洲专利组织成员方出版的专利、世界知识产权组织(WIPO)出版的 PCT 专利的著录信息以及专利的全文扫描图像。这些专利的全文扫描图像数据分别存储在相应的专利机构，格式为 PDF，可用 Adobe 公司的免费浏览软件 Acrobat Reader 浏览。Espacenet 还提供欧洲专利局所搜集的 1920 年以来的世界各国专利的信息检索，其中 1970 年以后的专利都有英文标题和摘要可供检索。

从 Espacenet 检索专利信息可以从欧洲专利局的站点进行，也可以从欧洲专利组织各成员方的站点进行，各成员方的站点可支持各自的官方语种。这里介绍的是欧洲专利局的 Espacenet 的英文站点(https://worldwide.espacenet.com/)，该站点还支持法语和德语(图 3.5.7)。Espacenet 目前提供了 3 个数据库可供检索：① EP 数据库，包含最近两年(24 个月)由欧洲专利局公开的专利，可检索专利的著录信息，并显示和下载专利全文的扫描图像。EP 数据库每周三更新一次，在数据库首页的“Local coverage”中可以看到最新更新的专利，老的专利可在 WORLDWIDE 中检索。② WIPO 数据库，可检索最近两年(24 个月)由世界知识产权组织(WIPO)国际申请案出版的 PCT 专利，专利的扫描图像由 WIPO 提供，数据库通常每周更新一次，老的专利可在 WORLDWIDE 中检索。③ WORLDWIDE 世界专利数据库，提供欧洲专利局搜集的全世界 80 多个国家和地区公开的专利信息，包括 63 个国家或地区最近 30 年来的专利文献著录数据、20 个国家 1920 年以来的专利扫描图像以及 10 个专利机构的专利的英文摘要和全文。

3.5.2.1　检索方式

Espacenet 数据库有 Smart Search、Advanced Search、Classification Search 三种检索

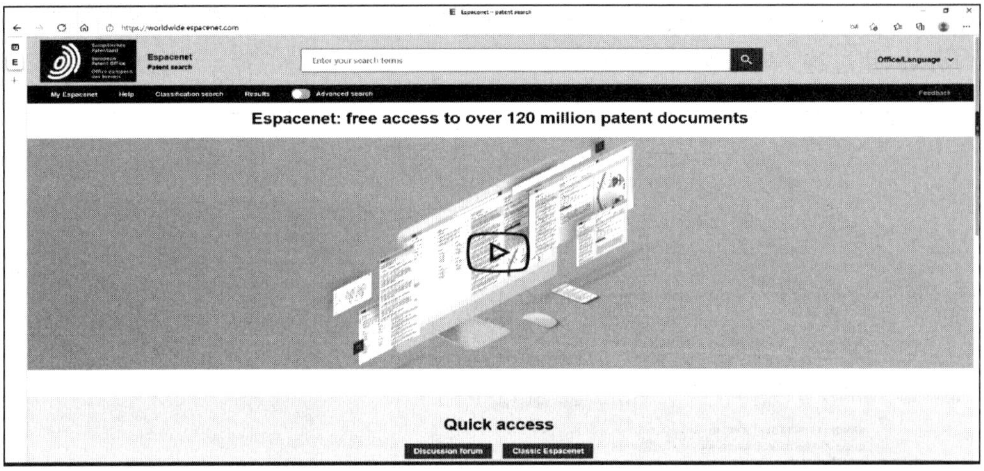

图 3.5.7　Espacenet 首页\Smart Search 检索页面

方式。

(1) Smart Search\智能检索

既可直接输入检索词进行检索,也可输入检索式进行检索(图 3.5.7),但包括检索字段代码、检索算符在内最多只能输入 20 个检索词,且每个检索字段最多包括 10 个词。如 ti="mouse trap"。

Smart Search 中可使用的算符如下。

① 逻辑算符 AND\OR\NOT。

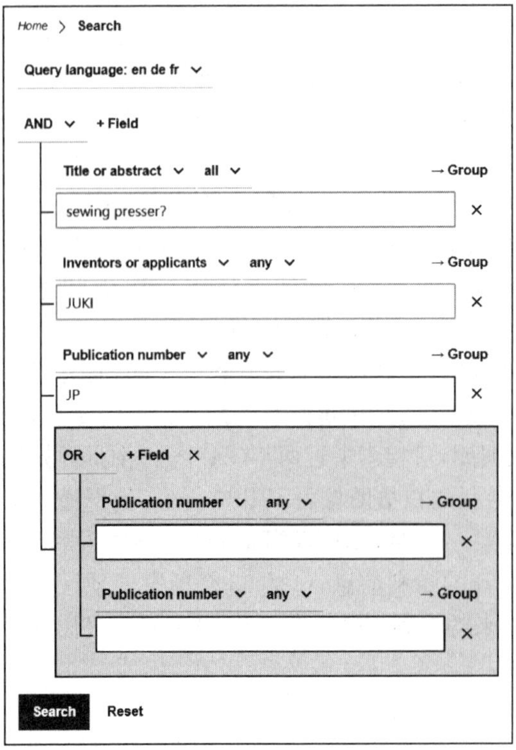

图 3.5.8　Espacenet 的 Advanced Search 界面

② 邻近算符 Proximity,例如,

mouse prox/distance<3 trap:检索出专利文本中 mouse 和 trap 相隔最多 3 个单词的专利。

mouse prox/unit=sentence trap:检索出专利文本中 mouse 和 trap 在同一个句子中的专利。

mouse prox/unit=paragraph trap:检索出专利文本中 mouse 和 trap 在同一个段中的专利。

③ 词组检索使用的双引号""。

④ all\any 检索:

ti all "paint brush hair"将检索出标题中同时包含这三个单词的专利,但词序不定。

ti any "motor engine"将检索出标题中有 motor 或 engine 的专利。

(2) Advanced Search\高级检索

高级检索界面如图 3.5.8 所示,可对多个字段进行组合检索,字段间的逻辑关系可以在 AND、OR、NOT 间进行选择。图 3.5.8 中显示的是查找 JUKI 株式会社有关缝纫机(sewing)压脚(pressers;presser feet)的日本专利。

Espacenet 的检索字段及使用举例如表 3.5.2 所示。

表 3.5.2　Espacenet 的检索字段及使用举例

字段名称	使用举例	字段名称	使用举例
Title\专利名称	plastic and bicycle	Publication Date\公开日	19970526
Abstract\摘要	"mouse trap *"	Applicant\申请人	Institut Pasteur
Publication number\专利号	WO03075629	Inventor\发明人	Smith
Application number\申请号	DE19971031696	ECLA Classification\欧洲专利分类号	B01C3/01
Priority Number\优先权号	GB19950021635	IPC Classification \ IPC 分类号	H03M1/12

(3) Classification Search\分类号检索

欧洲专利局可以使用欧洲专利分类号(ECLA)检索专利,其页面列出了 ECLA 分类的 8 个部(与 IPC 相同),提供浏览和查询两种方式获知分类号(图 3.5.9)。用户可以大类\小类的方式浏览欧洲专利局的分类系统,也可以直接在上方的输入框中输入检索项进行分类号的查询,具体有两种方式:① 直接输入关键词或分类查找;② 通过浏览某一分类,对于选定的类进行标记,点击右侧"Find patents"按钮直接搜索相应的专利。

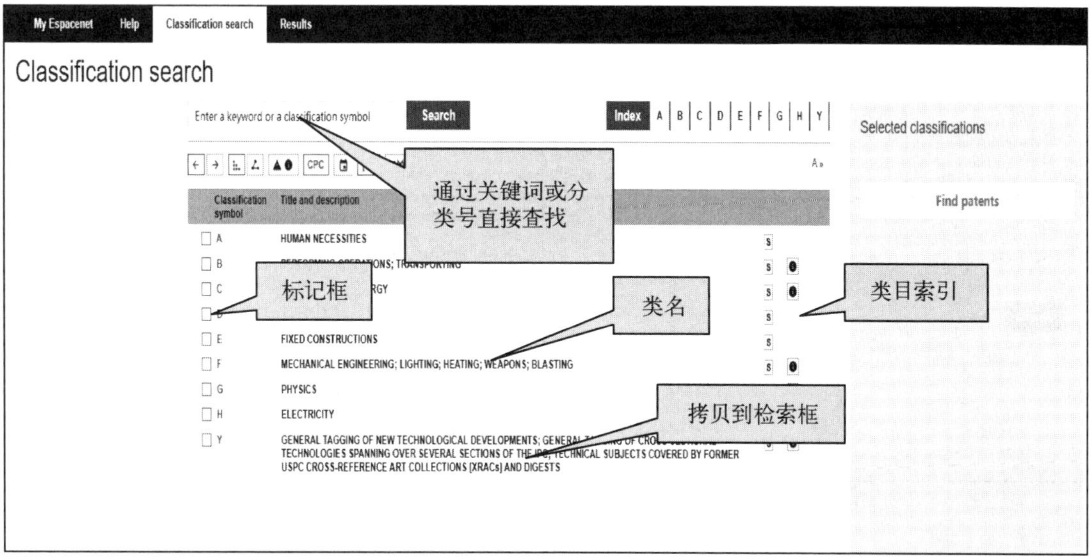

图 3.5.9　Espacenet 的"Classification Search"界面

3.5.2.2　检索规则

逻辑算符:Espacenet 系统支持 AND、OR、NOT 的逻辑组配检索。每个输入字段支持最多 9 个逻辑算符的组配,每个检索任务最多可用 20 个算符。对于公开号、公开日、申请号和优先权号检索,OR 是默认的逻辑算符。在标题、摘要、发明人、申请人、ECLA 和 IPC 字段中,2 个或更多输入字段默认操作为"AND"。

截词符：＊代替任意多个字符(因特网标准通配符)；? 代替 0 至 1 个字符；# 仅代替一个字符。需要注意的是：① 通配符后面不能跟字母数字字符(alphanumeric character)，如 colo? r是不允许的；② 通配符仅能用于"Title""Title or abstract""Inventor"或"Applicant"字段中；③ 必须至少有 2 个字母数字字符在一个"?"或"#"字符前打头，如 co? 或 pa#，此时最多允许跟 3 个截词符，如 ca??? 将检索出 call，cart，card，care，cable 等；④ 如果有 3 个或更多字母数字字符在一个"?"或"#"字符前打头，那么，最多允许跟 7 个截词符；⑤ 必须至少有 3 个字母数字字符在一个"＊"字符前打头，如 co＊是不允许的，使用"＊"明显增加检索时间。

可以使用优先级算符()改变运算顺序，如((mouse OR rat) AND trap) OR mousetrap；如果是词组则必须置于双引号中，如"computer control"在 WORLDWIDE 库中检索专利的结果为 965 条。

3.5.2.3 检索结果显示及处理

检索完毕，系统在窗口显示的检索结果主要有检索结果列表、使用的数据库及与检索式相匹配的检索结果记录数(图 3.5.10)。

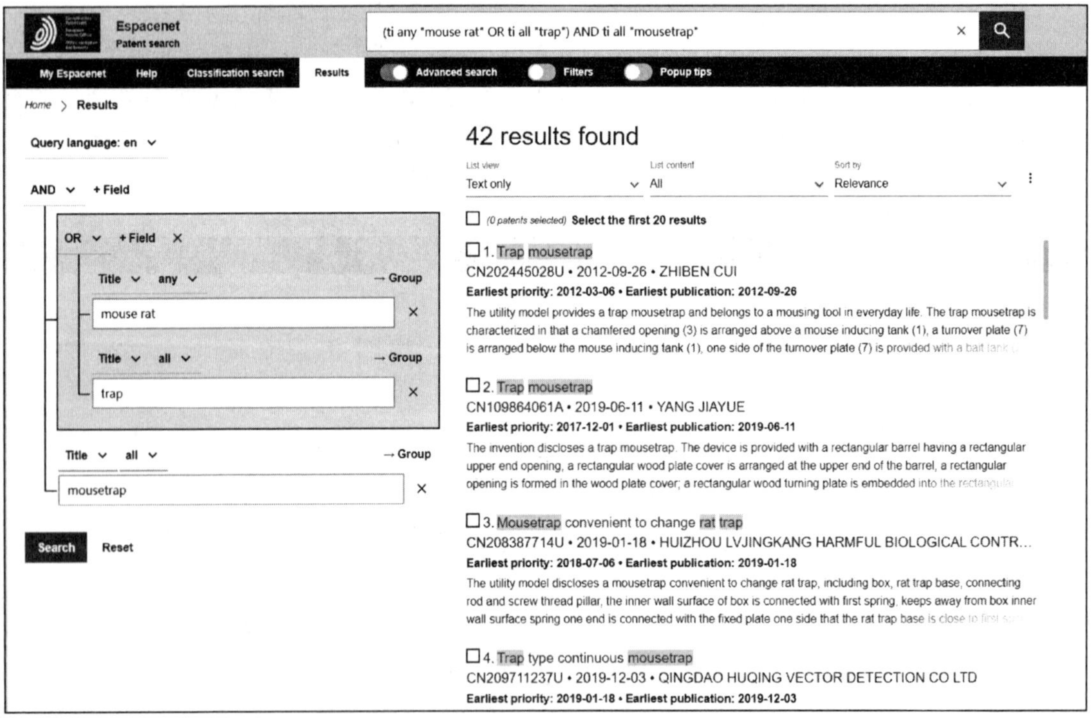

图 3.5.10 Espacenet 的检索结果列表页面

检索结果列表是按照专利文献号(包括国别代码)递减次序排列的；检索结果列表中仅能显示发明名称、公开信息、申请人、发明人和 IPC 分类号。

从检索结果列表中单击专利名称，可进一步显示专利的摘要等更多信息(图 3.5.11)，包括 Bibliographic data\题录数据(或著录项目)、Description\说明书、Claims\权项要求、Drawings\附图、Original document\专利图像全文、Citations\引用和被引用文献、Legal events\法律状态、Patent family\专利家族等。

在检索结果显示页面前方的标记框中可勾选记录，再点击三点形状的菜单按钮进行下载、

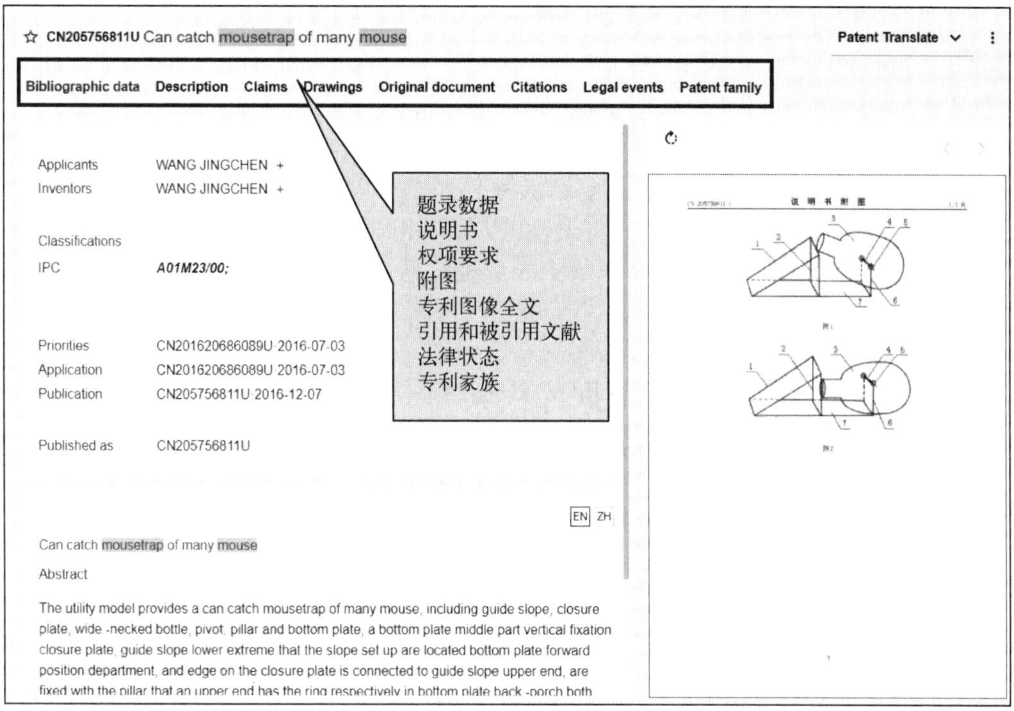

图 3.5.11　Espacenet 检索结果的摘要显示页面

打印等输出操作。

3.5.2.4　检索举例

【检索课题】

已经从其他参考数据库获得专利号，需要查专利说明书全文。如从美国《化学文摘》中获得文献的专利号为 WO 02/46293，如何检索到专利全文？

【检索步骤】

① 选择世界范围公开的专利文献数据库(WIPO)。

② 选择 Advanced Search（高级检索）方式，在“Publication number”检索提问栏输入：WO0246293。

③ 点击“Search”，得到如下 1 条记录(图 3.5.12)：

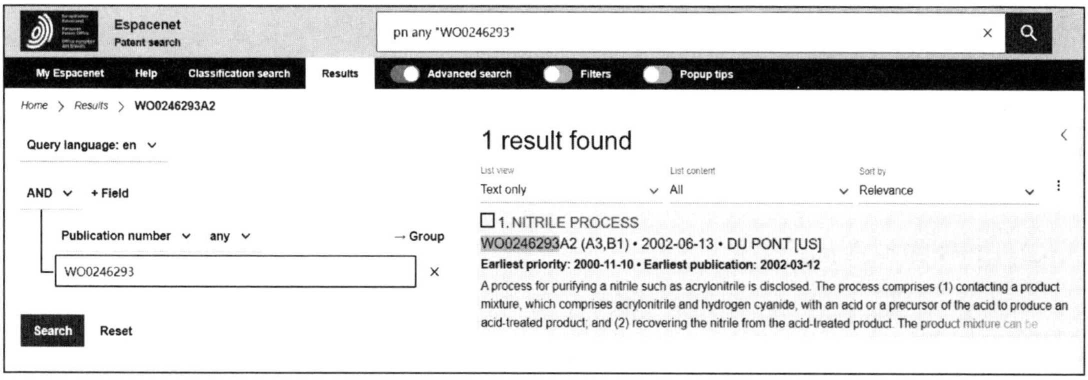

图 3.5.12　Espacenet 的检索结果显示页面

Du Pont [US]. Nitrile Process. Inventor: Rogers Janet Marie, Blackstone Robert Clifford. Application number: WO2001US46985. Application Date: 20011106. Priority number(s): US20000710996. Priority Date: 20001110.

(需要特别加以注意的是在进行专利号检索时,按系统规定,专利号的每个字母和数字之间不得有空格与其他任何符号,否则检索结果将不准确。如在上述"Publication number"检索提问栏输入的是 WO 02/46293 的话,将误检出大量不相干的内容)

④ 点击"Original document",即可看到专利说明书全文图像,该页面能进行专利全文说明书的浏览、下载和打印。

3.6 国际标准及标准文献数据库检索

经济全球化的迅猛发展,使所有企业都无可选择地卷入国际市场的竞争洪流之中。随着生产的发展和对外贸易的扩大,要求标准越来越具有广泛的统一性。向国际标准靠拢,采用国际标准已经是目前世界各国的发展趋势。从 1992 年第 23 届"世界标准日"祝词"国际标准:打开市场的关键"、1993 年第 24 届的"全球标准使信息处理更快更好",到 1997 年第 28 届提出"世界贸易需要国际标准",直至 2000 年第 31 届的"国际标准促进和平与繁荣"和 2002 年第 33 届的"一个标准,一次检验,全球接受",正是这种趋势形象而又生动的写照。

国际标准是指由国际标准化组织(ISO)、国际电工委员会(IEC)和国际电信联盟(ITU)所制定的标准,以及 ISO 确认并公布的国际组织所制定的标准,如联合国教科文组织(UNESCO)、世界海关组织(WCO)、世界卫生组织(WHO)、世界知识产权组织(WIPO)、世界气象组织(WMO)等。国际标准在世界范围内统一使用。

ISO(international organization for standardization)成立于 1947 年 2 月 23 日,是目前世界上最大、最有权威性的国际标准化专门机构,现有成员 143 个。其主要活动是制定国际标准,协调世界范围的标准化工作,组织各成员方和技术委员会进行情报交流,以及与其他国际组织进行合作、共同研究有关标准化的问题。

IEC(international electrotechnical commission)成立于 1906 年,是世界上成立最早的国际性电工标准化机构,负责有关电气工程和电子工程领域中的国际标准化工作。

ITU(international telecommunication union)是联合国的一个专门机构,也是联合国机构中历史最长的一个国际组织,其实质性工作由三大部门承担,分别是电信标准化部门(ITUTSS)、无线电通信部门(ITURS)和电信发展部门(ITUTDS)。

国际标准的分类通常采用《国际标准分类法(international classification for standards, ICS)》,它分 40 个大类(一级类目)。

在互联上检索 ISO、IEC 和 ITU 标准可分别访问以下网站: https://www.iso.org/home.html、https://www.iec.ch 和 http://www.itu.org。下面重点介绍 ISO 标准检索。

3.6.1 ISO 数据库简介

ISO 官方网站"ISO 在线"于 1975 年开通。

该网站首页导航栏目前包括 Standards\标准介绍、About us\ISO 简介、News\新闻、Taking part\参与、Store\ISO 标准商店、检索等栏目(图 3.6.1)。

Standards
About us
News
Taking part
Store
EN
≡ MENU
ISO
SUSTAINABILITY
CHANGE ON THE HORIZON
IMPORTANT INFORMATION REGARDING ISO MEETINGS DURING COVID-19
All ISO governance and technical meetings planned until 30 June 2021 must be held virtually or postponed until after that date.
We're ISO, the International Organization for Standardization. We develop and publish International Standards.
NEWSROOM
COVID-19
ISO resources and response
ABOUT US
STRATEGY 2030
Making lives easier, safer and better. Our Strategy outlines

图 3.6.1　"ISO 在线"英文版主页面

3.6.2　检索方法及使用规则

ISO 数据库有"Search"和"Advanced Search"两种检索方式，其中"Search"检索方式只需在点击首页上部检索图标后出现的检索框内输入检索词，然后点击检索按钮即可。例如，输入 child＊ bicy＊，出现以下检索结果页面(图 3.6.2)。在该页面检索结果包含有新闻和文献。

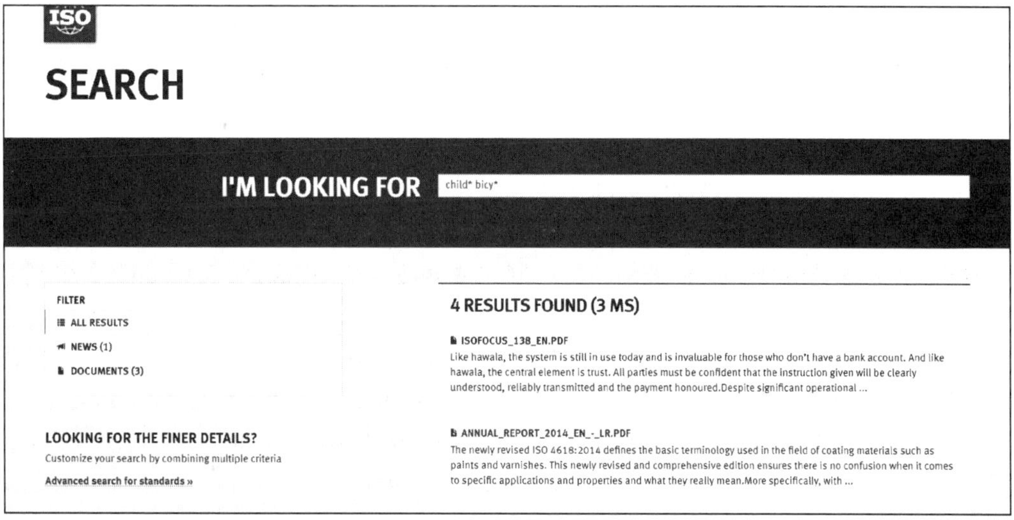
ISO
SEARCH
I'M LOOKING FOR
child* bicy*
FILTER
ALL RESULTS
NEWS (1)
DOCUMENTS (3)
LOOKING FOR THE FINER DETAILS?
Customize your search by combining multiple criteria
Advanced search for standards »
4 RESULTS FOUND (3 MS)
ISOFOCUS_138_EN.PDF
Like hawala, the system is still in use today and is invaluable for those who don't have a bank account. And like hawala, the central element is trust. All parties must be confident that the instruction given will be clearly understood, reliably transmitted and the payment honoured.Despite significant operational ...
ANNUAL_REPORT_2014_EN_-_LR.PDF
The newly revised ISO 4618:2014 defines the basic terminology used in the field of coating materials such as paints and varnishes. This newly revised and comprehensive edition ensures there is no confusion when it comes to specific applications and properties and what they really mean.More specifically, with ...

图 3.6.2　ISO 数据库的"Search"界面

为了既快又准地找到所需标准，应采用"Advanced Search"方式，如图 3.6.3 所示。检索区内设置了若干检索字段，用户可检索其中某个字段，也可进行多字段组合检索，此时系统默认在字段间做"与"运算，其主要检索字段如下。

(1) 关键词或词组(Keyword or phrase)

该字段供用户输入单词或词组进行检索，而词组必须置于双引号""中；如果在该字段中一

图 3.6.3 ISO 数据库的"Advanced Search"界面

次输入 2 个或 2 个以上检索词,系统默认各词之间以"AND"算符相连,例如,输入 child * bicy * 与输入 child * AND bicy * 的检索结果一致;如果输入的某个检索词使用了"NOT"算符,则检索结果中不会出现含有这个检索词的记录。

该字段支持截词检索,采用"*"为截词符,例如,输入 electroplat *,可检出含有 electroplated、electroplating 等词的标准文献。

(2) 标准号(ISO number、Part number)

ISO 标准的编号由"ISO+标准顺序号+制定或修改年份"构成,如 ISO90012000《质量管理体系——要求》。

按标准号检索时,输入标准顺序号即可,如检索前述标准只需输入 9001。若检索标准中的某一部分,例如 ISO9000 第 4 部分,可在 ISO Number 后输入 9000,再在 Part number 后输入 4,也可直接在 ISO number 后输入 90004。需要一次检出多项标准时,应分情况处理:如果待检标准号是连续的,可输入起、止标准号,中间以":"相连,例如 1:400;如果标准号是间断的,应将待检标准号分别输入,中间以","分隔,例如 9000,14001,14004;如果标准号既有连续的,又有间断的,则应将上述方法结合使用,例如 1:400,9000,14001,14004。

(3) 文献类型(Document type)

点击该字段的下拉菜单,可以选择检索的文献类型,如 Guide(导言)、International Standard(国际标准)、Guide(指南)、Technical Specification(技术准则)等。

(4) 国际标准分类号(ICS)

在该字段输入 ICS,可检索出相应类别的标准。采用在标准号字段检索时相似的方法,可一次检出多个类别的标准,如87.020:87.060,87.100。

(5) 阶段代码(Stage code、Date current stage reached)

该字段供用户使用"阶段代码"进行检索。

(6) 技术委员会(Committee、Subcommittee)

该字段供用户按技术委员会分类进行检索。点击该字段的下拉菜单,选择需要检索的技术委员会的英文代码,如TC107(金属和其他无机覆盖层技术委员会),便可检索出该技术委员会所在学科领域的全部标准。若对某技术委员会下设的分技术委员会进行检索,应先选定技术委员会代码,然后输入分技术委员会的编号,如先在"Committee"下拉菜单中选定TC207,再在"Subcommittee"中输入5。

3.6.3　检索结果及处理

ISO系统执行用户的检索指令后,将反馈检索结果的清单(图3.6.2),包括标准号和标准名称,单击标准号,则会显示标准的订购信息(图3.6.4),点选电子(PDF格式)文档或印刷文本,以及文献的语种(英文或法文),便可获得所需标准,当然如果没有事先订购,网上一般是不提供免费的全文的,此时只有点击购物车查看订购信息。

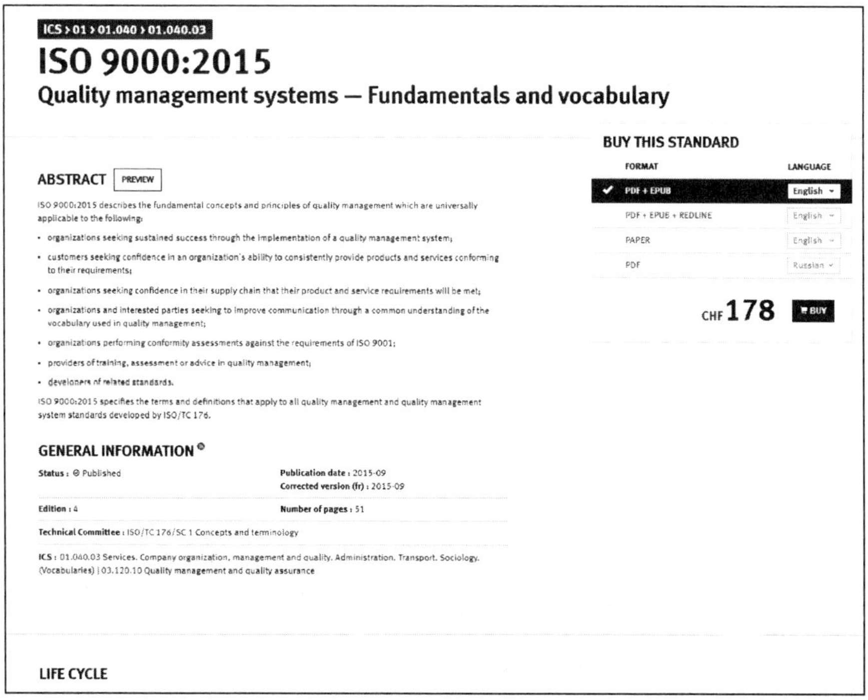
ICS > 01 > 01.040 > 01.040.03
ISO 9000:2015
Quality management systems — Fundamentals and vocabulary
ABSTRACT
PREVIEW
ISO 9000:2015 describes the fundamental concepts and principles of quality management which are universally applicable to the following:
organizations seeking sustained success through the implementation of a quality management system;
customers seeking confidence in an organization's ability to consistently provide products and services conforming to their requirements;
organizations seeking confidence in their supply chain that their product and service requirements will be met;
organizations and interested parties seeking to improve communication through a common understanding of the vocabulary used in quality management;
organizations performing conformity assessments against the requirements of ISO 9001;
providers of training, assessment or advice in quality management;
developers of related standards.
ISO 9000:2015 specifies the terms and definitions that apply to all quality management and quality management system standards developed by ISO/TC 176.
GENERAL INFORMATION
Status : Published
Publication date : 2015-09
Corrected version (fr) : 2015-09
Edition : 4
Number of pages : 51
Technical Committee : ISO/TC 176/SC 1 Concepts and terminology
ICS : 01.040.03 Services. Company organization, management and quality. Administration. Transport. Sociology. (Vocabularies) | 03.120.10 Quality management and quality assurance
LIFE CYCLE
BUY THIS STANDARD
FORMAT
LANGUAGE
PDF + EPUB
English
PDF + EPUB + REDLINE
English
PAPER
English
PDF
Russian
CHF 178
BUY

图3.6.4　标准检索结果全文订购页面

3.7　SCI及EI文摘数据库检索

3.7.1　SCI科学引文索引

SCI(science citation index),是由美国科学信息研究所(institute for scientific information,ISI)

于1961年创办出版的引文数据库,是目前国际上三大检索系统之一。其收录的文献内容覆盖数、理、化、农、林、医、生命科学、天文、地理、环境、材料、工程技术等自然科学各学科,其中以生命科学及医学、化学、物理所占比例最大。

ISI通过它严格的选刊标准和评估程序挑选刊源,从而做到SCI收录的文献,能比较全面地展示全世界最重要、最有影响力的研究成果,是被其他文献多次或反复引用的文献。正是由于对各种学科大量文献间存在的引用与被引用关系的统计、分析、研究、总结,使得SCI不仅能作为一个常规检索工具使用,更在一定程度上揭示了学科发展的踪迹、成果更替的因果,成为科研评价的一种依据,可以从一个侧面去反映某机构、某地区甚至某个人的学术水平的发展情况。

Web of Science是Clarivate Analytics(科睿唯安,原汤森路透知识产权与科技事业部)开发的信息服务平台,支持自然科学、社会科学、艺术与人文学科的文献检索,数据来源于期刊、图书、专利、会议录、网络资源(包括免费开放资源)等。Web of Science Core Collection (WOSCC)是世界上有影响的多学科学术文献索引数据库,包含10个子库。以浙江工业大学订购的数据库为例,包括:① 四个引文子数据库[Science Citation Index Expanded(SCI-EXPANDED), Social Sciences Citation Index(SSCI), Conference Proceedings Citation Index-Science (CPCI-S), Conference Proceedings Citation Index-Social Science & Humanities (CPCI-SSH)],引文库的记录来源于期刊文献和会议文献,可以用主题、著者、刊名和著者地址等途径进行检索,还可以用被引用文献的著者和来源进行检索,其中后两个会议论文数据库还可通过会议字段来检索。② 两个化学数据库中的Current Chemical Reactions(CCR-EXPANDED)收录了来自期刊和专利文献的一步或多步新合成方法,Index Chemicus(IC)则收录世界上有影响的期刊报道的新颖有机化合物,可以用结构式、化合物以及反应的详情和书目信息进行检索。

3.7.1.1 Web of Science 检索平台

Web of Science是一个综合性数据库系统服务平台(图3.7.1),整合了Thomson Scientific公司生产的多个数据库产品,如Web of Science Core Collection、INSPEC、Derwent Innovations

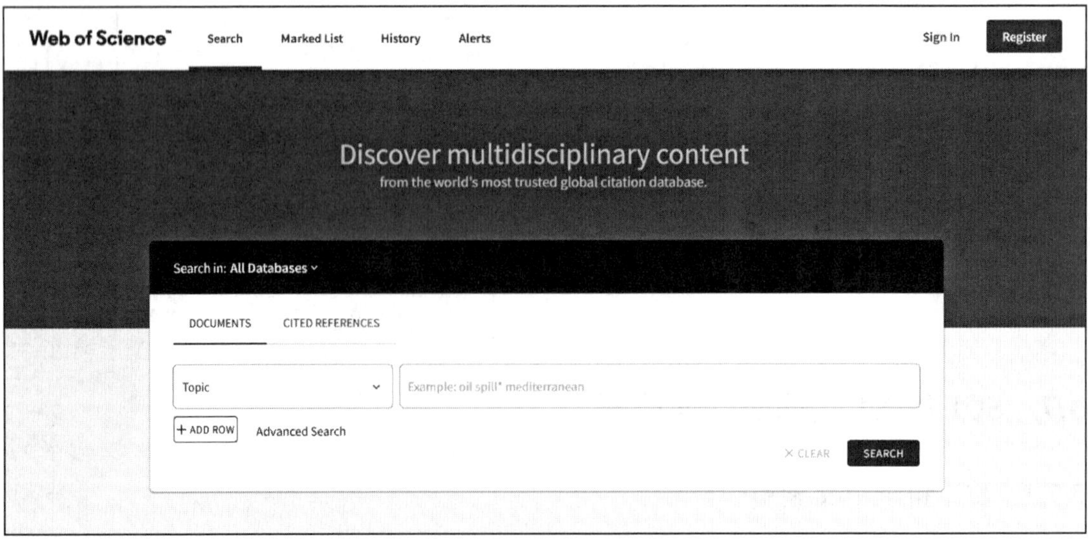

图3.7.1 Web of Science 检索平台的 Basic Search 界面

Index、SciELO Citation Index[SciELO 是 Scientific Electronic Library Online 的简称，收录发表在阿根廷、巴西、西班牙、葡萄牙、墨西哥、南非等 11 个国家在自然科学、社会科学、艺术和人文领域中可开放获取的 650 种权威学术期刊（其中 350 种已被 WOSCC 收录）上的文章，提供全文的链接（均为开放获取，即免费访问）]、中国科学引文数据库（CSCD）等，以各单位订购为准。

如果要检索单个数据库，只要点击检索界面中的“All Databases”选择进入相应数据库的检索界面，也可以同时选择所有数据库选项，以实现跨库检索。相对于单库检索，跨库检索界面的检索途径相对要少。以下分别介绍 Web of Science 的几种检索方式。

3.7.1.2　检索方法

(1) Basic Search\基本检索

当选择 Web of Science Core Collection 数据库时，其基本检索界面如图 3.7.2 所示，可以点击“ADD ROW”添加检索框，选择逻辑算符（AND\OR\NOT）进行多途径组配检索。该检索界面还区分 Documents\文献检索、Authors\作者检索、Cited References\被引参考文献检索，默认的是 Documents\文献检索界面。

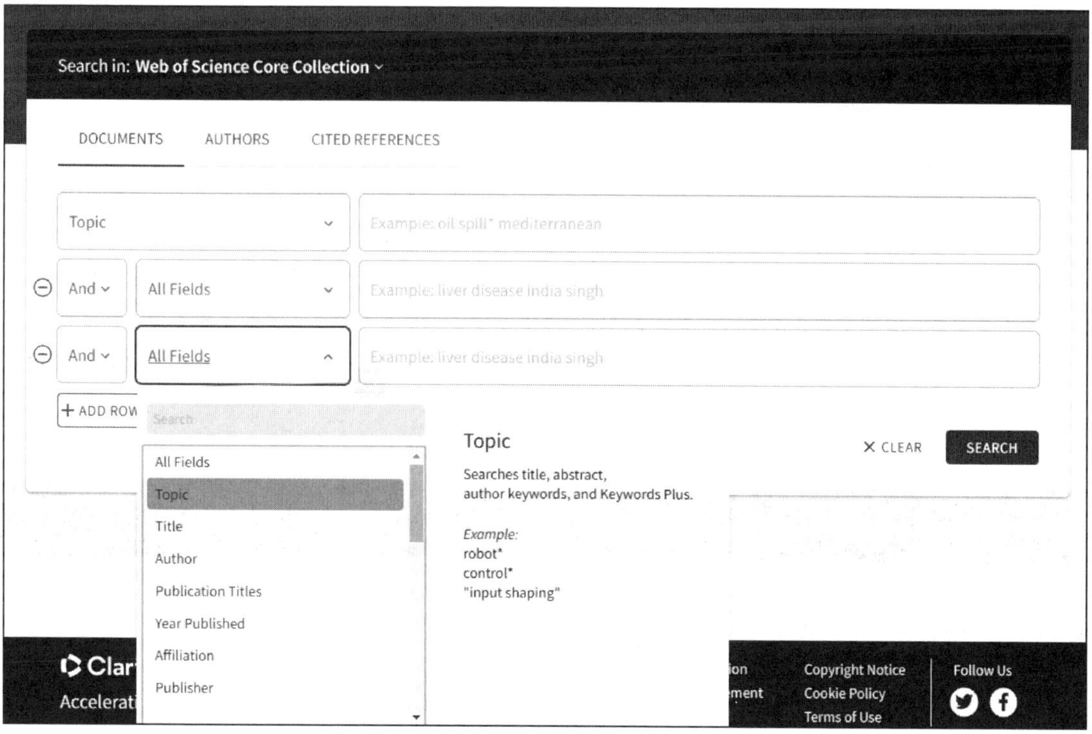

图 3.7.2　Web of Science Core Collection 的 Basic Search 界面的时间和数据库选择

Web of Science 检索所提供的主要检索字段如表 3.7.1 所示，此外针对两个会议论文数据库，还有专门的检索字段——Conference\会议字段，该字段可以输入包括会议标题、召开地、主办者以及召开日期。例如，要寻找 2004 年在 Joensuu、Finland 召开的 4th IEEE International Conference on Advanced Learning Technologies 的会议论文，可以在选择 CONFERENCE 字段后在检索框中输入 learning technol * and finland and 2004。

表 3.7.1　检索字段使用规则及说明

检 索 字 段	规　则　说　明
Topic(主题词检索)	系统将在文献篇名、文摘及关键词字段对检索词进行检索
Title(篇名检索)	在文献篇名中检索
Author(作者姓名检索)	需要注意的是中文作者姓名的输入方式是姓的全拼＋空格＋名的首字母缩拼(最多 5 个)。可以使用截词符,不区分大小写,如 Driscoll CM *
Group Author(团体作者检索)	指共同从事某一研究的团队作者,如 Cadillac Investigators。需要注意的是本概念并非指作者机构的意思,要查询某机构所属作者的文献时,应当选择 ADDRESS 进行相关检索
Publication Name(来源出版物名称检索)	可以输入出版物的全名或部分名称,用于检索书名、丛书名及期刊名。如果输入一个词或词组,将检索以该词或词组为首的出版物
Year Published(出版年检索)	要求输入 4 位数字的年,或区间(最好不超过 5 年),如 2000—2004。该字段不能单独使用,须与其他字段组配使用
Address(作者单位或地址检索)	可以通过作者所在的机构或地理位置进行检索。检索词可以是国家名、州名、省名,也可以是公司名、学校名、系名、部门名以及邮政编码。在地址检索中要注意使用 SCI 规定的缩写方式(可借鉴系统提供的 Abbreviations List)。地址检索可以用于查询某个国家或机构、团体等被 SCI 收录文献的总数
Language(语种)	用于对检索结果进行限制
Document Type(文献类型)	用于对检索结果进行限制

Authors\作者检索提供 Name Search 和 Authors Identifiers 两种途径的检索。

Cited Reference\被引参考文献检索从被引用文献的著者及被引用的期刊、被引用文献的年代查找引用过它(它们)的作者及其文献。这正是 SCI 数据库区别其他文献数据库的独到之处。它提供三个检索入口(图 3.7.3)。Cited Reference\被引参考文献检索字段规则及说明见表 3.7.2。

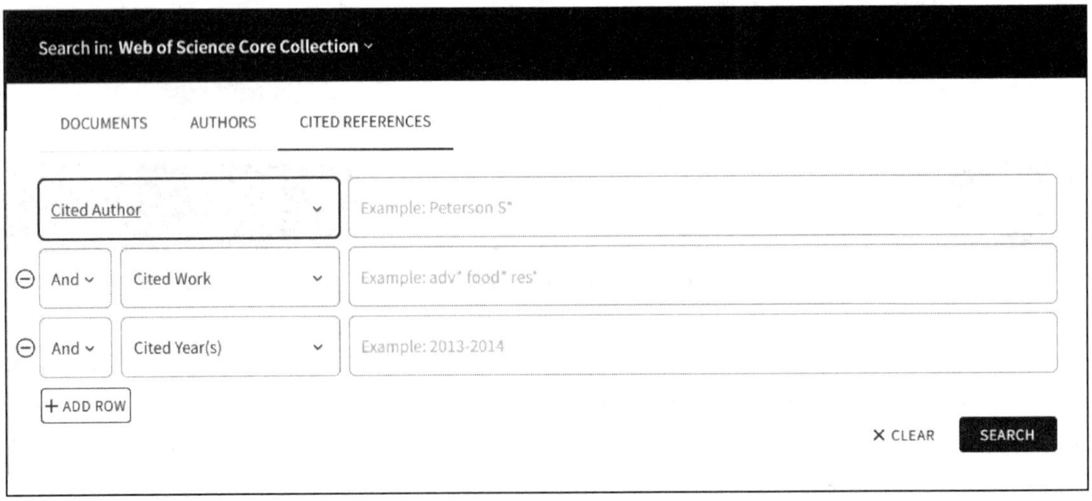

图 3.7.3　Cited Reference\被引参考文献检索界面

表 3.7.2　Cited Reference\被引参考文献检索字段规则及说明

检 索 字 段	规 则 说 明
Cited Author(被引作者)	一般应以被引文献的第一著者进行检索,格式为姓(不超过 15 个字母)+空格+名的首字母(不超过 3 个),可利用检索框右边的辅助索引帮助查找作者
Cited Work(被引文献)	检索词为刊登被引文献的出版物名称,如期刊名称缩写形式、书名或专利号。点击“journal abbreviation list”,查看并复制粘贴准确的刊名缩写形式
Cited Year(引文年限)	论文发表的年限,检索词为四位数字的年号
Volume(卷)	卷号,不超过四位字符
Page(页)	文章的起始页码,不超过五位字符
Article ID(文献标识号)	由期刊的出版商给定的标识号

(2) Advanced Search\高级检索

在 Basic Search 检索界面下方有一 Advanced Search 链接,点击即可进入高级检索界面(图 3.7.4),在该页面同样有下拉菜单进行检索字段的选择,选择好字段,输入检索词,然后点击检索框后面的“ADD TO QUERY”,则在下方的“Query Preview”框中以检索式的形式显示上述操作的结果,即利用两个字母的字段标识符和逻辑算符等构建复杂的检索式。例如,查找发表在 Energy 或者 Energy Policy 期刊上有关减少二氧化碳排放的文章,可以创建如下的检索式: TS=((carbon dioxide or co2) and emission * and (reduc * or mitigat * or abat *)) and SO=(energy or energy policy)。

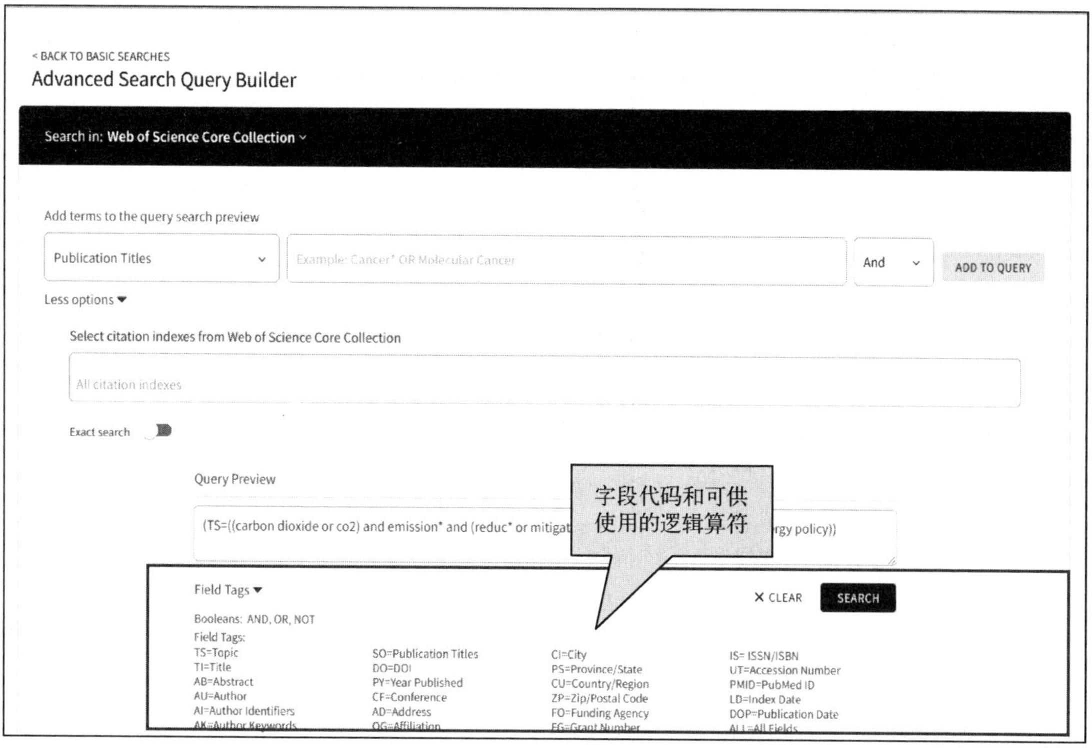

图 3.7.4　Advanced Search\高级检索界面

系统将自动保存每一次检索结果于"Search History"中,并按顺序标号(如#1,#2,#3……)。可以对"Search History"中保存的检索式通过逻辑算符进行进一步的组配检索,以取得更准确的检索结果,如#1 NOT #3。

3.7.1.3 检索规则

① 适用于系统的通配符:*、? 和 $,其含义和使用规则如下。

* 代表 0 个到多个字母,如 Gene* 可检索到 Gene, Genes, General, Generation;

? 代表 1 个字符,如 Car? 可检索到 Cars, Care;

$ 表示 0 个或 1 个字母,如 Cell$ 可检索到 Cell, Cells, Cello。

② 适用于 Web of Science 系统的逻辑算符:AND、OR、NOT 和 SAME。其中,SAME 表示所连接的检索词出现在同一个句子中或者同一字段里。值得注意的是 SAME 在 ADDRESS 字段非常有用,因为对于同一条文献记录可能有来自不同单位的多个作者,用 SAME 算符能将检索词限定在同一个地址条中。SAME 和 AND 的不同检索算符检索到不同的结果,如表 3.7.3 所示。

表 3.7.3 地址字段中使用 SAME 和 AND 可能得到不同的检索结果

输入检索式	检索结果中记录的 Address 的可能显示形式
AD=(IBM SAME NY)	IBM Res Corp, Yorktown Heights, NY 10598 USA
AD=(IBM AND NY)	Cornell Univ, Dept Mat Sci & Engn, Ithaca, NY 14853 USA IBM Corp, Almaden Res Ctr, Div Res, San Jose, CA 95120 USA

③ 检索不区分大小写。

④ 可以使用引号对一个特定的短语进行检索,例如,"Heart Attack",这样可以精简检索结果。如果不使用引号,系统会按照 Heart AND Attack 的方式进行检索。

⑤ 系统将屏蔽禁用词。禁用词是指无检索意义的词,如冠词(a, an, the)、介词(of, in, for, through)及代词等单独使用没有实际意义的词。如在主题检索字段中输入检索词 pH of soil,查找有关土壤酸碱度方面的文章,结果将会命中包含 pH 和 soil 的记录,如 pH of soil, pH and soil, pH alluvial soil 和 soil pH 等。

3.7.1.4 检索结果显示及处理

无论是基本检索还是高级检索,其检索结果的概要显示页面如图 3.7.5 所示,在该页面显示有检索式提示、检索结果数目、每条记录的概要信息(标题、作者、来源文献信息、被引次数),记录的排序方式及全文链接图标等。当记录的全文在机构所订购的全文数据库中时,则可直接通过全文链接链到全文。此外还可以对检索结果进行 Refine 和 Analyze。

(1) Refine\精简检索结果

当检索结果较大时,可以利用系统提供的 Refine 工具对结果进行精简,相当于二次检索。如图 3.7.5 所示,在精简检索结果区域,可以按照学科、文献类型、作者、来源期刊、出版年代、机构名称、语种、国家及地区等对结果进行精简;此外,还可在上方的检索框中输入检索词,直接进行二次检索(Search within results for ...)。

(2) Analyze\分析检索结果

可以按照多种途径对多达 100 000 条记录进行分析,包括作者、刊名、国家(地区)、主题分

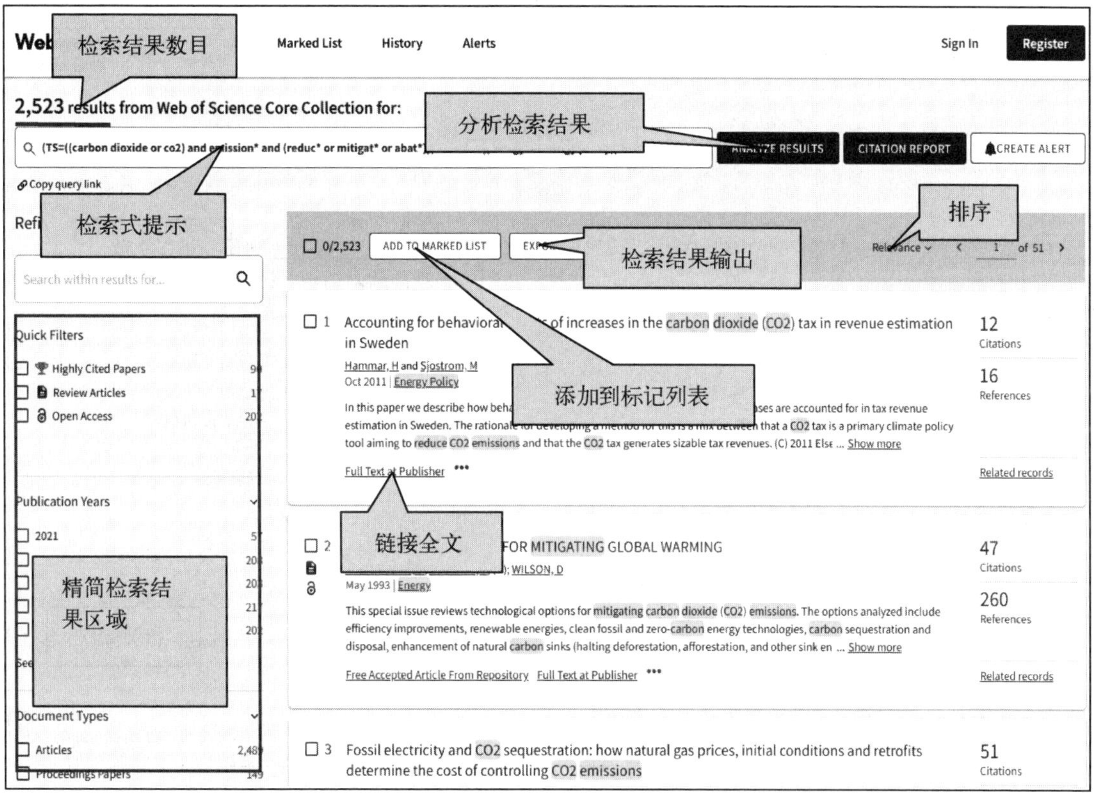

图 3.7.5　Web of Science 的检索结果一览

类、出版年度、语种、机构名称等。例如，将检索结果按出版年度进行分析，可以看到系统生成的柱状图表，直观地了解课题发展情况（起始年份、高潮期、现在所处的阶段等）；如果按作者、机构、国家（地区）分析，可以了解与自己研究方向有关的国际领袖人物、机构、国家等，从而对其在该研究领域和方向的动态保持关注；也可以先对检索结果按照被引用次数排序后再进行分析而得到更有意义的结果。

（3）Sort\排序

系统对检索结果自动进行排序，默认的是按时间（Latest Date）倒序排序，越新的文献越靠前。可以根据需要更改排序方法，如按 Times cited\被引频次排序，也就是按学术影响力将检索结果排序，这样就可以很方便地获得研究领域内最具权威性的信息资源。其他主要的排序方式有按 Relevance\相关度、First Author\第一作者、Source Title\来源文献、Publication Year\出版年排序。

（4）全记录显示

在如图 3.7.5 所示的检索结果列表显示页面，点击每条记录的标题，将进入该记录的全记录（Full Record）显示页面（图 3.7.6），在该页面不仅有概要页面的信息，还有摘要、关键词、语种、出版商等详细的书目信息。其中，以 Citations 和 Cited References 最能体现 SCI 的思想精髓。这两处的意义不仅在于其显示的引文数量，更在于其链接之所指，其中 Citations 链接到引用了该条记录的文献，用于了解该研究主题的后续进展情况；Cited References 链接到该记录自身所引用的参考文献，可以由此追踪课题的起源。从而实现 SCI 的“利用文献与文献之间的相互引证的关系来回顾与追溯学术发展的渊源、科学发展的趋势等”。

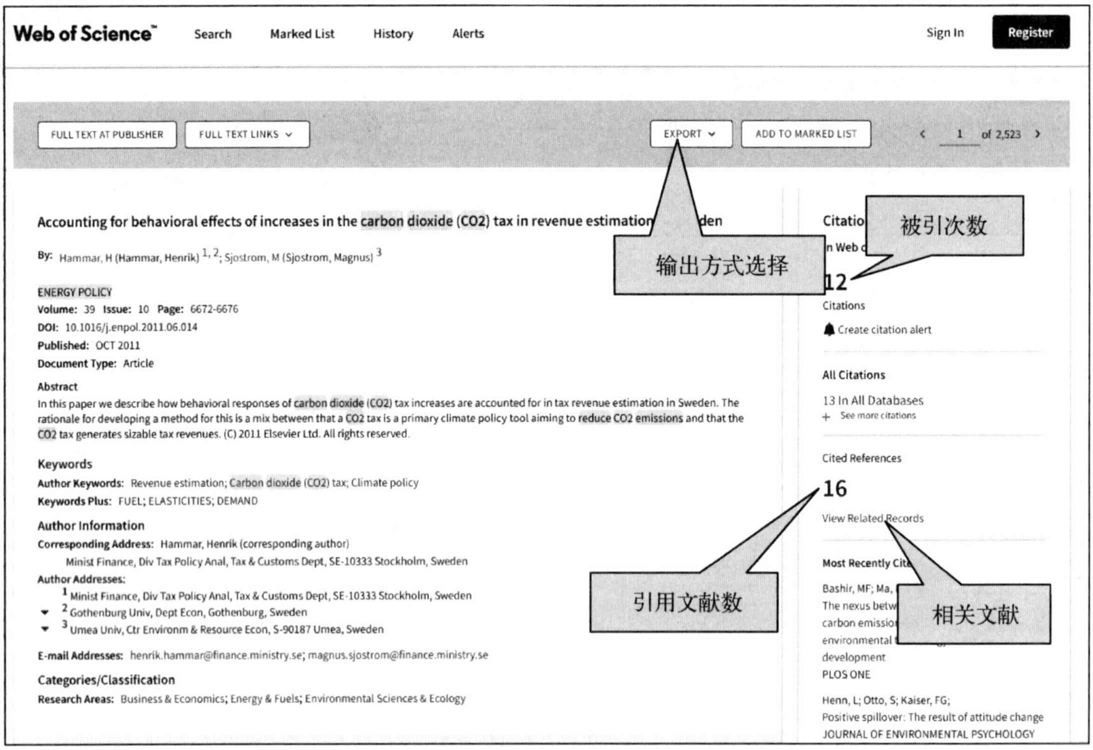

图 3.7.6 Web of Science 的检索记录的 Full Record 显示页面

(5) 检索结果的输出

检索结果的输出是指将需要的记录进行打印、存盘、发邮件、保存到 Endnote 等参考文献管理器等操作。通常的步骤是：① 在概要显示页面，对于要输出的记录进行标记(点击标记框)；② 点击“ADD TO MARKED LIST”，添加到标记列表；③ 点击工具条中的“Marked List”，查看并确定需要输出的标记记录；④ 点击相应的图标(打印、存盘、发邮件、保存到 Endnote)，进行输出操作。

在 Full Record 页面的上方也可直接对单条记录进行输出操作，或点击“ADD TO MARKED LIST”，添加到标记列表，之后的操作如上。

3.7.1.5 检索举例

【检索课题】

查找有关“采用膜技术治理水污染”方面的最新文献。

【分析课题，选择检索词、编制检索式】

课题关键词为水污染\water pollution，膜\membrane，构造检索式如下：

TS=(water and pollut * and membrane)，时间选择：2021

【检索结果及分析】

输入系统进行检索，得到 187 条记录(图 3.7.7)。如果将这 187 条记录进行 Analyze，分别按 Countries/Regions 进行分析，可知该领域研究较多的国家是中国(Peoples R China)、印度(India)和美国(USA)(图 3.7.8)；若按 Subject Area 进行分析，可知该课题涉及的学科领域有工程、环境科学、化学、材料科学等。

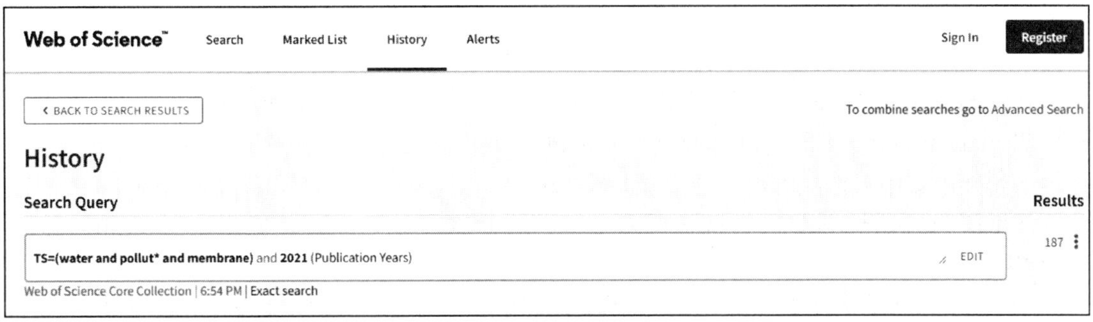

图 3.7.7 Web of Science 的检索记录的 Search History

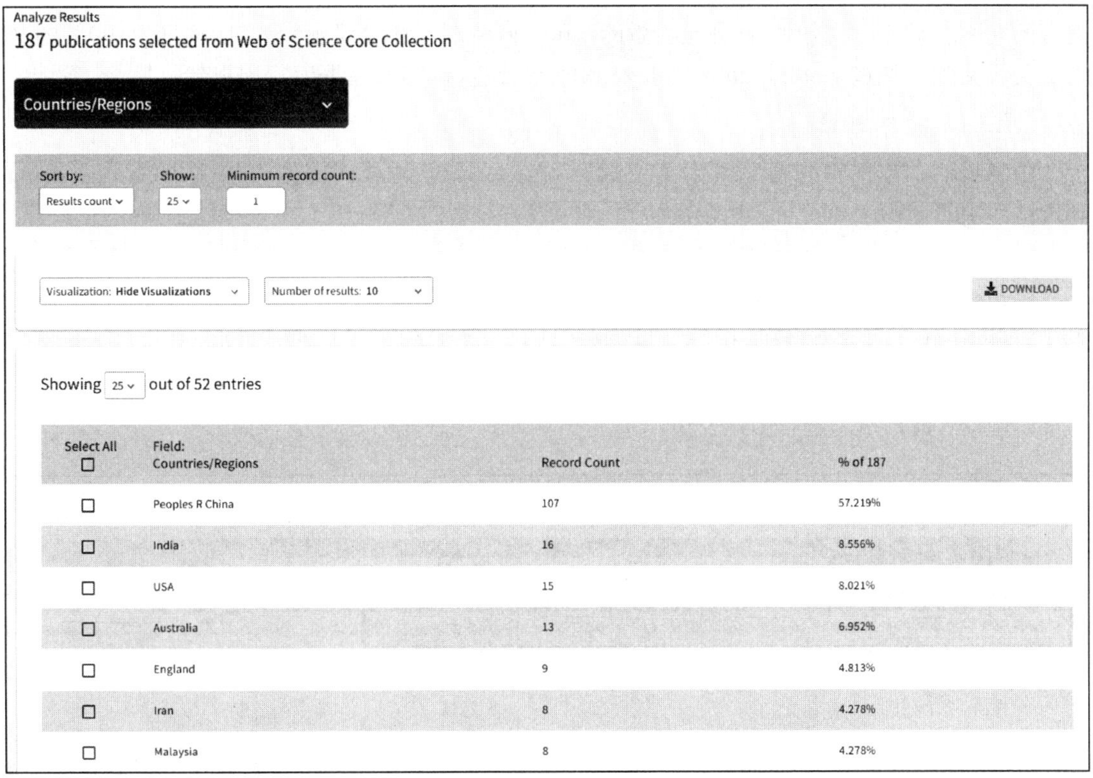

图 3.7.8 Web of Science 的检索记录的 Analyze 结果页面

3.7.2 EI 美国《工程索引》检索

美国《工程索引》(the engineering index,EI),创刊于 1884 年 10 月,由美国工程信息公司编辑出版。作为世界各国工程领域内学术文献的最主要、最权威的检索工具之一,EI 与 SCI、ISI Proceedings 共同构成了目前国际著名的三大检索工具。本数据库主要报道有关应用科学和工程技术领域的文献资料。

EI 自创办至今,先后以印刷版、联机检索、光盘版等形式面向用户,后两种即 Compendex (Computerized Engineering Index,计算机化工程索引),内容与印刷版年刊(The Engineering Index,Anuual)对应。

20 世纪 90 年代后,随着互联网的兴起,EI 推出了网络版数据库——EI Compendex Web,

内容包括原来光盘版(Compendex 1970 年来的数据)和后来扩展的部分(PageOne 10 年来的数据)。Compendex 中每条记录为全记录格式,包含字段:Title、Authors、Affiliation、Abstract、Serial title(来源文献名称)、Volume、Issue、Pages、EI classification codes(分类代码)、EI main heading(EI 主标题词)、EI controlled terms(EI 受控词)、Uncontrolled terms(非授控术语)等,其中后四项需由专业人员标引给出。与 Compendex 不同的是,PageOne 中的记录没有主题词和分类号两项,多数也没有文摘。因此要想区分数据是否来源于 Compendex,只需看记录中是否包含主题词和分类号这两个字段。

EI Compendex Web 侧重于报道应用科学和工程领域的文摘索引信息,数据来源于 5200 种工程类期刊、会议论文和技术报告,其中化工和工艺的期刊文献最多,约占 15%,计算机和信息技术类占 12%,应用物理类占 11%,电子和通信类占 12%,土木工程类占 6%,机械工程类占 6%等。大约一半文献(来自光盘版的 2 600 多种期刊和会议录)有文摘和标引,90%的文献是英文文献。通过 Engineering Village 检索平台进行访问,数据库每周更新。

3.7.2.1 检索方法

由各订购本数据库的图书馆主页上的"Engineering Village"链接直接进入"Engineering Village"主页。

1. Quick Search\快速检索

快速检索界面允许用户从一个下拉式菜单中选择要检索的字段后输入检索词,并可通过点击"Add search field"按钮进行组配检索(图 3.7.9)。检索框下方依次可以通过 Datebases、Date、Language、Document type、Sort by、Browse indexes、Autostemming、Discipline、Treatment 对检索结果进行限定。Quick Search 的具体使用方法与步骤如下。

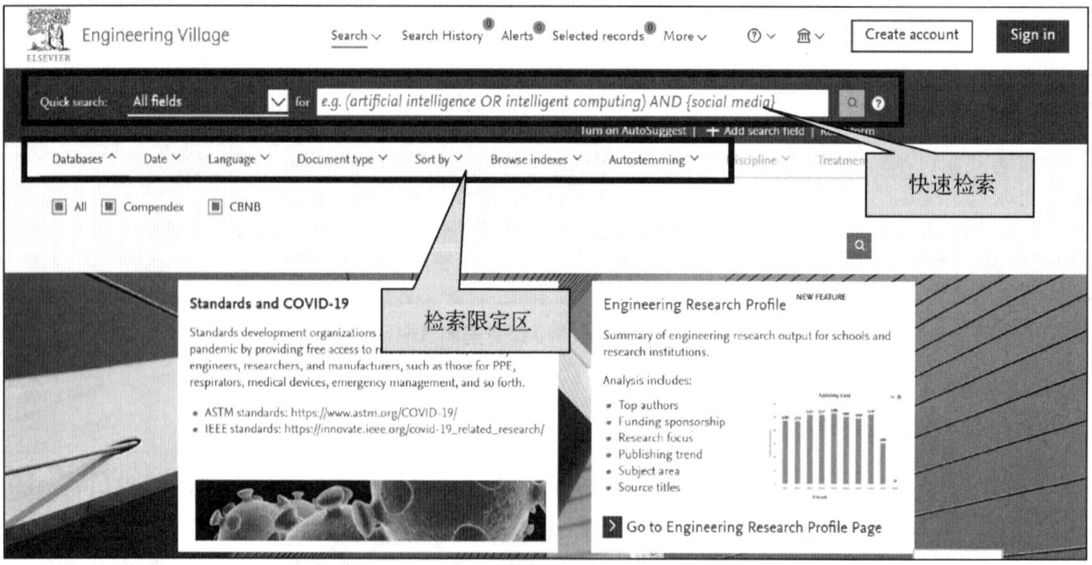

图 3.7.9 Engineering Village 首页\"Quick Search"界面

(1) 选择检索字段(SEARCH IN)

除 All fields(所有字段)外,可供选择字段有 20 个:Subject\Title\Abstract、Abstract、Author、Author affiliation(作者单位)、Title、Standard ID、EI classification code(EI 分类码)、CODEN(图书馆所藏文献和书刊的分类编号)、Conference information(会议信息)、

Conference code(会议代码)、ISSN(国际标准连续出版物序号)、EI main heading(EI 主标题词)、Publisher(出版商)、Source title(来源文献名)、EI controlled terms(EI 受控词)、Uncontrolled terms(非受控术语)、Country of origin(出版物或专利权所属国家)、Funding number(提供经费或奖金的项目代码)、Funding acrynom(提供经费或奖金的项目组织者的首字母缩写)、Funding spnosor(提供经费或奖金的项目组织者)。其主要字段意义及检索规则如下。

All fields\所有字段：选择这种途径，一般来说得到的检索结果比较泛指。

Subject/Title/Abstract\主题/标题/摘要：将检索下列字段：摘要(Abstract)、题目(Title)、翻译的题目(Translated title)、EI 受控词(EI controlled terms)、EI 主标题词(EI main heading)、非受控术语(Uncontrolled terms)。如果要精确检索一个短语，可用括号或引号将此短语括进去。选择联合检索，一次就能比较全面地查找到有关的文献，并且还可以省去文献的去重操作。

Abstract\摘要：可在摘要中检索某些特定的词语。EI 的摘要拥有与文献同等的主要信息，一般用 150 个词描述文献内容梗概。

Author\作者或编者：EI 引用的作者姓名为原文中所使用的名字。其书写格式有一定规范，即以“姓＋逗号\AND＋名”的方式输入作者\编者姓名。编辑或整理人也放入作者栏，并在名字后用带括号的符号(ed.)或(compiler)以示区别。在检索作者时，只需在一致姓名后加上截词符，这样就可检索出(ed.)或(compiler)。同一作者的名字可能有不同的书写格式，所以如果用某一作者的全名查不到文献，可以通过浏览作者索引(Author Look-up)进行选择，从词表选择的检索词，一般情况下系统会自动用“{ }”括起来设为固定词组。作者检索时可以使用截词符“*”扩大检索范围，以便提高查全率，但许多作者的姓相同，而且名字的第一个字母也相同，这样可能导致误检，使查准率下降。

Author affiliation\作者单位：EI Compendex 收录了每篇文献的第一作者或通讯作者单位，同一单位其名称可能有不同的写法，或者有时某些机构的名称会有所改变。建议用户使用作者单位索引查找(Author Affiliation Look-up Index)。在索引表中，要选全某一单位的不同写法，提高检全率(注意：在快速检索中最多只能选 3 项，更多的选项需要在专家检索中进行)。此外，按作者单位检索时可以仅输入作者单位中的几个关键词或用截词符“*”替代一些词或字母。

Serial Title\来源文献名称：可以是期刊、专著、会议录、会议文集的名称，可输入刊名全称或部分。如要检索某个特定的期刊，用括号或引号把刊名括起来。如“Plant Breeding Abstracts”。有时刊名可能会有所变动，建议用户使用刊名查找索引(Serial Title Look-up Index)。当查找中文刊名时，在检索框中输入中文刊名的前几个字的拼音，系统反馈中文刊名拼音及相应的英文刊名。在索引词典中，要选全某一刊名的不同写法，提高检全率。中文刊名的表达方式为“中文刊名拼音/英文刊名”，例如《生物医学工程学杂志》表示为“SHENGWU YIXUE GONGCHENGXUE ZAZHI/JOURNAL OF BIOMEDICAL ENGINEERING”。

Title\标题：如果已知文献的确切标题，可以用括号或引号将标题括起来。用户也可以在检索框中输入某些特定的词语表示在标题中检索这些词。

Standard ID：标准文献的具体识别号，该字段仅适用于标准文献，无论是 Quick Search 还是 Expert Search，使用时需用双引号或括号，例如，“ST 5432－20：2018” wn STDID、{A123/A45M－78(2018)} wn STDID。

EI classification code\EI 分类码：分类码是数据库赋予某一篇文献指定的分类代码。在

EI Compendex 中将文献分为 800 个领域并给它一个分类码,用户可以通过分类码查找文献。

EI controlled terms \EI 受控词:EI 受控词是用来描述文献内容的规范词。受控词的使用使得同一主题的文献汇集在同一个主题词下,能够有效避免自由词(如关键词)检索导致的漏检,同时有效地提高了文献的查准率。Compendex 数据库中每个记录均有一个受控词作为主标题词来表示文献的主题(EI Main Heading)。其余的受控词用来描述文献中所涉及的其他概念。EI 受控词来自叙词表(Thesaurus),用于专业和规范的形式描述文献的内容。可以在受控词语查找索引(Controlled Term Look-up Index)中浏览受控词(目前 Compendex 数据库中使用的第 4 版主题词表中含有 18 000 个词,包括 9 000 个受控词、9 000 个导入词)。受控词在摘要格式和详细记录格式中均以超链接形式存在,点击后可以检索到同一检索条件下数据库中该受控词项下的所有文献。

Uncontrolled terms\非受控术语:非受控术语也称为自由语言术语,是附加条目或非首选主题术语。这些术语从摘要和作者关键字派生。新的术语显示在这个领域。不受控制的术语允许索引的进一步特异性,这是使用控制词汇无法得到的。不受控制的术语作为可能最终被合并到 EI 同义词典的候选术语定期地被审查。

(2) 输入检索式

选择检索字段后,在文本框中输入检索词或检索式,检索词之间可以选择 AND、NOT、OR 相连。

(3) 限定检索范围:使用户的检索结果更为精确

Databases\数据库:可以选择所有(订购的)数据库,或单独选择 Compendex 数据库。

Date\时间限定:用户检索时可在 1884 年到现在年间任意限定。可以选择某年度检索,也可跨年度检索。其中的 update 选项可以让用户检索 EI 最近 1~4 次\周更新的数据。

Document type\文献类型:Compendex 从 1985 年起增加了该字段,指的是所检索的文献源自出版物的类型。提供的选项有 All document types、Article in press(待刊文章)、Book(书)、Book chapter(专著报告)、Conference article(会议论文)、Conference proceeding(会议论文集)、Dissertation(学位论文)、Editorial(评论)、Erratum(勘误表)、Note(注释)、Journal article(期刊论文)、Patent(before 1970)(1970 年前的专利)、Report chapter(专题报告)、Report review(综述报告)、Standard(标准)等选项。需要注意的是,用户如果把检索范围限定在某特定的 Document Type,将检索不到 1985 年前的文献。

Language\语种限定:Compendex 数据库中无论原文使用的是何种语言,所有的摘要和索引均用英文编写。如果某篇文章不是英文文献,在其引文的最后将标示出所用的语言。在 Quick Search 界面,可看到有 9 个语言选项。用户如要检索下拉菜单中未列出的语言,请使用 Expert Search。Compendex 数据库中所用的全部语言的列表可由 Expert Search 中的语言查找索引(language look-up index)查找。

Sort by\排序:检索结果可以选择按 Date(Newest)(倒序)或 Relevance(相关度)排序。

Browse indexes\浏览索引:对于 Author(作者)、Author affiliation(作者单位)、EI Controlled terms(EI 受控词)、Publisher(出版社)、Serial title(刊名)等字段,系统提供了相应的索引词典供检索使用。索引词典将为用户提供适宜的词语用于检索。

Autostemming\自动取词根:用 All Fields、Title Words 和 Abstracts 字段检索时,系统默认的是在检索时对检索词自动取词根。例如,输入"nutrient",将检索到"nutritional""nutrition"等。若不须执行这项功能,则点击"Autostemming Off"即可。

Treatment\处理类型：处理类型指的是文献的研究方法及所探讨主题的类型，提供的选项有 All treatment types（全部）、Applications（应用）、Biographical（传记）、Economic（经济）、Experimental（实验）、General Review（一般性综述）、Historical（历史）、Literature Review（文献综述）、Management Aspects（管理方面）、Numerical（数值）、Theoretical（理论）11 个选项。数据库中的一条记录可能有不止一个处理类型，而且，并非所有的记录都有处理类型。同 Document type 一样，用户如果把检索范围限定在某特定的 Treatment，将检索不到 1985 年前的文献。

（4）检索

点击放大镜样式的检索按钮即开始相应的检索，用户若需要中止检索过程以开始一次新的检索，点击检索框下方的复位（Reset form）按钮，清除前面的检索结果。

Quick Search\快速检索默认只有一个检索框，可以点击下方的“Add search field”添加检索框，选择逻辑算符（AND、OR、NOT）、检索字段，即可实现多个不同字段的组配检索。点击“Reset form”可清空检索框，开始新的检索。

2. Expert Search\专家检索

点击导航条中的“Search”按钮，即可从下拉菜单中选择“Expert Search”（图 3.7.10），让用户可以使用更复杂的检索式进行检索。专家检索中有一独立的检索框，用户采用“within”命令（缩写：wn）和字段码，将检索限定在特定的字段内进行。书写格式为{检索词或词组}wn 检索字段代码。用户既可用单一字段进行检索，也可以通过逻辑算符对多个字段进行组合检索。在检索框中输入要检索的术语，如果要精确检索一个短语，可用括号或引号将此短语括进去。

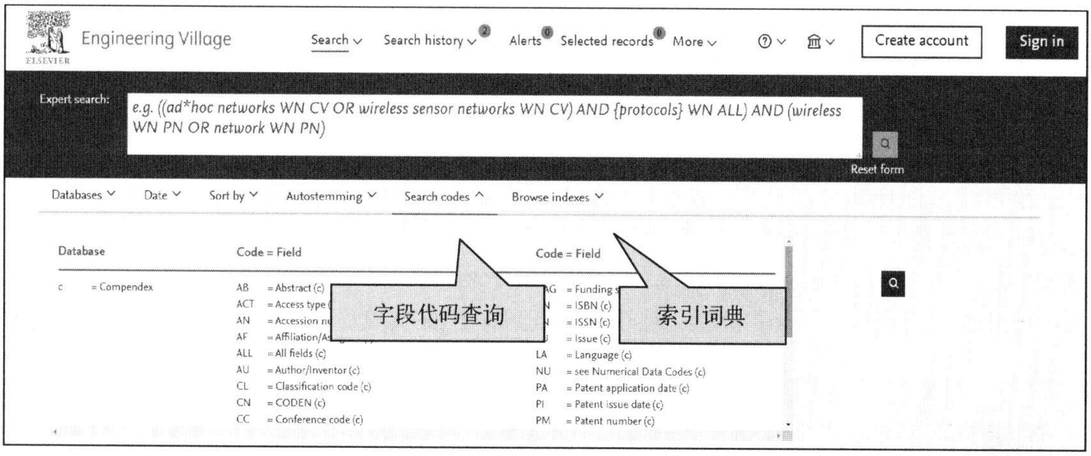

图 3.7.10　Engineering Village 的“Expert Search”界面

专家检索框下方也有类似快速检索的限定项：Databases、Date、Sort by、Autostemming。

3. Thesaurus Search\叙词检索

叙词可以帮助识别控制词、查找同义词和相关词、使用推荐的窄义词修正检索策略。点击导航条中的“Search”按钮，可从下拉菜单中选择“Thesaurus Search”（图 3.7.11）

该检索方式下有三种选择：① Vocabulary search：显示包含要检索的词汇的控制词术语，包括上位类、下位类和相关词；② Exact Term：如果明确知道某个控制词，想直接到词库条目，其中包含更宽泛的、窄义的和相关的术语以及范围注释、以前的术语（数据库中可以找到但已经被其他控制词取代的旧控制词）和导入术语（非控制词的同义字）；③ Browse：可以按

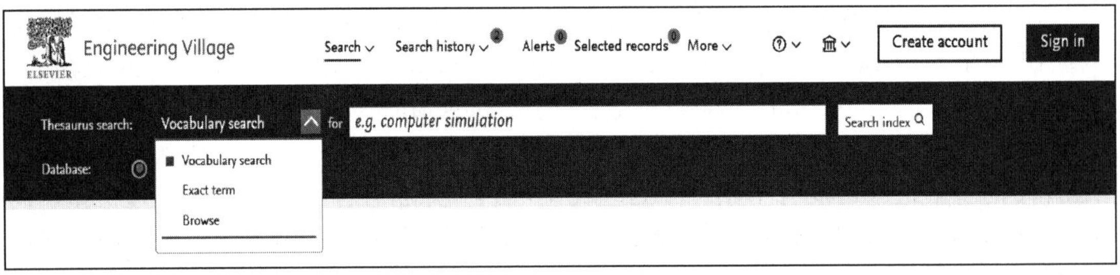

图 3.7.11　Engineering Village 的"Thesaurus Search"界面

字顺浏览叙词表。

3.7.2.2　检索规则

每个数据库都有自己特定的一套检索规则,EI 也不例外。掌握并灵活运用检索规则能够有效提高检索结果的查全率和查准率。适用于 EI 的检索规则主要有:

① 逻辑运算符:AND、OR、NOT。AND 表示其所连接的两个词在检索结果中全部出现,OR 所连接的词只要任意一个出现在检索结果中即可,NOT 表示去除一部分结果。

② 位置运算符。

NEAR/n:表示所连接的两个词至多相隔 n 个词,词序不限。如输入(solar NEAR/3 energy)wn TI,可检出在标题中包含以下词语的结果:solar energy、solar & wind energy、Energy management in solar。

③ 通配符:"*"无限截词符,代替单词中间或词尾的若干个字符;"?"替代单词中间的一个字符。

④ 精确短语检索:需用引号表示,如"Automatc Computer Aided Design"。

3.7.2.3　检索结果及处理

1. 显示检索结果

检索结果首先以列表的形式显示(每条记录是以 Citation 的形式显示)。在检索结果界面上,系统显示了本次检索的检索策略和命中记录数(图 3.7.12)。点击每条记录下的"Detailed"链接,显示单条记录的详细信息(图 3.7.13);点击"Show preview",则显示检索词所在的上下文。此外还提供"Full text"链接,对于机构已购买的全文,可以直接链接到全文。在

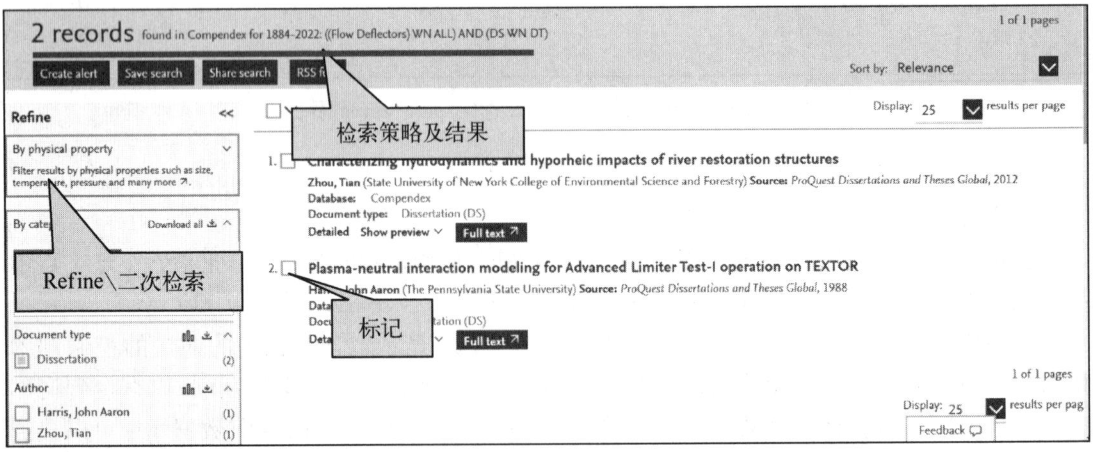

图 3.7.12　Engineering Village 的检索结果列表\记录的 Citation 显示页面

图 3.7.13　Engineering Village 的记录中的“Detailed”显示页面

“Detailed”显示页面，可看到记录的摘要、受控词、非受控词等信息，其中 Compendex 数据库的受控词及作者姓名均为超级链接形式。点击受控词，系统将检索出数据库中用户最初检索时所选定的时间范围内含有该受控词的所有记录。点击作者姓名，系统将检索出数据库中自数据库建立以来(1969 年)该作者的所有记录。

2. 标记检索记录

在检索结果列表显示页面，点击记录前方的复选方框，对需要输出的记录进行标记。

3. 输出检索结果

在检索结果列表页面，对于已标记的检索记录可以直接输出。

① 打印：利用界面工具栏中的“打印机”图标，可以打印检索结果。

② 存盘：利用界面工具栏中的“Download”图标，可以将选定的记录以选择的格式进行下载操作。

4. 保存选定的记录到个人文件夹

如果用户已经申请了个人账户，可以点击“Save to Folder”按钮创建一个文件夹保存用户的检索结果。

5. 检索策略的保存和查看

开始一个检索时，Engineering Village 将跟踪用户在本次检索中所输入的检索式，为用户自动建立一个检索历史(Search History)记录，记录所进行的每一次检索。检索结束后，用户可以保存检索式和检索结果，否则退出系统(Log out)后，本次检索的检索式和检索结果都将丢失。要保存检索策略需先登录个人账户，然后可以通过以下两种途径保存。

① 在检索结果显示页面，点击 Search results 右边的按钮“Save Search”即可；

② 点击导航条右上方的“Search History”进入检索历史的界面，默认设置为显示最近三次检索，如果想查看前面的所有检索，点击“View Complete Search History”(浏览全部检索历史)。点击检索式，则重新执行检索；点击检索式右端的“Save”按钮则可保存检索策略，已保存的则会显示“saved”；

若想查看保存的检索式，点击 My Profile(我的配置文件)项下的 View\Update Saved Search 可查看\调用\删除保存的检索式。

3.7.2.4 检索举例

【检索课题】

在 EI 数据库中查找有关“采用膜技术治理水污染”方面的最新文献。

【分析课题】

本课题要检索文献的主题是采用膜技术治理水污染,课题关键词为水污染\water pollution,膜\membrane。

【选择检索词、编制检索式】

选择 Subject/Title/Abstract 检索途径,输入检索式: water and pollut * and membrane。

【检索步骤】

进入数据库检索的快速检索(Quick Search)界面。(2021-3-19)

在检索词输入框中输入 water and pollut * and membrane,选择 Subject/Title/Abstract(主题)检索字段,在检索限定栏选定检索时间段: 最近更新 4 周,点击“Search”检索,显示检索结果有 65 条记录。

按相关度排序后,查看后面的 5 条记录的标题如下。

① Status and progress of membrane separation technology in water capture in flue gas.

② Application of proton exchange membrane electrolysis of water hydrogen production technology in power plant.

③ The removal of selected inorganics from municipal membrane bioreactor wastewater using UF/NF/RO membranes for water reuse application: A pilot-scale study.

④ Nanocomposite polymeric membrane a new trend of water and wastewater treatment: A short review.

⑤ Carbon nanodots embedded on a polyethersulfone membrane for cadmium(II) removal from water.

3.8 SciFinder Scholar(《化学文摘》网络版)检索

CA(Chemical Abstracts)创刊于 1907 年,由美国化学会的化学文摘服务社编辑出版,它收录了世界上发表的 98%以上的化学化工文献。内容包括纯化学和应用化学各领域的科研成果和工艺成就,还涉及生物、医学、轻工、冶金物理等领域,来源文献包括期刊、图书、专利、会议等,堪称是世界上收录范围最广、信息量最大、利用率最高、编排最科学、最权威的文献检索工具之一。

3.8.1 数据库简介

CA 自创刊至今先后采取过印刷本、缩微胶片、磁带、光盘、远程联机、web 版等多种服务方式。化学文摘服务社(chemical abstract service,CAS)于 1995 年推出了网络版化学资料数据库 SciFinder,SciFinder 不仅保持了原来各版本的优势且更具网络数据库的优势——检索的便利及更新之快捷。

目前 SciFinder 主要提供网页版使用方式,因此,本教材即以网页版为例介绍 SciFinder Web 的使用。表 3.8.1 显示的是 SciFinder 所包含的数据库及相关信息。

表 3.8.1　SciFinder 中的数据库组成及其基本信息

数据库名称	数据总量	更新速度	回溯年限
CAPLUS℠（文献数据库）	大于 3 900 万条参考书目记录 大于 1 万种期刊 63 家专利发行机构的专利	日更新	始自 1800 年
CAS REGISTRY℠（结构数据库）	大于 8 500 万条有机、无机物质 大于 6 500 万条生物序列	日更新	始自 1802 年
CAS REACT（反应数据库）	大于 5 840 万条单步多步反应记录 大于 1 340 万条物质合成制备信息	日更新	始自 1840 年
CHEMCATS®（商业来源数据库）	大于 6 500 万条商业信息 大于 2 700 万条不同种类物质化合物的详细清单 大于 880 个全球范围内的供应机构 大于 990 个商品目录的覆盖	周更新	
CHMLIST®（管制数据库）	全球范围内法规信息 大于 30.9 万种化合物	周更新	1980 年至今的数据
MEDLINE（医学文献数据库）	大于 1 900 万条生命科学相关文献记录，来自 5 600 多种期刊	日更新	始自 1946 年

3.8.2　SciFinder 数据库的特点

通常的数据库，不论中文的还是外文的，一般都会提供简单检索、高级检索或专家检索。用户可以使用表单式的高级检索，通过检索字段间的逻辑组配，构造检索策略；专业级用户可使用专家检索，建立复杂的检索表达式，来构造检索策略。尽管这样的检索方式减少了检索步骤，节省了检索时间，但不足之处在于，往往因用户不能全面表达检索要求，比如遗漏了关键词的同义词、近义词、缩写等，而影响了查全率。SciFinder 数据库和很多检索系统的设计理念不同，SciFinder 不提倡用户从一开始就进行精确的、设置很多限定的检索，这样会遗漏了用户未知的重要信息，所以 SciFinder 不提供表单式的高级检索或专家检索，其主题检索类似于自然语言检索。SciFinder 提倡用户从广域的检索(Explore)开始，获得大量比较相关的信息，然后利用文献分析功能、物质分析功能或反应分析功能，逐步提炼检索结果，获得最终的检索效果。

SciFinder 实现了 6 个数据库(表 3.8.1)之间无缝链接的跨库检索，用户可从文献、物质或反应 3 个入口进行检索，获得的检索结果也可以在文献数据库、物质数据库和反应数据库中相互链接。也就是说，SciFinder 能让用户从一点信息获得与之相关的、最为全面的文献、物质和反应信息，这是其他单一的文献数据库所无法比拟的。

3.8.3　检索方法

SciFinder 根据检索对象(数据库)和检索结果的形式归纳起来主要有 References\文献检索、Substances\物质检索、Reactions\反应检索 3 种检索方式，每种检索方式又有多个检索入口(途径)(图 3.8.1)。

1. References / *文献检索*

SciFinder 的文献检索提供了多种检索途径，如通过 Research Topic\主题、Author Name\作者、Company Name\机构名、Document Identifier\文献标识符(即专利号)、Journal\期刊信

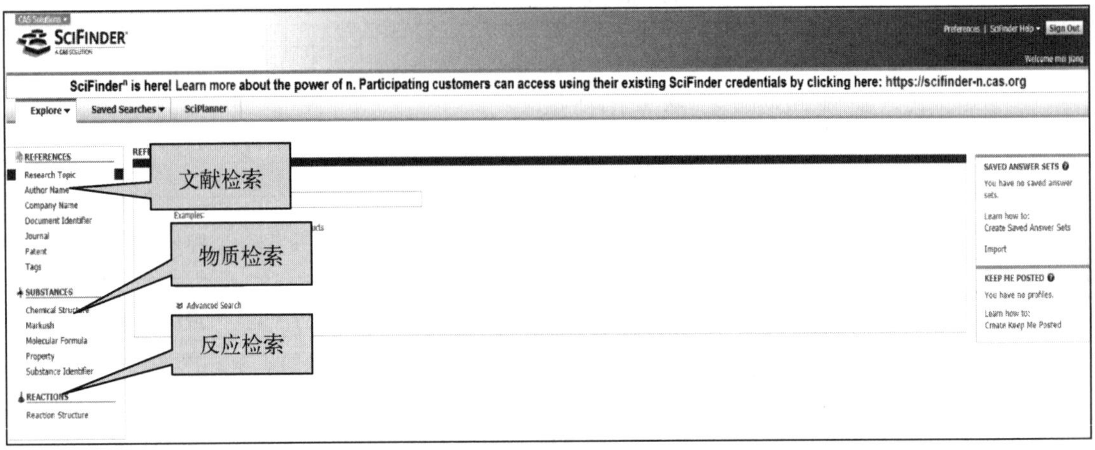

图 3.8.1　SciFinder 数据库首页

息、Patent\专利信息等(图 3.8.1)。

2. Substances/*物质检索*

SciFinder 的物质检索提供的检索途径有 Chemical Structure\物质结构(图 3.8.2)、Markush 结构检索(可以检索到物质的相关专利)、Molecular Formula\分子式查找物质、Property\物化性质、Substance Identifier\物质标识符查找物质(如物质名称、CAS 登记号、俗名、商品名等)。其中结构检索又提供精确结构检索、亚结构检索和相似结构检索。精确结构检索要求返回的结构完全一致(其原子排列和键与输入的结构相同),可获得物质本身、同位素、聚合物、配合物、混合物、盐等,但母体结构不能修改,不能修饰;亚结构检索要求所绘制的结构必须存在,母体结构不能修改,但可以被修饰;相似结构检索要求获得相似度在 60 分以上的结构,母体结构可以修改,也可以被修饰,用相似度来控制获得的结果。

结构检索页面下方的"Advanced Search"可以提前对物质的特性、类型,以及研究方向做一定的限定(图 3.8.2)。

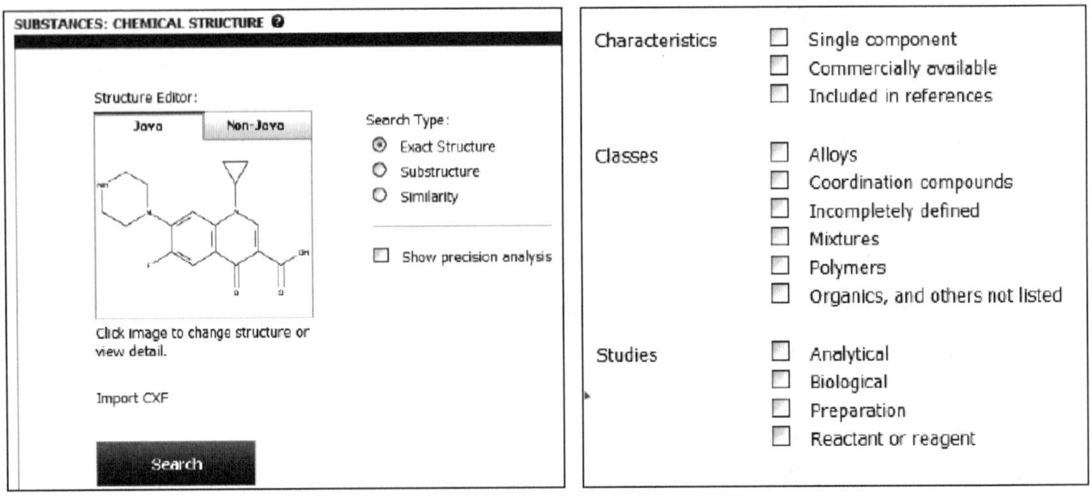

图 3.8.2　Chemical Structure\物质结构(限定)检索

物质检索从物质出发可以获得物质相关的文献和反应，同时提供一个物质详细的物化性质，也可以查找到物质的衍生物和相似物等。

3. Reactions/反应检索

通过绘制 Reaction Structure\反应结构，指定反应原子、反应位置和反应角色，即可进行反应检索。同物质检索类似，反应检索也分精确反应检索和亚结构反应检索。也可以通过“Advanced Search”设定反应溶剂、不参与反应的官能团、反应步数等(图 3.8.3)。

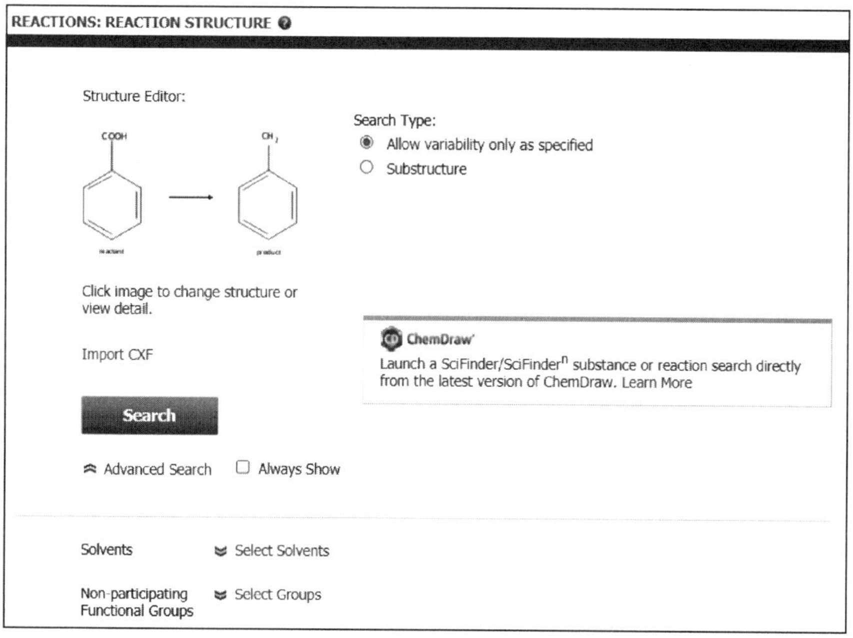

图 3.8.3　Reactions/反应检索

3.8.4　检索结果显示及处理

不论用户进行了上述何种方式的检索，对返回的大量检索结果，SciFinder 提供针对不同类型检索结果的特定分析、限定功能。

(1) 文献检索结果的分析

如图 3.8.4 所示，检索文献信息时，对于检索结果，SciFinder 可以利用“Analyze”功能多角度分析检索，利用“Refine”功能进一步缩小检索范围，利用“Categorize”功能对文献按照学科分类。SciFinder 对文献检索结果可进行多达 12 项的 Analyze\分析，不仅可对文献的内容进行分析，还可对文献的来源等进行分析。比如通过 CAS Registry Number\CAS 登记号可分析文献中出现的物质；通过 CA Section Ttle\学科领域、Index Term\索引词和 Supplementary Term\辅助索引词，可分析文献的学科分布情况；通过 Author Name\作者名称和 Company/Organization\机构可了解该领域活跃的研究人员和研究机构；通过 Database\数据库、Journal Name\期刊名称可分析文献的来源；通过 Publication Year\出版年可了解该领域的研究历史和发展；还可对 Document Type\文献类型和 Language\语种进行分析。

对文献检索结果还可进行 7 项限定，进一步 Refine\精练检索结果。比如，选择 Research

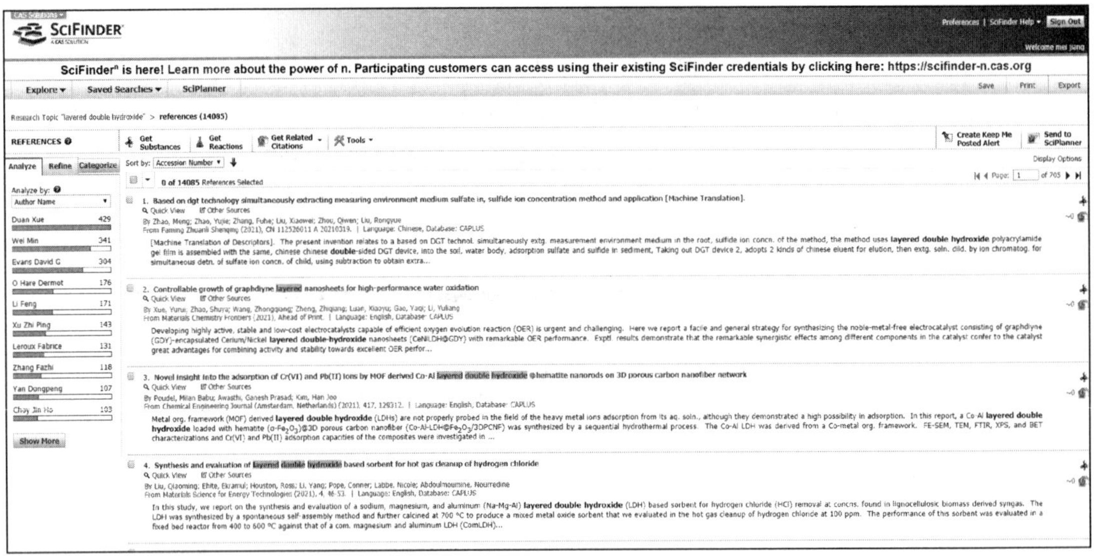

图 3.8.4　SciFinder 的文献信息检索结果列表页面

Topic 限定项,可用其他的关键词进行二次检索;选择 Company Name 或 Author,可对研究机构、作者进行限定,筛选出用户感兴趣的机构或作者的研究论文;另外,可对 Publication Year、Document Type、Language、Database 进行限定。

此外还可以对文献检索结果进行 Categorize\分类,可通过创建便于分析的柱状图来排列和评估检索结果的学科分布情况,或根据相关联的关键字来分类各自相关的文献。使用分类功能,可以多种方式重新排列不同的子类,从而创造发现新观点的机会。

(2) 物质检索结果的分析

一条完整的物质记录包含物质详情链接、文献链接、反应链接、商品信息链接、管制品信息链接、谱图链接、实验性质链接等信息。SciFinder 对物质检索结果,提供 6 个 Analyze\分析选项:Elements\物质原子组成、Bioactivity Indicators\生物活性位点分析、Commercial Availability\物质的商业来源、Reaction Availability\物质是否可以用于反应、Substance Role\物质的研究角色、Target Indicators\靶点生物活性分析和 8 个 Refine\精练选项:Chemical Structure\结构、Isotope-Containing Substances\包含的同位素、Metal Containing Substances\包含的金属、Commercial Availability\购买可能性、Property Availability\能提供物性数据、Property Value\必须提供物质的理化性质数据、Reference Availability\参考文献能否获得、Atom Attachment\限定原子附属。

(3) 反应检索结果的分析

SciFinder 对反应检索结果,可进行 12 个选项的 Analyze\分析:Reagent\试剂、Catalyst\反应中出现的催化剂、Product Yield\产物的产率、Solvent\反应中出现的溶剂、Number of Steps\反应步数、Experimental Procedure\实验步骤、Author Name、Journal Name、Language、Company-Organization、Document Type、Publication Year,以及 6 个选项的 Refine\精练:Reaction Structure\反应结构、Product Yield\产物的产率、Number of Steps\反应步数、Reaction Classification\反应类型、Excluding Reaction Classification\排除反应类型、Non-participating functional groups\不参加反应的官能团(图 3.8.5)。

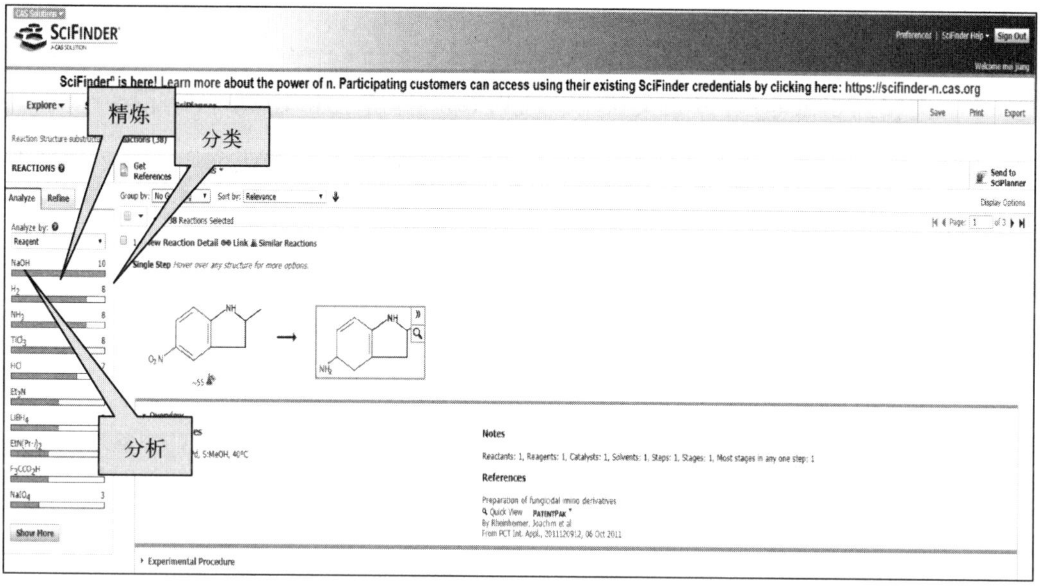

图 3.8.5　SciFinder 的反应信息检索结果列表页面

3.8.5　检索规则和技巧

① 在进行 Research Topic\主题检索时使用自然语言检索，以 1～3 个关键词为最佳，最多不超过 5 个关键词；SciFinder 不支持布尔逻辑算符，关键词之间不能使用 AND、OR、NOT 等连接，而最好用介词 of、with、by 等连接；选择同时包含“Concepts”和“closely associated with one another”的候选结果；SciFinder 能识别常用的缩写、单复数及过去式等，能自动使用同义词、近义词检索，有截词、断词等功能，但不支持截词符(如!、* 或?)；可使用括号，括号内为前一个词的同义词。

② 进行 Molecular Formula 检索时注意输入时不同元素之间可用空格隔开，系统也会自动分割；输入盐类，可分为酸碱组分以“.”相连，如 H3 O4 P. 3 Na；H3 O4 P. 2 Na；H3 O4 P. Na 分别代表不同的物质；聚合物则在括号内输入单体组成，括号外加 X，如(C4H6)X；对于复杂的有机物质，可以通过分子式查询，并通过亚结构限定获得。

③ 进行 Locate Substance 检索时，可以输入诸如化学物质登记号、普通物质名称等物质标识符来检索该物质，支持俗名、商品名检索。

④ 在通过 Author Name 检索时，用英文或拼音输入作者的姓名，其中 Last name(姓)是必填，对于复姓如 Chace-Scott，Johnson Taylor，可直接输入，如果不能确认则可选择下面的选项(alternative spelling)；对于不确认的名，可以输入首字母；不区分大小写；如果带有元音变音的，输入字母即可，或在后面接一个 e，会同时搜索名、姓以及姓、名。

3.8.6　检索举例

【检索课题】

检索关于瘦肉精的文献，了解包括其组成、危害及检测的相关信息。

【检索步骤】

① 首先使用物质检索中的 Substance Identifier 检索，输入瘦肉精英文名称：Clenbuterol。

② 在检索结果界面,点击“SUBSTANCE DETAIL”可以获得关于瘦肉精的物质详细信息:包括CAS登记号、分子式、结构式、化学名等,跟瘦肉精相关的文献数目、文献类型、瘦肉精按照CASRole分类、在专利或非专利中的文献,以及瘦肉精的生物活性和靶点信息等(图3.8.6)。

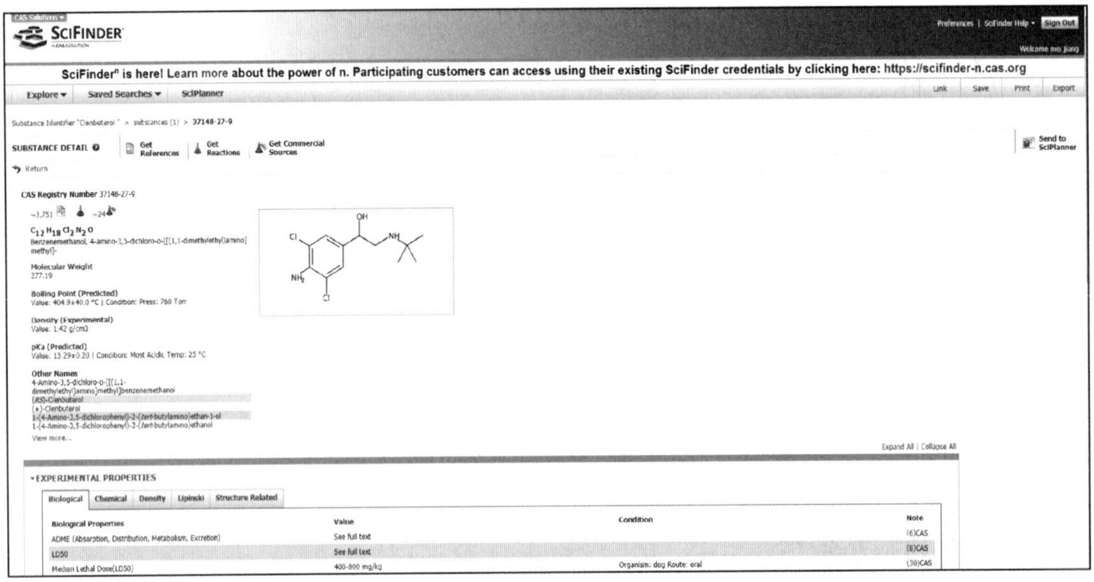

图 3.8.6 SciFinder 的物质详细信息结果显示页面

③ 点击图3.8.6中“Get Referencs”按钮获取相关文献信息,在跳出的对话框中选择adverse effect,including toxicity获取有关瘦肉精危害的文献;选择“analytical study”,查看瘦肉精相关的分析学研究和检测方法,如果选择“Spectral Properties”分析选项,可以找到瘦肉精的光谱性质的文献。

复习思考题

1. NetLibrary电子图书现在在哪个平台上可以检索利用?
2. Elsevier数据库提供了哪些检索字段?其中“Affiliation”字段的检索范围是什么?
3. 词组检索一般使用什么符号?代表什么意思?
4. 国外数据库中的“通配符”一般都起什么作用?
5. Elsevier和Web of Science中分别用什么字段名称代表“作者单位”?
6. “EI Controlled Terms”的作用是什么?
7. Scifinder Scholar数据库适合哪些学科领域的专业人员使用?
8. CA数据库中的“物质检索”提供了两种什么检索途径?
9. EI为我们提供了哪些检索途径(字段)?
10. Espacenet目前可供检索的数据库有哪些?
11. INSPEC数据库中“Controlled Index”的使用对检索效果的改善有什么作用?
12. SCI、EI、CA、INSPEC都属于文摘数据库,为什么我们能在其中直接看到一些文献的全文?
13. SCI数据库中的“Refine”工具的作用是什么?

第4章 免费网络信息资源的检索与利用

前面几章介绍的主要是各种类型的国内外文献数据库，它们的一个共同点是大都由高校图书馆或大型公共图书馆、科技单位图书馆花费大量资金向各个数据库商家订购，提供所在单位的用户在其单位允许的IP地址范围内使用。尽管这类数据库都是通过网络访问的形式来利用的，原则上也属于网络资源的部分，但是根据相关的订购使用合同，一般非订购单位用户是不能自由地在网上免费使用它们或使用它们的所有功能及数据(尤其是全文)。

事实上，网络上还有相当丰富的免费学术资源值得利用，这些资源较商业数据库而言，信息量大，且界面简洁明了、使用方法简单易学，因此，本章将向大家着力推荐一些优秀的、典型的网络免费信息资源。

4.1 网络信息资源的特点及类型

迄今为止，网络信息资源(network information resources)尚无规范的定义。有的也称之为“web信息资源”“电子信息资源”“因特网信息资源”等，归纳来说，就是“通过计算机网络可以利用的各种信息资源的总和”。目前，网络已成为用户获取信息的重要渠道，因此本节介绍免费网络信息资源的特点及类型。

4.1.1 网络信息资源的特点

伴随着网络无控制成长起来的网络信息资源，与之前重点介绍的各种文献数据库相比，具有以下显著特点。

(1) 信息数量增长迅速

Internet环境的自由使得发布信息不受局限，任何政府、研究机构、大学、公司、社会团体、个人都可以毫无限制地在网上发布信息。现在每隔半小时就有一个新网站与互联网相连，互联网的迅猛扩展导致网上信息也以涨潮般的速度发展，仅仅以“www”方式提供的信息平均每过43天就翻了一番。

(2) 信息质量良莠不齐

印刷型文献信息一般要经过严格的筛选，才能正式出版。而向网络发布信息有很大的随意性和自由度，缺乏必要的过滤、质量控制和管理体制，这就导致网络信息内容非常繁杂，学术信息、商业信息与个人信息混在一起，信息价值不一。

(3) 存在无序且不稳定

当前对网络信息资源的组织管理尚处于探索研究中，没有统一的标准和规范。信息链接、信息内容处于经常变动中，信息资源的更迭、消亡无法预测。

(4) 高度开放互为链接

通过超文本技术链接起来的网络信息资源具有高度开放性,资源之间的链接关系使得资源之间的跳转变得更容易,通过一个点的链接可漫游所有网络资源。

(5) 使用方便共享度高

网络信息资源的复制、分发更加容易,一份资源在不考虑版权的情况下可以以无限多个复本同时服务于无限多的用户。同时,网络打破了传递的时空界限,用户可以在任何时间、任何地点获取资源。

4.1.2 网络信息资源的类型

网络信息资源包罗万象,广泛分布于整个网络之中,既没有统一的组织管理机构,也没有统一的目录,因此难以按照一个统一明确的标准对网络信息资源进行分类。从信息资源的内容角度,可以分为不同的类型。

(1) 新闻信息

互联网的出现改变了人们获取新闻信息的方式,互联网在同一时间向全世界范围内传播最新发生的新闻,人们可以不受地域限制获取世界上任何地区的新闻。世界各国主要的新闻网站是人们获取网络新闻信息的主要途径。国内的人民网(http://www.people.com.cn/)、新华网(http://www.xinhuanet.com/)就是著名的新闻网站。

(2) 政府信息

政府信息包括各种来自各级政府的新闻报道、统计信息、政策法规文件、政府档案、政府部门介绍、政府取得的成就等。如中国政府网(http://www.gov.cn/)是国务院和国务院各部门,以及各省、自治区、直辖市人民政府在国际互联网上发布政府信息和提供在线服务的综合平台。面向社会提供政务信息和与政府业务相关的服务,逐步实现政府与企业、公民的互动交流。

(3) 商业信息

商业信息是互联网上又一重要资源,即商情咨询机构或商业性公司为生产经营者或消费者提供的有偿或无偿的商用信息,包括产品信息、企业名录、商贸信息、金融信息和经济统计信息。如金融界网站(http://www.jrj.com.cn/)就是目前全球最大的中文财经金融网站,以专业服务与用户共享中国经济发展成果(图 4.1.1)。

(4) 学术信息

学术信息主要是收录高质量学术期刊的网络全文数据库、网上免费的电子期刊等。这类信息资源主要针对大学及研究机构。如中华文史网(http://www.historychina.net/,图 4.1.2)主要发布以清史编纂为主的研究成果、研究动态、资料和各种信息,其范围涉及史学、文学、哲学等中华传统文化的各个领域。

(5) 娱乐及其他信息

互联网上的休闲娱乐信息,包括电影、音乐、足球、游戏、购物信息和旅游信息等。这类信息已成为人们日常生活的一部分。优酷、爱奇艺之类的视频网站和淘宝之类的购物网站是其中的典型代表。

除此以外,还有许多重要的网络信息资源,比如教育信息资源、就业信息资源、广告信息资源等。总之人们可以从包罗万象的互联网资源中发现自己需要的各种信息与知识,促进自我能力的不断提高和完善,促进各类活动更加高效和完美。

图 4.1.1　金融界主页

图 4.1.2　中华文史网主页

4.1.3　Web2.0 环境下的网络信息资源

如果说之前人们在网上主要是能够获得各种需要的信息(包括文本的、音频的、视频的),或通过 Email、BBS 等形式进行相互的、及时的信息交流等被动利用网络资源与网络功能的话,那么,如今的互联网正在逐步向提高用户体验的方向发展,互联网不仅为用户提供更方便、更有效、更丰富的信息,更为用户提供发布信息、交流信息、定制信息、传播信息等更多功能的平台和环境。Web2.0 就是以促进用户参与为核心的互联网。Web2.0 主要包括博客(Blog)、微博(Microblog)、播客(Podcasting /Podcast)、社会化标签(Tag)、维基(Wiki)等。下面选择几个有代表性的 Web2.0 资源加以具体介绍。

(1) 博客(Blog)和微博(MicroBlog)

"博客"一词,源于英文单词 Blog /Blogger,是一种十分简易的个人信息发布方式。它让任何人都可以像免费电子邮件的注册、写作和发送一样,完成个人网页的创建、发布和更新。

微博(MicroBlog)是一种非正式的迷你型博客,是可以即时发布消息的类似博客的系统。其主要功能是将自己生活中所看到的、听到的、想到的内容,微缩成几句话或一张图片,发布到微博网页上,和自己的朋友分享。广泛应用的微博网站有新浪微博(https://weibo.com/)等。

(2) 社会化标签(Tag)

社会化标签是一种准确、灵活、开放、有趣的分类方式,是由用户为自己的文章、图片、音频、视频等一系列文件所定义的一个或多个描述。

许多博客网站都支持用户使用社会化标签组织和分享自己的文字和思想,如新浪博客、百度空间允许用户使用标签来对自己的文章进行标注和分类。标签可能是文章中的某些关键词,也可能是未出现在文章中的语言词汇,用户通过标签能够发现与自己拥有相同兴趣、思想的个人或群体。

标签在图片、音视频分享的平台上也被广泛采用。用户使用标签对图像或视频内容进行标记,从而将这类非文本资源的内外部特征(例如主题、属性、作者、来源等)形成文本描述。标签技术的采用,不仅组织和聚合了相似的资源,而且还提供了一条重要的检索途径。

(3) 维基(Wiki)

维基是一种多人协作的在线写作工具。维基站点可以由多人,甚至任何访问者来进行维护,每个人都可以发表自己的意见,或者对共同的主题进行扩展或者探讨。为 Wiki 下一个通俗化的定义:它是一种提供协作写作的 web 网站,任何人都可以任意修改网站上的页面内容。

由于具有简便、协作和开放的特性,Wiki 特别适合作为百科全书、知识库等网站的建站工具。目前,Wiki 已经被广泛应用于网络百科全书的编撰、知识库搜集与整理、手册编写、书籍协作写作、资料整理与翻译、项目开发等诸多领域。

4.2　免费网络学术信息资源

4.2.1　免费图书信息

除了前面讲到的电子图书数据库,因特网上还有一些免费的电子图书网站,搜集了大量有价值的图书。免费电子图书具有以下特点。

① 内容广泛、跨越时空。由于古典作品已经超出了版权保护年限,不存在版权限制,因此

网上免费图书中古典作品占较大比例，如《全唐诗》等。其次，网络为普通人发表作品提供了便利，因此网络上也聚集了大量的优秀原创作品。此外，更多的图书网站是以个人或机构收藏、公益方式提供电子图书的阅读服务。从学科分布上来看，网上图书内容集中在文学、历史、经济、管理、英语、计算机等领域，其他专业深入性的书籍较为缺乏。

② 出版灵活、使用方便。较之传统图书出版周期长的缺点，网上图书可以即时出版，在发布的第一时间和读者见面，而且网上图书没有书店营业时间和图书馆开放时间的限制，可以随时上网查阅，非常方便。

③ 增进交流、提供交易。图书网站不仅为用户提供了丰富的图书，还提供了一个交流思想的场所、交换信息的平台；不仅形成了一个虚拟的读书社区，同时也提供了网上购书的便利。

下面介绍有代表性的几个免费电子图书网站，通过这些站点可以获得图书的全文。

1. 外文图书网站

(1) 古腾堡项目(https://www.gutenberg.org/)

古腾堡项目是互联网上一个历史最久的免费电子图书项目，可以说是电子图书之父，对电子图书的发展有着深远的影响。

该项目由迈克尔·斯特恩·哈特于 1971 年发起，目的是为用户提供权威著作的电子文本，古腾堡项目收藏的作品 99%都属于公共知识范畴，只有极少部分是受著作权法限制的作品。

在古腾堡项目网站上(图 4.2.1)可以找到超过 6 万种的书籍，其中主要是西方文化传统中的文学作品，比如小说、诗歌、小故事、戏剧，除此之外，也收录食谱、书目以及期刊。另外还包括一些非文本内容，比如音频文件、乐谱文件等。收录中主要是英文作品，但也有相当数量的德语、法语、意大利语、西班牙语、荷兰语、芬兰语以及中文等不同语言的著作，中国的四大名著和诸子百家都可以在这里找到。

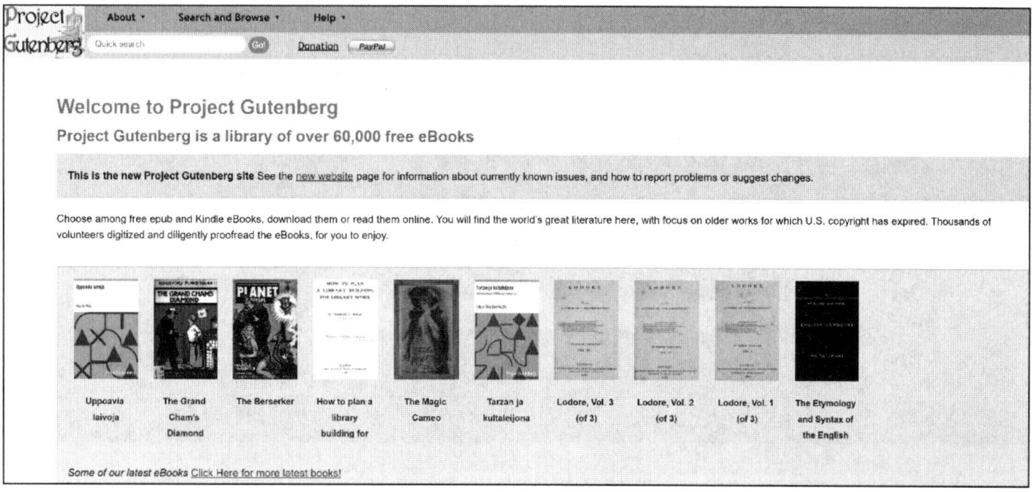
Project Gutenberg
About
Search and Browse
Help
Quick search
Go
Donation
PayPal
Welcome to Project Gutenberg
Project Gutenberg is a library of over 60,000 free eBooks
This is the new Project Gutenberg site See the new website page for information about currently known issues, and how to report problems or suggest changes.
Choose among free epub and Kindle eBooks, download them or read them online. You will find the world's great literature here, with focus on older works for which U.S. copyright has expired. Thousands of volunteers digitized and diligently proofread the eBooks, for you to enjoy.
Uppoavia laivoja
The Grand Cham's Diamond
The Berserker
How to plan a library building for
The Magic Cameo
Tarzan ja kultaleijona
Lodore, Vol. 3 (of 3)
Lodore, Vol. 2 (of 3)
Lodore, Vol. 1 (of 3)
The Etymology and Syntax of the English
Some of our latest eBooks Click Here for more latest books!

图 4.2.1　古腾堡项目网站

在古腾堡项目的网站上查找电子文本非常容易，其主页上提供各种检索选项：作者检索、题名检索、高级检索等。

(2) 宾夕法尼亚大学的在线图书(http://digital.library.upenn.edu/books/)

约翰·马克·沃克布卢姆(John Mark Ockerbloom)在宾夕法尼亚大学从事数字图书馆设计和研究工作，他创建了这个在线图书收藏网站，并负责在线图书的搜集和编辑工作。截至

2021 年 2 月,The Online Books Page 收录了 300 万种可免费访问的电子图书。用户可按书名或作者进行检索,也可按作者或书名进行浏览(图 4.2.2)。

图 4.2.2　宾夕法尼亚大学的在线图书

(3) 书格(https://new.shuge.org/)

书格是一个自由开放的在线古籍图书馆(图 4.2.3),致力于开放式分享、介绍、推荐有价值的古籍善本,并鼓励将文化艺术作品数字化归档。分享内容限定为公共版权领域的书籍。书格发布的书籍主要为高清彩色影像版本 PDF 格式,书籍刊行年代从宋元珍本、明清善本到近代刊本都有。

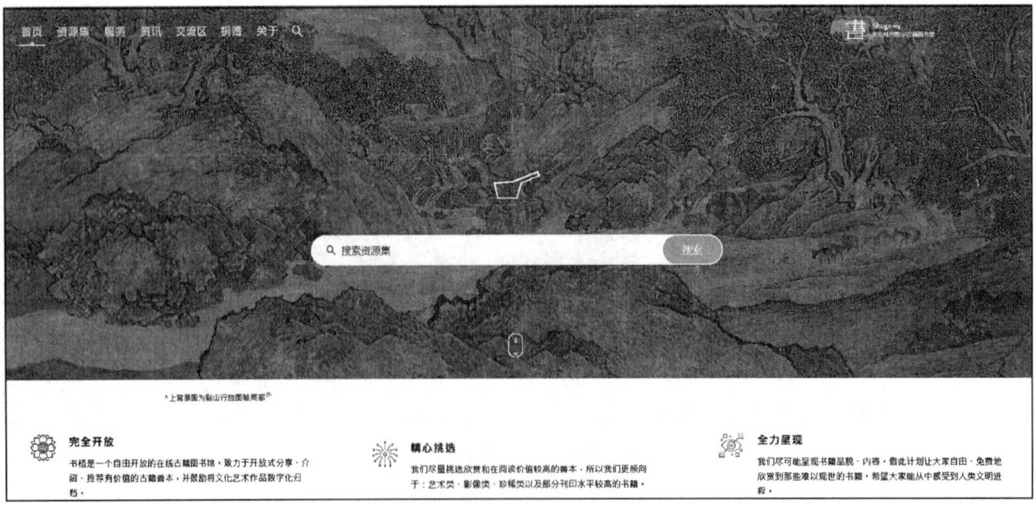

图 4.2.3　书格

2. 中外文图书搜索引擎

(1) 鸠摩搜索(https://www.jiumodiary.com/)

鸠摩搜索是一个电子书搜索引擎,使用这个搜索引擎你可以找到各种格式的电子书,包括

mobi、epub、pdf、azw3 等。

（2）Library Genesis（http://www.libgen.is/）

Library Genesis 又名创世纪图书馆，是一个很好的外文图书资料文献下载工具。其学术资源的覆盖率非常高，号称是帮助全人类知识无版权传播的计划。

4.2.2　免费报刊信息

作为主要的传统媒体之一，新闻报纸业最早搭上了网络这一新兴媒体的快车，各大报社普遍都建立了自己的网站，纸质版报纸的网络发行，已成为一种发展趋势。电子报纸具有比母版静态报纸信息量大、信息及时滚动更新、与读者互动性好的特点，是目前了解新闻动态的最佳渠道，充分体现了互联网的时效性特点。而且电子报纸还具有集团化的特点，使得用户在同一站点下就可以查阅同一报业集团所属的不同系列的多种报纸，而且这些报纸大多是免费供用户自由阅览和下载的。

例如，人民网是世界十大报纸之一《人民日报》建设的以新闻为主的大型网上信息发布平台，是国家重点新闻网站。

人民网于 1997 年创立，除《人民日报》外，用户还可以通过该平台查阅隶属于《人民日报》报系下的 10 多种报刊（图 4.2.4），内容丰富、及时、权威、信息量大。

图 4.2.4　人民网

光明日报社的光明网（http://www.gmw.cn/）依托《光明日报》报业集团的丰富信息资源，除《光明日报》外（图 4.2.5），还有《中华读书报》《文摘报》等。

图 4.2.5　光明网

目前,各大省市的报纸资源都在网上设立了免费的检索和阅读平台,例如通过浙江在线(https://www.zjol.com.cn/)可以阅读浙江日报报业集团旗下的各类报刊,通过杭州日报报业集团网站(https://hzdaily.hangzhou.com.cn/)可以检索到《都市快报》《杭州日报》《每日商报》等多种资源。另外,也可以通过信息服务机构的链接阅读报纸。如在上海图书馆网站的"上海图书馆电子报纸导读"栏目中(http://newspaper.digilib.sh.cn/website/index.asp),共收录了489份电子报纸的链接。

4.2.3　免费多媒体素材网站

多媒体素材是指多媒体课件以及多媒体相关工程设计中所用到的各种听觉和视觉工具材料。它包括文本、图形、图像、动画、视频、音频等。以下介绍一些常用的免费多媒体素材网站。

1. 免费图片素材网站

(1) https://unsplash.com/,该网站中的图片多为风景和静物。

(2) https://visualhunt.com/,在该网站中可以按类别浏览图片。

(3) https://foter.com/,该网站收录了超过300万张免费图片。

2. 免费音频素材网站

(1) https://freemusicarchive.org/,该网站提供高质量、合法的音乐素材下载。

(2) https://icons8.com/music,该网站收录了大量免费的高品质音乐素材。

(3) https://freeplaymusic.com/,该网站对同一首配乐提供不同时长的版本,可以根据关键词进行搜索,也可以根据风格、时长、乐器进行搜索。

(4) https://sc.chinaz.com/yinxiao/,该网站提供了不少免费的音效素材。

3. 免费视频素材网站

(1) https://www.free-video-footage.com/,该网站提供了几百个免费的视频素材,后期必备。

(2) https://dareful.com/,该网站的视频素材质量高,且完全免费。

(3) https://www.pexels.com/videos/,该网站提供很多免费的视频素材,个人和商业用途免费。

(4) https://www.wedistill.io/,这是一个精心制作的免费视频平台,大量10~30 s的高清视频都可以随便下载分享。

(5) https://footagecrate.com/,该网站为独立制片人和创意工作者提供了大量免费的视频。

4.2.4　开放存取学术信息

"开放存取"一词的原型是英语单词"open access"。open access(OA)是于20世纪90年代兴起的一种新型学术信息共享的自由理念和出版机制。开放存取采取"发表付费、阅读免费"的出版模式,在当前全球学术出版界正成为一种趋势,被越来越多的研究人员所推崇。

开放存取包括两层含义:一是指学术信息免费向公众开放,它打破了价格障碍;二是指学术信息的可获得性,它打破了使用权限障碍。

对开放存取的定义和交流过程进行分析,一般认为开放存取具有下列基本特征。

① 在信息交流内容方面。开放存取提供学术交流平台,对具体交流的信息只有质量上的控制,而没有内容和形式方面的严格限制,可以是期刊论文、会议论文、图书,也可以是专利文

献、研究报告；可以是文本文件，也可以是多媒体文件。② 获取途径方面，强调开放传播，为此要使同一文献可以以多种途径检索与阅览，交流范围覆盖整个因特网，各系统间具有良好的互操作性，以免费或收取少量费用方式减少获取障碍。③ 对文献的使用权限方面，读者对学术文献的使用权利大大扩充，可以为教学、研究、学习等目的而公开复制、打印、利用、扩散、传递和演示。④ 交流方式与交流效率方面，重视提高信源、信宿交流的直接性和交互性，可以实现作者、读者、编辑之间一对一、一对多、多对多的交互模式，重视提高学术交流的时效性，增进文献处理自动化程度，缩短出版周期。

开放存取资源出版的形式有：OA 期刊、OA 仓储、OA 图书、个人主页等，而其中 OA 期刊和 OA 仓储是主要的两种出版形式。

1. OA 期刊(OA Journals)

OA 期刊是指以电子文献形式通过网络出版的期刊。与传统期刊的区别在于访问方式和访问权限的差异。传统期刊采用用户付费的商业模式，OA 期刊采用作者付费、用户免费的模式，用户可以通过网络不受限制地访问期刊全文。

(1) 开放存取期刊目录(Directory of Open Access Journals，DOAJ)(https://www.doaj.org/)

开放存取期刊目录于 2003 年推出，包含 300 种开放存取期刊。如今，这个独立的数据库包含超过 15 000 种经过同行评审的开放存取期刊，涵盖科学、技术、医学、社会科学、艺术和人文科学的所有领域。现收录有包括 80 种语言、124 个国家的 500 多万篇文章。

(2) HighWire Press 电子期刊(https://www.highwirepress.com/)

HighWire Press 是全球最大的、提供免费全文的学术文献出版商之一，于 1994 年由美国斯坦福大学图书馆创立。该网站收录的期刊内容囊括生命科学、医学、物理学、社会科学等多个领域。具体收录电子期刊约 900 种，文章总数约 300 万篇，其中超过 100 万篇可免费获得全文，重点是这些数据仍在不断增加。

(3) Cogprints(Cognitive Sciences Eprint Archive)(http://cogprints.org/)

该网站由英国南安普顿大学电子及计算机科学系建立，提供有关认知学方面的期刊，包括心理学、神经科学及语言学、若干计算机科学的内容，部分生物学、医学的特定领域、人类学的部分内容，以及物理学、社会学与数学中与认知相关的部分。

(4) 日本电子科学与技术信息集成(J-STAGE)(https://www.jstage.jst.go.jp/)

J-STAGE 是由日本科学技术振兴机构(JST)开发和管理的日本科技信息电子期刊平台。J-STAGE 旨在加快沟通速度，并确保在日本发布的科学技术信息的国际化。通过提供在线出版平台，J-STAGE 支持日本社团和研究组织，并以低成本快速出版了 2 000 多种期刊、会议论文集和其他学术出版物。

2. OA 仓储(OA archives)

OA 仓储也称 OA 文档库，是指某组织(如研究机构、学校、学会)将用于共享的学术信息存放于服务器中供用户免费访问和使用。一般来讲，OA 仓储分为学科 OA 仓储(按学科创建的学科资料库)和机构 OA 仓储(由机构创建的机构资料库)。

(1) 香港科技大学科研成果全文仓储(HKUST SPD)(https://repository.ust.hk/ir/)

HKUST SPD 是由香港科技大学图书馆开发的一个数字化学术成果存储与交流知识库，收有该校教学科研人员和博士生提交的论文(包括已发表和待发表)、会议论文、预印本、博士学位论文、研究与技术报告、工作论文和演示文稿。

(2) 学术出版与学术资源联盟(Scholarly Publishing and Academic Resources Coalition，

SPARC)(https://sparcopen.org/)

学术出版与学术资源联盟创建于 1998 年 6 月，它是由大学图书馆和相关教学、研究机构组成的联合体，本身不是出版机构，目前成员已经超过 300 家，旨在致力于推动和创建一种基于网络环境、真正为科学研究服务的学术交流体系。

3. 预印本服务系统

预印本(preprint)是指科研工作者的研究成果还未在正式出版物上发表，而出于和同行交流目的自愿先在学术会议上或通过互联网发布的科研论文、科技报告等文章。与刊物发表的文章以及网页发布的文章相比，预印本具有交流速度快、利于学术争鸣、可靠性高的特点。

(1) 中国科学院科技论文预发布平台(http://chinaxiv.org/home.htm)

中国科学院科技论文预发布平台(简称"预发布平台")面向全国科研人员，建设可靠、规范的自然科学领域的中国科研论文开放仓储库，接收中英文科学论文的预印本存缴以及有条件地接收已发表的科学论文，进行开放存取，提供免费阅读并且维护科技论文的永久访问。目前已有论文 14 000 多篇。

(2) arXiv 预印本服务系统(https://arxiv.org/)

arXiv 是针对物理、数学、计算机科学，定量生物学、定量金融、统计、电气工程和系统科学，以及经济学领域的学术文章的预印本服务系统，现有文献 183 万余篇。

(3) bioRxiv 预印本服务系统(https://www.biorxiv.org/)

bioRxiv 提供生命科学领域的预印本服务，由非营利性研究和教育机构冷泉港实验室运营。通过在 bioRxiv 上发布预印本，作者可以立即将其发现提供给科学界，并在稿件提交期刊之前获得稿件的反馈。

4. 开放存取资源检索平台

以上这些开放存取免费资源为研究人员获取学术资源提供了一条崭新的途径。但是，这些资源是分散存放在世界各地的不同服务器和网站上的，用户很难直接全面地检索到。因此，国内一些高等院校、机构相继对这些资源在不同层面上做了整理和揭示工作。

(1) Socolar 检索服务平台

中国教育图书进出口有限公司开发了开放存取资源一站式检索服务平台 Socolar (http://www.socolar.com/，图 4.2.6)，提供基于开放存取期刊和开放存取机构仓储的导航、免费文章检索和全文链接服务。

图 4.2.6　开放存取资源一站式检索服务平台 Socolar

迄今为止(2021 年 2 月统计)该平台收录 11 808 种开放存取期刊,其中 90%以上期刊经过同行评审(Peer-Reviewed),包括 BMC、SAGE、牛津大学出版社、HighWire、Jstage 等重要出版社期刊,收录 1 048 个开放存取机构仓储,包括 arXiv、PMC、RePEc、Cogprints 等仓储。

Socolar 平台学科覆盖全面,并提供一站式检索和链接服务,所揭示的资源可获取性强,文章链接变化的修改和新资源的增加及时,为用户利用开放存取资源提供了极大便利。

(2) OALib 免费论文搜索引擎

此外,值得推荐的开放存取资源检索平台还有 OALib(https://www.oalib.com/,图 4.2.7)。OALib 提供的开源论文超过 5 457 831 篇,涵盖所有学科。所有文章均可免费下载。

图 4.2.7　OALib 开放存取资源检索平台

4.2.5　开放教育资源

开放教育资源(open educational resources,OER)是从开放课件发展而来的。2002 年 7 月,联合国教科文组织在法国巴黎召开"开放课件对发展中国家高等教育的影响"国际论坛,专家建议用"开放教育资源"代替"开放课件",并定义开放教育资源是"免费、公开地提供给教师、学生、自学者的可反复使用于教学、学习和研究的数字化材料"。

1. MIT 开放式课件(https://ocw.mit.edu/)

2001 年,美国麻省理工学院(MIT)启动"开放式课件"项目(open course ware project,OCW),宣布将学校全部课程教学材料通过互联网向全世界免费开放。MIT 课件可供全世界的教师、学生和自学者免费获取浏览,提供的教育资源包括讲义笔记、课程提纲、教学日程、阅读书目和专业课程分配表(图 4.2.8)。

2. MOOC 平台

在教育全球化和信息化的背景下,大规模开放在线课程(massive open online courses,

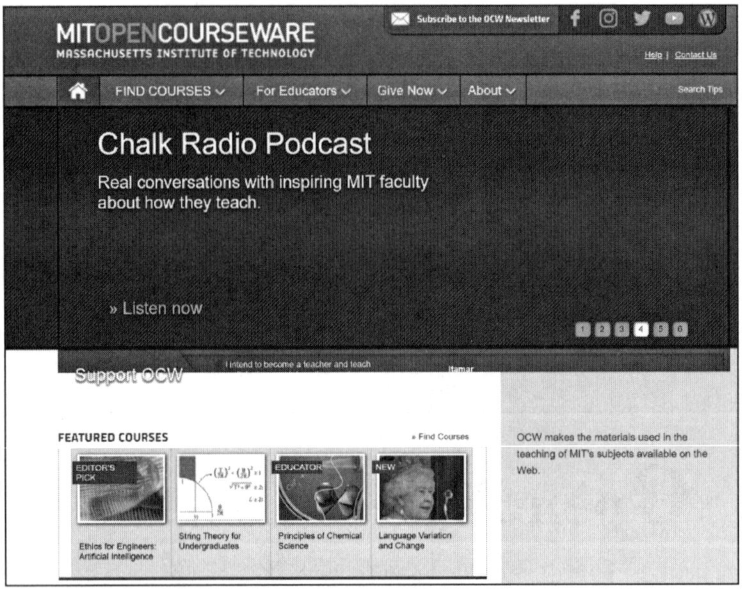

图 4.2.8　MIT 开放式课件

MOOC,亦译为“慕课”)应运而生。2012 年,成了 MOOC 井喷的一年,《纽约时报》称之为“MOOC 元年”,美国高等教育界包括斯坦福大学、哈佛大学、麻省理工学院在内的名校,几乎同时掀起了一股 MOOC 风潮,涌现了 Coursera、Udacity 和 edX 三大课程提供商。MOOC 区别于以往平台的最大特点是“力求真实模拟课堂,用技术作为根本手段,最大程度符合网络使用习惯”。以下列举目前主流的几个 MOOC 平台。

(1) Coursera(https://www.coursera.org/)

Coursera 由斯坦福大学教授 Andrew 和 Daphne 创立,截至 2021 年 2 月,全球共有 200 多家大学和公司加入 Coursera 联盟,共享 3 000 多门课程,是全球最大的在线课程联盟(图 4.2.9)。

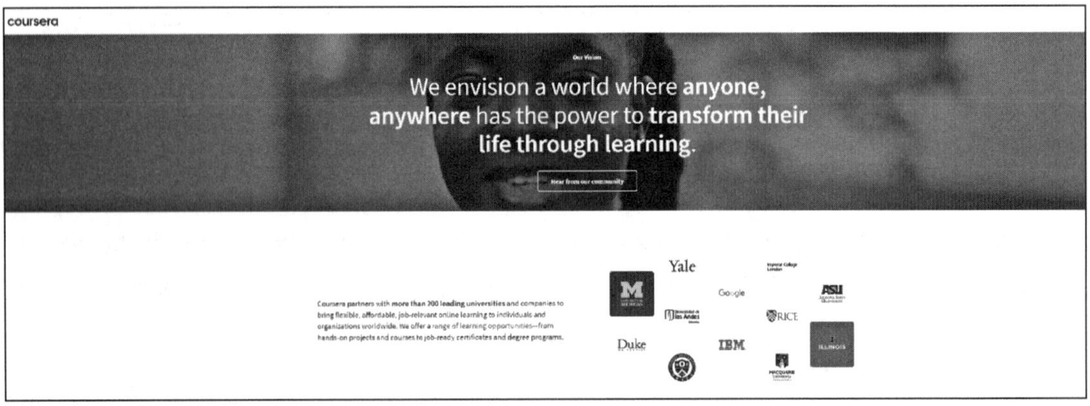

图 4.2.9　Coursera 平台

(2) edX(https://www.edx.org/)

edX 是麻省理工学院和哈佛大学于 2012 年 5 月联手发布的一个网络在线教学计划。同 Coursera 一样,edX 同样免费向大众提供开放式在线课程。edX 已经与多所教育机构达成合作,其中包括清华大学、北京大学、香港大学、香港科技大学等(图 4.2.10)。

图 4.2.10　edX 平台

（3）Udacity（https://www.udacity.com/）

Udacity 由 Sebastian Thrun、David Stavens 和 Mike Sokolsky 联合创建。在这几位创始人看来，教育应该是人类的一项基本权利，过去的教育机制和教育方式存在着很多的不合理之处，所以他们希望可以通过互联网的方式促进教育民主化和终生教育的实现。相比于其他的几个主流公开课平台，Udacity 最大的创新之处在于试图将现实技能、相关教育以及企业需求三者之间的关系打通，通过课程设计及学习方式的变革，改变传统学院教育同现实工作需求脱钩的现状（图 4.2.11）。

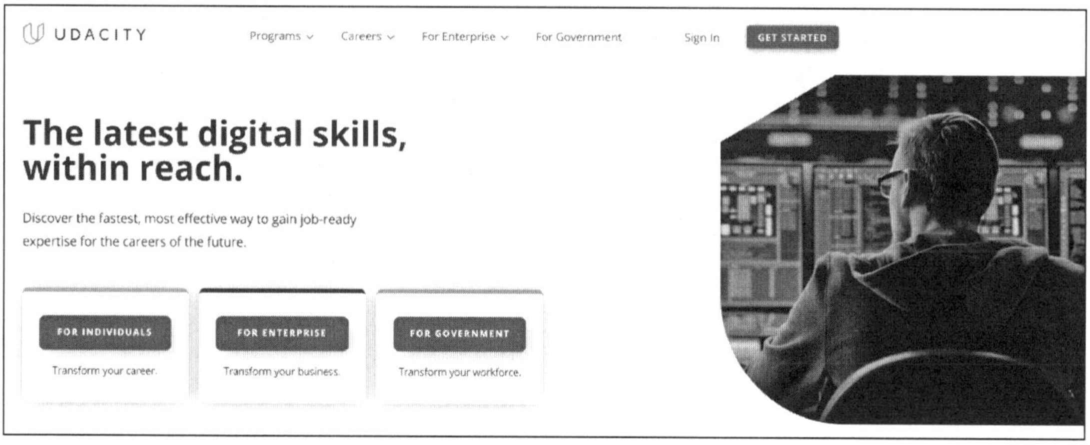

图 4.2.11　Udacity 平台

（4）学堂在线（https://www.xuetangx.com/）

学堂在线是由清华大学研发出的中文 MOOC 平台，于 2013 年 10 月 10 日正式启动，面向全球提供在线课程。目前，学堂在线运行了包括清华大学、北京大学、复旦大学、斯坦福大学、麻省理工学院、加州大学伯克利分校等国内外几十所顶尖高校的优质课程，涵盖计算机、经管创业、理学、工程、文学、历史、艺术等多个领域（图 4.2.12）。

图 4.2.12　学堂在线平台

(5) 中国大学 MOOC(https://www.icourse163.org/)

中国大学 MOOC 是由网易与高等教育出版社携手推出的在线教育平台,承接教育部国家精品开放课程任务,向大众提供中国知名高校的 MOOC 课程(图 4.2.13)。

图 4.2.13　中国大学 MOOC 平台

(6) 好大学在线(https://www.cnmooc.org/home/index.mooc)

2014 年 4 月 8 日,上海交通大学成功自主研发的中文慕课平台“好大学在线”正式上线发布,是中国高水平大学慕课联盟的官方网站。该网站是部分中国高水平大学间自愿组建的开放式合作教育平台。该联盟为公益性、开放式、非官方、非法人的合作组织(图 4.2.14)。

(7) 育网开放教育平台(ewant)(https://www.ewant.org/)

ewant 是由上海交通大学、西安交通大学、西南交通大学、北京交通大学等共同合作发起的开放教育平台,于 2013 年首度开课,修课通过者可以获得学习认证(图 4.2.15)。

好大学在线 CNMOOC
首页 Home
课程 Courses
专题 Subject
院校 Universities
注册/登录
操作系统
搭配"银杏书"学习
OPERATING SYSTEM
华为鸿蒙OS之父
上海交通大学陈海波教授
倾情授课
拓路前行·智领未来
现代操作系统 原理与实现
大学物理_电磁学(2020秋)
上海交通大学
物理学是研究物质的基本结构、基本运动形式、相互作用及其转化规律的自然科学。它的基本理论渗透在自然科学的各个领域，应用于生产技术的各个方面，是其他自然科学和工程技术的基础。以物理学基础为内容的大学物理课程所涉及的基本概念、基本理论和基本方法是构成学生科学素养的重要组成部分，对学生今后学习和工作有深远的影响，是一个科学工作者和工程技术人员所必备的。大学物理_电磁学课程涉及的内容主要有静电场、稳恒磁场和电磁感应等。通过本课程的学习，使学生能够较系统地掌握本课程所涉及的物理学基本概念、基本理论和基本方法，提高学生获取知识的能力、扩展知识的能力和独立思考的能力，提高学生建立物理模型、定性分析和定量计算等方面的能力。

图 4.2.14　好大学在线平台

课程分类
合作伙伴
最新消息
所有课程
search
您尚未登录·(登录)　简体中文 (zh_cn)
2021
国立阳明交通大学
National Yang Ming Chiao Tung University
ewant育网是全台最大的磨课师平台，拥有96所合作学校，累积开授超过1800门精彩课程！
自学课程与专班，助教协助批改课堂作业，线上讨论，举办实体考试，让线上课程提高效率及互动性。
完成课程后提供教材下载课程结业证书，也包含学分课程，让努力化为实体回报，充实自我的学习履历！

图 4.2.15　ewant 平台

3. 其他网络公开课平台

除了上面提到的几个开放资源站点外，目前网络上还有众多的视频公开课平台。例如网易公开课(http://open.163.com/)、新浪公开课(http://open.sina.com.cn/)等。

4.3　网络信息资源检索工具

搜索引擎(search engine)是一种网上信息检索工具，在浩瀚的网络资源中，它能帮助你迅速而全面地找到所需要的信息。

搜索引擎的功能主要包括以下三个方面。

① 信息搜集。各个搜索引擎都派出绰号为蜘蛛(Spider)或机器人(Robots)的"网页搜索软件"，在各网页中爬行，访问网络中公开区域的每一个站点并记录其网址，将它们带回搜索引擎，从而创建出一个详尽的网络目录。由于网络文档的不断变化，机器人也不断地把以前已经

分类组织的目录更新。

② 信息处理。将“网页搜索软件”带回的信息进行分类整理,建立搜索引擎数据库,并定时更新数据库内容。在进行信息分类整理阶段,不同的搜索引擎会在搜索结果的数量和质量上产生明显的差异。有的搜索引擎把“网页搜索软件”发往每一个站点,记录下每一页的所有文本内容,并收入数据库中从而形成全文搜索引擎;而另一些搜索引擎只记录网页的地址、篇名、特点的段落和重要的词,故有的搜索引擎数据库很大,而有的则较小。当然,最重要的是数据库的内容必须经常更新、重建,以保持与信息世界的同步发展。

③ 信息查询。提供信息查询,是搜索引擎最强大也是最重要的功能。用户只要把想要查找的关键词或短语输入查询框中,确认后,搜索引擎就会根据输入的提问,查找相应的词语,并进行必要的逻辑运算,给出查询的命中结果(均为超文本链接形式)。用户再通过搜索引擎提供的链接,就可以立刻访问到相关信息。

4.3.1　综合性搜索引擎

1. 常用中文综合性搜索引擎

所谓综合性搜索引擎是指搜索网上各种主题、各种类型信息的搜索引擎,典型的有“Google”“百度”“必应”等。

(1) 百度(https://www.baidu.com/)

它是世界上规模最大的中文搜索引擎,拥有全球最大的中文网页库,1999 年由李彦宏与徐勇共同创建。

百度搜索简单方便。只要在搜索框内输入需要查询的内容,敲回车键,或者用鼠标点击搜索框右侧的百度搜索按钮,就可以得到符合查询需求的相关网页内容。百度还支持命令式高级检索。

百度常用的检索命令如下。

① 把搜索范围限定在网页标题中——intitle。网页标题通常是对网页内容提纲挈领式的归纳。把查询内容范围限定在网页标题中,有时能获得良好的效果。使用的方式是把查询内容中特别关键的部分用“intitle:”领起来。例如,找林青霞的写真,就可以这样查询:写真 intitle:林青霞。

② 把搜索范围限定在特定站点中——site。有时候,如果知道某个站点中有自己需要找的东西,就可以把搜索范围限定在这个站点中,提高查询效率。使用的方式是在查询内容的后面,加上“site:站点域名”。例如,天空网下载软件不错,就可以这样查询:msn site:skycn.com。

③ 专门文档搜索——filetype。很多有价值的资料,在互联网上并非是普通的网页,而是以 Word、PowerPoint、PDF 等格式存在的。百度支持对 Office 文档(包括 Word、Excel、Powerpoint)、Adobe PDF 文档、RTF 文档进行全文搜索。要搜索这类文档,在检索词后面加一个“filetype:”文档类型限定。“Filetype:”后可以跟以下文件格式:DOC、XLS、PPT、PDF、RTF、ALL,其中,ALL 表示搜索所有这些文件类型。例如,查找张五常关于交易费用方面的经济学论文可以用“交易费用　张五常　filetype:doc”来查询。也可以通过百度文档搜索界面(http://file.baidu.com/),直接使用专业文档搜索功能。

④ 把搜索范围限定在 url 链接中——inurl。网页 url 中的某些信息,常常有某种有价值的含义。如果对搜索结果的 url 做某种限定,就可以获得良好的效果。实现的方式是在“inurl:”后面跟需要在 url 中出现的关键词。

例如，找关于 photoshop 的使用技巧，可以这样查询：photoshop inurl：jiqiao，上面这个查询串中的“photoshop”，是可以出现在网页的任何位置，而“jiqiao”则必须出现在网页 url 中。

⑤ 精确匹配——双引号和书名号（“”，《》）。如果输入的查询词很长，百度在经过分析后，给出的搜索结果中的查询词，可能是拆分的。给查询词加上双引号，百度就可以不拆分查询词。例如，搜索上海科技大学，如果不加双引号，搜索结果被拆分，但加上双引号后，搜索“上海科技大学”，获得的结果就全是符合要求的了。

另外，书名号是百度独有的一个特殊查询语法。在其他搜索引擎中，书名号会被忽略，而在百度中，中文书名号是可被查询的。加上书名号的查询词，有两层特殊功能，一是书名号会出现在搜索结果中；二是被书名号括起来的内容，不会被拆分。书名号在某些情况下特别有效果，例如，查名字很通俗和常用的那些电影或者小说。比如，查电影“手机”，如果不加书名号，很多情况下出来的是通信工具——手机，而加上书名号后，搜索《手机》的结果就都是关于电影方面的了。

百度其他功能如下。

① 百度快照。如果无法打开某个搜索结果，或者打开速度特别慢就可以使用百度快照解决。每个未被禁止搜索的网页，在百度上都会自动生成临时缓存页面，称为百度快照。当遇到网站服务器暂时故障或网络传输堵塞时，可以通过百度快照快速浏览页面文本内容。百度快照只会临时缓存网页的文本内容，所以那些图片、音乐等非文本信息，仍存储于原网页。当原网页进行了修改、删除或者屏蔽后，百度搜索引擎会根据技术安排自动修改、删除或者屏蔽相应的网页快照。

② 百度百科（https://baike.baidu.com/）。百度百科始于 2006 年 4 月，是一部开放的网络百科全书（图 4.3.1）。每个人都可以自由访问并参与撰写和编辑，分享及奉献自己所知的知识，所有人将其共同编写成一部完整的百科全书，并使其不断更新完善。百度百科为用户提供了一个创造性的网络平台，强调用户的参与和奉献精神，汇聚上亿网民的头脑智慧，积极进行交流和分享，同时实现与搜索引擎的完美结合，从不同的层次上满足用户对信息的需求。

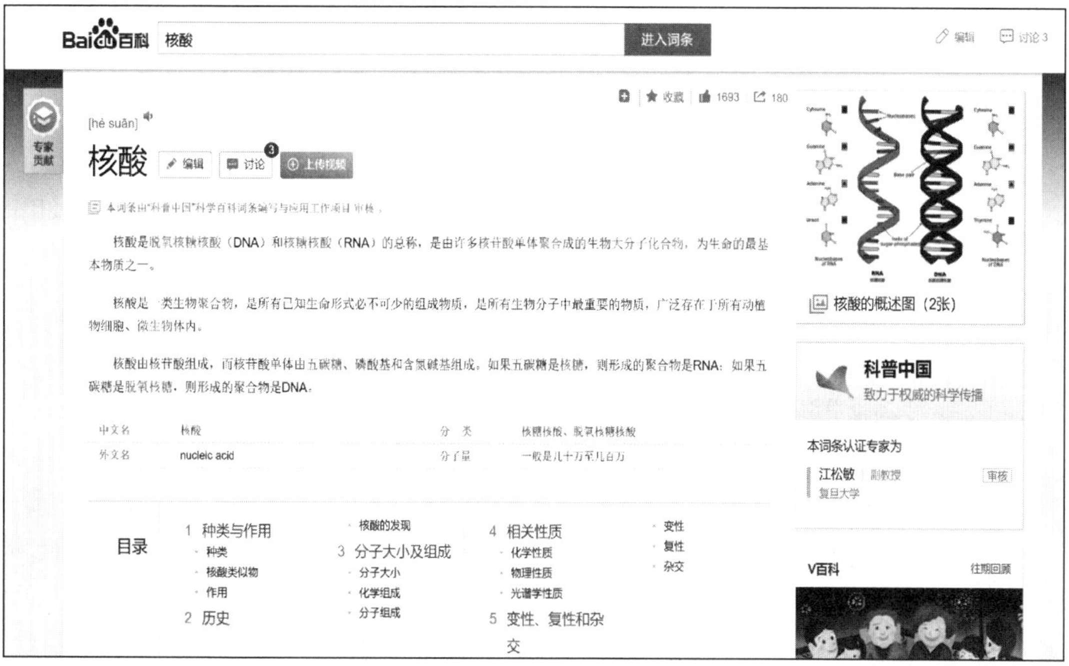

图 4.3.1　百度百科

③ 百度知道(https://zhidao.baidu.com/)。百度知道是一个基于搜索的互动式知识问答分享平台,于 2005 年发布(图 4.3.2)。百度知道并非是直接查询那些已经存在于互联网上的内容,而是用户自己根据具体需求有针对性地提出问题,通过积分奖励机制发动其他用户,来创造该问题的答案。同时,这些问题的答案又会进一步作为搜索结果,提供给其他有类似疑问的用户,达到分享知识的效果。

图 4.3.2　百度知道

百度知道的最大特点,就在于和搜索引擎的完美结合,让用户所拥有的隐性知识转化成显性知识,用户既是百度知道内容的使用者,同时又是百度知道的创造者,在这里累积的知识数据可以反映到搜索结果中。通过用户和搜索引擎的相互作用,实现搜索引擎的社区化。同时,我们可以把百度知道看作是对搜索引擎功能的一种补充,让用户头脑中的隐性知识变成显性知识,通过对回答的沉淀和组织形成新的信息库,其中信息可被用户进一步检索和利用。

另外,百度还提供图片搜索、音乐搜索、新闻搜索、学术搜索等,用户可以通过百度主页试用。

(2) 微软必应(https://cn.bing.com/)

微软必应(Microsoft Bing),原名必应(Bing),是微软公司于 2009 年 5 月 28 日推出,用以取代 Live Search 的全新搜索引擎服务,为中国用户提供网页、图片、视频、学术、词典、地图等全球信息搜索服务(图 4.3.3)。

图 4.3.3　微软必应搜索

(3) 搜狗搜索(https://www.sogou.com/)

搜狗搜索于 2004 年推出,十多年以来坚持创新,不断突破,随着 2013 年腾讯 SOSO 的并入,搜狗搜索重置了行业格局,成为中国第二大搜索引擎;与此同时,搜狗移动搜索紧随百度之后位居第二。除此之外,搜狗搜索结合腾讯独家资源,打造微信搜索,上线本地生活、扫码比价、微信头条等独有服务,第一次实现了真正的差异化竞争。一方面不断拉大与跟随者的距离,另一方面不断冲击榜首位置。2015 年 11 月,搜狗对问答社区知乎进行战略投资并成为其在搜索领域的独家合作伙伴,搜狗搜索的用户可获得知乎独家实时推送的问答类内容。2016 年搜狗相继推出医疗搜索、英文搜索和学术搜索等垂直搜索频道,内容差异化不断升级。2016 年第四季度,搜狗英文搜索全面升级,这是全球首个跨语言搜索引擎,旨在帮助不精通英文的中国人,搜索和阅读全世界的医疗、科技、人文信息(图 4.3.4)。

图 4.3.4　搜狗搜索

(4) 360 搜索(https://www.so.com/)

360 旗下搜索引擎服务,包含网页、资讯、视频等搜索产品,强调给用户带来更安全、干净的搜索体验(图 4.3.5)。

图 4.3.5　360 搜索

2. 外文搜索引擎

(1) WolframAlpha(https://www.wolframalpha.com/)

WolframAlpha 可以直接向用户返回答案,而不是提供一系列可能含有用户所需答案的相关网页。它更是一个超强的知识引擎,无论是科学上的一个函数、一个术语、一个分子式,还是文学上的一名作家的作品、生平,经济学上的一种理论,都能找到图文并茂的答案(图 4.3.6)。

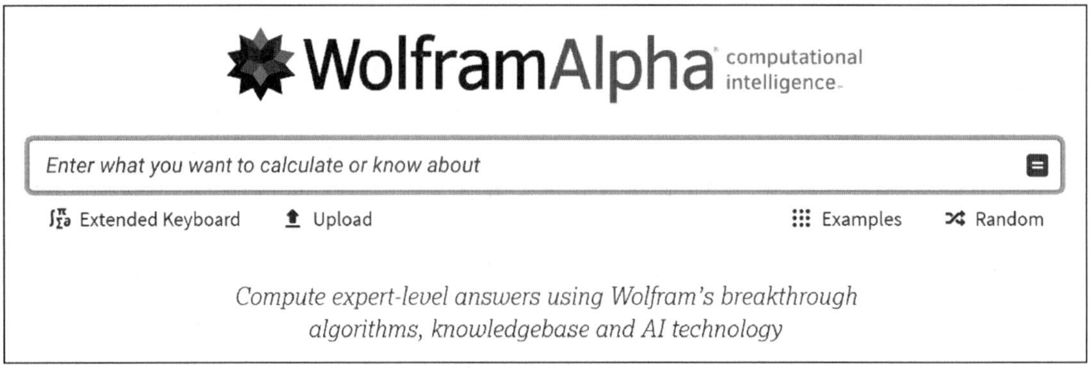

图 4.3.6　WolframAlpha 搜索引擎

(2) Yandex(https://yandex.com/)

Yandex 为俄罗斯第一大搜索引擎、世界第五大搜索引擎。网页搜索和图片搜索都很给力。界面为英文,支持中文搜索(图 4.3.7)。

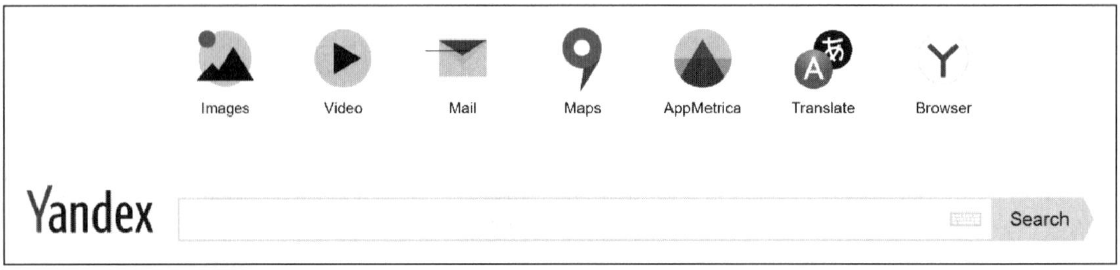

图 4.3.7　Yandex 搜索引擎

4.3.2　垂直搜索引擎

垂直搜索引擎(又称为专题型搜索引擎),是专门用来检索某一主题范围或某一类型资源的,专业性与服务深度是它的特点。与综合性搜索引擎的海量信息无序化相比,垂直搜索引擎的检索结果显得更加专业、具体和深入。

垂直搜索引擎抓取的数据来源于其所关注的行业站点。以下列举的是三个典型的垂直搜索引擎。

(1) 茶杯狐(https://www.cupfox.com/)

茶杯狐是一个高质量的电影和电视剧评价与资源聚合的搜索引擎网站,删繁就简让你通过专业的影视搜索引擎来找到喜欢的电影信息,发现好电影,分享电影的乐趣。

(2) Themefinder 音乐搜索引擎(http://www.themefinder.org/)

这是个面向具备专业音乐知识用户的音乐搜索引擎,只有准确地输入相关的音乐参数才能进行搜索(图 4.3.8)

(3) 问答库(https://www.asklib.com/)

问答库自 2013 年成立以来,为广大网友提供了高效、安全的问题查找服务。问答库收录了数百万的公务员考试、建筑工程、IT 认证、资格考试、会计考试、医药考试、外语考试、外贸考试、学历考试以及一些常见的普通练习的题目供查询,它不仅提供考试的题库搜索,还提供每个题目的答案解析,功能非常强大(图 4.3.9)。

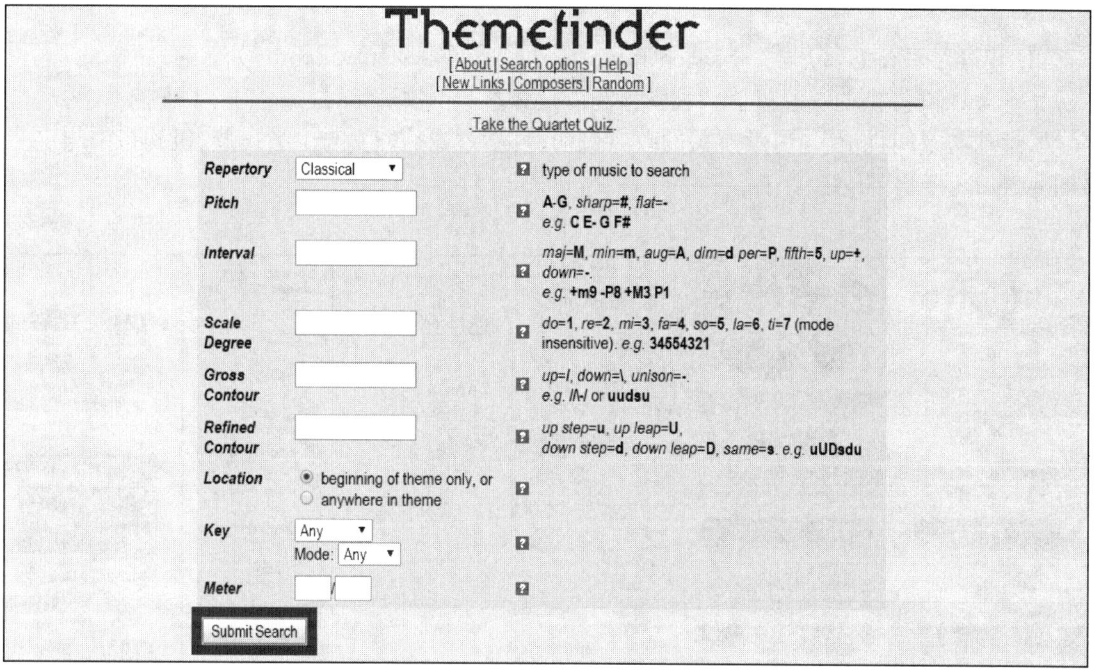

图 4.3.8　Themefinder 音乐搜索引擎

图 4.3.9　问答库搜索引擎

4.3.3　学科信息门户

所谓“学科信息门户”是针对某学科、专业信息用户的需求，将具有学科特色的专业网站、图书馆资源、数据库信息、专业会议信息、研究机构与学术团体、高等院校、科技报告、企业及产品信息等整合在一起，为特定学科的信息用户提供本学科信息资源及相关服务的门户网站。

1. 国外学科信息门户——SciCentral(https://www.scicentral.com/)

SciCentral 提供的资源覆盖 8 大学科与专题领域：生物科学、健康科学、工程技术、物理与化学、地球与空间科学、与科学有关的政府机构、科学领域的妇女与少数民族、机构指南与定位(图 4.3.10)。

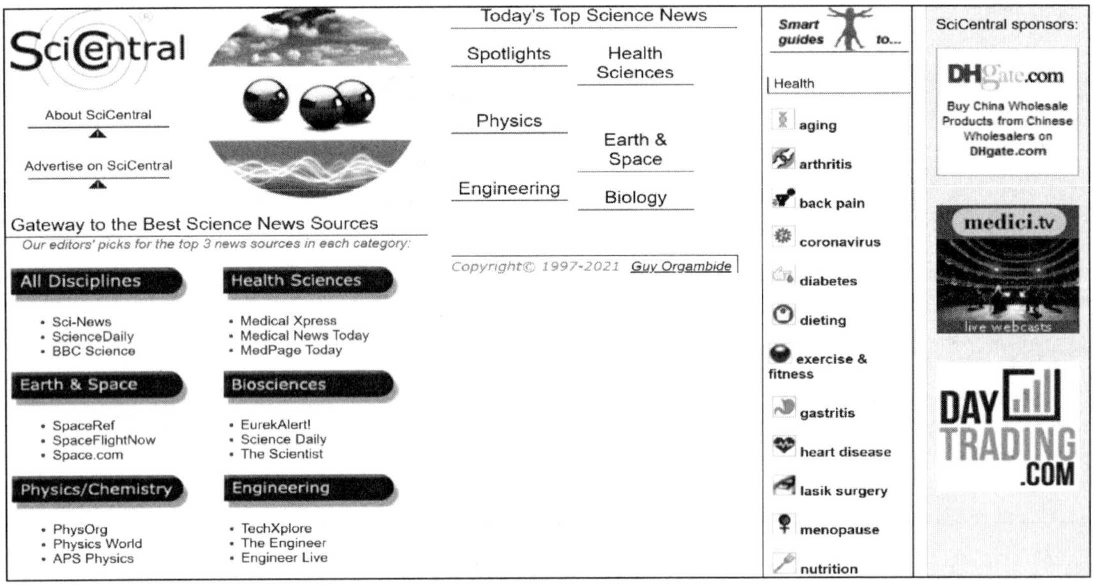

图 4.3.10　SciCentral 网站

2. 国内重要的学科信息门户——中国高校人文社会科学信息网(https://www.sinoss.net/)

中国高校人文社会科学信息网(简称“社科网”)是在教育部社政司指导下的，为全国人文社科科研服务的专业性门户网站。该网站试图通过建设全国性的科研网络平台，为各级人文社科领域的科研机构(包括科研管理机构)提供管理、通信、研究与信息服务，促进高校人文社科学术资源与成果的社会推广，最终为我国人文社会科学的研究与应用提供动力。

4.3.4　其他网络信息资源检索系统举要

除了以上谈到的搜索引擎、学科信息门户网站外，还有大量的信息可以通过各类学术机构、学科专业论坛、政府组织网站等方式获取。

1. 学术机构网络平台

国内外许多从事科学研究的学会、协会、研究中心等学术团体机构，都在互联网上建立了自己的园地，主要介绍其研究领域、在研项目以及相关成果，定期访问这些网站，可以及时得到大量相关学科专业的学术资源线索，其中不乏正式和非正式出版的论文专著，更可以把握专业科研领域的最新进展和发展趋势。国外主要学会网址(举要)如表4.3.1 所示。

另外，我国主要的学术协会网址可以通过中国科学技术协会网站(https://www.cast.org.cn/)获取，网站按理、工、农、医、交叉学科等列出了全国各个学会的链接(图 4.3.11)。

表 4.3.1　国外主要学会网址(举要)

学 会 名 称	学 会 缩 写	网　　址
美国物理学会	APS	https://www.aps.org/
国际光学工程学会	SPIE	https://spie.org/
英国电气工程师学会	IET	https://www.theiet.org/
国际测量与控制学会	ISA	https://www.isa.org/
制造工程师学会	SME	https://www.sme.org/

图 4.3.11　中国主要学会网址(举要)

2. 专业论坛及相关博客

学科专业论坛和博客网站是交互式学术讨论园地，通常以提供经筛选的学科新闻、评点学术动态和推荐优秀论著等为主要内容。

例如，医学、药学、生命科学专业论坛——丁香园论坛(https://www.dxy.cn/bbs/newweb/pc/home，图 4.3.12)，化学、物理、理工、人文社科等专业的论坛——小木虫(http://muchong.com/bbs/，图 4.3.13)，以及 ABBS 建筑论坛(http://www.abbs.com.cn/report/)等。博客网站如 Scienceblog(https://scienceblog.com/)。

3. 政府组织门户网站

通过组织或部门网站，可以查询相关的学习研究、出国进修、考研就业、招聘入职等信息。

(1) 中国教育和科研计算机网(http://www.edu.cn/)

这是中国最权威的教育门户网站，是了解中国教育的对内、对外窗口。网站提供关于中国教育、科研发展、教育信息化等新闻动态(图 4.3.14)。

图 4.3.12　丁香园论坛

图 4.3.13　小木虫

图 4.3.14　中国教育和科研计算机网

（2）各省市的人力资源网

各省市的人力资源网站上都可以检索到大量有关公务员招聘及高校用人信息等（图 4.3.15）。

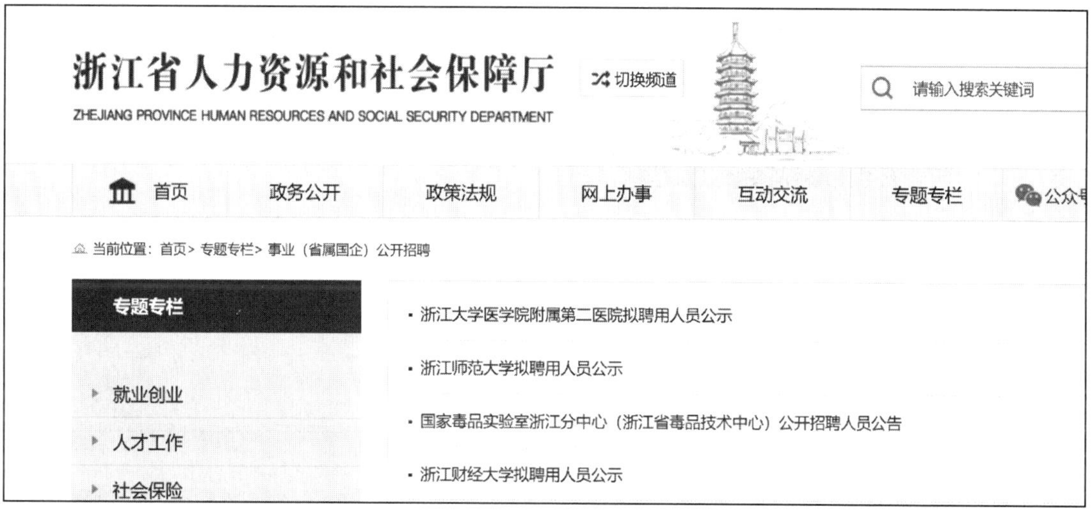
浙江省人力资源和社会保障厅
ZHEJIANG PROVINCE HUMAN RESOURCES AND SOCIAL SECURITY DEPARTMENT
切换频道
请输入搜索关键词
首页
政务公开
政策法规
网上办事
互动交流
专题专栏
当前位置：首页> 专题专栏> 事业（省属国企）公开招聘
专题专栏
就业创业
人才工作
社会保险
· 浙江大学医学院附属第二医院拟聘用人员公示
· 浙江师范大学拟聘用人员公示
· 国家毒品实验室浙江分中心（浙江省毒品技术中心）公开招聘人员公告
· 浙江财经大学拟聘用人员公示

图 4.3.15　浙江省人力资源和社会保障厅网站

4. 法律法规专业平台

（1）互联网法律资源指南（https://www.ilrg.com/）

互联网法律资源指南是美国得克萨斯大学法学院研究生院建立的数据库，搜集了 238 个国家、岛屿、地区的 4 000 多个与法律相关的网站（侧重于美国）。内容分为法律、法学和法律研究（图 4.3.16）。

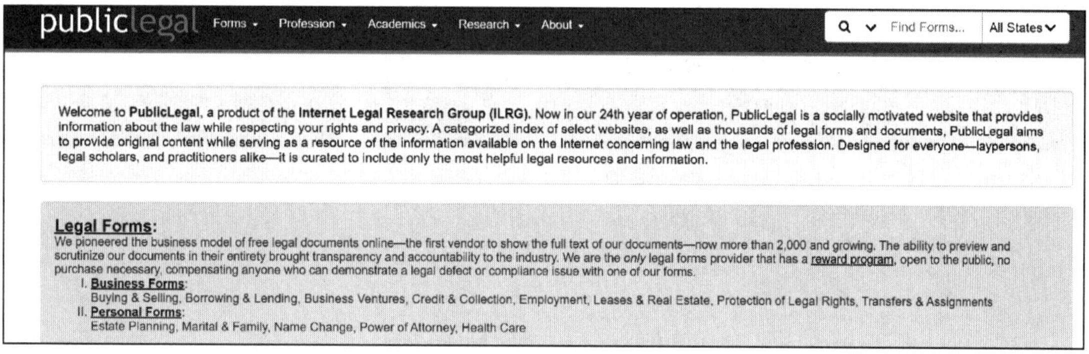
publiclegal
Forms
Profession
Academics
Research
About
Find Forms...
All States
Welcome to PublicLegal, a product of the Internet Legal Research Group (ILRG). Now in our 24th year of operation, PublicLegal is a socially motivated website that provides information about the law while respecting your rights and privacy. A categorized index of select websites, as well as thousands of legal forms and documents, PublicLegal aims to provide original content while serving as a resource of the information available on the Internet concerning law and the legal profession. Designed for everyone—laypersons, legal scholars, and practitioners alike—it is curated to include only the most helpful legal resources and information.
Legal Forms:
We pioneered the business model of free legal documents online—the first vendor to show the full text of our documents—now more than 2,000 and growing. The ability to preview and scrutinize our documents in their entirety brought transparency and accountability to the industry. We are the only legal forms provider that has a reward program, open to the public, no purchase necessary, compensating anyone who can demonstrate a legal defect or compliance issue with one of our forms.
I. Business Forms:
Buying & Selling, Borrowing & Lending, Business Ventures, Credit & Collection, Employment, Leases & Real Estate, Protection of Legal Rights, Transfers & Assignments
II. Personal Forms:
Estate Planning, Marital & Family, Name Change, Power of Attorney, Health Care

图 4.3.16　互联网法律资源指南

（2）国家法律法规数据库（https://flk.npc.gov.cn/）

国家法律法规数据库于 2021 年 2 月 24 日开放使用，目前收录了宪法和现行有效的法律 275 件，法律解释 25 件，有关法律问题和重大问题的决定 147 件，行政法规 609 件，地方性法规、自治条例和单行条例、经济特区法规 16 000 余件，司法解释 637 件，涵盖了中国特色社会主义法律体系最主要的内容（图 4.3.17）。

图 4.3.17 国家法律法规数据库

(3) 北大法律信息网(https://www.chinalawinfo.com/)

北大法律信息网法规中心提供包括法律法规司法解释全库、中国地方法规库、中华人民共和国条约库、外国与国际法律等多种不同类型的法规数据库,以及用户所需的法规文献。此外还可以通过题目、作者、全文的方式查找所需的法学文献(图 4.3.18)。

图 4.3.18 北大法律信息网

(4) 法律图书馆(http://www.law-lib.com/)

法律图书馆是综合性的法律门户网站。它提供新法规速递、论文数据库、新书架、司法考试、律师黄页、裁判文书、法律图书、法律书摘、电子杂志、法学家名录、法治动态、法律书友会和网上书店等资料(图 4.3.19)。

图 4.3.19　法律图书馆

其他常用的法律信息检索网站还包括法律之星(http://law1.law-star.com/)、法律法规数据库(http://search.chinalaw.gov.cn/search2.html)、中国法律信息网(http://service.law-star.com/)等。

5. 升学考研信息查询

(1) 中国研究生招生信息网(https://yz.chsi.com.cn/)

中国研究生招生信息网是隶属于教育部的以考研为主题的官方网站，是教育部唯一指定的研究生入学考试网上报名及调剂网站，主要提供研究生网上报名及调剂、专业目录查询等(图 4.3.20)。

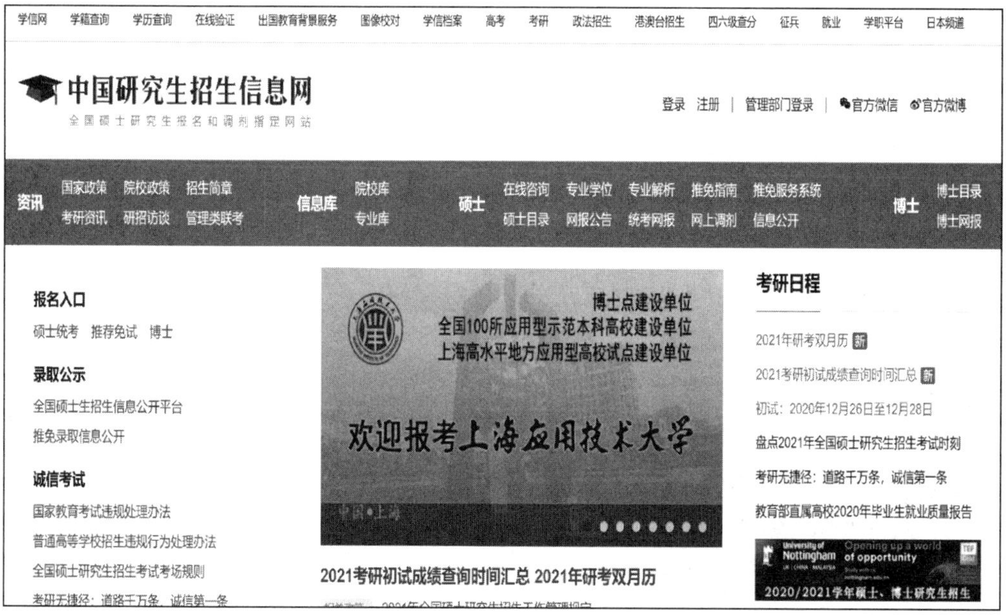

图 4.3.20　中国研究生招生信息网

(2) 考研信息网(http://www.chinakaoyan.com/)

考研信息网是国内著名的考研门户网站,为招生院校搭建信息发布平台,为考生学子提供全方位的资讯服务(图 4.3.21)。

图 4.3.21　考研信息网

6. 就业信息查询

(1) 新职业(https://www.ncss.cn/)

该网站是由教育部主管、全国高等学校学生信息咨询与就业指导中心运营的服务于高校毕业生及用人单位的公共就业服务平台。根据往年招聘情况精准推送至毕业生,精准共享至各省、各校就业网,实现高精准、广覆盖。定期举办全国、各省市联合招聘会、重点领域招聘会,构建人才招聘零距离通道(图 4.3.22)。

图 4.3.22　新职业网

(2) 前程无忧网(https://www.51job.com/)

前程无忧是中国具有广泛影响力的人力资源服务供应商。它运用了网络媒体及先进的移动端信息技术，加上经验丰富的专业顾问队伍，提供包括招聘猎头、培训测评和人事外包在内的全方位专业人力资源服务，现在全国 25 个城市设有服务机构。前程无忧招聘猎头服务在国内创立了网站＋猎头＋RPO＋校园招聘＋管理软件的全方位招聘方案。每年为数十万家企业成功招募所需人才，帮助企业高效准确地锁定目标，用短的时间、经济的成本找到合适的人才。同时，前程无忧拥有过亿的个人用户，每年成功为全国求职者提供适合的工作和职业发展机会(图 4.3.23)。

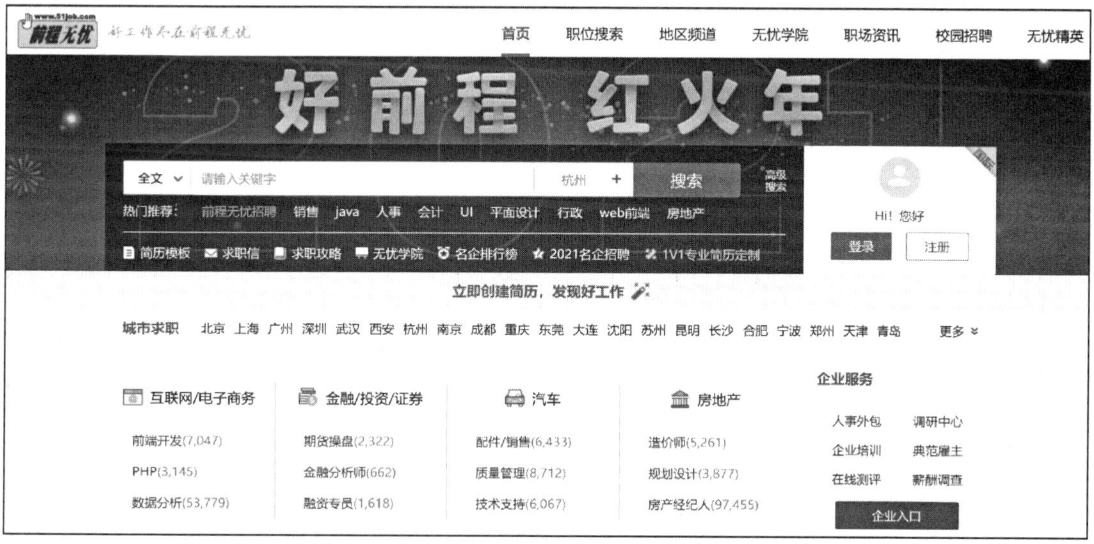

图 4.3.23　前程无忧网

4.4　数字图书馆及其服务

借助飞速发展的信息技术，数字图书馆具有了很多与传统图书馆不同的功能和特征，在馆藏建设、读者服务等方面都突破了传统图书馆的范围和深度。在网络和高性能计算机等软硬件设备的支持下，数字图书馆已经向读者和用户提供了比传统图书馆更为广泛、更为先进、更为方便的服务，从根本上改变了人们获取信息、使用信息的方法，较之传统图书馆具有很大的优势。

4.4.1　数字图书馆的特征及功能

1. 数字图书馆的主要特征

(1) 资源数字化

海量的数字化资源是数字图书馆的最基本特征。这些资源包含能够直接为读者提供所需的一切文献类型，其形态可能表现为光盘、音像制品、缩微制品、磁盘阵列、虚拟馆藏以及各种文件格式的文本、图像、声频、视频、软件等多媒体文献。

(2) 服务网络化

依靠高度发达的通信网络及信息技术，实现各种服务功能是数字图书馆的显著特征。

数字图书馆的内部业务开展及对外服务工作,均以网络为载体,即通过网络将世界各地读者和各种信息服务机构连接起来,提供跨时空的服务,使读者能在自己家中或办公室里以及任何能上网的场所查询或获取数字图书馆的各种资源,享受数字图书馆提供的各种服务。

(3) 信息获取个性化

数字图书馆通过提供信息导航、网上咨询、文献传递、信息推送等服务,使读者可以按照各自的需求,简易、方便、及时、准确地获取所需信息及信息服务。

(4) 信息使用便利化

在法律及版权保护许可范围内,人们可以在任何时间、任何地点,对自己需要的任何数字资源自由使用,一般可以不受开放时间、阅览空间、文献数量等的限制。

2. 数字图书馆的显著功能

① 信息组织导航——通过对各种网络信息资源进行有计划、有目的、及时性的搜集、组织、发布,形成优秀的学习与学术信息资源,进行专业信息导航,提供各种用户所需要的服务。

② 信息在线咨询——通过人工或无人值守专家系统提供的咨询服务,解答图书馆用户在文献检索、信息利用等方面的各种问题。前者在约定的时间里,满足了人们足不出户解决相关信息障碍的问题,后者则实现了图书馆 24 小时全天候网上咨询解答的愿望。

③ 信息定制推送——数字图书馆改变了传统图书馆的工作方式、服务模式和服务内容,不仅提供文献,还提供更深入的信息服务。它可以按照用户需求(或订制),对信息进行自动搜索、提取、分析、打包,形成符合用户需求的专题信息或知识单元,通过多种方式和手段及时推送到用户指定的位置。

④ 开展全民教育——数字图书馆突破了时空限制,营造出进行全民终身教育的良好环境。通过数字图书馆,各种年龄、各种文化层次及知识背景的人都可以根据自己的实际情况,选择适合自己的内容、场所、时间等,进行自主、自助性学习,接受各种专业训练和教育。

⑤ 提供文化休闲——数字化环境中的新型馆藏文献能够把文字、声音、图像等结合在一起,向大众提供丰富多彩、形象逼真的休闲和文化信息,使读者闻其声,见其形,既获得知识,又获得精神上的享受,满足读者的各种兴趣爱好。

4.4.2 数字图书馆的服务

1. 提供资源统一检索

随着数字资源的总量不断增长,针对单一资源或某个数据库逐一检索的模式,不仅浪费用户时间和精力,也造成了检索效率的低下,容易出现检索结果遗漏或重复现象。同时,由于各资源系统的异构性,使得“信息孤岛”现象日益严重。而数字图书馆为用户提供了集成各类资源、利用方便简易、检索功能强大的“统一检索平台”,为人们开展信息检索与利用活动创造了良好的环境。图 4.4.1 列举的就是浙江网络图书馆(http://www.zjelib.cn/)的检索界面。

2. 编制网络导航体系

国内外许多大学及公共图书馆亦设有完善的网络导航体系,可以引导用户高效率地检索与利用最需要的信息。对于搜索有关学科及专业信息的人员来说,熟悉相关的网络资源导航系统无疑会收到事半功倍的效果。

图 4.4.1　浙江网络图书馆

北京雷速科技有限公司开发的方略知识管理系统是面向学术、科研、教学、考试、管理等各个学科提供集数据库服务、深度研究、专业咨询于一体的百科知识门户网站，囊括了哲学、人文社会科学、自然科学、工程技术、医学、农业科学等各个专业领域的内容。它是进行学术、科研、教学、考试、管理活动不可缺少的智囊。方略知识管理系统是由经典理论、哲学宗教、社会科学总论、政治、法律、经济、文化教育、语言文字、文学、艺术、历史、地理、自然科学总论、数学、力学、物理学、化学、天文学地球科学、生物科学、医药卫生、农业科学、工业技术、交通运输、航空航天、环境科学、安全科学 26 个学科网站组成的学术网站集群。每个学科网站设有知识要闻、国际动态、人物、学科导航、研招资料、会议中心、学术指南、知识库、方略之星、方略聚焦、方略论坛、方略博客等十几个栏目。方略知识管理系统将各个学科领域国内外的知识动态、学术会议、知识精英、学术资源、研招资料等高品质的灰色学术文献包罗无遗，并通过先进的知识管理技术，为广大学术工作者、科研工作者、教学工作者、管理工作者以及高级求学者提供了一个良好的知识平台(图 4.4.2)。

3. *提供虚拟参考咨询*

虚拟咨询服务是指在数字化信息环境下，图书馆以网络为传输手段，以数字化的信息资源为基础，通过电子邮件或在线答询等形式，向用户提供的具有个性化、及时性的参考咨询服务。以下介绍几个具有代表性的虚拟咨询服务平台。

(1) 全国图书馆参考咨询联盟(http://www.ucdrs.net/admin/union/index.do)

全国图书馆参考咨询联盟是在全国文化信息资源共享工程国家中心指导下，由我国公共、教育、科技三大系统图书馆合作建立的公益性服务机构，其宗旨是以数字图书馆馆藏资源为基础，以因特网的丰富信息资源和各种信息搜寻技术为依托，为社会提供免费的网上参考咨询和文献远程传递服务(图 4.4.3)。

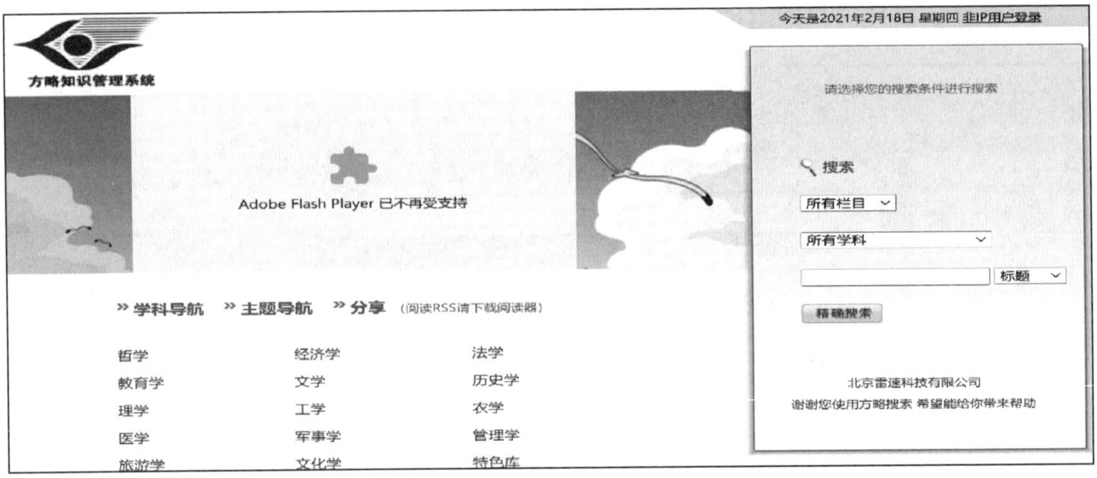

图 4.4.2　方略知识管理系统

图 4.4.3　全国图书馆参考咨询联盟

(2) 网上联合知识导航站(http://vrd.library.sh.cn/)

该导航站以上海市各类图书馆和科研机构等的馆藏资源为基础,以因特网的丰富信息资源和各种信息搜寻技术为依托,以来自上海、全国各地以及海外图情界的资深参考馆员和行业专家为网上知识导航员,旨在为广大用户提供知识导航以及相关的参考借鉴信息(图 4.4.4)。

此外,各高校和科研机构在图书馆的网站上也纷纷设立了虚拟咨询服务平台,例如中国科学院文献情报中心——网上咨询台(http://dref.csdl.ac.cn/dref/home.htm),通过这些平台随时为用户答疑解难。

4. 开展文献传递服务

众所周知,某个单位图书馆的馆藏资源是不能完全满足其用户信息需求的,走资源共建共享之路,开展馆际互借和文献传递服务是弥补本馆资源不足、满足读者需求的有效方式。联手各类图书馆、依托国内外各种图书馆协作机构(如 OCLC、CALIS、NSTL、CASHL 等)开展文献传递服务,满足用户对缺藏文献的需求,已经成为现代图书馆提供网上信息服务的常见手段。

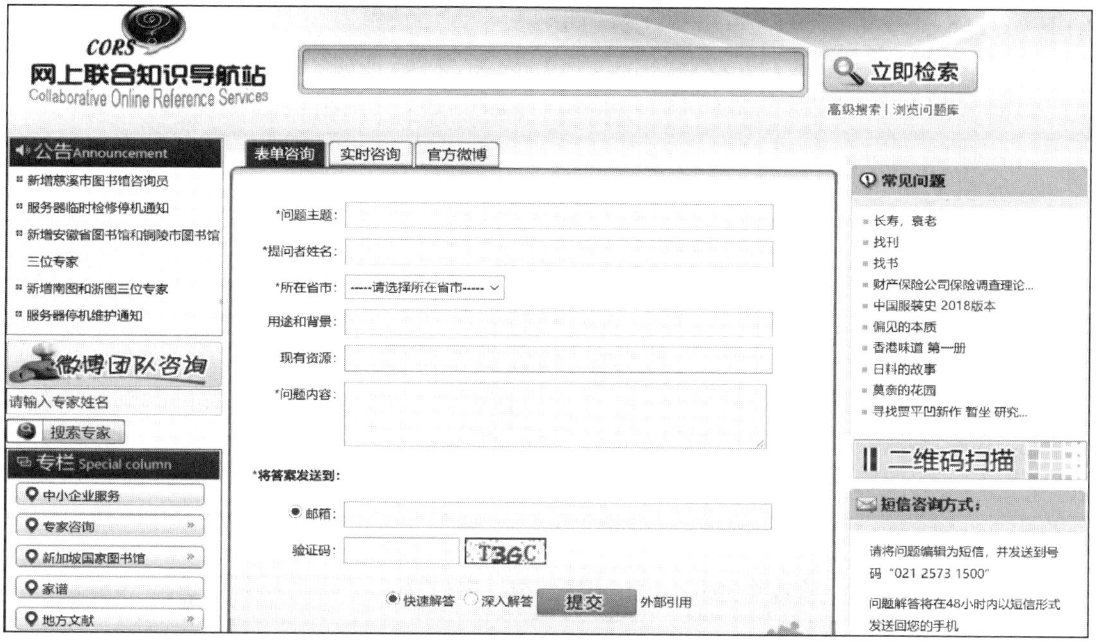

图 4.4.4　网上联合知识导航站

4.4.3　数字图书馆举要

1. 世界数字图书馆(https://www.wdl.org/zh/)

2005 年 6 月,美国国会图书馆馆长毕灵顿向联合国教科文组织提议建立世界数字图书馆(the world digital library)(图 4.4.5)。它由联合国教科文组织及 32 个合作的公共团体共同成立,而由全球规模最大的图书馆——美国国会图书馆主导开发。参与这项计划的馆藏与技术合作国家,从巴西到英国、中国、埃及、法国、日本、俄罗斯、沙特阿拉伯及美国等的图书馆及文化机构都有,他们将无价的文化素材数字化,让读者在网络上即可取得。网站于 2009 年 4 月 21 日在联合国教科文组织(UNESCO)总部所在地巴黎正式启用,提供全球读者免费使用珍贵

图 4.4.5　世界数字图书馆中文站

的图书、地图、手抄本、影片与照片等服务。世界数字图书馆馆藏包罗万象,从图书到档案都有,使用者可利用 7 种语言,包含阿拉伯文、中文、英文、法文、葡萄牙文、俄文与西班牙文。

目前,关于中国的文献藏品有 47 种,展示了中国历史文化的精华,而且不乏“国宝”,比如甲骨文、碑刻、《四库全书》等。

2. 中国国家数字图书馆(http://www.nlc.cn/)

从 1994 年开始,中国国家图书馆按照数字化、网络化建设的思路,进行数字图书馆的研究和建设工作。现在可以方便地进行联机公共目录馆藏查询等服务。国家数字图书馆(图 4.4.6)工程于 2008 年 8 月正式向公众开放,是最大的中文文献收藏中心和中文数字资源基地,以及中国最先进的信息网络服务基地。通过中国国家数字图书馆,读者可以通过在线阅读、在线展览、在线讲座、在线视听等方式,实现远程访问。如在线讲座,读者可以根据个人信息需求,在中国国家数字图书馆网页选择自己所需的信息内容。

图 4.4.6 中国国家数字图书馆(主页)

目前,随着“全国文化信息资源共享工程”和“国家数字图书馆推广工程”的实施,许多省市以图书馆的传统文献和数字资源为基础,以“共建、共享、共通、共赢”为目标,运用先进的网络技术,打破地域限制,为广大读者打造统一的、“一站式”资源和服务平台。如 2009 年 4 月开通的浙江网络图书馆(http://www.zjelib.cn/)是以全省公共图书馆为成员馆的网络化数字化图书馆,相类似的还有珠江三角洲数字图书馆联盟(http://dlib.gdlink.net.cn/)、西安市公共图书馆全媒体服务共享平台(http://www.xalib.superlib.net/)等。

3. 美国记忆项目(https://www.loc.gov/)

美国记忆项目(American Memory from the Library of Congress,AMMEM)是由美国国会图书馆主持的一个关于美国文化和历史的数字图书馆项目。它将主要历史档案、文化资料,包括各种类型的资源(图书、小册子、手稿、单面印刷品、音乐、声音记录、照片、艺术图片和活动的画面等)，几乎不加编辑地转换为数字化格式，提供给美国的研究者、学者或一般读者作为教育或终身学习之用，可以按分类浏览目录或按章节进行内容检索(图 4.4.7)。

图 4.4.7　美国记忆项目网站

复习思考题

1. 网络信息资源的特点和种类主要有哪些?

2. 开放教育信息资源的特点和作用有哪些? 请列举你常用的 5 种相关资源(并建立链接)。

3. 选择某一主题，利用网上的开放存取资源进行检索，并给出结果。

4. 使用不同的搜索引擎查找同一主题的信息，试比较查找结果的异同。

第 5 章　信息检索综合利用

在前几章里，我们全面介绍了信息检索的基础知识和各种信息检索系统（数据库）的使用方法。但是，正如本书第 1 章所言，信息检索活动不是目的，它只是人们为了提高学习、工作、研究水平以及改善生活品质等所采用的有效手段或措施之一。信息利用才是人们开展各种信息检索活动的最终目的，是从事创新活动的必然行为，它贯穿于一切人类所从事的活动之中，就好像是人类生存与空气、水之间的不可分割的关系。本章，我们将着重讲述信息利用对学习、研究及科技活动的支持作用及相关知识，即信息检索综合利用及相关问题。

5.1　信息鉴别及筛选

随着科学技术的飞速发展，信息的产生数量、表现形式、有效时间、传播方式及其传播途径、速度、范围等，都不断地在发生着变化，甚至瞬息万变。诚如本书第 1 章所言，各种陈旧信息、重复信息、干扰信息、虚假信息、错误信息、有害信息充斥于当前信息环境之中。如何在纷繁复杂的现代信息环境中分辨出信息质量的优劣高下？如何在信息检索的过程中以最短的时间、最经济的手段、最专业的方法，获得最全面、最权威、最准确的信息，来满足人们不同的信息需求，从而提高各种活动的价值和效益？因此，信息鉴别与筛选工作在人们信息利用环节起着关键性的作用，并且将贯穿于整个信息检索与利用全过程。

由于信息所涉及的范围十分广泛，对于不同的信息其鉴别和筛选方法与标准都各有侧重，为了突出重点，本教材主要介绍文献信息的鉴别和筛选。

5.1.1　信息鉴别与筛选

信息鉴别与筛选是指围绕用户的活动需求，在信息检索的过程中，对所要选择的资源以及对检索到的有关信息，进行比较和分析，即按照特定的标准和要求，对它们进行仔细的甄别、核查、挑选、确认，最终予以归纳整理、去伪存真、取精用宏的过程及活动。其中涉及以下几方面问题。

1. 信息鉴别

信息鉴别是对信息进行质量上的评价和核实。需要抓住两个重点。第一，真伪鉴别，即确认信息的客观存在性和真实性。对那些真实性、可靠性、准确性存疑的信息和数据，需要及时加以核实、考证、确认。第二，程度鉴别，即便同属真实的内容，也有程度深浅、时间先后、生产单位资质差异的存在，从而显示出它们在质量方面的不同与高低。

2. 信息筛选

信息筛选应该是对经过鉴别或准备采用的信息进行可用性、必要度的挑选和把关。这需要依据用户对所开展活动的定位、目标来决定。需要对照、比较各种材料，深入分析信息内容，判断其价值大小、影响程度，去掉不需要的、无用的信息，进而选定那些最符合用户需求的信息。

3. 信息分析

信息分析可以定义为：以社会用户的特定需求为依托，以定性和定量研究方法为手段，通过对社会信息的搜集、整理、鉴别、评价、分析、综合等系列化的加工过程，形成新的、增值的信息产品，最终为特定的需求提供决策服务的一项智能活动（信息分析的功用、方法等详见5.5小节）。

4. 信息资源评价

信息资源评价是指对信息资源的学术价值、影响力度等所做的评估。评价的标准可以有多种维度和内容，但最主要的内容是：① 信息资源的科学性——具体表现在资源内容的先进性和真实性两个方面。先进性指信息资源内容必须具有新颖性、独创性、科技含量高的特点。真实性指信息资源内容应当体现客观性、确定性、完整性、无虚假性的特征。② 信息资源的重要性——主要指信息资源所反映的科技成果、学术思想要具有代表性、准确性、不可或缺性。③ 信息资源的影响力——是指相关信息资源在所属领域具有领头作用，属于业内用户不可不用且反复引用的对象。

信息资源的评估，往往由具有相当资质的专家系统或专门机构来承担。而经过权威机构评定的优质信息资源，往往成为我们在开展信息检索与利用时鉴别和筛选信息的良好参照与标准。

5.1.2　信息鉴别与筛选原则

如前所述，信息鉴别与筛选活动实际上将伴随信息检索与利用活动的全过程，同时，个人的信息鉴别与筛选能力的提高，也是一项伴随用户专业知识、文化素养、社会经历、检索实践不断增加而逐渐提升的过程。通常，当我们在开展信息鉴别和筛选活动的时候，我们应该把握下列原则。

1. 相关性原则

相关性原则强调的是信息内容与信息需求的实际关联程度。它要求搜集到的信息内容，在学科专业、主题概念、区域和时间范围上要尽可能地与检索目标有更多的相关和契合。

2. 可靠性原则

可靠性原则强调的是信息的来源是否权威、正式。一般来说，人们更愿意接受来自权威部门发布的“正式信息”，即是信息鉴别与筛选中坚持可靠性原则的显著事例。另外，也可以采用与同类信息进行比较的方法来判断信息的可靠性。比如秘密或内部资料比公开资料的可靠性大；技术档案、科技报告、技术标准、专利文献信息比一般书刊可靠性大；著名大学、著名科研单位、著名出版社的出版物信息可靠性更高；国内知名专家、学者、教授、工程师撰写的文章所提供的信息比较可靠。

3. 新颖性原则

新颖性原则亦称先进性原则，指信息内容要具有新意，具有独创性。在现代科学研究中，信息检索的效果不仅体现在所搜集文献信息资源的数量、质量等方面，还体现在时间上，只有迅速及时地掌握与研究课题有关的文献信息，才能发挥出文献的重大作用。在同类信息中尽量选择最新的，最好是别人没有使用过的，如果是司空见惯的资料，最好是做了新的阐释或者有更新或创新。新颖性判断，主要是看信息是否有新理论、新观点，是否提出或介绍了什么新工艺、新设计、新材料、新产品等。另外，也可从信息资料发表的时间来判断内容是否新颖。一般来说，发表或出版的时间越近，就越具时效性，可能就越新颖。新颖性原则强调的是信息所具有的时效性。

4. 适用性原则

适用性原则是指信息对用户适用的程度。要求搜集的信息具有实用性,包括明显或潜在的用途、在当前或不久的将来的适用性等。判断适用性主要是看信息资料涉及的理论、技术、工艺、方法、材料、设备等是否合乎国情。一般而言,来自科学技术发展处于同一水平、同一发展阶段,自然或科研条件相似的国家、地区或科研单位的资料,适用性较大。另外,由于信息对于每个人的价值各不相同,一个人也不可能接受所有的信息,他只关心与自己相关的有用信息,因此,也可从信息资料的读者面来判断,读者的人数越多,信息资料的使用价值可能就越大;读者的职业面越宽,说明该技术的适用范围越广。

当然,通过参考他人观点,结合事实观察和推理归纳,也可作为判断信息是否真实可用的一种途径。

5.1.3 信息鉴别与筛选的步骤

信息鉴别与筛选一般包括以下几个步骤。

1. 整理信息

(1) 归类信息

确定信息检索目标后,应该制订能准确表达检索意图的检索策略,从而做到检索结果的广泛性、代表性和准确性。面对大量的检索结果,我们首先应该对它们进行分门别类的整理和排序。或按照学科分类,或按照研究主题分类,或根据资料的出版时间分类,或按照它们的文件格式分类等。总之,只有对信息进行科学的归类整理,才能方便我们之后的进一步利用。

(2) 阅读文献

阅读必须讲求效率,可以用精读与泛读交替进行的方法,即广泛粗看,少量精看。开始研究前不必读完所有文献,可以有选择地阅读,从最新的期刊论文和会议论文开始。先看文摘,判断有价值后,再去看正文。浏览全文时,不必从头看到尾,不必句句都看懂,要抓住精华,只读你认为重要或能给你不同观点的部分,关注文中图表,关注文章结论。

(3) 抓住要点

阅读中需要思考,要搜集主要数据或事实,对资料中的内容进行记录,记录文章中重要的和有帮助的内容、每一个新的结果、文章的总结,写下自己的想法、感兴趣的难题、可能的解决方法、文章的概要、相关的印证。具有以下内容的资料应该作为记录的重点:① 本课题的新资料;② 经典论断或权威人士、知名专家的相应观点;③ 新颖的见解,无论这种见解和自己已有的观念是相同的还是相异的;④ 有存疑的资料、有待查证的数据和其他需要核实的内容;⑤ 有争议的内容,特别是正在进行的争论;⑥ 自己认为有必要澄清或辨明的事实、数据、见解,乃至方法、程序等;⑦ 检索资料时自己偶发的联想;⑧ 资料中精美的语词或其他独到的表述。

(4) 提炼信息

根据需要对所掌握的信息内容进一步进行整理,从中提炼出各种精约化的优质信息,如:本研究的关键论点是什么,文章解决了哪些细节问题,有没有典型案例,本研究和该领域其他工作的关系是什么,该主题领域还有哪些相关的论点,文中观点对解决自己的研究问题有什么帮助,还有哪些没有解决的问题等,还要关注其参考文献的情况。这一阶段要全面地整理笔记和文献,使用的方法包括:① 汇编法,将原始资料中的各种有用事实与数据汇总在一起,然后按一定方法编排加工,以方便利用。也可以直接保存读过的文章,建立参考书目,如能记下所需内容在文章中的位置则最好。② 摘要法,对原始信息的内容进行浓缩加工,抽取其中的主要事实和数据形成二次文献,它对原始信息的主要内容具有替代作用。③ 综述法,对同一课题大量的原始信息进行分析、归纳和综合而形成具有研究性的信息产品。综述可以是叙述性的,也可以是评论性的。

2. 筛选信息

筛选信息包括对经过整理的信息予以评审及核查的过程。

① 评审信息。集中时间对每一条信息进行初步浏览,通过对其题目、作者、关键词、文摘及出版单位等的基本了解,初步判断其价值:是否来自核心期刊、来自国际著名检索系统收录范围、来自知名作者、来自授权专利、来自最新的学术会议、来自著名出版机构等的评鉴。通过对文献本身的全文浏览,确认其反映的内容是否具有新意或创意、思想观点是否独到或创新等,剔除掉那些虚假粗劣、陈旧过时、无实际利用价值的信息,初选出一批准备采用的对象。

② 核查信息。在以上初选对象范围内,对那些"人云亦云"的内容予以剔除,对有疑问的信息做进一步核实和查证,同时,补充有可能被遗漏或忽视的重要信息。

③ 选定信息。即对经过鉴别的信息资料做进一步的处理,择优汰劣,选定那些内容新颖且针对性强、反映事物本质属性、有明显用途或潜在用途的具有重要参考价值的信息予以利用。

如前所述,信息鉴别与筛选是贯穿于信息检索与利用全过程的活动,在信息搜集过程中,人们往往是多多益善、面面俱到,但真正能为我们所用且利用价值大的信息,是需要用户通过认真和仔细的鉴别与筛选得到的。因此,我们只有通过不断的实践和努力,提高整理信息、筛选信息、利用信息的能力和水平,进而提高我们的学习、研究和创新能力。

5.1.4　信息资源评价指标及系统

对信息资源的评价指标及常用系统的了解,不仅有助于我们在信息鉴别与筛选活动中提高效率,也同样对我们选择检索系统、提高检索结果质量、撰写高质量学术论文、投稿到有影响力的刊物等产生直接的、重要的影响。

本书第 3 章重点介绍的 SCI(科学引文索引)、EI(工程索引)和 CPCI(科技会议录索引,原 ISTP)不仅是世界著名的三大检索工具,也是重要的科研成果评价系统。以下我们将对它们以外的一些重要信息资源评价指标及其他一些在国内外具有一定影响力的文献信息评价系统的基本情况进行介绍。

1. 影响因子

影响因子(impact factor, IF),即某期刊前两年发表的论文在统计当年的被引用总次数除以该期刊在前两年内发表的论文总数。它是国际上通行的期刊评价指标之一。

一般来说,影响因子越高,文献的整体质量越高。但需要特别说明的是,影响因子是对整本期刊文献的统计,不代表其中发表的每一篇论文的情况,因此不能作为评价某篇论文质量的唯一标准。

(1) 查询外文期刊的影响因子

① JCR(Journal Citation Reports)(期刊引证报告)

JCR 是 Web of Science 数据库中的一个综合性、多学科的期刊分析与评价报告,由美国科学信息研究所(ISI)编制出版，它客观地统计 Web of Science 数据库收录的期刊所刊载论文的数量、论文参考文献的数量、论文的被引用次数等原始数据，再应用文献计量学的原理，计算出各种期刊的影响因子、立即影响指数、被引半衰期等反映期刊质量和影响的定量指标，用以评估某种期刊在学术文献中的地位。2017 年 6 月发行的最新 JCR 共涵盖 81 个国家、236 个学科的 11 459 种期刊。其中 JCR Science Edition 用于查询自然科学类期刊，JCR Social Sciences Edition 用于查询人文社会科学类期刊。

② ESI(Essential Science Indicators)(基本科学指标)

ESI 是由世界著名的学术信息出版机构美国科学信息研究所于 2001 年推出的一项文献评价分析工具。这是一个基于 Web of Science(SCIE/SSCI)(即 SCI[(Science Citation Index Expanded)(科学引文索引)和 SSCI(Social Sciences Citation Index)(社会科学引文索引)]所收录的全球 11 000 多种学术期刊的 1 000 多万条文献记录而建立的计量分析数据库，是当今世界普遍用以评价高校、学术机构、国家/地区国际学术水平及影响力的重要评价指标工具之一。

ESI 从各个角度对各国科研水平、期刊的声誉和影响力，以及科研机构和科学家的学术水平进行全面衡量，并对当前正在深入研究和有突破性进展的科学领域进行直观反映。通过该数据库，用户不仅可以了解在各研究领域中最领先的国家、期刊、科学家、论文和研究机构，识别科学和社会科学领域的重要趋势与方向，还能够确定具体研究领域内的研究成果及其影响，评估潜在的雇员、合作者和竞争对手，并对彼此的研究业绩和竞争能力进行评估，从而具备更深层次的战略竞争情报意义。除提供具体数据图表以外，ESI 还为用户提供了简要的数据分析指导，并为所有图表提供解释性的链接页面。

高引用论文是指与同一领域、同年发表的其他论文相比，引文次数排在前 1%的论文，它统计的是近十年的引用数据。热文是与同一领域的其他论文相比，过去两年被引用次数排在前 0.1%的论文。

③ ISI-InCites

InCites 是基于 Web of Science(SCIE/SSCI)权威引文数据建立的科研评价工具。可以着重从以下三个角度进行科研产出及影响力分析。

机构引文报告：以科研机构为单位，提取该机构研究人员所发表的论文及引用信息，同时提供高附加值的文献计量学指标进行深入的分析和有效的科研评估，帮助科研机构及时了解本机构的发展情况。

国家指标数据：以国家及地区为单位，汇总其论文与引文总数，同时提供全球 170 多个国家与若干个地区[亚太(不包括日本)、欧洲共同体、拉丁美洲、中东、北欧、OECD]在各学科领域的综合研究效绩评估指标。

机构指标数据：以大学或研究机构为单位，汇总其论文与引文总数，同时提供各国大学/研究机构在各学科领域的综合研究绩效评估指标。

(2) 查询中文期刊的影响因子

① 中科院期刊分区

中科院期刊分区的全称为中国科学院 JCR 期刊分区，又称中科院分区、分区表、期刊分区，是中国科学院文献情报中心的科学研究成果，由科学计量中心负责研制和发布，对 Clarivate Analytics 发布的 JCR 中的 SCI 期刊进行分区。每年 10 月发布最新分区数据。

中科院期刊分区按学科划分大类和小类。大类依据国内高校学位办公室的分类体系，结合 SCI 覆盖的内容分成 13 个学科领域，小类借用 JCR -学科分类体系，在每个学科下，以学术影响力作为划分方式，把所有期刊按 3 年平均影响因子由高到低排列，依次分为 1～4 区，其中，1 区期刊为整个学科数量总数的前 5%，2～4 区按 3 年平均 IF 总和相同的方式划分。一般来说，对于某一种刊物，常用的说法为“某期刊位于某学科的几区”。

大类下设置 Top 期刊（如大类的 1 区期刊默认为 Top 期刊，以及 2 区期刊中 2 年总被引频次位于前 10%的期刊），从 2016 年开始扩大了 Top 期刊的范围，把小类的 1 区期刊也设置为 Top 期刊。中科院期刊分区可通过数据在线平台（www.fenqubiao.com）和微信公众号（fenqubiao）获取。

②《中国科技期刊引证报告》（CJCR）

中国科技期刊引证报告由中国科学技术信息研究所（ISTIC）每年出版发布，其数据源以万方数据库的期刊数据为主要来源，覆盖自然科学技术和社会科学领域全部研究学科，是我国最权威的期刊质量评价报告之一。《中国科技期刊引证报告》分为核心版及扩刊版。核心版选用中国科技论文统计源期刊（即中国科技核心期刊），选用总被引频次、影响因子、即年指标、他引率、引用刊数、扩散因子、学科扩散指标、学科影响指标、被引半衰期等多种指标，根据不同的权重系数对期刊进行综合评价。扩刊版基本囊括我国出版的学术技术类科学技术期刊和理论研究性社会科学期刊，是核心版的扩展和补充。

③ 中国科技期刊引证指标数据库（CSCD JCR Annual Report）

中国科技期刊引证指标数据库是根据中国科学引文数据库（Chinese Science Citation Database，CSCD）年度期刊指标统计数据创建的，以 CSCD 核心库约 1 100 余种期刊为基础，包括期刊论文题录及中文引文数据。

④ 中国科技论文与引文数据库（CSTPCD）

中国科技论文与引文数据库由中国科学技术信息研究所于 1998 年建立，广泛应用于国家科技政策决策、科研成果管理、科技期刊评价和文献计量学的研究；收录 2 200 余种中国科技期刊作为中国科技论文统计源期刊，具有“文献检索服务”“文献被引用检索服务”“中国科技期刊引证报告”三大功能；包括期刊论文题录、文摘及引文数据。

⑤ 中文社会科学引文索引（CSSCI）

中文社会科学引文索引由南京大学中国社会科学研究评价中心编制，提供中文人文和社会科学期刊影响因子。CSSCI 采取定量与定性评价相结合的方法从全国 2 700 余种中文人文和社会科学期刊中精选出学术性强、编辑规范的期刊作为来源期刊。目前收录包括法学、管理学、经济学、历史学、政治学等在内的 25 大类的 500 多种学术期刊，据 2012 年度统计，现已开发的 CSSCI（1998—2009）数据，来源文献近 100 余万篇，引文文献 600 余万篇。CSSCI（2017—2018）收录来源期刊 554 种，扩展版收录来源期刊 200 种。

⑥ CNKI 的中文期刊影响因子

CNKI 的中国学术期刊影响因子年报（网络版）为每个刊物提供了“综合影响因子”和“复合影响因子”两个指标。比较简单的一种检索方法是在期刊库的检索结果页面，把鼠标指针停留在来源期刊的刊名上，即可显示这两个影响因子的最新数据。

复合影响因子，是以期刊、学位论文、会议论文为复合统计源文献计算被评价期刊前两年发表的可被引文献在统计年的被引用总次数与该期刊在前两年内发表的可被引文献总量之比。

综合影响因子——主要是指文、理科综合，是以科技类期刊及人文社会科学类期刊综合统计源文献计算被评价期刊前两年发表的可被引文献在统计年的被引用总次数与该期刊在前两年内发表的可被引文献总量之比。

以上介绍的几种国内外期刊影响因子数据库,属于目前使用比较多的信息资源评价系统,对它们的使用都有用户权限的规定,非数据库订购单位的用户是不能在网上免费利用它们的。

2. h 指数

h 指数是2005年美国加州大学物理学家Hirsch设计的一种用于研究人员个人科研成就评价的指标。如果某科研人员一定期间内发表的论文至少有 h 篇的被引频次不低于 h 次,则其 h 指数等于 h,可简单地表述为“有 h 篇论文被引用了不少于 h 次。”

h 指数的计算方法:将科学家一定时段内的论文,按被引频次从高到低排列并给每篇论文赋予一个序号,将每篇论文的序号和被引频次进行比较,找到某篇论文的序号 h,使该序号 h 小于或等于它的被引频次,而其下一篇论文的序号($h+1$)大于它的被引频次。

例:某学者发表的8篇论文A～H,其中,序号为6的“论文F”,被引频次亦为6,而序号为7的“论文G”的被引频次为4(小于7),故该学者的 h 指数为6(表5.1.1)。

表5.1.1　某学者的 h 指数计算

序号	论　文	被引频次	判　　定
1	论文A	20	1<20
2	论文B	17	2<17
3	论文C	12	3<12
4	论文D	9	4<9
5	论文E	8	5<8
6	论文F	6	6=6,h 指数为6
7	论文G	4	7>4
8	论文H	1	8>1

h 指数主要用于科研人员个人成就评价,随着 h 指数在实践应用中的不断推广,现在已被扩展应用到学科领域、出版物、研究机构、国家等不同评价对象。在Web of Science数据库可以直接查询 h 指数。登录http://isiknowledge.com/wos,用作者姓名检索,在检索结果页面右上角点击“创建引文报告”,在显示页面右上角即能找到 h 指数。

3. g 指数

g 指数是比利时著名科学计量学家埃格赫(Egghe)提出的基于学者以往贡献的评价指数,是将某一作者发表的论文按被引频次从高到低排序,每一篇论文按照排序给一个序号,并将序号平方,被引频次逐次累加,当序号平方等于累计被引频次时,这时的序号就被定义为 g 指数。如果序号平方与累计被引频次不相等时,即序号平方小于或大于累计被引频次时,则认定最接近累计被引频次的序号为 g 指数。

g 指数充分考虑了学者以往发表的论文对其后续学术生涯的影响,体现了知识的累积性和继承性,被认为是改进的 h 指数。g 值越大,表明学者的学术成就越大。

某学者的 g 指数计算如表5.1.2所示。

表 5.1.2　某学者的 g 指数计算

序号	序号平方	论文	被引频次	累计被引频次
1	1	A	20	20
2	4	B	10	30
3	9	C	9	39
4	16	D	8	47
5	25	E	7	54
6	36	F	5	59
7	49	G	5	64
8	64	H	4	68
9	81	I	4	72
10	100	J	3	75

4. F 因子

F 因子，即 Faculty of 1000（简称“F1000”），是 21 世纪国际上新推出的文献评价指标。由美国哈佛大学和英国剑桥大学等国际上高知名度的生物学和医学研究学者和临床医师组成评委会成员，对其阅读的医学论文进行评述、评分和汇总，根据评分计算出 F1000 进行论文排名，从中评选出最有价值的、重要的学术论文，赋予 F1000 论文称号。F1000 论文分 Recommended（推荐）、Must Read（必读）和 Exceptional（优秀）三个等级。

F 因子可通过 Faculty of 1000 同行评价数据库查询（网址是 http://f1000.com/），该数据库所收录的论文都是刊登在生物科学与医学领域的期刊中，并经由 1 000 名生物学及 2 500 名医学领域专家所推荐及审核过的，其中每一篇文章都有学者专家所给出的评语及推荐等级。

通过 F1000 检索，可以快速了解本专业领域内最受关注、有重要价值的前沿文献，了解感兴趣的期刊发表的文章受到何种关注、专家评价观点和意见。

F1000 与 SCI 都用于期刊或论文学术水平的评价，它们的不同之处如下。

（1）更新时间不同。F1000 每日更新，而 SCI 的 IF 值每年更新一次。

（2）评价对象不同。SCI 针对评价最受关注的学术期刊本身，它通过期刊的影响因子来判断文章的影响因子，但不能说明文献本身存在的学术价值。换句话说，高影响因子的期刊上发表的每一篇文章并非都具有同样高的学术水平，高学术价值的文章并不一定发表在高影响因子的期刊上。F1000 对论文的评价是专家根据其学术价值给出的评分，不管文章是否发表在高影响因子的期刊上。

（3）评价方式不同。SCI 通过引用关系进行评价，F1000 通过专家、依据论文的科学性和临床实用性进行直接评价。专家为每篇文章写一简短评价，不考虑期刊本身的状况和影响。

5. 核心期刊

1931 年著名文献学家布拉德福首先揭示了文献集中与分散规律，发现某时期某学科 1/3 的论文刊登在 3.2%的期刊上；1967 年联合国教科文组织研究了二次文献在期刊上的分布，发现 75%的文献出现在 10%的期刊中；1971 年，SCI 的创始人加菲尔德统计了参考文献在期刊上的分布情况，发现 24%的引文出现在 1.25%的期刊上。这些研究都表明期刊存在“核心区域”,从而衍生了“核心期刊”的概念。文献分布是有规律可循的,任何一个学科,其文献总量呈现一种特殊的分布规律,会形成核心、重要和一般三个部分。

(1)《中文核心期刊要目总览》(2014 年版)

《中文核心期刊要目总览》亦称北大核心期刊,由北京大学图书馆联合北京多所高校图书馆及中国科学院国家科学图书馆等 27 个相关单位研究编制,旨在“为图书情报部门对中文学术期刊的评估与订购、为读者导读提供参考依据”。每四年评定一次,分别于 1992 年、1996 年、2000 年、2004 年、2008 年、2011 年出版了六版。2011 年后改为每 3 年出版一次,于 2014 年、2017 年分别出版了第七、第八版。目前第九版(也称 2020 年版,2021 年 3 月由北京大学出版社出版)的学科类目设置项目继承 2017 年版学科类目,共分为七编、74 个学科、147 个核心类目。

《中文核心期刊要目总览》采用被索量、被摘量、被引量、他引量、被摘率、影响因子、他引影响因子、被国内外重要检索工具收录、基金论文比、Web 下载量、论文被引指数、互引指数 12 个评价指标对期刊进行定量评价,选作评价指标统计源的数据库及文摘刊物达 60 余种,其学术评价方面的功能日渐突出。

《中文核心期刊要目总览》由各学科核心期刊表、核心期刊简介、专业期刊一览表等几部分组成,可以查询学科核心期刊及正在出版的学科专业期刊,是图书情报机构和广大学者不可或缺的参考工具书。

(2)《中国人文社会科学核心期刊要览》(2014 年版)

《中国人文社会科学核心期刊要览》由中国社会科学院文献计量与科学评价研究中心研制,社会科学文献出版社出版,分为 23 个学科类目,包括法学、管理学、环境科学、教育学、经济学、考古学、历史学、马克思主义、民族学与文化学、人文地理学、社会学、体育学、统计学、图书馆情报与档案管理学、文学、心理学、新闻学与传播学、艺术学、语言学、哲学、政治学、宗教学、综合性人文社会科学。

《中国人文社会科学核心期刊要览》的统计数据主要来自三部分。

第一,中国人文社会科学引文数据库(CHSSCD)。该库是中国社会科学院年度收文量较大的引文数据库,对来源期刊严格筛选,数据质量可靠,是国内人文社会科学研究机构及高校作为学术评价的重要参照。该库收录了国内 733 种社科人文类期刊,包括 17 种顶级刊、40 种权威刊、430 种核心刊和 246 种扩展刊。

第二,中国人文社会科学文摘数据库。该库是中国社会科学院图书馆建设的统计量较大的转摘数据库,收录的文摘刊物有三种类型:①《中国社会科学文摘》《新华文摘》和《高等学校文科学术文摘》;② 重要报纸理论版和核心期刊的转摘文章;③ 中国人民大学书报资料中心的《复印报刊资料》。

第三,其他数据源。主要参考公开发表的各种期刊统计数据,包括其他评价系统公布的核心期刊、引文数据库来源期刊、期刊引证报告中的各类统计数据。

除了上述两种,还有以下三个核心期刊遴选体系:南京大学“中文社会科学引文索引(CSSCI)来源期刊”、中国科学院文献情报中心“中国科学引文数据库(CSCD)来源期刊”、中国科学技术信息研究所“中国科技核心期刊”(又称“中国科技论文统计源期刊”)。此三种核心期刊出版物的相关情况见本章相关论述。

6. 中国科学文献服务系统(ScienceChina)

ScienceChina 建立于 1989 年,是中国科学院知识创新工程——国家科学数字图书馆资助项目之一。它集成了中国科学院文献情报机构所创建的、具有强大影响力的中国科学引文数据库、现期目次数据库、中国科学文献数据库，为用户构建了基于文献检索、引文链接、全文获取、网络咨询为一体的文献查找、全文获取、信息咨询的信息服务平台。

中国科学文献服务系统包括中国科学引文数据库、中国科学文献计量指标数据库、中国科技期刊引证指标数据库等。

(1) 中国科学引文数据库(CSCD)

中国科学引文数据库创建于1989年，分为核心库和扩展库，收录我国数学、物理、化学、天文学、地学、生物学、农林科学、医药卫生、工程技术、环境科学和管理科学等领域出版的中英文科技核心期刊和优秀期刊2 000余种。中国科学引文数据库除具备一般的检索功能外，还提供引文索引，可迅速从数百万条引文中查询到某篇科技文献被引用的详细情况，还可以从一篇早期的重要文献或著者姓名入手，检索到一批近期发表的相关文献，对交叉学科和新学科的发展研究具有十分重要的参考价值。该数据库的核心库是中国科学院院士推选，自然科学基金委员会国家杰出青年科学基金、中国青年科学家奖申报，自然科学基金委员会国家重点实验室评估，自然科学基金委员会资助项目后期绩效评估以及高校和科研机构成果申报、职称评审、绩效考核的指定查询库。

(2) 中国科学文献计量指标数据库(CSCD ESI Annual Report)

中国科学文献计量指标数据库数据自1999年开始，以CSCD及SCI年度数据为基础，对我国的科技论文进行了详细的统计，也对我国年度科技论文的产出力和影响力及其分布情况进行客观地统计和描述，多角度地展现我国科学研究的成果，可以辅助科研管理部门、科学研究人员了解我国科技发展的动态。

(3) 中国科技期刊引证指标数据库(CSCD JCR Annual Report)

中国科技期刊引证指标数据库是根据CSCD年度期刊指标统计数据创建的。该统计数据以CSCD核心库为基础，对刊名等信息进行了大量的规范工作，所有指标统计遵循文献计量学的相关定律及统计方法，这些指标如实反映国内科技期刊在中文世界的价值和影响力。

该指标数据库的特点是指标数据翔实丰富，统计指标包括期刊论文发文量、基金论文量、发文机构数、篇均参考文献数、自引率、引用半衰期、影响因子、即年指数、总被引频次、自被引率、被引半衰期等10余种，从不同角度揭示期刊影响力，尤其是从学科论文引用角度定位期刊影响力；非来源期刊可以查找到总被引频次或学科被引频次，在“被引频次总排行”和“学科引用排行”中，可以查找到总被引频次或者学科被引频次具有一定显示度的非来源期刊。

如前所述，对中国科学文献服务系统的使用，也是同样都有用户权限的规定，非数据库订购单位的用户是不能在网上免费利用它们的。

5.2 科技查新及应用

科技查新是借助完善的检索系统及有效的检索活动，通过对信息的检索、分析、筛选、利用，对已有成果予以鉴定和评价，对未来相关活动做出是否具有必要开展的事实陈述，旨在提供相对权威的意见和佐证的科研辅助工作，也是一项具有中国特色的信息查证活动。

5.2.1 科技查新概念

1994年6月《科技查新咨询工作管理办法》(讨论稿)第二条定义：“本办法所称的查新工

作,系指通过手工检索和计算机检索等手段,运用综合分析和对比方法,为评价科研立项、成果等的新颖性和先进性提供事实依据的一种公众性信息咨询服务工作。”

2001 年实施的《科技查新规范》(国科发计字〔2000〕544 号)对查新做出了规范的定义:“查新是科技查新的简称,是指查新机构根据查新委托人提供的需要查证其新颖性的科学内容,按照本规范操作,并做出结论。”

从国家相关部门对“科技查新”的定义可以看出,查新是一种基于文献检索和对比分析的信息利用活动,目的是对委托单位(或个人)所提出的科技开发项目、学术研究课题的申请及业已完成的科研项目、课题进行是否具有新颖性、先进性的分析、判断、鉴定。一般是由国家相关部门认定的专门机构(查新工作站)及具有相应查新咨询资质人员,利用信息检索方法提供文献查证结果的一种信息咨询服务工作,可以视作信息检索与信息利用活动的集中呈现。

5.2.2　科技查新的特点

科技查新与文献检索、专家评审的活动是有差异的。

1. 科技查新与文献检索的差异

其一,文献检索是查新的前期工作,在检索结果的基础上,查新人员需要将查新项目的预期新颖性与相关文献内容进行对比,并写出有依据、有结论的查新报告,所以,科技查新是文献检索+文献对比。其二,查新机构最终向用户提供的是查新报告,是以检出文献的客观事实对项目的新颖性做出结论。因此,查新的规范性比文献检索要严格,它在检索年限、范围、程序方面都有严格的规定。其三,查新对查全率、查准率有较高的要求,要求给出明确的结论。查新结论具有的客观性和鉴证性,是单纯的文献检索所不具备的。

2. 科技查新与专家评审的差异

专家评审主要是依据专家个人或群体的专业知识、实践经验以及所了解的专业信息,对被评对象创造性、先进性、新颖性、实用性做出的全面评价。而查新机构提供的查新报告,是对项目的查新结论,是文献检索、情报分析等方面的结论,是较系统、准确的客观依据和情报学评价,与专家评审有所不同,查新不是全面的成果评审结论。

5.2.3　科技查新的功能

1. 支持科研立项

旨在通过查新,确认科研课题在论点、研究开发目标、技术路线、技术内容、技术指标、技术水平等方面是否具有新颖性。科研立项查新的目的是为主管科研立题的专家和领导提供客观的文献信息依据,能真实地反映这些科研项目在国内外的研究现状和进展情况,以避免科研项目的重复、人力资源和物力资源的浪费,同时也便于科研人员在开题之前比较全面地研究文献信息,达到优化科研项目的总体设计、缩短科研周期、少走弯路以及快出成果的目的。目前,国家各部委、省、市、区(县)以及高等院校的科研管理部门对各自所辖范围的科研立项课题,都有严格的查新要求。

2. 支持科研成果鉴定

科研成果查新是申报科研成果奖励的必备条件,是成果鉴定、评估、验收、转化、奖励的重要依据和基础。对一项科研成果的评判,若无查新部门提供可靠的查新报告作为文献依据,单凭专家小组的专业知识和经验,难免会有不公正之处,可能会得出不确切的结论。这样既不利于调动科技人员的积极性,又妨碍成果的推广应用。高质量的查新,结合专家丰富的专业知识，便可防止上述现象的发生，从而保证鉴定、评估、验收、转化、奖励等的权威性和科学性。查新可以为科研成果的鉴定等提供客观的文献依据。

3. 支持专利申报

国家专利局对任何一项专利申请，都有严格的查新要求：新颖性、先进性、实用性。不过专利申报查新与科技成果查新却是有些差异的。我国专利的新颖性是混合性的，要求国外未公知，国内未公用，检索时间限制是申请日或优先权日之前的 15～20 年。而成果查新可以有国外新颖性、国内新颖性、地区或行业内新颖性等特征和区分。成果查新的文献检索时间限制也因为课题、学科差异而有所不同。我国科技部要求成果查新的文献时间范围至少 15 年。按照世界《专利合作条约》的规定，专利查新的最低文献量为英、美、法、德、日、俄、意 7 国及 PCT(专利合作条约)、EPT(欧洲专利公约)两组织的专利说明书和数百种核心期刊。而科研成果查新的文献检索范围应当包括图书、期刊、研究报告、专利、产品样本、会议资料、标本等。专利分为发明专利、实用新型专利和外观设计专利三种，对不同类型专利查新的侧重点也是不同的。

5.2.4　科技查新规范及机构

1. 科技查新的一般规范

(1) 对查新机构的规范

根据《科技查新机构管理办法》的相关规定，查新机构是需要国家有关部门进行考核、授权后才有资质从事该项工作的。一般来说，查新机构应具有企业法人或事业法人资格；有 15 年以上与查新专业范围相关的国内外文献资源和数据库；具备国际联机检索系统；有 3 名以上(含 3 名)取得国家或教育部科技查新资格的专职人员，其中具有高级专业技术职称人员不少于 1 名；有健全的查新规章制度；查新工作人员应有 3 年以上(含 3 年)查新业务实践和认定机关规定的其他条件。

(2) 对查新年限的规范

查新年限应根据课题内容和种类而定，一般科研立项查新不少于 5 年，通常为 10 年；科研成果鉴定查新至少为 10～15 年；有的大型重点课题应追溯到 20～30 年。

(3) 对查新质量的规范

科学技术部颁布的《科技查新规范》明确规定：查新是为科研项目(含立项、鉴定和评奖项目)提供创造性、科学性、实用性的情报证明(或情报依据)。若查新质量不高，漏检太多或评价不准确，便失去查新的意义。

查新质量主要表现在文献检索质量和查新结论质量两方面。

① 文献检索质量。查全率与查准率是判定文献检索质量的两个重要指标。课题的新颖性是立项的重要要求，因此要求有较高的查全率，以及在查全的基础上的高查准率。

一是找准查新要点。查新人员根据科研课题内容、技术要点找准查新要点，这是检索的前提。

二是选准主题词(检索词)。查新人员在把握要点后拟定主题词，根据主题词制订检索策略，以便在浩如烟海的国内外文献中查找切题文献，取得最佳检索效果。

三是合理选择文献检索工具书与数据库。根据课题的主要内容，准确选用查新课题所属学科专业国内外权威性的文献检索工具书或数据库。考虑到查新的时差可能出现的遗漏，还需补充查阅近一年内与该研究课题内容相关的国内外核心期刊和专业学术会议汇编的目次，以确保查全、查准,从而准确判断所查课题的新颖性和实际水平。

② 查新结论质量。查新结论是查新工作的核心部分,其质量情况表现在两方面:一是对课题主要内容与所检内容对比分析的质量,其分析结果要能回答所查课题是否具有新颖性和实际水平如何。二是结论的客观性、全面性和准确性。

2. 科技查新机构

在我国,科技查新活动起始于 20 世纪 80 年代中期,查新机构的正式认定是在 1990 年。从 1990 年到 1997 年,原国家科学技术委员会分三批授权中国化工信息中心、中国农业科学院科技文献信息中心、中国国防科技信息中心、上海科学技术情报研究所等 38 家科技信息机构为一级查新单位。其间,各部委、各省科委也批准了一大批二级查新机构,如建设部科技情报所、福建省科技情报研究所等。部分地级市情报机构也批准设立了查新机构,如青岛市情报所等。教育部科技查新工作站是 1992 年之后为规范高校科技查新工作而进行的资格认证,之后于 2003 年、2004 年、2006 年、2009 年、2011 年、2012 年和 2014 年前后七批次对高校科技查新中心进行了认证,高校批准设立的教育部科技查新工作站有北京大学、清华大学、复旦大学、中国石油大学(北京)等 102 所(表 5.2.1)。

表 5.2.1 教育部科技查新工作站一览表

教育部科技查新工作站(第一批)29 所					
综合类	北京大学	复旦大学	华中科技大学	吉林大学	四川大学
	山东大学	武汉大学	西安交通大学	浙江大学	中山大学
	中南大学	上海交通大学			
理工类	北京科技大学	重庆大学	东北大学	东南大学	大连理工大学
	华东理工大学	湖南大学	江南大学	兰州大学	南京大学
	清华大学	天津大学	同济大学	厦门大学	中国海洋大学
	中国地质大学(武汉)				
农学类	中国农业大学				
教育部科技查新工作站(第二批)14 所					
理工类	中国石油大学(北京)(石油石化学科)	北京师范大学	长安大学(工学)	西南交通大学(交通运输学科)	河海大学(工学)
	华南理工大学	中国石油大学(华东)(石油石化学科)	华北电力大学(工学)	南开大学	电子科技大学(电子信息学科)
	中国矿业大学(工学)	华东师范大学			
农学类	东北林业大学				
医学类	北京中医药大学(中医学与中药学学科)				

续表

教育部科技查新工作站(第三批)14所					
综合类	郑州大学				
理工类	东华大学(工学)	福州大学	江苏大学(工学)	南京航空航天大学(航空航天学科)	内蒙古大学
	宁波大学(工学)	山东科技大学(工学)	武汉理工大学(工学)	燕山大学(工学)	西安电子科技大学(工学)
农学类	南京农业大学	西北农林科技大学			
医学类	广州中医药大学(中医学与中药学学科)				
教育部科技查新工作站(第四批)10所					
综合类	苏州大学				
理工类	东北师范大学	南昌大学	上海海事大学(工学)	深圳大学城图书馆	
农学类	福建农林大学	海南大学	华中农业大学	西南大学	
医学类	南方医科大学				
教育部科技查新工作站(第五批)11所					
综合类	暨南大学				
理工类	北京理工大学	广东工业大学	南京工业大学	南京理工大学	陕西科技大学
	西北工业大学				
农学类	华南农业大学	扬州大学			
医学类	天津医科大学	遵义医科大学			
教育部科技查新工作站(第六批)6所					
理工类	北京化工大学	合肥工业大学	昆明理工大学	广西大学	
医学类	广东医科大学	新疆医科大学			
教育部科技查新工作站(第七批)18所					
综合类	河南大学				
理工类	北京交通大学	北京体育大学	北京工业大学	太原理工大学	哈尔滨工业大学
	常州大学	南京信息工程大学	盐城工学院	浙江工业大学	河南科技大学
	长沙理工大学	广州大学	新疆大学		
农学类	湖南农业大学	云南农业大学			
医学类	安徽医科大学	温州医科大学			

根据各类查新机构的上级主管部门、受理查新的专业范围,可将我国查新机构大致划分为三大系统: ① 综合性查新机构,包括全国范围、各地区、各省区及一些地市级图书情报机构; ② 专业性查新机构,包括各部委(除教育部外)审批的专业性情报机构; ③ 教育部部级的查新机构,包括教育部审批的高校图书馆及专业部(委)审批的各部属高校图书馆,如图 5.2.1、图 5.2.2、图 5.2.3 所示。

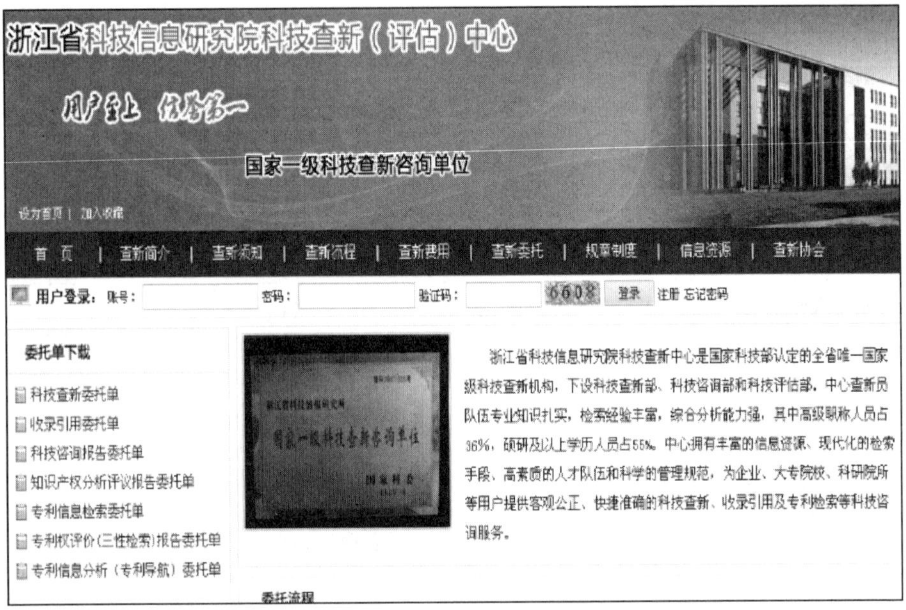

图 5.2.1　浙江省科技信息研究院科技查新(评估)中心平台

图 5.2.2　中国科学院文献情报中心科技查新平台

图 5.2.3　浙江大学图书馆科技查新中心查新平台

在上述三类查新机构中，部分查新机构既是专业性查新机构，又是高校查新机构，如原国家卫生和计划生育委员会、国家中医药管理局等管辖的高等院校查新机构，它们既是医药卫生领域的专业性查新机构，同时又属于教育部认可的(以高校图书馆为代表的)高等院校查新机构。作为一项有偿服务，三大系统查新机构各有其特点，优势和收费标准也各有不同。用户在提出委托查新时可以根据需要，以就近原则选择查新单位。

5.3　论文撰写及投稿

论文的创作与发表集中体现了一个人的科学研究、思想理论、文字驾驭、信息素养等多方面的能力和水准。因此，也可以看作是一个人信息利用综合能力的集中体现和展示。而在论文的创作与发表过程中，我们必须遵循一定的规范与约定，必须符合国家的相关法律法规的要求，本节将着重对学术论文撰写规范及投稿活动中的相关要求及规则进行介绍。

5.3.1　学术论文撰写知识

一般而言，学术论文撰写的主要目的在于交流思想、展示成果、澄清问题、商榷争鸣。当然，对在校大学生来讲，撰写学术论文也是我们认定学业水平和能力、取得学位的必要途径。一篇好的学术论文，其选题、立意、取材等都非常重要，不少高校因此而专门开设有关于学术论文撰写知识方面的课程，本节对学术论文撰写及撰写活动中涉及信息利用等基本知识做一些介绍。

1. 学术论文的选题

(1) 选题的意义

学术论文选题是确定论文的研究方向、范围、对象，是解决“写什么”的问题。选题是学术论文的第一步，也是很重要的一步。选题是否合适，直接关系到学术论文的水平和效果。

学术论文选题是一个艰苦的思维过程。选择一个恰当的题目,需要作者多方思索、互相比较、反复推敲、精心策划。随着研究的深入,通过从个别到一般、分析与综合、归纳与演绎相结合的逻辑思维过程,写作方向才会在作者的头脑中逐渐清晰起来,学术论文着眼点、论证角度、大致规模才会形成初步轮廓,形成有效思维需要平时学习和研究的积累。

选题决定了学术论文的学术价值和学术水平。选题对学术论文的学术价值和学术水平有重要影响。首先,一个成功的选题过程不仅仅是给文章定个题目和简单地规定一个范围,它也是学术论文初步观点的形成过程。比如选题:"新冠肺炎疫情对餐饮业的影响及对策研究",作者通过接触、搜集、整理和研究资料,形成初步观点并将其研究的主要内容设计为疫情对餐饮业的影响、餐饮业的困境和存在的问题、疫情期间对餐饮业政策的建议,并最终提出疫情餐饮业对策:线上线下双渠道联动、构建餐饮业供应链系统、提升餐饮智能化、共享员工、建立企业的风险预警和安全防控机制等。选题过程中产生的思想火花和飞跃,是撰写学术论文十分重要的思想基础。

正确选题有助于提升科研能力。从开始选题到确定题目,学术研究的各种能力可以得到锻炼和提高。如毕业论文(设计)就是学生从事科研工作的初步尝试。因为正确的选题必须建立在对所研究领域的过去、现状等信息资料全面把握的基础之上,这需要学生具备科研最初步的文献检索能力,首先学会查找相关文献,具备文献搜集、整理、筛选能力。其次,深入分析。对已学的专业知识反复认真地思考,并从一个角度、一个侧面深化对某一问题的认识,从而使自己的归纳和演绎、分析和综合、判断和推理、联想和发挥等方面的思维能力和研究能力得到锻炼和提高。正确的选题有利于提高科研能力,能使研究工作向着正确的方向开拓。

选题的重要性不可低估,撰写学术论文一定先要把好选题关。选题有意义,写出来的论文才有价值,如果选题毫无意义,即使文章结构、语言再优秀,也不会有什么积极的效果和作用。常言道"题好文一半",好的选题可以产生新的视角、新的科研成果,甚至可以填补某一学术领域的空白。所以说,选题正确是学术论文成功的一半。

(2) 选题的原则

学术论文题材十分广泛,社会生活、经济建设、科学文化事业的各个方面、各个领域的问题,都可以成为论文的题目。明确了选题原则,就能比较容易地选定一个既有一定学术价值,又符合自己志趣、适合个人研究能力、较有成功把握的题目。一般来说,选择学术论文题目要遵循以下几条原则。

① 专业性原则

专业特长是科学研究的前提条件,只有具备扎实的专业基础,才能在科学研究中发现真理并有所建树。选择本专业的课题能使学生综合性地运用所学知识,促进专业长进,获取优秀成果。

抛开自己的专业优势,选择与自己所学专业没有关系、跨度很大的其他领域的问题来研究,虽然也有可能写出论文,但在毕业论文(设计)这样有限的写作时间内,对学生来讲困难是相当大的。由于时间、精力和专业知识的限制,可能出现对自己的观点拿不准,甚至最后不得不换题等状况。坚持专业为本的原则是顺利完成学术论文/毕业论文(设计)的前提。

② 创新性原则

学术论文成功与否、质量高低、价值大小,很大程度上取决于文章是否有新意。所谓新意,即在论文中表现自己的新看法、新见解、新观点。选题的创新,要求在前人的基础上有所突破、有独立见解。如选择前人没有探索过的新领域、前人没有做过的新题目;对旧主题独辟路径,选择新角度探索问题；在前人成果的基础上做进一步研究，做出自己新的发展等。实现创新性，可以从以下几个方面着眼。

a. 从观点、题目到材料直至论证方法全是新的。这类论文写好了，价值较高，社会影响也大，但写作难度大。选择这一类题目，作者须对某些问题有相当深入的研究，且有扎实的理论功底和写作经验。对于毕业论文（设计）来讲，限于条件，选择这类题目要十分慎重。

b. 以新的材料论证旧的课题，提出新的或部分新的观点。

c. 以新的角度或新的研究方法重做已有的课题，得出全部或部分新观点。

d. 对已有的观点、材料、研究方法提出质疑，虽然没有提出自己新的看法，但能够启发人们对某一观点重新思考。

要做到选题新颖，主要靠资料的搜集和积累。进行学术研究，不要一上来就想写，一定要先看资料。有两种方法，一是看过大量资料后，从中概括出具有创新性的选题；另一个是先想出与众不同的创新性选题后，再去查相关资料，看有没有人研究过，如果没有人研究，那就选这个题目。总之，广泛深入地查阅文献资料，熟悉所研究领域的发展水平及最新成果，再确立自己的研究论题，论文才会有所突破和创新，才会有意义。

③ 适用性原则

所谓适用性，即所选课题应能回答和解决现实生活或学术研究领域中的实际问题，即应有实际效益或学术价值。这就要求我们在选题时应充分注意以下两点。

a. 选题的现实价值。科学研究的最终目的，归根结底是满足社会需要。为了最大限度地发挥学科理论的实际效用，学术论文选题应重视解决现实问题。尽量从生产、科研和教学的实际问题中选定，可选择直接来源于生产实际或具有明确生产背景和应用价值的选题，如一个工程技术项目的设计或研究专题，企业技术攻关、技术改造项目的子项目，新产品、新工艺、新设备、新材料的研发和开发等；文科类专业应选择社会与经济发展中与本学科有关的热点问题为研究对象。

b. 选题的学术价值。选题的学术价值是指选题具有现实的或者历史的用途或者学术、实践、社会等方面的积极作用。我们强调选题的学术价值，绝非主张急功近利的实用主义，也绝非提倡选题必须有直接的效益作用。有些题目，表面看来似乎没有什么现实意义，或者没有直接的实际研究价值，比如典籍的考证、历史人物的研究等，这类选题与人们的现实思想和实践距离远一点，但从发展的眼光看，它能够表示某种趋势，甚至在未来的某个时期会产生不可估量的作用。

④ 可行性原则

所谓可行性，是指论题能被研究的现实可能性，即充分考虑论题的难易程度、工作量、一定时间内获得成果的可能性。

从主观条件的影响因素来看：a. 选题必须考虑个人的知识、能力、专长、兴趣。选题的方向、大小、难易都应与自己的知识积累、分析问题和解决问题的能力、写作经验相适应。只有难度适当，方可循序渐进，综合应用以前所学基础理论，参考必要的文献，来解决新的实际问题。b. 尽可能迎合自己的特长和兴趣，选择那些能发挥自己的专长，学有所得、学有所感的题材。这是因为，一个人对某一方面的研究越集中则越会发现问题，选题的内容也越丰富；个人兴趣浓厚，平时积累资料多，写作时就会思路开阔、联想丰富，论述深刻。在自己特长和兴趣的范围内，认真发掘、仔细观察、反复思考，实际上是大有文章可作的。

从客观条件的影响因素来看，选题时还应考虑资料、设备、时间、经费以及科学上的可能性。一是要考虑到是否有相关资料或资料来源。文献资料的搜集整理和阅读掌握是科学选题的前提,更是学术论文写作的基础。没有文献资料,或者文献资料搜集不全面,就不能全面了解课题的发展历史、现状与趋势,也就难以发现新的研究视角与研究问题。资料是论文写作的基础,没有资料或资料不足就写不成论文,即使勉强写出来,也缺乏说服力。二是有无必备的实验条件及时间、经费等,具体表现在以下几个方面。a. 是否具备完成选题的物质条件。如毕业论文(设计)要考虑学校是否能够提供完成选题所必须具备的各种实验仪器、设备、材料、试验场地。b. 是否具有合适的指导教师。对于初次接触课题的人,如果有教师的指导,能及时发现并纠正选题中的偏差,较快地选到适合自己研究的课题,通过直接学习、借鉴老师的科学研究经验,就能较快地掌握科学研究的方法,少走弯路。c. 时间与经费。时间长,可选大题目;时间短,则选小题目。经费充足,可选取那些需要特殊实验条件和贵重仪器的研究课题,否则只能放弃这种课题。

在选题上量力而行、尽力而为,多思考,选准方向,找准关键问题,为论文的成功打下良好的基础。

(3) 选题的方法

要想获得理想的选题,除了要遵循一定的原则,还必须注重选题的方法。一般来说,论文选题通常有以下几种方法。

① 学习心得法

在几年的专业学习过程中,学生对所学课程内容会有自己的心得、体会。他们或者是对课程内容有独到的理解,或者是对课程内容的发展、延伸有新的发现,或者是对课程内容做不同角度的审视,甚至包括对课程内容有不同意见等。这些心得、体会和评论,往往是研究课题的生长点,在此基础上形成的论文选题,一方面可加深学生对所学知识的综合理解,提高毕业论文撰写的效率;另一方面学生往往能够做到有感而发,观点鲜明,论文有思想、有内容。当然,心得、体会、评论的内容往往只是特定的观点、见解、建议等,学生要将它们转化为论题,还要全面了解相关领域的基本知识,建立论题的背景知识体系,然后,在背景知识的学术范畴和知识架构内对观点、见解、建议进行审视,确定其所要解决的问题,这就是论文题目。

② 查阅文献法

通过查阅文献资料,参加学术报告会等方式,了解本学科的研究历史与现状,特别是选题涉及领域的研究历史与现状,然后决定自己的选题。

了解本学科的历史,能知道本学科已经进行了哪些研究,有些什么成果;明确本学科的研究现状,能知道现阶段的研究达到了什么程度,哪些问题尚未得到解决,本学科发展的新动向、新问题是什么。有关这两方面的资料了解得越多,情况就越清楚,选题就不会盲目,就可能产生出新颖、独创的选题。

③ 实践调查法

论文写作在本质上是一种科学认识活动,确定论文选题实际是确定科学认识对象的社会活动。实践及其发展的需要是认识、知识产生的根源和发展的动力。参与实践活动,调查分析实践问题也是我们形成、确定毕业论文选题的一条重要途径。

生产实践中需要解决的问题很多,如新产品的开发、工艺的改进、设备的更新、引进设备的消化,只要深入下去就可以找到"真题真做"的题目。比如,长江大学园林专业学生利用荆州申创"国家园林城市"的契机,结合荆州市的园林绿化规划与设计选题,深入生产社会实践,促进理论与实际的紧密结合,提高解决实际问题的能力,从而使所学的专业知识升华、使专业技能延伸。

④ 题库选题法

在科学研究的过程中，论文题目是新研究项目的开端，也往往是以往研究成果的延续。学生毕业论文根据专业课教师的研究成果、学术前瞻，从专业论文题库中选择论题也是一种直接、可靠的方法。

获取学术论文选题的渠道是多方面的，归纳起来主要有以下几个。

a. 从生产实践中选题。生产实践需要解决的问题很多，新产品的开发、工艺的改进、设备的更新、引进设备的消化，只要深入下去，就可以找到"真题真做"的题目。

b. 从科研项目中选题。学生可以从教师承担的科研项目中选题，参加部分研究或设计任务，有利于培养学生的科研能力。

c. 从市场需求中选题。从一些技术市场发布的信息中，获得选题。如需设计一种产品，教师和学生可以一起接过来研究，了解市场规律，锻炼实际动手能力。

d. 从实验教学中选题。实验室有许多设备、仪器、仪表，生产厂家在设计时也有考虑不到的因素，如信号源频率偏低、直流电源输出无保护等，需要局部改进设计。

e. 从专业发展方向的前沿选题。对某一专业的未来发展方向，结合国际国内发展动态、本专业未来发展前景，从理论和应用两方面进行探讨。

f. 从聘用单位的工作需要选题。学生毕业之前如已与用人单位签订合同，可结合用人单位需要选题，在职人员可以企业存在的问题进行选题，这类选题既具有实际价值，又可真正做到理论联系实际。但此类选题必须与专业相关。

g. 结合兴趣爱好选题。选择自己感兴趣的毕业论文(设计)题目，有利于调动主观能动性。

(4) 选题中的常见问题

① 选题过大

撰写毕业论文(设计)一般都是在大学生临毕业前的一学期之内进行，研究时间和写作时间都比较少。一般来说，选择本学科某一重要问题的一个侧面或一个难点展开研究就可以，本科毕业论文以一万字左右为宜。选的题目过大，一是难以按时完成，二是不好驾驭。如"中国经济政策的策略研究""社会主义文艺""马克思经济思想研究""我国的粉煤灰综合利用现状"等，就属于选题过大，超出了本科生能力的范围。选题过大往往是学生没有弄清选题方向与具体论文题目之间的区别。这种情况可给论文题目加上适当的范围限定，例如，"我国机关行政效能建设"，对于本科毕业论文来说短期内对我国各地机关进行调查不现实，如果以"我国市场监督管理部门行政效能建设"作为题目，选8～10个单位展开调查；或以"某市市场监督管理部门行政效能建设"为论文题目，则范围更小，展开调查也相对比较容易，这样才能保障论文的质量。

② 选题过难

大学生选择的题目难度过大，会受到时间、精力和资料的限制，是很难写好、写完的。在撰写过程中，不少大学生都碰到了类似的问题，无可奈何，只好临时换题。太容易的选题也不好，实践证明，选题还是以难易适中为好。

③ 选题过旧

选题过旧等于吃别人嚼过的馍，没有味道。例如，我国早在2001年就已经加入国际贸易组织，如果现在有人把与入世有关的论文作为论文的选题就显得过时，就算题目选得巧妙，其价值也打折扣。因此，大学生选题还是应该选一些具有时代感的题目，研究现实生活中的一些新问题。一般来讲，课题不宜重复，除大型题目上届学生没全部完成的外，题目应避免相似或相同，雷同的论文题目容易使学生被往年的论文思路所桎梏，不利于独立思考和开拓思维方式。为避免选题过旧,学生在初定选题方向后应使用中国期刊全文数据库检索,查看该选题是否已被前人讨论透彻,已产生大量论文的选题,往往已经被从多个角度探讨并已经取得了一定成果,这样的选题不容易找到新的视角展开,应该避免和放弃。

④ 选题过虚

选题要结合实际,尽量不做虚拟课题。要优先选择结合生产、科研、实验室建设和社会实践等具有实际应用价值的课题,以利于增加责任感、紧迫感和经济观念。如某大学药物工程专业学生在指导老师的指点下,根据江苏一家药物化工企业的实际生产情况,拟定了一个从2-氯-5-氯甲基吡啶(CCMP)二次裂解残渣中回收2-(3-氰乙基)丙烯醛作为选题。师生共同研究与完善实验方案,最终顺利解决了该企业CCMP二次裂解残渣的资源化利用问题。通过该选题研究,不但学生完成的毕业论文内容翔实、完整,具有较高的质量,而且解决了生产企业的实际问题,从而获得很大的成就感。

2. 学术论文的结构及组成部分

学术论文由于内容的千差万别,其形式多种多样。《科学技术报告、学位论文和学术论文的编写格式》(GB/T 7713-1987)对各种形式的学术论文的基本格式做出了明确规定。

根据国家标准,学术论文必须有前置部分和主体部分。当有需要的时候,还可以有附录部分。

(1) 论文前置部分

论文前置部分主要包括论文的标题、作者、作者单位及联系方式、文摘及关键词。标题(题名)——即论文的题目,亦称篇名。它应当是以最恰当、最简明的词语反映论文特定的重要内容的逻辑组合,包括正标题、副标题、小标题。

在选取篇名用词时必须考虑有助于文章关键词的选定,以及在编制题录、索引、文摘时体现可供检索的实用信息;标题的长度不宜超过20个字;标题中应当避免使用缩略语、代号及公式等。也就是说文章的标题不但要很准确地反映文章的主题,同时要有利于读者识别与判断,有利于其被充分利用。

论文的标题设置时要遵循以下三点要求:一要明确,要能够揭示论题范围或论点,使人看了标题便知道文章的大体轮廓、所论述的主要内容以及作者的写作意图。二要简练,要用言简意赅的语言作为标题,过长的标题容易使人产生累赘、烦琐的感觉,得不到鲜明的印象,从而影响对论文的总体评价。标题也应避免采用生造的或非常用的词,以免让人觉得有哗众取宠之意。三要新颖,标题和文章的内容、形式一样,应有自己的独到之处,做到不落窠臼,使人赏心悦目,从而激起读者的阅读兴趣。

作者——论文的创作者,可以是个人,也可以是团体;可以是一位(独立创作),也可以是多位(合作完成)。学术论文的作者一般以真名实姓出现;合作者按完成任务时承担内容的主次、轻重排序,主要作者排在前面。

作者单位及联系方式,指的是作者供职的组织及其邮政编码、作者个人的电子邮件地址等信息。这些信息的提供,不但有利于信息用户从团体作者角度检索文献,更重要的是为关心课题(项目)的读者与论文作者之间建立合作与交流的联系方式。

文摘——对论文内容的概括性总结,也是论文内容的浓缩。编写摘要的主要目的是为了让读者了解论文的主旨大意,一般应该采用第三人称的口吻来编写。

摘要分为报道性摘要和提示性摘要。报道性摘要主要介绍研究的主要方法与成果以及成果分析等,对文章内容的提示比较全面;提示性摘要,只简要叙述研究的成果(数据、看法、意见、结论等)，对研究手段、方法、过程等均不涉及。国家标准《文摘编写规则》(GB6447－86)，将编写文摘时需要注意的事项归纳为如下八个方面。

① 要客观、如实地反映论文的原意，要着重反映新内容和作者特别强调的观点。

② 不得简单重复题名中已有的信息，要排除在本学科领域已成常识的内容。

③ 结构严谨，表达简明，语义确切。一般不分段落。应采用国家颁布的法定计量单位。

④ 书写要合乎语法、保持上下文的逻辑关系。

⑤ 要用第三人称的写法。应采用“对……进行了研究”“报告了……现状”“进行了……调查”等记述方法标明一次文献的性质和文献主题，不必使用“本文”“作者”等作为主语。

⑥ 除非该文献证实或否定了他人已出版的著作，否则不用引文。

⑦ 要采用规范化的名词术语(包括地名、机构名和人名)；尚未规范化的词，以使用一次文献所采用者为原则。新术语或尚无合适汉语术语的，可用原文或译出后加括号注明原文。要注意正确使用简化字和标点符号。

⑧ 需要时，商品名应加注学名；缩略语、略称、代号，除了相邻专业的读者也能清楚理解的以外，在首次出现处必须加以说明。

关键词——是作者为表达论文主题概念、适应计算机自动检索需要，从论文中选取的能够反映文献特征内容的规范性单词或术语(又称叙词或主题词)。

按《科学技术报告、学位论文和学术论文的编写格式》(GB/T 7713－1987)规定：每篇论文应选取 3～8 个词作为关键词，以显著的字符另起一行，排在摘要的下方。如有可能，尽量用《汉语主题词表》等词表中提供的规范词。

中图分类号——是指采用《中国图书馆图书分类法》对论文进行主题分析，依照其学科属性和特征，给每一篇论文赋予的学科属性代号(表 5.3.1)。

表 5.3.1 《中国图书馆分类法》分类简表

A 马克思主义、列宁主义、毛泽东思想、邓小平理论	B 哲学、宗教	C 社会科学总论	D 政治、法律
F 经济	G 文化、科学、教育、体育	H 语言、文字	I 文学
J 艺术	K 历史、地理	N 自然科学总论	O 数理科学和化学
Q 生物科学	R 医药、卫生	S 农业科学	T－TN 工业技术
TP 自动化技术、计算机技术	TQ 化学工业	TU 建筑科学	TV 水利工程
U 交通运输	V 航空、航天	X 环境科学、安全科学	Z 综合性图书

对于一般的作者而言，要想通过不长的时间学习和了解《中国图书馆分类法》，进而掌握这部大型工具书的使用是不现实的。通过使用《中国分类主题词表》能帮助作者既快又准地选取相应的分类号。具体做法是利用该词表中“主题词-分类号对应表”部分，从主题词入手，及时、便捷地查到分类号。

另外，也可通过查找数据库中类似主题的论文，了解其按照《中国图书馆分类法》赋予文献的学科分类号，经过分析、比较，选定自己论文的分类号也不失为一种简单易用的选号方法。具体步骤是通过中国科技期刊数据库、中国期刊网检索与自己即将投稿的论文主题相类似或相接近的主题词，了解相关文献的分类号并推断出自己论文的分类号。

文献标识码——是用于标识文献正文内容类型的代码,是中国期刊网按照《中国学术期刊(光盘版)检索与评价数据规范》的规定,对其所收录的每篇文章或资料所规定的文献类型的代码。目的在于便于文献的统计和期刊评价,确定文献的检索范围,提高检索结果的适用性。它们分别是:

A——理论与应用研究学术论文(包括综述报告);

B——实用性技术成果报告(科技)、理论学习与社会实践总结(社科);

C——业务指导与技术管理性文章(包括领导讲话、特约评论等);

D——一般动态性信息(通信、报道、会议活动、专访等);

E——文件、资料(包括历史资料、统计资料、机构、人物、书刊、知识介绍等)。

不属于上述各类型的文章以及文摘、零讯、补白、广告、启事等不要求加注文献标识码。

(2) 论文的主体部分

论文的主体部分主要包括前言(引言)、正文、结论、参考文献及致谢。

前言——即论文的起始部分,也称为引言、内容复杂、篇幅长的论文,称为"绪论"或"序论"。这个部分是作者试图引起读者有兴趣阅读其论文全文的一段重要文字。其中,要求明确文章的写作动机、主要内容、作用意义(调查报告还需说明调查背景及方法)。

正文——是论文的核心所在,将占据论文的主要篇幅。正文的内容可以包括调查方法、调查对象、实验和观测方法及结果、仪器设备、材料原料、计算方法和编程原理、数据资料、经过加工处理的图表、形成的论点和导出的结论等。由于研究工作涉及的学科、选题、研究方法、工作进程、结果表达方式等存在很大差异,正文的内容并非千篇一律。但是,正文内容的客观真实、准确完备、合乎逻辑、层次分明、简练可读,是对任何一篇学术论文的起码要求。

结论——集中反映作者的研究成果,表达作者对所研究课题的见解和主张。结论一般篇幅较短,文字虽不多,但简明扼要,逻辑清晰,让人对作者的研究成果一目了然。

结论的主要内容如下。

① 结论包括对整个研究工作进行归纳和综合而得出的总结;

② 所得结果与已有结果的比较;

③ 联系实际结果,指出它的学术意义或应用价值和在实际中推广应用的可能性;

④ 在本课题研究中尚存在的问题,对进一步开展研究的见解与建议。

结论撰写时应注意下列事项。

① 结论要简单、明确。在措辞上应既要严密,而又容易被人领会。

② 结论应反映个人的研究工作,属于前人和他人已有过的结论可少提。

③ 要实事求是地介绍自己研究的结果,切忌言过其实,在无充分把握时,应留有余地。

由于研究工作存在复杂性、长期性,如果一篇论文只是反映了某研究阶段性的情况,即还不可能得出最终的研究结论时,也可以以"讨论""建议"等形式作为论文的结论。其中作者可以提出建议、研究设想、仪器设备改进意见、需要解决的问题等。结论部分的写作,要求措辞严谨、逻辑严密、表达准确。

参考文献——为撰写或编辑论文和著作而引用的有关文献信息资源。它是学术论文不可缺少的一个组成部分。参考文献是尊重他人著作权的标志;是对前人成果继承的反映,真实地反映相关论点、数据、资料的来龙去脉;是信息资源检索的线索,也是鉴定和确认论文研究成果的重要依据。

参考文献的标注,必须引起论文作者的高度重视,同时要严格按照国家标准对参考文献著录的规范《信息与文献 参考文献著录规则》(GB/T 7714－2015)执行。

致谢——作者对其认为在论文写作过程中特别需要感谢的组织或个人表示谢意的内容。一般应当致谢的方面及个人有资助研究工作的国家(或省、市)科学基金,资助研究工作的奖励基金,资助或支持开展研究的企业、组织或个人,协助完成研究工作和提供便利条件的组织或个人(包括在研究工作中提出建议和提供帮助的人,给予转载和引用权的资料、图片、文献的提供者,研究思想和设想的所有者,以及其他应感谢的组织或个人)。致谢内容要适度、客观,用词应谦虚诚恳、实事求是,切忌使用浮夸、庸俗及其他不适当的词句。致谢应与正文连续编页码。

(3) 附录

国家标准《科学技术报告、学位论文和学术论文的编写格式》(GB/T 7713－1987)中规定:附录是对论文主体的补充项目,并非每篇论文必须记录的内容。其中具体规定了附录的记录形式及要求,并明确指出编入附录内容的一般可以是:① 为保持论文的完整性,但编入正文后有损正文的条理性、逻辑性的材料,例如一些比正文更为详尽的信息、研究方法和技术内容,更加深入的叙述以及对了解正文内容有帮助的其他有用信息。② 篇幅过大或取材于复制品而不便于编入正文的材料及一些不便于编入正文的罕见珍贵资料。③ 对一般读者并非必要阅读,但对本专业同行有参考价值的资料。④ 某些重要的原始数据、数学推导、计算程序、框图、结构图、注释、统计表、计算机打印输出件等。

3. 学术论文的用纸要求及章节编号规范

论文稿宜用A4(210 mm×297 mm)标准大小的白纸,以便于阅读和做相关处理。同时要求稿纸的四周留足空白边缘,便于装订、复制及编辑者批注。每一面的上方(天头)和左侧应当分别留出25 mm以上;下方(地脚)和右侧(切口)应分别留出20 mm以上。

根据《标准化工作导则 标准编写的基本规定》(GB1.1－87),论文的标题层次采用阿拉伯数字连续编码,论文的章节编号需要按照本标准有关规定执行,即采用阿拉伯数字分级编号;不同层次的2个数字之间用下圆点“.”分隔开,末位数字后面不加标点符号,如“1”“1.2”“3.5.1”等;各层次的标题序号均左顶格排写,最后一个数字序号之后空一个字距接排标题。

标题层次的划分一般不超过4级,4级不够时,可将层次再细划分。第一级标题为1,第二级标题为1.1,第三级标题为1.1.1,第四级标题为1.1.1.1。

以下是一篇已经发表的论文,其章节编号符合以上国家标准的规定。

柑橘长途运输研究

……

0　引言
1　长途运输的试验
1.1　试验方案
1.1.1　运输工具的选择
1.1.2　柑橘品种的选择
1.2　试验方法与步骤
1.2.1　采果
1.2.2　防腐保鲜处理
2　试验结果与分析
3　结论与建议
4　参考文献

同论文题名一样,每一段落层次的标题也应准确得体,能概括全章、全节的特定内容,突出中心,一般宜用词组;同时应简短精练、明确具体。

4. 参考文献著录规范

(1) 选用参考文献的原则

① 引用目的正当。正当目的引用,是指公众可以不经著作权人许可,不向其支付报酬,但应当指明作者姓名或者名称、作品名称,并且不得影响该作品的正常使用,也不得不合理地损害著作权人合法权益的合理使用。它是著作权法对著作权人的一种权利限制,目的在于平衡著作权人个人的私权利与公众利益。根据最新版的《中华人民共和国著作权法》(简称《著作权法》,2020 年 11 月 11 日中华人民共和国第十三届全国人民代表大会常务委员会第二十三次会议通过,自 2021 年 6 月 1 日起施行)之第二十四条,以下 13 种情况归为引用目的正当。

"(一) 为个人学习、研究或者欣赏,使用他人已经发表的作品;

(二) 为介绍、评论某一作品或者说明某一问题,在作品中适当引用他人已经发表的作品;

(三) 为报道新闻,在报纸、期刊、广播电台、电视台等媒体中不可避免地再现或者引用已经发表的作品;

(四) 报纸、期刊、广播电台、电视台等媒体刊登或者播放其他报纸、期刊、广播电台、电视台等媒体已经发表的关于政治、经济、宗教问题的时事性文章,但著作权人声明不许刊登、播放的除外;

(五) 报纸、期刊、广播电台、电视台等媒体刊登或者播放在公众集会上发表的讲话,但作者声明不许刊登、播放的除外;

(六) 为学校课堂教学或者科学研究,改编、汇编、播放或者少量复制已经发表的作品,供教学或者科研人员使用,但不得出版发行;

(七) 国家机关为执行公务在合理范围内使用已经发表的作品;

(八) 图书馆、档案馆、纪念馆、博物馆、文化馆等为陈列或者保存版本的需要,复制本馆收藏的作品;

(九) 免费表演已经发表的作品,该表演未向公众收取费用,也未向表演者支付报酬,且不以营利为目的;

(十) 对设置或者陈列在公共场所的艺术作品进行临摹、绘画、摄影、录像;

(十一) 将中国公民、法人或者非法人组织已经发表的以国家通用语言文字创作的作品翻译成少数民族语言文字作品在国内出版发行;

(十二) 以阅读障碍者能够感知的无障碍方式向其提供已经发表的作品;

(十三) 法律、行政法规规定的其他情形。"

② 引用公开文献。被用作参考文献的,应当是已经公开发表或发布的文献。同时,所选用的参考文献,必须是作者亲自阅读过并对所进行的活动产生了较大影响的文献(即对自己研究的观点、材料、论据、统计数据等有启发和帮助的文献)。

③ 优选引用版本。参考文献有多个版本时,应注意引用恰当版本的文献(如引用修订本、最新本还是最初本,应根据引用的实际采用情况而定)。

④ 不得过度引用。过度引用一是指过分引用,即所引用部分已经占据了引用人作品的主要部分或者实质部分;二是指对一般众所周知的引语、观点、事实、常识、公论等不需要注明出处的内容也作为引文处理,例如:"真金不怕火炼""学而时习之,不亦乐乎"等,都不需要标注。

⑤ 杜绝虚假引用。不得引而不注或注而非引。凡是直接或间接引用别人的观点、思想、论据、成果、数据等，必须在文中以参考文献形式加以标注。引而不注即为剽窃。注而非引指的是伪注录、假引用的情况，即作者在文章中并没有引用过文章或作者并没有亲自阅读过原文的文章被作者当作参考文献的情形。引而不注或注而非引的行为均不符合学术规范。

(2) 参考文献著录规则

国际上流行好几种参考文献著录方法，而我国参考文献的著录标准是《信息与文献 参考文献著录规则》(GB/T 7714－2015)。该标准规定采用"顺序编码制""著者-出版年制"两种参考文献标注方式。其中顺序编码制为我国书刊及学术论文普遍采用。

一般论文作者最常用作参考文献的文献类型主要有专著、连续出版物、专利文献、电子文献等，以下以这几类文献的著录格式为例，对参考文献著录规则做一些基本的介绍[其余内容请详见《信息与文献 参考文献著录规则》(GB/T 7714－2015)]。

① 专著

专著是以单行本的形式，在限定的期限内出版的非连续性出版物。它包括以各种载体形式出版的图书、古籍、学位论文、技术报告、会议文集、汇编、多卷书、丛书等。

著录格式：主要责任者.题名：其他题名信息[文献类型标识].其他责任者.版本项.出版地：出版者，出版年：引文页码[引用日期].获取和访问路径.(文献类型标识见表5.3.2)

示例1　唐绪军.报业经济与报业经营[M].北京：新华出版社，1999：117－121.

示例2　蒋有绪，郭泉水，马娟，等.中国森林群落分类及其群落学特征[M].北京：科学出版社，1998.

示例3　International Federation of Library Association and Institutions. Names of persons: national usages for entry in catalogues[M]. 3rd ed. London: I FLA International Office for UBC, 1966.

② 连续出版物

连续出版物，即带有号码或年代顺序连续出版以及打算不定期出版下去的一种出版物。连续出版物包括期刊、报纸和年刊(报告、年鉴等)，各学会的杂志、纪要、会议录、学会会报等，以及有编号的专论丛书。以下以期刊论文(最为常见的连续出版物品种)的著录为例。

著录格式：主要责任者.文献题名[文献类型标识].连续出版物题名：其他题名信息，年，卷(期)：页码[引用日期].获取和访问路径.

示例1　李晓东，张庆红，叶瑾琳.气候学研究的若干理论问题[J].北京大学学报：自然科学版，1999，35(1)：101－106.

示例2　DES MARAIS D J, STRAUSS H, SUMMONS R E, et al. Carbon isotope evidence for the stepwise oxidation of the proterozoic environment[J]. Nature, 1992, 359: 605－609.

③ 专利文献

专利文献是实行专利制度的国家及国际性专利组织在审批专利过程中产生的官方文件及其出版物的总称。它包括专利说明书、专利公报、专利分类表、分类表索引以及专利申请至结案过程中包括的一切文件和资料。专利文献的主体是专利说明书。

著录格式：专利申请者或所有者.专利题名：专利号[文献类型标识].公告日期或公开日期[引用日期].获取和访问路径.

示例 1　姜锡洲.一种温热外敷药的制备方法：88105606.3[P].1989-06-26.

示例 2　西安电子科技大学.光折变自适应光外差探测方法：01128777.2[P/OL].2002-03-06[2002-05-28].http://211.152.9.46/sipoasp/zljs/hyjs-yx-new.asp?/ecid=1128666.2&Leixin=0.

④ 电子文献

电子文献是以数字方式将图、文、声、像等信息存储在磁、光、电介质上，通过计算机、网络或相关设备使用的记录有知识内容或艺术内容的文献信息资源，包括电子书刊、数据库、电子公告等。

根据 GB/T 7714-2015，整部电子图书按专著，析出电子图书按专著中的析出文献，电子期刊和电子报纸等连续出版物按连续出版物，电子期刊和电子报纸的析出文献按连续出版物中的析出文献，电子专利按专利文献进行著录。除此以外的电子文献，例如电子公告、动态信息、联机数据库、联机馆藏目录根据电子文献规则处理。

著录格式：主要责任者.题名：其他题名信息[文献类型标识/文献载体标识].出版地：出版者，出版年(更新或修改日期)[引用日期].获取和访问路径.

示例　BAWDEN D. Origins and concepts of digital literacy [EB/OL]. (2008-05-04)[2013-03-08]. http://www.soi.city.ac.uk/～dbawden/digital%20literacy/%20chapter.pdf.

电子文献既要著录文献类型，也要著录文献载体类型标志。GB/T 7714-2015 规定了以下几种电子文献的载体类型标志(表 5.3.2)。

表 5.3.2　文献类型代码及电子文献载体代码

文献类型	代　码	文献类型	代　码	文献类型	代　码	载体类型	代　码
普通图书	M	期刊	J	专利	P	磁带	MT
会议录	C	学位论文	D	数据库	DB	磁盘	DK
汇编	G	报告	R	计算机程序	CP	光盘	CD
报纸	N	标准	S	电子公告	ER	联机网络	OL

著录项目中更新或修改日期与引用日期。更新或修改日期通常是著录责任者上载网络资源的更新日期或修改日期，引用日期则是读者下载网络资源的日期。无论是更新或修改日期还是引用日期都应按“YYYY-MM-DD”形式著录。

5.3.2　文献综述的写作

文献综述是对某一学科或专题一定时期和一定数量的国内外研究成果和文献进行搜集、阅读、归纳、整理、分析而写成的综合性概述报告(论文)。撰写文献综述也是对作者信息综合利用能力和水平的一大考量。因此，大学生在毕业论文/设计环节，学校会要求每个同学就自己的选题开展全面的文献调研，继而撰写文献综述，可以说文献综述是学位论文的重要组成部分。同时，文献综述也可以单独作为论文，发表在各种学术刊物之上。

1. 文献综述的特点

① 语言概括。对原始文献中的各类理论、观点、方法的叙述不是简单地照抄或摘录，而是在理解原文的基础上，用简洁、精练的语言将其概括出来。

② 信息浓缩。综述集中反映一定时期内一批文献的内容，浓缩大量信息。一篇综述可以

反映几十至上百篇的原始文献。

③ 评述客观。叙述和列举各种理论、观点、方法、技术及数据时客观、如实地反映原文献的内容；分析、比较、评论各种理论、观点、方法时基于客观进行分析、评价，而非出于个人的喜好、倾向、感情；预测时，以事实、数据为依据，以科学的推导方法为手段，力求客观，而非凭空想象，出于主观愿望盲目提出。

④ 标题醒目。综述性论文的标题一般具有醒目的"标识"，即从文章的题目可以看出是一篇文献综述。题目中包含"综述""述评""评述""进展""研究动态"，或是"现状、趋势和对策""分析与思考"等文字的文章，常常是文献综述。例如《冷弯薄壁型钢构件畸变屈曲试验和理论研究综述及分析》《波前像差的矫正原理及工作流程研究进展》《基因枪技术发展综述》《结肠癌疫苗的研究进展》《海岛生态修复研究动态》《中医治疗微小残留白血病评述》。

综述性论文应该起到使读者在阅读之后，对文章所论述的主题内容有比较系统的了解，对相关课题的国内外研究背景、发展现状及未来趋势有比较全面的把握。

2. 文献综述的内容与结构

不同学科、不同课题及不同作者撰写的文献综述有不同的侧重和不同范式，但由于综述性论文的特点，一般而言其内容可以包含以下几个方面。

① 课题的研究意义。着重说明相关活动的重要性及对解决实际问题的作用所在。

② 研究背景和发展脉络。简要介绍相关活动的研究起因和简单过程，

③ 目前的研究水平、存在问题及可能的原因。重点介绍已经取得的研究成果与存在的问题。

④ 作者的见解——客观总结课题未来的研究、发展方向及趋势。通过上述文献调研的结果分析、总结，客观地提出未来研究的重点、解决的问题思路。

文献综述的结构，一般应当由前言、正文、结语和参考文献构成，每一部分都有独特的写作要求和方法。

前言——说明撰写本综述的原因、目的、意义、学术背景、目前状况、争论焦点、编写过程，介绍搜集资料的范围等，使读者对综述有一个轮廓性的了解。前言要写得简明扼要，重点突出，字数以100～200为宜。

正文——这是综述的主体，叙述某一时期某一学科领域的现状、水平和成就。依次综述各个问题，列举出各种观点、理论、方法、数据，并对每一项内容提出自己的看法和评价；列举历年来的成果、数据；进行数据分析，构建模型，进行推演和论证。正文在写作技法上，写法多样，没有固定的格式，可按事物发展的先后顺序层层叠进；或按课题所含的几个方面（主题）分路挺进，或按不同的观点进行比较综述，不管用哪一种格式，都应在全面系统地搜集资料的基础上做客观公正的反映；应层次分明，条理清楚；应语言简练，详略得当。

结语——对前面论述的内容做一个总结，或是提出自己的取舍褒贬，指出存在的问题及解决问题的方法和所需的条件；或是提出预测及今后的发展方向；还可提出展望和希望。结语的作用是突出重点，结束整篇文献，字数以100～200为宜。

参考文献——列出综述引用和参考的文献。应当详细列举并注明篇目、著者、出处等。参考文献著录不仅表示对被引用文献作者的尊重及引用文献的依据，而且为读者深入探讨有关问题提供了文献查找线索。

以下是一篇典型的文献综述类型论文的结构（该论文已经发表，可以在CNKI中检索）。

基因枪技术发展综述

……

1. 基因枪技术产生的历史背景

1.1　基因转移技术

1.2　一般基因转移技术面临的障碍

1.3　基因枪技术的脱颖而出

1.4　基因枪技术作用的一般原理

2. 基因枪技术的发展

2.1　加速原理的改进

2.2　结构上的改进

2.3　应用领域的不断扩大

3. 基因枪技术研究的发展趋势

3.1　基因枪技术研究的最新动向

3.2　基因枪技术当前面临的任务与挑战

4. 总结

参考文献

3. 文献综述撰写应注意的问题

(1) 文献综述要能全面、客观反映相关课题及研究方向的背景、现状及趋势,而不是对于作者本人研究内容及成果的展示或阐述。

(2) 搜集文献应尽量全面,而引用文献要注意其代表性、可靠性和科学性。在搜集到的文献中可能出现观点雷同,有的文献在可靠性及科学性方面存在着差异,因此在引用文献时应注意选用代表性、可靠性和科学性较好的文献。

(3) 文献综述的“综”要围绕毕业论文主题将与研究课题有关的理论和学派观点做比较分析,不要简单汇总或大量地罗列堆砌。“述”是在综的基础上根据自己的毕业论文来综合与评估,是引出进一步研究的必要性和理论价值,以及自己的观点和独特见解。文献综述切毋“综”而不“述”。

(4) 引用文献要忠实文献内容。由于文献综述有作者自己的评论分析,因此在撰写时应分清作者的观点和文献的内容,评述(特别是批评前人不足时)要引用原作者的原文(防止对原作者论点的误解),每篇论文不可断章取义,更不能误解或曲解;不能根据二手材料来判定原作者的“错误”,否则便会偏离事物的本质;不能篡改文献的内容,也不要贬低别人抬高自己。

(5) 文献综述在逻辑上要合理,可以按文献与毕业论文主题的关系由远而近进行综述,也可以按年代顺序综述,或按不同的问题进行综述,还可按不同的观点进行比较综述。

(6) 所有提到的参考文献都应和毕业论文(设计)所研究的问题直接相关。主要参考文献不能省略,尤其是文中引用过的参考文献绝对不能省略著录。文献中的观点和内容应注明来源,模型、图表、数据应注明出处,不要含糊不清。

5.3.3　开题报告的写作

开题报告作为毕业论文或毕业设计环节中的重要内容之一,是作者为阐述、证明其即将开展的活动的科学性、合理性、可行性而做的专题书面报告。撰写开题报告不仅是对作者信息综合利用能力和水平的一大考量，也是对作者研究思路、研究方法及创新能力的重要评判。同时，在常见的课题研究申请、项目申报材料、招投标书等书面材料中，不可或缺地都有类似说明活动重要性、必要性的文字表述，以及说明项目申请者开展相关活动的思路、做法、计划及工作基础等介绍。

1. 开题报告的特点

一般来说，开题报告需要回答三个方面的问题，即计划研究什么，为什么要进行这一研究，如何进行这项研究。开题报告只有很好地回答了这三个问题，学生才可能让指导教师(或毕业环节指导委员会)相信，所选择的论文题目是有意义的，整个研究计划是可行的，并且掌握了适当的解决论文中提出问题的方法。具体讲，开题报告有以下几个目的。

① 以可靠的证据说服指导教师(或审查机构)确信，所选的研究题目具有一定的新颖性、创造性，有必要开展相关研究或技术实践。

② 通过必要的文献综述，对相关理论和现有研究成果的回顾和评价，展示你对所要开展的研究题目或将要进行的设计项目已有足够的了解，有可能较好地完成研究工作。

③ 通过选择适当的研究方法，并说明这一方法在现实中是可行的，使指导教师(或审查机构)确信，你已经具备了完成所设定的研究目标的能力和技能。

④ 通过对整个研究过程的详细计划(包括具体的日程安排等)，指导教师(或审查机构)确信你能使研究工作平稳进行，同时也便于指导教师对所制订的计划进行修正、督促和适当的指导。

2. 开题报告撰写要求

开题报告一般需要在以下方面展开阐述。

(1) 选题的目的与意义。这部分需要清楚地定义和说明自己所要研究的问题，即要做什么；同时要陈述研究问题的历史背景、国内外研究现状和发展趋势；并由存在的问题导出研究的实际意义。历史背景是说明对研究的问题前人有无研究和研究成果；国内外研究现状是研究问题在国内外的研究状况，介绍各种观点、流派，说明存在的争议焦点，同时阐明自己的观点；发展趋势是说明研究问题尚存在的问题及未来的发展趋势，以此指明论文的研究方向。开题报告的这部分实际上是在文献综述的基础上回答论文的立论依据，说明选题的目的和意义、研究价值，展示自己对课题研究的了解和把握程度。

(2) 研究内容和拟解决的关键问题。相对于选题的目的与意义，研究内容和拟解决的关键问题是比较具体的。在开题报告中关于研究内容的介绍不可能细说，只能是粗线条的，但必须是清晰的，以便让指导教师了解选题与研究内容是否相符，有无价值。若研究内容过于笼统、模糊，甚至把研究目的、意义当作内容，往往使研究进程陷于被动。

拟解决的关键问题：对可能遇到的最主要的、最根本的关键性困难与问题要有准确、科学的估计和判断，并采取可行的解决方法和措施。

(3) 研究方法与技术路线。研究方法部分的目的是具体说明如何解决所提出的问题，从而使人们相信拟进行的研究是可行的。由于选题的不同，研究问题的目的和要求不同，研究方法往往各异。在开题报告中，要说明自己准备采用的研究方法及技术路线。如调研方法采用的方法有抽样法、概率法、问卷法；实验方法常有定性实验、定量实验、析因实验、对照实验、中间实验和模拟实验之分；论文研究方法有逻辑推理分析法、实证分析法和比较分析法等。一般地，在文献综述的基础上，对研究的相关方法进行评价，并就自己所选择的方法进行讨论，重要说明为什么选择这一方法及这一研究方法可能存在的局限性。

(4) 研究步骤及进度安排。研究步骤及进度是指整个研究在时间及顺序上的安排。在开题报告中要说明内容与时间的分段。如材料搜集、实地调研、初稿写作、论文修改各需要多少时间。对每一阶段的起止时间、相应的研究内容及成果均要有明确的规定,阶段之间不能间断,以保证研究进程的连续性。对指导教师在任务书中规定的时间,学生在开题报告中应给予响应,并最后得到批准。在时间安排上,学生应充分考虑各研究阶段工作的难易程度,并在时间上做出合理的安排,切忌虎头蛇尾,草草收兵,影响毕业论文(设计)的质量。

(5) 预期目标。预期目标是在研究问题的论证和合理研究方法的基础上产生的自然结果。要说明论文所要达到的具体目标或要取得的具体成果,通常要突出研究问题与同类其他研究的不同之处,强调结果在实际、理论和政策方面的意义。虽然,本科学生毕业论文(设计)没有原创性要求,但经过认真思考、研究的毕业论文(设计),应或多或少具有一定的启示意义。应根据研究的具体情况,对是否具有这些方面的意义做出说明。在陈述这部分时,应注意不要有意渲染、刻意夸大研究结果的重要性。同时要考虑到预期目标和最终结果可能出现的偏差,以便做出其他解释。

(6) 已经具备的基础条件。对前期开展研究的准备工作进行客观介绍,以说明开展课题的保障条件,包括已有的硬件条件和软件条件(硬件条件是开展课题所需要的实验设备、分析测试仪器等;软件条件主要是申请开题者自身具有的条件,比如具备哪些知识、积累了哪些实践经验、曾经做过什么项目并取得什么成果等)。

5.3.4 论文投稿基本知识

学术论文只有通过投稿、发表或进行公开交流(通过学术会议、学术报告等形式),才能最大限度地起到传播、交流、宣传、探讨最新的学术思想、研究成果及发明创造的作用,才能使作者的思想、见解、研究成果尽早、尽量地被人们所了解、掌握、运用,从而推动新一轮的、更加深入的科学研究、学术探讨及技术创新活动的开展。

1. 投稿注意事项

(1) 投向正式出版物。要注意判断投稿的期刊是不是正式出版的期刊。所谓正式出版的期刊是指同时具有 ISSN 代码(国际连续性出版物标准代码)与 CN 代码(国家新闻出版署赋予正式出版刊物的期刊代号)的期刊。目前在我国出版的每一种正式期刊都有一个唯一的、永久不变的标准编码——中国标准刊号。它由 ISSN(international standard serial number)和国内期刊统一刊号(CN)两部分组成:ISSN××××—××××　CN××—××××/YY,如《科学通报》的标准刊号为 ISSN0023 - 074X　CN11 - 1784/N。采用 ISSN 编码系统的出版物有期刊、会议录等。学术论文只有投向正式出版的期刊才可能体现其应有的价值和作用。

查证某期刊(只读类光盘/图书/报纸/连续型电子出版物等)是否属于国家认可的“正式出版物”及各类发行机构的方法:登录国家新闻出版署首页→“从业机构和产品查询”(图 5.3.1)。

(2) 关心征稿信息。平时要对自己专业领域的有关期刊的稿约(或作者、征稿启事)随时关心留意,因为这些都是了解期刊办刊方针及录用稿件要求的重要依据。一般刊登在卷首或卷末的一期上。另外有的期刊特别是学报类还对作者范围有要求,如《徐州医科大学学报》稿约就规定了作者必须为本校人员、校友和各教学医院人员,也就是说其他人员的投稿录用的可能性不大。

(3) 重视稿件修改。无论在投稿之前对初稿的反复修改,还是应编辑部要求进行相关的

图 5.3.1　国家新闻出版署期刊/期刊社查询服务页面

修改，其重要性都是毋庸置疑的。首先，根据稿约修改这一点非常重要，甚至牵涉稿件能否被录用。根据稿约修改是要求在整个修改过程中始终以稿约作为稿件表现形式的基础。其次，进行专项修改。所谓专项修改就是对文章内某一方面内容做专门的检查和修改并改正错误，使符合刊登要求。特别要强调的是如下几个方面：数据、统计方法、计量单位、名词、文章的附件（图、表、参考文献）等的正确表示和规范，即要注意数据在前后文中是否相符、统计方法应用是否得当、计量单位是否错误等。

建议对修改好的文稿不要急于投寄，可放置一段时间后再做最后一遍检查修改。由于有了时间间隔，作者可能又有了新的更好的想法，或者可能从另外一个视点来发现本来发现不了的错误。只有不断修改完善后的稿件才可能是无错误的、符合所投杂志要求的、有突出个性的稿件。

（4）避免法律纠纷。有些方面的稿件有可能涉及保密性审查或授权发表这一问题。首先，一些来自国计民生科研项目的科技论文的保密性要求较高，作者应在稿件投寄之前取得主管部门的书面同意，如流行病学、传染病学等方面的研究内容（关于发病率、死亡率、出生率、病死率、疫情报告、流行趋势、各种肿瘤概况等）以及涉及国家或集体、个人秘密的科研项目或专利内容等都需要保密，因此，有关类似方面的稿件在投稿的同时应当附有单位的保密审查同意书。其次，学位论文投稿时也应当征得论文指导教师或学位授予单位的同意，因为学位论文不仅是作者付出辛勤劳动的成果，也凝结了指导教师的心血和智慧以及学位授予单位大量的物质条件支持，为了避免日后不必要的法律纷争，有关作者在投稿前不要忘记取得必要的同意和授权。

（5）处理合作问题。由于研究工作的深入性和广泛性，不少的论文是两人或两人以上的合作者共同完成的。因此，一些期刊社要求第一作者应征得其他作者的书面同意共同对论文负责并将同意书随稿寄出。

（6）合理使用文献。作者应根据《中华人民共和国著作权法》（2020 年 11 月 11 日通过，自 2021 年 6 月 1 日起施行）第二十四条的规定来对照自己的稿件，文内引用别人文章的内容（包括图、表）或观点应注明被引用文献的出处。

2. 投稿对象选择

在撰写论文之初或论文完成之后，作者都可以根据自己对论文投稿的要求，选择以下各具特色的投稿渠道进行投稿。

(1) 学术会议

各学科、各专业、各系统经常召开学术讨论会、技术研讨会和经验交流会等,而且会后还出版专门的论文集。根据即将召开的国际、国家、省、市、行业学术团体学术会议主题,投寄给会议主办单位。经有关专家审查录用的论文通常会在会议期间进行大会宣读或分组交流,并且由主办单位结集出版,成为一种重要的文献资源——会议文献。通过学术会议发表论文,是一个很好的传播自己学术思想的机会,也是与同行直接或间接进行最新研究成果交流的有效渠道。

(2) 专业报刊

专业报刊是交流、传播、讨论、争辩学术问题的重要平台,是论文研究成果得到社会认同、产生社会影响的重要途径。学术期刊,由于出版机构的背景和资质及刊物本身的学术影响力,根据不同的标准还被划分为核心期刊(国内)、同行评审期刊(国外)、SCI期刊等级别和种类,作者应该根据自己论文的专业特点、研究水准选择恰当的刊物进行投稿。

核心期刊是指那些发表该学科(或该领域)论文较多、使用率(含被引率、摘转率和流通率)较高、学术影响较大的期刊。通常申请高级职称,取得博士论文答辩资格,申报科研项目,科研机构或高等院校学术水平评估,教师、工作人员完成的工作量等的前提条件之一就是在一定时间段内,在核心期刊上发表若干篇论文。目前国内有七大核心期刊遴选体系。

① 北京大学图书馆《中文核心期刊要目总览》;

② 南京大学"中文社会科学引文索引(CSSCI)来源期刊";

③ 中国科学技术信息研究所"中国科技论文统计源期刊"(又称"中国科技核心期刊");

④ 中国社会科学院文献信息中心"中国人文社会科学核心期刊";

⑤ 中国科学院文献情报中心"中国科学引文数据库(CSCD)来源期刊";

⑥ 中国人文社会科学学报学会"中国人文社科学报核心期刊";

⑦ 万方数据股份有限公司"中国核心期刊遴选数据库"。

通常所说的中文核心期刊,是指被北京大学每年出版的《中文核心期刊要目总览》列出的期刊。具体采用哪个体系作为评价标准,不同学科、不同单位会有不同的要求,用户应该重视和及时关注本系统或本单位所采用的相关体系,以便投稿时采纳和选取。

(3) 网络出版

网络出版是伴随着因特网技术的发展而出现的一种新型电子出版形式,是指具有合法出版资格的出版机构,以互联网为载体和流通渠道,出版或销售数字出版物的行为。由于纸质期刊的容量有限、出版周期过长等弊端,已经不足以适用学术发展的现实需要,而网络传播的快捷性、大容量、开放性等优点,决定了它可以作为网络时代学术论文发表的新载体。

网络出版模式一般是作者投稿(一般需支付审稿费)→"开放存取"期刊(审稿、组织同行评议)→网络传播→读者(免费)。网络出版的最大优势在于打破了传统出版的学术信息传播限制,具有出版速度快、传递迅速、传播范围广、时时更新等优点,经过严格的学术标准和规范的审稿程序发表的网络论文其学术质量是可以被认可的。近年来,一些科研机构和高等学校以"网络文化成果认定实施办法"等文件形式,作为网络学术论文认证标准,以此进行平台分类认定及论文影响力评价。

作为学术论文撰写的新手,选择网络出版更可以提高"投中"的概率。但网络出版也应注意发表论文的责任,杜绝抄袭、剽窃等漠视知识产权的行为,自觉遵守学术规范。

① 中国科技论文在线(http://www.paper.edu.cn/)

中国科技论文在线是由教育部科技发展中心主办的中国首家OA线上投稿平台，为广大科学工作者提供快速发表和共享最新科技成果的平台。中国科技论文在线的在线投稿方法是登录→注册→使用模块在线投稿→论文初审、公示→同行评议→允许并鼓励向专业学术刊物投稿(图5.3.2、图5.3.3)。

图 5.3.2　中国科技论文在线

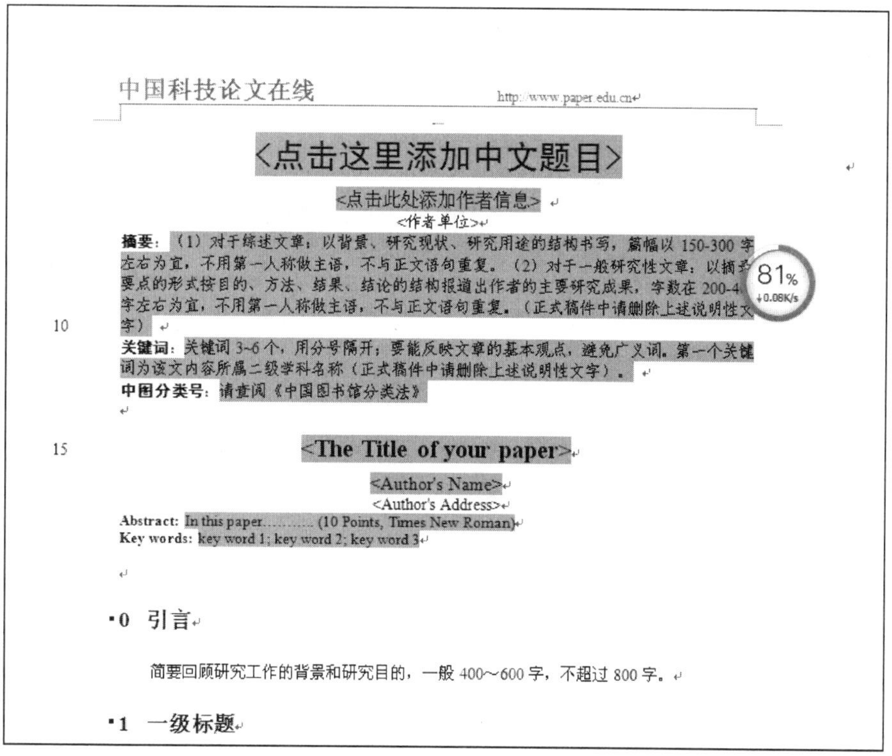

中国科技论文在线　　http://www.paper.edu.cn

<点击这里添加中文题目>

<点击此处添加作者信息>

<作者单位>

摘要：(1)对于综述文章：以背景、研究现状、研究用途的结构书写，篇幅以150-300字左右为宜，不用第一人称做主语，不与正文语句重复。(2)对于一般研究性文章：以摘要要点的形式按目的、方法、结果、结论的结构报道出作者的主要研究成果，字数在200-4□□字左右为宜，不用第一人称做主语，不与正文语句重复。(正式稿件中请删除上述说明性文字)

关键词：关键词3~6个，用分号隔开；要能反映文章的基本观点，避免广义词。第一个关键词为该文内容所属二级学科名称(正式稿件中请删除上述说明性文字)。

中图分类号：请查阅《中国图书馆分类法》

<The Title of your paper>

<Author's Name>

<Author's Address>

Abstract: In this paper………… (10 Points, Times New Roman)

Key words: key word 1; key word 2; key word 3

0　引言

简要回顾研究工作的背景和研究目的，一般400~600字，不超过800字。

1　一级标题

图 5.3.3　中国科技论文在线投稿模块

② PLOS(科学公共图书馆)(https://plos.org/,图 5.3.4)

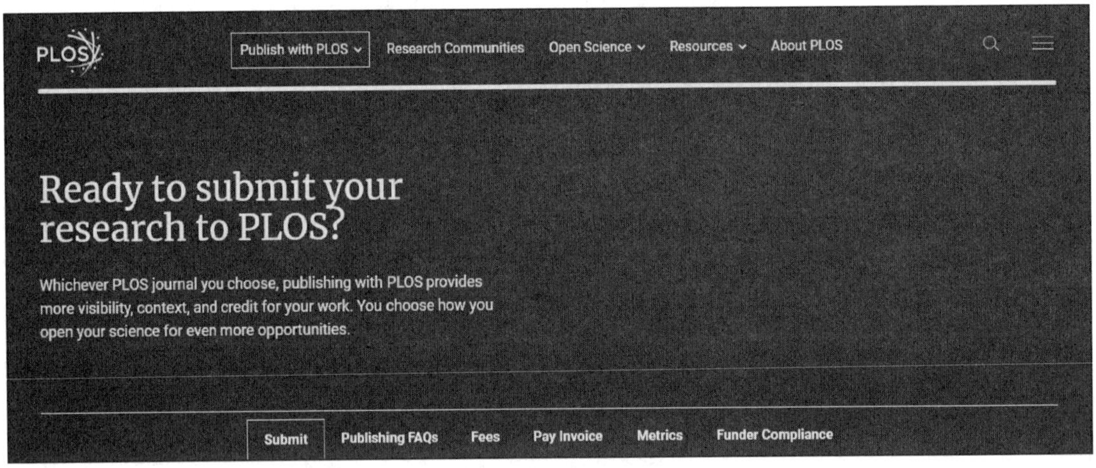
PLOS
Publish with PLOS
Research Communities
Open Science
Resources
About PLOS
Ready to submit your research to PLOS?
Whichever PLOS journal you choose, publishing with PLOS provides more visibility, context, and credit for your work. You choose how you open your science for even more opportunities.
Submit
Publishing FAQs
Fees
Pay Invoice
Metrics
Funder Compliance

图 5.3.4　PLOS 主页

PLOS 是美国的一个非营利性学术组织,成立于 2000 年,由美国科学家和医学专家组成,致力于把世界上科学和医学的文献作为免费资源向公众开放。PLOS 出版 12 种同行评审期刊,PLOS 鼓励作者根据各刊的学科领域选择性投稿(图 5.3.5、图 5.3.6)。学术论文及论著的网络出版形式是当代文献发表及出版的趋势之一,更多相关的网络出版平台可以参见本教材第 4 章相关内容的介绍或通过网络检索发现、发掘。

PLOS JOURNALS
PLOS publishes a suite of influential Open Access journals across all areas of science and medicine. Rigorously reported, peer reviewed and immediately available without restrictions, promoting the widest readership and impact possible. We encourage you to consider the scope of each journal before submission, as journals are editorially independent and specialized in their publication criteria and breadth of content.
PLOS Biology
PLOS Climate
PLOS Computational Biology
PLOS Digital Health
PLOS Genetics
PLOS Global Public Health
PLOS Medicine
PLOS Neglected Tropical Diseases
PLOS ONE
PLOS Pathogens
PLOS Sustainability and Transformation
PLOS Water

图 5.3.5　PLOS 出版的 12 种期刊

3. 投稿信息搜集

及时地了解和掌握投稿信息非常重要。一篇论文能否被征稿单位(如编辑部、会议主办单位等)采用,除了论文本身质量问题外,作者对投稿信息的把握十分关键。平时如能对投稿方面的相关信息多留心、多搜集,必定能促使作者撰写的论文尽早发表、登载在高水平的学术期刊之上。

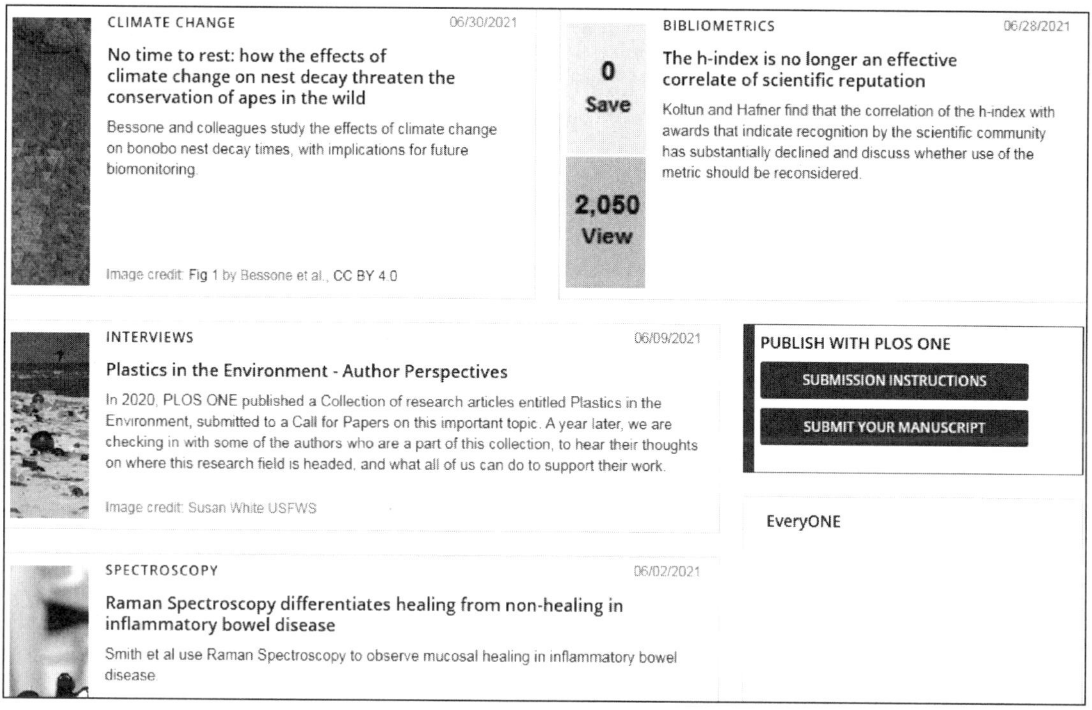
CLIMATE CHANGE
06/30/2021
No time to rest: how the effects of climate change on nest decay threaten the conservation of apes in the wild
Bessone and colleagues study the effects of climate change on bonobo nest decay times, with implications for future biomonitoring.
Image credit: Fig 1 by Bessone et al., CC BY 4.0
0
Save
2,050
View
BIBLIOMETRICS
06/28/2021
The h-index is no longer an effective correlate of scientific reputation
Koltun and Hafner find that the correlation of the h-index with awards that indicate recognition by the scientific community has substantially declined and discuss whether use of the metric should be reconsidered.
INTERVIEWS
06/09/2021
Plastics in the Environment - Author Perspectives
In 2020, PLOS ONE published a Collection of research articles entitled Plastics in the Environment, submitted to a Call for Papers on this important topic. A year later, we are checking in with some of the authors who are a part of this collection, to hear their thoughts on where this research field is headed, and what all of us can do to support their work.
Image credit: Susan White USFWS
PUBLISH WITH PLOS ONE
SUBMISSION INSTRUCTIONS
SUBMIT YOUR MANUSCRIPT
EveryONE
SPECTROSCOPY
06/02/2021
Raman Spectroscopy differentiates healing from non-healing in inflammatory bowel disease
Smith et al use Raman Spectroscopy to observe mucosal healing in inflammatory bowel disease.

图 5.3.6　PLOS one 论文提交

了解和掌握学术论文投稿的信息通常可以经由以下几个渠道来实现。

(1) 从专业协会发布的信息及同行之间的交流获取有关征稿信息

从国际到国内，不同级别的专业协会(学会、委员会等)为了促进学术的繁荣和交流，每年都会举办有关的学术研讨会，作为这些组织本身将在会前做大量的宣传工作，通过会议的征稿启事广泛争取专业工作者携带自己最新的研究成果参会。这种会议征稿启事一般提前半年以上刊登在有关协会(学会、委员会等)会刊上并传送到其广大会员手中，有条件的还会同时在网站上发布。对会议主办者审查通过的稿件，可能在会前或会后结集正式出版，如《Conference Proceedings From the 29th International Symposium for Testing and failure Analysis》《中国航空学会第四届小型发动机学术讨论会论文集》。另外，通过同行间的互访、参观、交谈也会了解并掌握不少相关的学术会议信息。

(2) 从专业期刊上了解有关征稿的具体信息和要求

不同专业期刊有自己的办刊方针、栏目特色及对稿件从内容到字数等诸多方面的专门要求，这些信息将帮助作者判断其论文的最终投向、明确与编辑部之间的约定及联系方式。所以投稿前(甚至是在撰稿前)就应当关注本专业期刊的征稿信息。期刊的征稿信息较多地登载在年初或年末的相应期数上以及常年发布在网上该刊的相应版面位置。另外，一些学术性期刊也可能定期或不定期地举办相当规模的(常常是全国性的)学术研讨会或专题讨论活动，为此它们会提前将有关的征稿启事刊登出来，旨在吸引作者们投稿。

(3) 利用有关的数据库检索系统，检索有关期刊的详细信息

如通过中国学术期刊(网络版)(中国知网)、中文科技期刊数据库(重庆维普公司)或万方数据库等的“期刊导航”，都能很方便地检索到我国公开出版的大量期刊的出版信息。

(4) 通过搜索引擎或一些专业网站及时捕捉有关投稿信息

在Google、百度等网上搜索引擎中,输入相关检索词及相应的年代(如2017、2018……)迅速而准确地检索到各有关方面的论文征稿信息,包括期刊论文、会议论文的征稿信息。而在一些专业网站平台如中国科学技术信息研究所(https://netl.istic.ac.cn/site/home)、金苹果中国科教评价网(http://nseac.com/)上也可获取期刊投稿和期刊评价报告等信息。

(5) 特别值得关注的相关投稿信息来源举要

①《中文核心期刊要目总览》(2014年版)由北京大学图书馆和北京高校图书馆期刊工作研究会主持编纂,其中所公布的期刊具有相当的权威性,是目前应用较为广泛的成果评价体系之一。

②《学位与研究生教育中文重要期刊》(目录)由国务院学位办公室制定,要求学生在毕业前必须在本目录所列出的本学科专业的期刊上发表两篇论文,是我国许多重点高校授予学生硕士学位的基本条件之一。

③ 中国科学引文数据库由国家自然科学基金委员会和中国科学院共同资助,中国科学院文献情报中心承制,收入数学、物理、化学、天文学、地学、生物学、农林科学、医药卫生、工程技术、环境科学和管理科学等领域出版的中英文科技核心期刊和优秀期刊约2 000种。该库分为核心库和扩展库。核心库的来源期刊经过严格的评选,是各学科领域中具有权威性和代表性的核心期刊。扩展库的来源期刊也经过大范围的遴选,是我国各学科领域较优秀的期刊。

5.4 文献信息管理工具

信息利用的一种重要表现形式,是对检索到的各种文献信息进行认真的阅读和分析,进而才能真正有效地予以消化、吸收、利用。因此,阅读文献是科学研究的一个重要环节。在没有文献管理软件之前,从各大数据库中搜集到的文献往往千头万绪,或重复或遗漏,难以管理;阅读所做的笔记则分散各处,整理和阅读文献需要花费很多的时间和精力。到写论文时,大量的文献引用往往复杂异常,尤其修改时,牵一发而动全身。这些难题,凭借文献管理软件,可以彻底解决。目前有很多文献管理的软件,借助它们,可以很方便地管理和利用文献。常见文献管理软件有 EndNote、Reference manager、Procite、RefWorks 等。中文文献管理软件中,有NoteExpress、文献之星、医学文献王、PowerRef等。本节以EndNote X7.2为例说明它们的使用方法。

5.4.1 EndNote的基本功能简析

EndNote是一款用于海量文献管理和批量参考文献管理的工具软件。EndNote通过将不同来源的文献信息下载到本地,建立本地数据库,从而实现对文献信息的管理和使用。目前已经可以与word、ppt等Microsoft Office相嵌合,为论文、报告中参考文献的引入提供方便。

其工作流程简述如下:通过将不同来源同一主题的数据整合到一起,剔除重复的信息,避免重复阅读来自不同数据库的相同信息,同时可以方便地进行数据库检索,进行统计分析等。另一个重要功能是,在撰写论文、报告或书籍时,EndNote可以非常方便地编排参考文献格式。此外,EndNote还可以方便地做笔记,并对笔记进行管理。

整个软件的使用过程包括数据库的建立、数据库的管理和数据库的应用三个方面。

5.4.2 文献数据库的建立和编辑

建立数据库就是将不同来源的相关资料放到一个文件中，汇聚成一个数据库文件，同时剔除来源不同的重复文献信息，便于分析、管理和应用。EndNote 数据库称为 Reference Library，以 *.enl 格式存储，其中的数据存储于同名文件夹 *.Data 中。

1. 文献数据库的建立

(1) 新建 enl

File\New…，可以新建一个空白图书馆。

(2) 打开已有 enl

File\Open\Open Libray…，可以打开一个既有的 enl 图书馆。

2. 文献数据库的编辑

EndNote 软件中建立数据库的方式有四种：手动输入、直接联网检索、数据库(网站)输出、格式转换。

(1) 手动输入

手动输入主要针对少数几篇文献，一般无法直接从网上下载。在 Local Library 模式下，点击快捷键 New Reference，或者在 Reference 菜单下选择 New Reference。首先选择适当的文献类型，按照已经设好的字段填入相应的信息即可。每条文献记录由多个字段组成，一般需要用到的条项包括 Author、Year、Title、Journal、Volume、Issue、Pages、Keywords、Abstract，读书笔记记录在 Note 中，如果有全文 pdf，可以 Attach PDFs，如果文摘是从网上数据库下载的，URL 中可记录其出处。其余条项相对用得不多。注意：人名的位置必须一个人名填一行，否则软件无法区分是一个人名还是多个人名，因为各个国家人名的表示差异较大。关键词也一样，一个关键词一行。如果作者名已经存在于数据库中，会显示为黑色；如果作者名是第一次输入则显示为红色。一条记录输入完毕，点击右上角关闭即可，该记录则会显示在主窗口。

(2) 直接联网检索

点击工具栏的 Online Search Mode 图标(表 5.4.1)，则会跳出一 Choose a Connection 对话框，选择其中的数据库，点击 Connect。

表 5.4.1 EndNote X7.2 的工具栏图标

	Local Library Mode 当前图书馆模式		Find Full Text 找全文
	Online Search Mode 直接联网检索模式	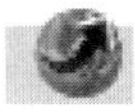	Open Link 保存在记录中的网址将被打开
	Integrated Library & Online Search Mode 当前图书馆 & 直接联网检索整合模式		Open File 打开记录中附件中的文件
	Copy to Local Library 拷贝到当前图书馆		Insert Citation 插入参考文献
	New Reference 手动输入新记录		Format Bibliography 参考文献格式

续表

	Online Search 直接联网检索		Return to Word Processor 返回 Word
	Import 输入记录		Sync with EndNote Web 将 EndNote Web 中的记录同步
	Export 输出记录		Help 帮助

EndNote 针对不同的数据库或图书馆 OPAC 系统数据，拥有相对应的联机文件(Connection file)，以便 EndNote 对某一数据库或 OPAC 系统进行直接的联机检索，并将检索结果有选择地保存到 EndNote 图书馆中。但是利用 EndNote 进行数据库检索，由于检索功能的局限，检索结果往往不够全面准确。

(3) 数据库(网站)输出

数据库(网站)输出也叫批量导入文献。目前有很多网上的数据库都提供直接输出文献到文献管理软件的功能。如 Scopus，Web of Science 等。其基本步骤为：① 查找所需文献；② 选择(标记)所需文献；③ 导出 citation；④ 导入 citation(图 5.4.1)。

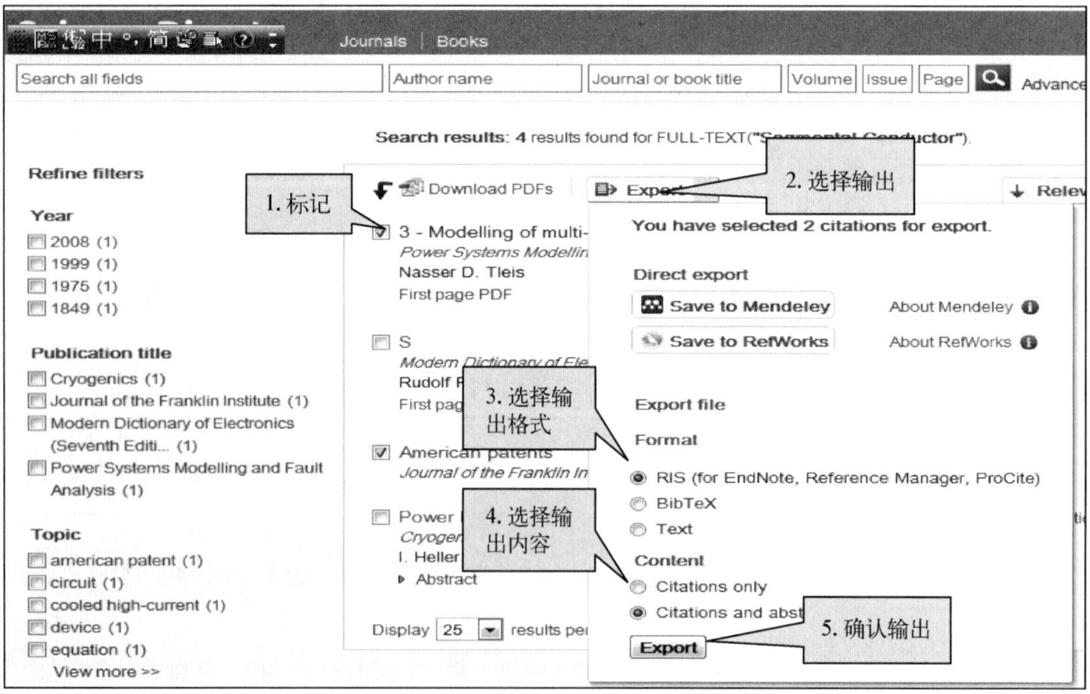

图 5.4.1 Elsevier 数据库输出文献

(4) 格式转换

对于老版本的 EndNote，有些数据库，如 CNKI、维普等中文数据库不支持题录直接导出功能，需要将题录保存为纯文本格式，然后导入 EndNote。因为 EndNote 只支持英文，中文文献 CNKI、维普等数据库的题录导入会比较麻烦些。需要下载 EndNote 中导入针对各数据库专门的过滤器(filter)才能操作。所谓过滤器,即针对某一特定数据库题录格式的转换程序。网上有 CNKI、维普的过滤器,用户可自行下载。下载后,拷贝到 EndNote 安装目录的 Filter 子目录下。重启 EndNote,打开过滤器管理窗口(Edit\Import Filters\ Open Filter Manager),将 CNKI 的过滤器选中,即可将 CNKI 过滤器导入 EndNote。

以 CNKI 为例,说明如何将保存的题录导入 EndNote。CNKI 数据库提供的题录保存格式有简单格式、引文格式、详细格式、自定义格式等。CNKI 的跨库检索不提供保存题录功能,题录保存操作全过程在单库检索结果页面完成。在 CNKI 检索界面的右上角选择想要检索的数据库,输入检索条件进行检索。选择想要保存题录的文献,CNKI 系统允许在一个题录文件中最多保存 50 条题录,在题录预览界面,选择"自定义"输出格式,勾选要保存的字段,点击"预览",就生成针对本次检索结果的文献题录。将题录列表中的信息拷贝到记事本中进行整理,确认文件的格式与过滤器要求的格式一致,将题录文件保存为文本文件,导入 EndNote。

5.4.3 文献数据库的管理

配合嵌套文件夹的使用,即可进行海量文献的管理。确定范围和题目后,就可以充分利用 EndNote 的功能进行文献搜集、整理和阅读了。

(1) 充分搜集文摘

通过数据库查找到的记录信息都可以直接导入 EndNote 文献图书馆中,为了充分搜集资料,还有一些资料可能要通过图书馆复印的途径获得,这些资料一般数量不多,可以手动输入。

(2) 筛选文摘

通过 Annotated 模式对每个 enl 图书馆中的记录进行逐一筛选,多数情况下,都可以筛掉很大一部分相关度较差的文献。对于要保留的文献,不妨在 Notes 中随时记录下观感或一些关键词,便于后面进一步整理。

(3) 合并记录

对检索策略相近的几个文献图书馆筛选完毕后,可以将它们合并成一个库。可以采用 Reference\Find Duplicates 筛去重复的记录,这样就能形成一个次级库。通过这样的方法,在次级库中进行合并,就能获得一到若干个最终库。形成最终库时,需要对综述的结构有所规划。这些规划体现在 Notes 中。有些文献要用在背景部分,Notes 中可以标注"background",有些可能要用在展望部分,Notes 中可以标注"view"之类。通过 Reference→Search References 操作,In "Notes" Search "Certain Keywords",就可以把它们分别显示,并归入不同的目标库中。

(4) 搜集全文

使用 File Attachments 把需要且能够获得的全文都附上,以后写论文需要参考全文时,在 EndNote X7 中可以直接预览 pdf 格式的文件。

5.4.4 文献数据库的利用——Word 中的文献引用

EndNote 最杰出的优点之一就是可以自由地插入和调整参考文献。这在参考文献量多的论文如学位论文的写作中十分有用。

安装 EndNote X7 后,Word 中会生成相应的 EndNote X7(如图 5.4.2 中的工具栏)。在工具栏和工具菜单中都有它的选项。具体操作如下。

图 5.4.2 EndNote X7 工具栏

① 光标移至插入位置。

② 工具\EndNote X7\Go to EndNote。

③ 在 EndNote 的 Library 窗口选中要插入的记录,来到 Word,菜单\工具\EndNote X7\Insert Citation\Insert Selected Citation。

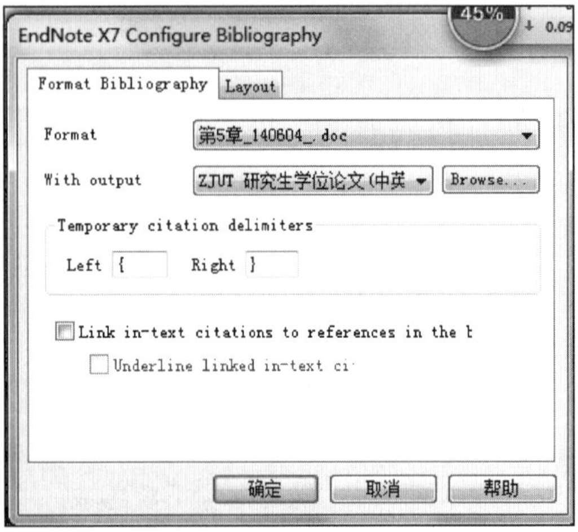

图 5.4.3 Format Bibliograhpy

④ 如果 citation 显示格式不对,那么通过工具\EndNote X7\Format Bibliograhpy,进入格式选择对话框,如图 5.4.3 所示。在 With Output 下拉菜单里有备选的 Bibliography Style,如果没有所需的,点击"Browse"按钮,弹出所有 Bibliograhpy 的列表,选择一项并确定,所有 citation 都将被批处理为这一显示格式。

⑤ 要移动某条引用的话,只需要光标选中文中 citation,拖放到新位置,其文末 reference 及序号都将随之自动发生变化。

⑥ 删除某条引用,与普通文本操作完全一样,文末 reference 及序号同样自动更新。

⑦ 一些论文中插入的 Note,可以通过工具→EndNote 7→Insert Note 或 EndNote 工具栏第二栏第二个按钮插入。这些插入的 Note 也将出现在文末 reference 中。

⑧ 论文完成后,确认全部引用无误,通过工具→EndNote 7→Remove Field Codes 或 EndNote 工具栏第二栏第五个按钮,将所有 citation 的格式宏移去并另存为一个 doc 文档,再进行相应的格式修饰,即可完成 Reference 的编辑。

5.5 信息分析及方法

开展信息分析的主要目的,是为决策活动提供服务。它不仅可为科研服务,也可为生产、教育及各行各业的发展提供服务,而且还越来越成为国民经济发展决策的重要依据。总结当前信息分析研究的主要功用,包括以下几个方面:科技发展的动态信息分析研究;专业、学科(或单项和综合技术)发展的信息分析研究;经济发展决策与管理的信息分析研究;生产技术领域信息分析研究;市场运作及经营活动信息分析研究。

因此,信息分析可以定义为以社会用户的特定需求为依托,以定性和定量研究方法为手段，通过对社会信息的搜集、整理、鉴别、评价、分析、综合等系列化的加工过程，形成新的、增值的信息产品，最终为特定的需求提供决策服务的一项智能活动。

5.5.1　信息分析的步骤

信息分析的步骤，大致包括选题、制订信息分析研究计划、搜集信息、信息的鉴别与整理、信息分析与研究、撰写信息分析与研究报告等几个步骤。

(1) 选题

选题是信息分析研究的起点，关系到信息分析的方向，也关系到信息分析研究的结果。选题要注意以下几个问题：多做实际调查，在深入了解有关领域的国内外发展状况和用户实际需要的基础上选定课题。注意选题的可行性，要充分考虑完成选题的条件和可能性。要注意掌握时机，时机对选题很重要，决策者冥思苦想而难以决定的或者大家普遍关注或普遍忽视的问题都是信息分析的好课题。

(2) 制订信息分析研究计划

信息分析研究计划应该包括的内容有选题的目的、基本内容和要求，详细的调研大纲，预计信息分析研究成果的报告形式，参加调研人员的分工，拟定调研各阶段任务的完成时间和实施步骤，完成整个调研工作所需的条件、费用等。

(3) 搜集信息

搜集和掌握全面系统的有关课题的信息，是展开信息分析的根本依据。信息搜集的基本途径是文献检索和社会调查。搜集信息的基本要求是完整性、准确性和有效性。社会调查也是信息分析过程中的一个重要环节，社会调查的方法包括实地调查、会议调查、访问咨询、问卷调查、抽样调查等。

(4) 信息的鉴别与整理

通过各种方式搜集来的信息大都是杂乱无序的，难以作为分析研究直接利用的素材，必须经过选择、鉴别和整理，并以便于研究的形式表达和存储起来。信息的鉴别主要是判断、鉴别所获得的信息的质量，通常从以下几个角度来判断：可靠性判断，主要指信息的真实性；先进性判断，主要指信息的新颖性；实用性判断，主要指信息对用户适用的程度。信息经过初步的鉴别和筛选后，就进入整理阶段，包括形式上的整理和内容的整理，前者是对信息加以剪贴摘录，按学科体系归类；后者是对经初步整理的素材进行再处理，做进一步的筛选，如数据的汇总、论点的归纳、情况的综合、图表的编制等。

(5) 信息分析与研究

搜集到的资料经过消化、整序后，就应着手对所掌握的素材进行分析加工、综合研究以及对信息进行再创造。本阶段是信息分析与研究工作的中心环节，其任务就是针对选题的目的，采用不同的分析和研究方法，对大量经过鉴别与整理的资料进行细微的分析思考、演绎推理、归纳综合，从中找出所提供的新的理论、知识、经验、规律，得出结论，提出建议或方案等。传统的信息分析多用定性分析方法，现在定量分析方法不断增多，有时需将两者结合起来运用。

(6) 撰写信息分析与研究报告

信息分析与研究成果的表现形式最有代表性的是研究报告。因此，撰写信息分析与研究报告是整个信息研究工作的最后一道工序，也是重要的一个环节。信息分析与研究报告撰写得好坏，直接关系到信息分析和研究成果的交流和利用。

5.5.2 信息分析的方法

信息分析的方法有很多,归纳起来,主要有定性分析和定量分析两种。定性分析是传统的情报研究的主要方法,是在逻辑分析、判断推理的基础上发展起来的。定性分析是运用比较、分类、类比、分析和综合、归纳与演绎等逻辑学手段进行情报研究、得出研究对象的本质特征的方法。这一类常用方法有综合分析法、比较分析法、相关分析法、典型分析法(枚举法)、专家调查法。定量分析是运用数学方法对研究对象的本质特征进行量化描述与分析的方法,因为量化描述主要通过数学模型来实现,所以定量分析也可以说是利用数学模型进行信息分析与研究的方法。其核心技术是数学模型的建立、求解和对模型解的评价判定。属于这一类的常用方法有趋势外推法、回归分析法、时间序列法、文献计量学法。

常见的信息分析法如下。

(1) 比较法

比较法是确定事物之间差异点和共同点的逻辑方法,是分析、综合、推理和研究的基础。因此,比较法是信息分析中最常用、最基本的一种定性分析方法,可分为纵向和横向两种方法。

纵向比较法是通过对同一事物在不同时期的状况,如数量、质量、性能、参数、速度、效益等特征进行对比,认识事物的过去和现在,从而分析其发展趋势。由于这是同一事物在时间上的对比,所以又称为动态比较。

横向比较法是对不同区域,如国家地区或部门的同类事物进行对比,又称静态比较,属于同类事物在空间上的对比。横向比较可以提出区域间、部门间或同类事物间的差距,判别优劣。

在信息分析与研究中,经常用于比较的对象有科学研究水平的对比,工业技术水平的对比,科研发展条件的对比,某一学科或技术的发展历史、现状对比,技术方案对比,市场销售情况对比。通过比较方法获得的信息分析结果可以用文字、数字、表格或图形加以描述。

(2) 相关法

事物之间或者事物内部各个组成成分之间经常存在某种关系,比如现象与本质、原因与结果、目标与途径、事物与条件等关系,通过分析这些关系,可以从一种或几种已知的事物来判断或推知未知的事物,就是相关法。相关法涉及研究对象的质和量两个方面,这种分析方法的特点由此及彼、由表及里,采用定性分析和定量分析相结合,尤其适用于军事技术、专利及其他难得到的技术情况的研究。

相关法常应用在专利分析方面,比如研究专利文献发表数量以推断技术的发展阶段,对有关技术的专利文献进行全面系统的调研统计,并按时间顺序画出专利文献量的变化曲线,那么这条曲线一般能够准确地反映出该项技术的起始、发展、巅峰和衰落。

(3) 综合法

综合法又称综合归纳法,是一种定性分析方法。它把与研究对象有关的情况、数据、素材进行归纳与综合,把事物的各个部分、各个方面和各种因素联系起来考虑,从错综复杂的现象中探索它们之间的相互关系,以达到从整体角度通观事物发展的全貌和全过程,获得新的认识、新的结论的目的。

(4) 文献计量法

文献计量法是以文献为对象,以数学和统计学为手段,用量的概念表述科学现象的一种宏观研究方法，也是情报学科特有的研究方法。构成文献计量学核心的几个规律是文献增长定律、文献老化定律、文献离散定律、文献引用定律、论文作者分布定律。在文献计量过程中可依据这些经验规律分析研究被研究对象的定量特征。例如，利用文献增长定律可以帮助掌握某项技术发展的动态过程和所达到的水平；研究文献老化定律，可以帮助判断某项技术的发展速度、适用时间以及可能被淘汰的年限；运用文献离散定律及其等级排列技术和分析方法，可进行学科幅度比较，判断有关学科领域范围的大小及发展的成熟程度；利用文献引用定律可研究学科的分类和发展问题等。

5.5.3　调研报告的撰写

调研报告是调研成果的最终反映，根据调研任务、服务对象等的不同，调研报告可分为综述报告、述评报告和专题报告。

(1) 综述报告

它是对于某一课题有关的资料进行归纳、整理、分析、加工而形成的一种报告。综述报告可以使主管人员在较短时间内对有关课题的内容、意义、历史、现状及发展趋势等有一个完整而系统的了解。

(2) 述评报告

它是针对某一问题，全面而系统地阐述并做出分析评价或提出明确的建议。述评报告的主要特点是调研人员要对所归纳、整理的情况提出自己的观点和见解。

(3) 专题报告

它是为解决某项专门任务而进行的专题情报调研。其结果可以是对所调研问题的判断和预测，也可以是某种建议和方案。专题报告一般可包括以下6个部分：题名、绪言、正文、结论或建议、附录、参考文献等。撰写专题报告通常分为5步进行：确定主题、设计结构、拟定提纲、撰写初稿、修改与定稿。

撰写调研报告应当注意以下问题。

(1) 注意用户对象

调研报告是为了满足社会需要，解决科研、生产和工程建设中出现的问题而撰写的。调研报告的内容和写作方法，必然因读者对象的不同而有所区别。根据不同的读者群，调研报告可分为供领导机关参考和供科技人员参考。

供领导机关参考的调研报告是为了帮助领导了解国内外的科学技术、经济建设、军事防务等的现状和发展，给他们提供科学决策的建议和方案。因此，这类报告专业和技术方面的叙述不必太多、太细；避免使用过专的术语；不宜过多罗列表格和公式；尽量将数据融合在文字中，同时要使用绝对数和百分比，以加强表达效果。文字叙述要简练，观点要明确，条理要清晰，以增强说服力；关于新产品、新设备和新仪器方面的调研报告，采用以图片为主、附加文字说明的办法，尽量做到图文并茂。

供科技人员参考的调研报告是为了帮助科技人员掌握国内外科学技术的发展水平和动向。这类报告除了要求有一定的科学技术深度以外，还要考虑它的广度，将相邻学科和技术的进展情况引入，把数据和图表详尽地列出，以便科研人员能从中受到启发，开拓新的研究领域，或从新的角度去调研原有的问题。

如果调研报告既要供领导机关决策参考，又要给专家和科技人员使用，则可把全文分成主件与附件两部分。主件文字精练，列举基本观点和主要论据，大量的数据、图表、计算方法以及基础性资料则放在附件中。这样领导只要看主件就能了解报告的主要内容,必要时再去参考附件中的详细材料。

(2) 注意文风文体

调研报告有自己特有的文风文体:标题醒目、说理严谨、文风质朴、语言精练和行文规范。文章标题宜开门见山,使人读了就知道所要阐述的主要问题是什么。撰写调研报告时,要注意引用资料的数据的代表性及可靠性,不要在材料不充分或对原始材料未做透彻调研的情况下,生拼硬凑,更不能先入为主,按既定观点取舍材料,把调研报告变成撰写者的主观意图的工具。调研报告注重叙述和说理,不要带有感情色彩。调研报告不同于科技论文,不需要对科技本身逐层加以评述,而使用少量精练的语言对技术问题加以概括和介绍,落脚点放在对于成果的判断和对下一步工作的建议上。调研报告要按照论文的形式和出版的格式撰写。结构上一般按绪言、情况、分析、结论、建议等顺序逐层展开。要注意章节、段落、图表、引文、注释、标点及符号的使用,功能均应符合相关的标准。

5.6 信息检索与利用举例

在这一节,我们准备把课题检索的一般过程进行一个示范和简介,以便大家在拿到一个或选定一个检索课题后,能尽快地开展相关活动。

一般情况下,在开始一个新的课题研究之前,通常需要从系统的文献调研开始。而文献调研一般要经过以下步骤:分析研究课题并明确检索要求,确定检索系统,确定检索词,构造检索式,进行初步检索,调整检索策略,进一步深入开展检索,得到相对满意的检索结果,对检索结果进行认真鉴别、分析、筛选后形成文献调研报告,综合利用检索结果。

检索课题:离子液体提取生物柴油

课题背景:生物柴油是一种新型的、无污染的可再生能源,其燃烧性能可与传统的石化柴油相媲美,燃烧排放出的尾气中有害物质比传统石化柴油降低 50%。因此,生物柴油的研究和应用引起世界各国的广泛关注。离子液体作为一种新型的环境友好溶剂和液体酸催化剂,它同时拥有液体酸的高密度反应活性位和固体酸的不挥发性,其结构和酸性具有可调性,催化剂和产物易分离,热稳定性高,其物理化学性能很大程度上取决于应用的阴、阳离子种类,是真正意义上可设计的绿色溶剂和催化剂。采用离子液体组装固体酸催化剂制备生物柴油,符合绿色化学的要求,是当前国际上公认的绿色化学工艺,成为国内外竞相开发的热点,有着诱人的工业化前景。此外,我国植物油脂资源丰富,原料易得,因此生物柴油的发展还将有望对我国的农业和能源的发展起到巨大的推动作用。

检索主题词:离子液体 /ionic liquids、生物柴油 /biodiesel

检索表达式:(中文)离子液体 and 生物柴油

(英文)“ionic liquids” and biodiesel

检索步骤:(1) 根据检索课题可以选择中国知网、维普、万方、国家知识产权局等专利网站进行检索。

(2) 以中国知网为例,进入知网中心网站,在页面右上方的跨库选择对话框中选择期刊、博硕士论文、会议、专利、成果等库,进入高级检索或专家检索,选择主题检索途径,采用上述中文检索表达式进行检索,命中文献 177 篇(图 5.6.1),可根据需要,分别选择按主题、时间、被引

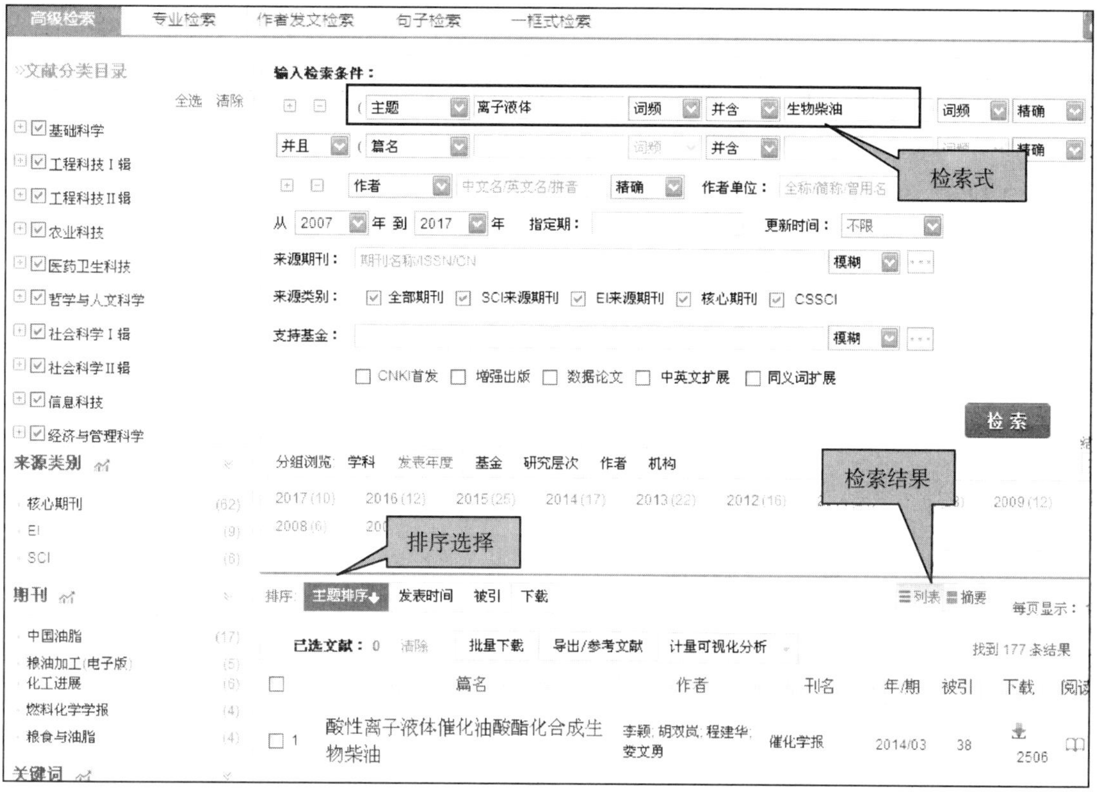

图 5.6.1　中国知网检索结果页面

次数等进行排序，挑选并输出记录到文献管理软件如 EndNote 中。

在知网中检索到的文献按被引次数排序后，选择排名前 5 的文献(代表国内这一领域最有影响力的文献)的标题如下。

① 高活性离子液体催化棉籽油酯交换制备生物柴油.

② B 酸离子液体催化棉籽油酯交换制备生物柴油.

③ 生物柴油制备技术的研究进展.

④ 离子液体催化大豆油制备生物柴油.

⑤ BrΦnsted 酸离子液体催化废油脂制备生物柴油.

(3) 用同样的方法对维普、万方、专利网站进行检索并挑选记录输出到 EndNote 中。在 EndNote 中进行去重操作，得到一个文献库。

(4) 国外数据库选择 SCI、EI、CA、Derwent、Elsevier、Wiley、Springer、EBSCO、ACS、RSC 等。

(5) 以 SCI 为例，进入 Web of Science 网站，选择主题检索途径，输入“ionic liquids” and biodiesel 检索表达式，命中文献 604 篇(图 5.6.2)，类似于知网，可根据需要，分别选择按主题、时间、被引次数等进行排序，挑选并输出记录(图 5.6.3)到文献管理软件如 EndNote(图 5.6.4)中。用同样的方法对其他外文数据库进行检索并挑选记录输出到 EndNote 中。在 EndNote 中进行去重操作，得到一个文献库。

在 SCI 中检索到的文献按被引次数排序后，排名前 5 位的文献(代表国际上这一领域最有影响力的文献)的标题如下。

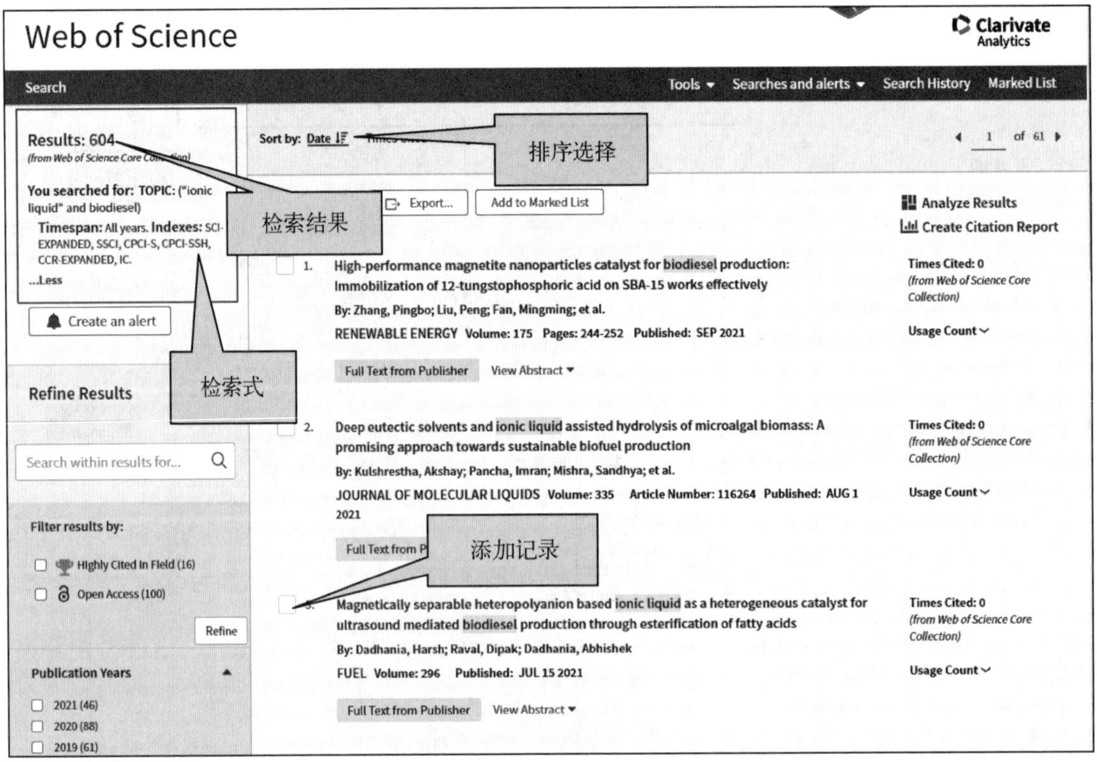

图 5.6.2　SCI 检索结果页面

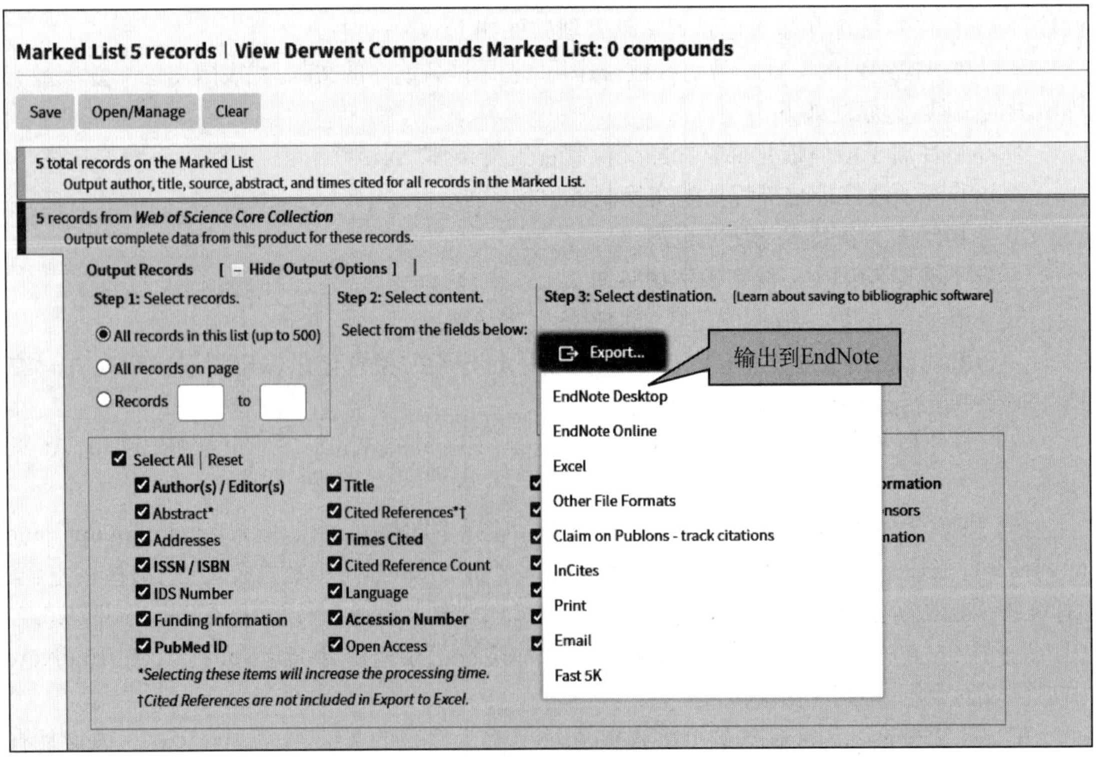

图 5.6.3　SCI 检索结果输出到 EndNote 页面

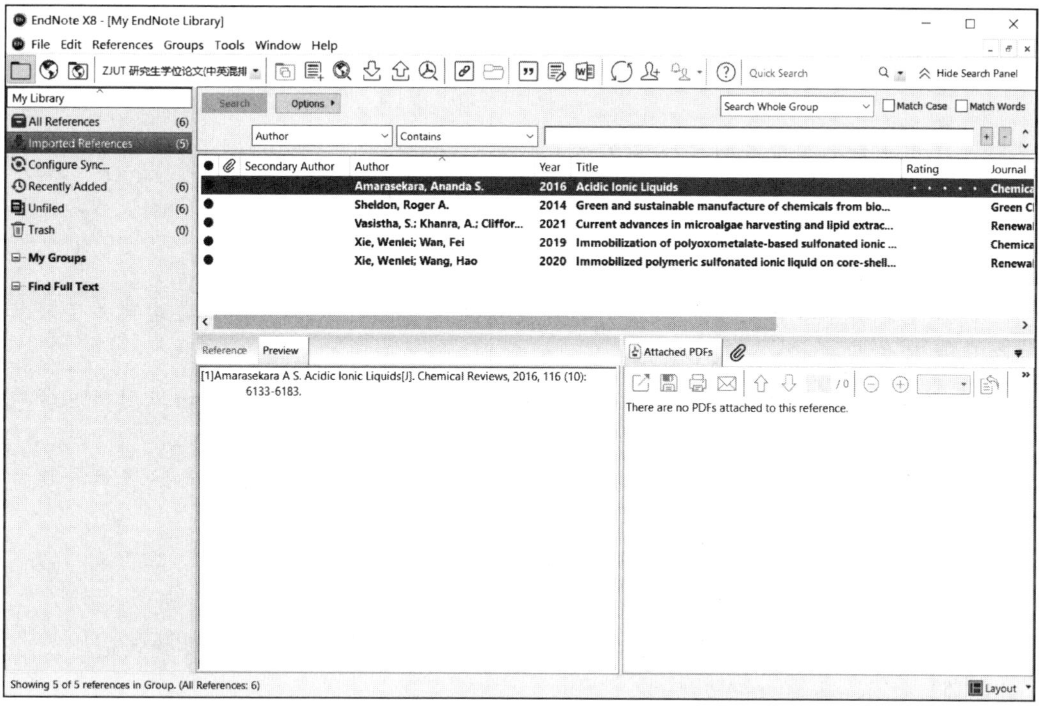

图 5.6.4　EndNote 中导入的记录

① Green and sustainable manufacture of chemicals from biomass：state of the art.

② Acidic Ionic Liquids.

③ Immobilized polymeric sulfonated ionic liquid on core-shell structured Fe_3O_4/SiO_2 composites：A magnetically recyclable catalyst for simultaneous transesterification and esterifications of low-cost oils to biodiesel.

④ Current advances in microalgae harvesting and lipid extraction processes for improved biodiesel production：A review.

⑤ Immobilization of polyoxometalate-based sulfonated ionic liquids on UiO－66－2COOH metal-organic frameworks for biodiesel production via one-pot transesterification-esterification of acidic vegetable oils.

围绕课题开展检索，得到一批检索结果，获得与课题研究相关的信息与资料，进而肯定或否定课题开展的方向、方法、思路，抑或修改、调整、重新制订课题研究方案等，都是信息检索与利用活动中经常要碰到或经历的情形，也是科研及学术活动中不可避免的问题，一帆风顺、一劳永逸的事情是没有的。

开展课题检索，一方面要求我们有必要的文化知识，尤其是学科专业知识，以便对课题背景知识做深入透彻的了解，准确地界定主题范围，明确检索目的，挖掘出隐含的主题概念，确定合适的检索词，从而构造出尽可能完善的检索表达式，以达到课题检索的目的；另一方面，还需要我们对信息资源，包括网上的各种学术资源及图书馆拥有的各种资源进行了解及熟悉，对现代化的检索系统与手段要很好地掌握；同时，还需要我们具备精益求精的钻研精神，多多尝试，反复实践，有时候甚至还需要采用迂回的方式，循环往复，不断调整我们的检索策略，才能达到理想的目标。

复习思考题

1. 简述信息鉴别与筛选的作用及步骤。

2. 影响因子反映了什么情况？查找国内外影响因子的主要系统有哪些？

3. 什么叫核心期刊？如何查找本专业核心期刊？

4. 科技查新活动的意义、特点、规范有哪些？

5. 所在省市有哪些学校设置了教育部科技查新工作站？试访问其中某站点并了解其主要服务规章制度。

6. 为什么要撰写学术论文？按照国家标准规定，一般用于投稿的学术论文应该包含哪些部分？各部分撰写中需要注意些什么问题？

7. 为什么要按照国家标准规定进行参考文献的标注？如何利用检索系统提供的规范的参考文献著录格式？

8. 文献综述与开题报告各有哪些特点及写作要求？

9. 一般可以从哪些渠道及时、准确地把握征稿(投稿)信息？

10. 文献管理工具的作用主要有哪些？你常用什么文献管理工具？主要特点是什么？

11. 简述信息分析的功用及步骤。

12. 举例说明常见的信息分析的方法。

13. 撰写调研报告需要注意哪些问题？

第6章　信息伦理和学术规范

信息活动给现代社会带来了双重影响：一方面促进人类文明和生产力的进步，另一方面也给人类社会带来了一系列新的伦理问题，如侵犯个人隐私权、侵犯知识产权、非法存取信息、信息责任归属不清、信息技术的非法使用、信息的未经授权使用等。信息使用不当，会给社会造成一定程度的混乱，因此，必须建立信息社会新的道德伦理秩序，用信息道德标准来约束和规范我们的行为，使自己的信息活动与社会整体目标协调一致。这种用于规范信息存储、信息开发、信息传播、信息利用（包括学术研究）中的道德规范、伦理准则即是我们本章所要讨论的信息伦理与学术规范问题。

6.1　信息伦理

6.1.1　信息伦理的基本概念及其内涵演变

伦理（ethics）一词源自希腊文的“ethos”，本意是指“本质”“品格”，与“风俗”“习惯”的意思相联系，其包含社会的一切规范、惯例、典章与制度。我国典籍《礼记・乐礼》记载：伦理乃“乐者，通伦理者也”，也就是说，伦理是“处理人们相互关系所应遵循的道理和准则”。

信息伦理则是信息活动中的规范和准则。它是一个动态的概念，随着信息技术的推进和信息化程度的加深，信息伦理内涵经历了计算机伦理、网络伦理到信息伦理三个阶段的演变。

（1）计算机伦理

1946年世界上第一台计算机问世，开启了人类步入以计算机技术为基础的信息时代。随着计算机技术在多个领域的运用，学者们开始关注计算机技术使用中的伦理问题。1976年，美国教授曼纳（W. Manner）提出“计算机伦理”这一术语，最先“将伦理学理论应用到生产、传递和使用计算机时所出现的伦理问题”，开拓了计算机伦理研究。计算机伦理以计算机为载体，关注计算机信息技术在应用过程中产生的道德问题和社会问题，这些问题涵盖了计算机软件的设计，计算机硬件的设置，信息技术产品的销售、服务和应用等。计算机伦理是信息伦理的第一个阶段。

（2）网络伦理

20世纪90年代，计算机信息技术与互联网通信技术融合，推动人类进入信息化程度更高的网络时代。网络技术在使用过程中不仅仅出现了传统计算机伦理问题，还出现了新伦理问题。1996年，英国学者罗格森（Simon Rogerson）和贝奈姆（Terrell W. Bynum）共同发表《信息伦理学：第二代》，认为第一代计算机伦理学存在研究范围有限、深度不够和应用领域狭窄等问题。自此，计算机伦理学的研究范围向外拓展到互联网，进入信息伦理学的第二个阶段，即网络伦理阶段。

（3）信息伦理

信息伦理一词由罗伯特・豪普特曼（Robert Hauptman）于1988年首次提出。他认为，“所有对与信息生产、信息储存、信息访问和信息发布伦理问题相关的研究都统称为信息伦理”,该定义把信息伦理的研究囿于信息技术的范围,只能算是“狭义的信息伦理”。进入21世纪以来,随着信息技术突破性的发展、信息全球化的深入和信息化程度的革命性巨变,学术界将信息伦理的研究范围进一步拓展到信息技术以外,进入真正意义上的广义信息伦理阶段。广义上的信息伦理学包括整个信息领域中的伦理问题,即把信息伦理理解为一种针对信息技术、信息社会及信息行为问题的价值判断标准。例如,庄道明指出:“凡是探讨人类信息行为对与错问题的,即为信息伦理,其中信息行为包括对信息的搜集、整理、使用、储存与传播等。”

基于此,我们认为信息伦理是指在信息开发、信息加工、信息利用和信息传播等信息活动过程中产生的伦理要求、伦理规范、伦理准则,以及与信息相关的所有伦理问题。它肇始于计算机伦理,而后演变为互联网时代的网络伦理,最终成为广义上的信息伦理,这是信息伦理内涵的演变逻辑。

我国从20世纪90年代中期引入“信息伦理”这一术语,关于信息伦理(或信息道德)的概念,有以下几种的定义。

沙勇忠与王怀诗(1998):“信息伦理又称信息道德,它是调整人们之间以及个人和社会之间信息关系的行为规范的总和。”

吕耀怀(2001):“涉及信息开发、信息传播、信息的管理和利用等方面的伦理要求、伦理准则、伦理规约,以及在此基础上形成的新型的伦理关系。”

沙勇忠(2004):“信息伦理就是信息活动中以善恶为标准,依靠人们的内心信念和特殊社会手段维系的,调整人与人之间以及个人与社会之间信息关系的原则规范、心理意识和行为活动的总和。”

蔡连玉(2007):“信息伦理指的是以‘善’为目标,非强制力为手段,调整在信息生产、传播、利用和管理等信息活动中人与人之间关系的规范和准则。”

从上述定义可以看出,信息伦理不是由国家强行制定和强行执行的,而是社会舆论、传统习俗让人们形成一定的信念、价值观和习惯,从而使人们自觉地通过自己的判断规范自己的信息行为。

6.1.2 信息伦理的四个议题

1986年,美国管理信息科学专家梅森(R. Mason)提出信息时代的四个主要伦理议题:信息隐私权、信息准确性、信息产权、信息资源存取权,通常被称为PAPA议题。

(1) 信息隐私权(privacy)

信息隐私权是指个人对与社会无关的个人生活与个人信息依法享有的自主决定的权利以及不被干扰的权利,即拥有隐私的权利,以及隐私防止被侵犯的权利。该议题涉及个人或集体的信息,哪些可以作为私有而不必强行为他人所知,以及如何防护等内容。

(2) 信息准确性(accuracy)

信息准确性是指人们享有拥有准确信息的权利,以及确保信息提供者有义务提供准确的信息。换言之,该议题涉及信息的真实性、可靠性和准确性由谁负责;一旦出现信息谬误,应追究谁的责任;受害一方又如何得到弥补等内容。

(3) 信息产权(property)

信息产权是指信息生产者享有对自己所生产和开发的信息产品的产权,也就是信息生产者对于自己作品的所有权。换言之,该议题涉及信息为谁所有、信息交流应有怎样一个公正公平的价格、谁对流通渠道拥有控制权、对这一稀有资源的使用权又如何分配、怎样合理使用信息而不会造成侵权等内容。

(4) 信息资源存取权(accessibility)

信息资源存取权是指人们享有获取所应该获取的信息的权利，包括对信息技术、信息设备及信息本身的获取。该议题涉及个人或机构有权或有特权获取何种信息、以何为条件又有何防护措施等内容。

针对信息技术所引发的信息伦理问题，国外一些计算机和网络组织尝试为其成员制订一系列行为规则，以规范业内人士的伦理准则。如，美国计算机协会(association for computing machinery，ACM)的《伦理与职业行为准则》、日本电子网络集团(electronic network consortium)的《网络服务伦理通用指南》，以及加拿大信息处理学会(Canadian information processing society，CIPS)、英国计算机学会(British computer society，BCS)等组织制订的业内人员伦理准则。2002 年 3 月，中国互联网协会也制订并且正式实施《中国互联网行业自律公约》。

各国行业组织制订的行业信息伦理准则虽不尽相同，但在内容上十分相近。以美国计算机协会为例。该协会 1992 年 10 月发布的《计算机伦理与职业行为准则》的内容包括“基本的道德规则”与“特殊的职业责任”两大部分。

其基本的道德规则包括：

① 为社会和人类的美好生活做出贡献；② 避免伤害其他人；③ 做到诚实可信；④ 恪守公正并在行为上无歧视；⑤ 尊重包括版权和专利在内的财产权；⑥ 对智力财产赋予必要的信用；⑦ 尊重他人的隐私；⑧ 保守机密。

其特殊的职业责任包括：

① 努力在职业工作的程序和产品中实现最高的质量、最高的效益和高度的尊严；② 获得和保持职业技能；③ 了解和尊重现有的与职业工作有关的法律；④ 接受和提出恰当的职业评价；⑤ 对计算机系统和它们引起的危机等方面做出综合的理解和彻底的评估；⑥ 重视合同、协议和指定责任。

步入智能时代，以人工智能(AI)、大数据为代表的新技术集群加速发展，有望引领第四次工业革命。无处不在的数据和算法正在催生一种新型的人工智能驱动的经济和社会形式，但数据、人工智能等数字技术及其应用带来的隐私保护、虚假信息、算法歧视、网络安全、网络犯罪、网络过度使用等问题已经成为全球关注的伦理问题。

为确保数据、人工智能技术发展“以人为本”“技术向善”，各国政府、国际组织、学术机构和企业界都积极参与相关伦理标准的讨论和制定。欧盟、德国、英国、OECD、G20、IEEE、谷歌、微软等诸多主体从各自的角度提出了相应的人工智能伦理原则。联合国教科文组织全球 AI 伦理建议书于 2020 年 9 月完成草案，提交 193 个会员方协商，预计将于 2021 年年末发布。其中电气和电子工程师协会(IEEE)在 2017 年提出了“人权、福祉、问责、透明、慎用”的五项原则，已成为国际上最具影响的 AI 伦理原则之一。

国内，2019 年 5 月学术机构及产业组织共同发布的《人工智能北京共识》提出了人工智能的研发、使用和治理应遵循的“有益于人类命运共同体的构建和社会发展”的 15 条原则。百度、腾讯等主要科技企业也提出了企业自身的 AI 伦理准则，腾讯认为面向人工智能的新的技术伦理观，应包含三个层面。

① 技术信任，人工智能等新技术需要价值引导，做到可用、可靠、可知、可控(“四可”)；

② 个体幸福,确保人人都有追求数字福祉、幸福工作的权利,在人机共生的智能社会实现个体更自由、智慧、幸福地发展;

③ 社会可持续,践行“科技向善”,发挥好人工智能等新技术的巨大“向善”潜力,善用技术塑造健康、包容、可持续的智慧社会,持续推动经济发展和社会进步。

分析计算机时代、网络时代、智能时代各国行业组织的信息伦理准则,它们具有信息伦理规范和行为认同的普遍一致性,在尊重知识产权和他人隐私权以及建立正确的信息伦理和道德标准方面发挥了明显的作用。

信息伦理准则不仅仅是信息从业人员和信息组织的行业规范,应该是所有信息活动主体的规范。以下是美国计算机伦理协会为计算机使用者制订了著名的“计算机伦理十诫”(the ten commandments for computer ethics)。其内容如下。

① 你不应用计算机去伤害别人;② 你不应干扰别人的计算机工作;③ 你不应偷窃别人的文件;④ 你不应用计算机进行偷盗;⑤ 你不应用计算机作伪证;⑥ 你不应使用或复制没有付过钱的软件;⑦ 你不应未经许可使用别人的计算机资源;⑧ 你不应盗用别人的智力成果;⑨ 你应该考虑你所编的程序的社会后果;⑩ 你应该用深思熟虑和审慎的态度来使用计算机。“计算机伦理十诫”指明了“应该”或“不应该”的信息行为类型。

大学生是当代信息社会非常活跃的信息主体,我们是信息的接收者、利用者,也是信息的创造者和传播者。在学习、生活和工作中,经常会遇到许多与信息道德有关的问题,在信息的搜集、整理、使用、储存与传播过程中,应以下面三个原则作为行为考量准则。

(1) 普遍性原则,即辨别自己所实施的行动是否具有普遍的道德或权利,也就是说,可以应用到所有人及所有情况,但不伤害其他人。

(2) 及他性原则,简单地说,就是己所不欲,勿施于人。从伦理学的角度看,这是最保守意义上的道德规范。从自己的内心出发,推及他人。无论在何种情境下,凡是自己认为可以采取的行动,必须是能容许他人可以采取的行为。

(3) 个体性原则,强调每一个网络用户都应该参与到网络道德的规章、制度的制订中来,自己制订规范,并遵守这些规范。强调自己立法,自己遵守,这是人的理性的最高表现,也是人的价值和尊严之所在。

借鉴美国计算机伦理协会的“计算机伦理十诫”规范,结合我国信息技术发展的状况,具体应遵守的信息伦理规范如下。

(1) 不从事有损于社会和他人的活动

普遍性原则告诉我们,信息行为对他人、对信息环境是否有害是评价信息行为的基本道德准则。不管其行为是故意还是过失,只要对他人的计算机软件和硬件造成损害,或者妨碍他人工作就是不道德的。例如,制造和传播病毒、黑客行为、信息犯罪都是严重损害他人的行为。不管出于什么动机,未经允许进入他人计算机系统,蓄意破坏他人计算机的行为,都是违反信息伦理的。因此,应不制作或故意传播计算机病毒,不使用盗版软件,不模仿计算机“黑客”的行为。

(2) 不利用计算机和网络传播有害信息

不利用计算机和网络技术给其他信息主体或社会造成直接或间接的伤害。不阅读、不复制、不传播、不制造危害社会安定的有害信息;不把网络变成政治斗争的战场,造成网络秩序的破坏和影响网络信息的交流和共享;善于辨别有用信息、无用信息和有害信息,抵制有害信息。

(3) 不谋取不正当的商业利益

例如,未经允许,不能将商业广告寄发到他人的电子邮箱中,以免浪费他人的通信资源、时间和精力，干扰别人的私生活；至于利用计算机以各种方式偷窃、诈骗他人钱财的行为，更应该受到道德与法律的制裁。

（4）尊重知识产权

不可侵犯信息产权人的经济利益。未经允许，不能随意复制、发布他人所有的信息；引用他人文章时，须在尊重他人知识产权的基础上，合理合法引用。

（5）尊重隐私权

隐私权的道德基础在于人们控制自己私人信息的权利和他人对私人信息的尊重，利用计算机及网络侵犯他人的隐私权是不道德的。对于个人来说，不应盗取他人存储于信息系统中的个人信息；对于机构来说，未经本人同意，不得擅自搜集、修改、出售消费者的个人数据，更不能利用信息系统对员工进行无限制的监视。

（6）遵守有关的信息法律法规

任何具有变革性的新技术都必然带来法律的、伦理的以及社会的影响。和谐信息社会，不仅需要信息伦理规范的调节与引领，更需要通过相关法律特有的他律手段制约、控制、调节、处理扰乱信息社会秩序的违规和违法行为。信息法律法规与信息伦理应是一种共建互补的关系。人们的信息行为必须以信息伦理的自律和相关信息法的他律共同调节和约束。

6.2　学术规范

人类的学术实践活动大体可包括学术研究、学术写作、学术评价（含学术批评）、学术管理等诸多形式。所谓学术规范指学术共同体内形成的进行学术活动的基本规范，或者根据学术发展规律制订的有关学术活动的基本准则。它涉及学术研究的全过程、学术活动的各方面（包括学术研究规范、学术评审规范、学术批评规范、学术管理规范）。它主要指尊重知识产权和学术伦理，严禁抄袭剽窃，充分理解、尊重前人及今人已有的相关学术成果，并通过引证、注释等形式加以明确说明，从而在有序的学术交流、学术积累中进行学术创新，彰显学术研究的价值，使学术活动制度化、学术研究标准化和专业化。

为切实加强学术规范建设，国家各部委相继出台了一些指导性文件，如教育部《关于加强学术道德建设的若干意见》(2002)、《高等学校哲学社会科学研究学术规范（试行）》(2004)、《关于严肃处理高等学校学术不端行为的通知》(2009)和《关于切实加强和改进高等学校学风建设的实施意见》(2011)等，国务院学位委员会《关于在学位授予工作中加强学术道德和学术规范建设的意见》(2010)，科学技术部、教育部、中国科学院、中国工程院和国家自然科学基金委员会五部委联合印发《关于改进科学技术评价工作的决定》等。

为贯彻落实教育部文件精神，营造良好的学术研究氛围，各高校也制订了学术道德管理条例，向学术不端行为亮起了红灯，如《中国科学技术大学研究生学术道德规范管理条例》《华中科技大学学术道德规范及学术不端行为处理规定》《东南大学研究生学术道德规范管理条例》《北京大学教师学术道德规范》等，根据这些文件或规范精神，我们认为学术规范大致可由学术道德规范、学术法律规范、写作技术规范、学术评价规范四方面组成，其基本内容如下。

6.2.1　学术道德规范

学术道德是学术人在科学研究活动中所特有的，由经济和学术关系决定的，依靠社会舆论、传统习惯和人们的内心信念来维系的，并以善恶进行评价的原则规范、心理意识和行为活动的总和。

学术道德规范是对学术工作者从思想修养和职业道德方面提出的要求,它是学术规范的核心部分。学术道德规范的具体内容如下。

① 学术研究态度。应以知识创新和技术创新作为科学研究的直接目标和动力,模范遵守学术研究的基本规范,研究或实验过程中要坚持严肃认真、严谨细致、一丝不苟的科学态度。不得虚报研究成果,反对投机取巧、粗制滥造、盲目追求数量不顾质量的浮躁作风和行为。反对急功近利,贪图捷径,甚至不劳而获,在他人成果上轻易署名,换得个人名利的做法。

② 学术评价准则。应遵循客观、公正、准确的原则,如实反映成果水平。对研究课题应在充分掌握国内外材料、数据的基础上,做全面分析、评价和论证。不得刻意贬低别人,提高自己,不可滥用“国际领先”“国内首创”“填补空白”等词语,坚决反对在学术评价中掺杂个人情感因素甚至弄虚作假的行为。

③ 论著创作守则。学术论著应该是作者根据自己的研究或实践进行创作的结果,应体现继承与创新的有机统一。树立法制观念,保护知识产权,要充分尊重前人劳动成果,在论著中应明确交代本著作(或论文)中哪些是借鉴引用前人成果,哪些是自己的发明创见。应按国内外学术界通行的规矩,在学术成果中附加必要的注释并列出足量的参考文献,以标明本成果对前人理论、观点、材料、方法等的参考与借鉴。

6.2.2 学术法律规范

学术法律规范是指学术活动中必须遵循的国家法律法规和有关技术标准。我国尚未制定专门的法律法规来规范人们的学术活动。与学术活动有关的行为规则分散在民法典、著作权法、专利法、保密法、统计法、出版管理条例等法律法规中。根据这些法律法规的条款,应严格遵守的法律规范如下。

(1)《中华人民共和国宪法》

坚决贯彻执行党的路线、方针和政策,坚持以马克思列宁主义、毛泽东思想、邓小平理论、“三个代表”重要思想、科学发展观、习近平新时代中国特色社会主义思想为指导,坚持学术研究为社会主义现代化建设服务的方向。

(2)《中华人民共和国民法典》

该法第1185条规定:“故意侵害他人知识产权,情节严重的,被侵权人有权请求相应的惩罚性赔偿。”

(3)《中华人民共和国著作权法》及实施条例

应特别注意做到以下几点。

① 不允许剽窃、抄袭他人作品。应坚决杜绝以稍微改变形式或内容,将他人作品的部分或全部据为己有,并以新作品的形式加以发表或直接将他人作品的大部分或部分内容,以相同的形式,窃为己有的剽窃行为。

② 论文若作为合作创作的作品发表,其版权由合作作者共同享有。合作作者中的每一个人都无权单独行使合作作品的版权。合作作品的署名应按照对科学研究成果所做贡献大小排序,但另有学科署名惯例或作者另有约定的除外。

③ 未参加创作,不可在他人作品上署名。学术成果的创作是艰苦的智力活动,需要创作者付出创造性劳动。如果没有参加创作,或只是参加了一些创作活动的准备、组织及咨询服务性工作,不能认为是参加了作品的创作,因而不能在作品上署名。

④ 禁止在法定期限内一稿多投。我国著作权法明确规定，自作者稿件发出之日起 15 日内未收到报社通知决定刊登的，或者自作者稿件发出之日起 30 日内未收到杂志社通知决定刊登的，作者可将同一作品投向其他报刊社。同时又明确规定双方另有约定的除外。目前，我国学术性期刊一般都把通知作者的时间规定为 3 个月，应在此规定的时间内避免同一稿件多投，以保证报刊社在采用稿件时享有先于其他报刊登载的权利。

⑤ 合理使用他人作品的有关内容。学术研究、学术写作离不开对他人成果的借鉴和利用，都不同程度地存在引用他人已发表（出版）作品文字的现象，即对他人作品著作权的合理使用。合理使用他人作品的有关内容必须符合以下条件：a. 引用的目的仅限于介绍评论某一作品或说明某一问题；b. 所引用的部分不能构成引用人作品的主要部分或者实质部分；c. 不得损害被引用作品著作权人的利益。符合这三个条件，可不经过著作权人同意，不向其支付报酬，但必须在自己的作品中指明被引用作品的作者姓名、作品名称及版权事项。

(4)《中华人民共和国保守国家秘密法》

该法规定信息编辑、发布应当遵守有关保密规定，必须保守党和国家的秘密，维护国家和社会的利益。遵守对学术成果中涉及国家机密等不宜公开的重大事项，均应严格执行送审批准后才可公开出版（发表）制度。

(5) 其他适用的法律法规

如《中华人民共和国统计法》规定，统计工作应当接受社会公众的监督，不得以任何方式要求统计机构、统计人员及其他机构、人员伪造、篡改统计资料，任何单位和个人有权检举统计中弄虚作假等违法行为。对属于国家机密的统计资料严格保密。又如《中华人民共和国专利法》要求，对有必要申请专利的内容，申请前不得发表导致有关技术内容公开的论文或进行成果鉴定；履行单位交付的任务中完成的或主要是利用本单位物质条件或名义完成的发明创造，属职务发明，申请批准后的专利权归所属的法人单位所有。再如教育部下发的《关于严肃处理高等学校学术不端行为的通知》明确了毕业论文（设计）中使用标准、目录、图表、公式、注释、参考文献、数字、计量单位等应遵守国家标准化法、计量法等法律法规的规定。此外，《出版管理条例》《图书、若干版权保护试行条例实施细则》及《图书出版合同》等也对学术规范相关内容做了规定。

6.2.3　写作技术规范

写作技术规范，是指在以学术论文、著作为主要形式的学术写作中，必须遵守的相关要求。在我国，作为国家标准，《科学技术报告、学位论文和学术论文的编写格式》（GB/T 7713－1987）及《信息与文献 参考文献著录规则》（GB/T 7714－2015）在以下方面做出了明确规定。

① 论文选题——“学术论文应当提供新的科技信息”（GB/T 7713－1987），即要求论文的选题应该具有创新性，即在理论研究、实际应用方面应当具有显著的意义，具体表现在选题应该具有创意、实用、独特、专业的特点。

② 论文内容——“（学术论文）其内容应有所发现、有所发明、有所前进，而不是重复、模仿、抄袭前人的工作”（GB/T 7713－1987）。在这个标准中，对论文所有必备部分的撰写，都提出了具体的质量要求。

③ 论文结构——在《科学技术报告、学位论文和学术论文的编写格式》中，对不同特征的学术论文，在结构上有严格的规定和要求，甚至连其中的编号都做了相应的规定。

④ 参考文献——为保证论文作者对参考文献使用的规范化，在《信息与文献 参考文献著

录规则》(GB/T 7714－2015)中,对包括图书、期刊、学位论文、专利文献、标准文献、科技报告等以及电子载体在内的各种文献类型用作参考文献的著录格式都做了详尽的要求。

需要说明的是《信息与文献 参考文献著录规则》(GB/T 7714－2015)是一项专门供著者和编辑编撰文后参考文献使用的国家标准,非等效采用 ISO 690《文献工作 文后参考文献 内容、形式与结构》和 ISO 690－2《信息与文献 参考文献 第 2 部分:电子文献部分》两项国际标准。本标准在著录项目的设置、著录格式的确定、参考文献的著录以及参考文献表的组织等方面尽可能与国际标准保持一致,以达到共享文献信息资源的目的。

关于《科学技术报告、学位论文和学术论文的编写格式》(GB/T 7713－1987)及《信息与文献 参考文献著录规则》(GB/T 7714－2015)重要内容的阐释,详见本书 5.3.1 和 5.3.2 小节。

6.2.4 学术评价规范

学术评价涉及课题项目的立项、学术成果的鉴定或评价、各级各类优秀成果的评奖、职称评定中对科研成果的考核认定以及教学、科研人员工作考核考评等诸多方面。要提高学术评价的科学水平,必须建立科学的评价指标体系,制订科学的评价办法,实现评价工作规范化。

1. 同行评议

同行评议是由同一学术共同体的专家学者来评定某特定学术工作的价值和重要性的一种评估方法。

同行评议历史悠久,始于 15 世纪欧洲专利申请的查新,其前提和基础是学术共同体。同行专家根据参评对象提供的材料进行定性的描述并做出结论。同行评议是国际上通行的评价方法,主要用于科研机构评价,国内论文评审、基金遴选、职称评定、学术荣誉等科学评价活动中也广泛采用。公正的同行评议需满足两个条件:

① 同行专家必须是真正的同行,即所谓小同行,对评价内容相当熟悉和了解。

② 评价专家能够认真负责、"公平、公正和客观"地进行评价。评议意见应不受被评议者的性别、种族、出身、宗教、职称或职务、师承关系或社会关系等评议工作以外因素的影响。

同行评议在学术评价中被广泛认可并采用。需注意的是,对评价标准、成本、评价主体的主观随意性等须有合理控制;另外,以同行评议形式在短时间内难以判别一篇文章的重要性,真正评价一篇文章在该领域的影响需要数月甚至数年。

例如,阐述给生物信息学带来变革的 BLAST 软件的文章 1990 年发表在影响因子为 3.9 的 J Mol Biol (1990, 215: 403－410)上,该文的引用次数近 30 000 次,远大于 Nature (34.5) 和 Science (29.7)中文章的最高引用次数。

2. 量化评价

量化评价始于 20 世纪中期,以文献计量学的产生和发展为基础。为提高学术评价的科学性和可比性,简便易行的量化评价体系颇为流行。量化评价在统计论文数量和刊物影响因子方面体现出一定的科学性,也便于操作;但近年来,学术界为了迎合这种评价标准,出现了重数量轻质量、弄虚作假等不良风气,仅以成果数量衡量学者的水平,一定程度上造成了学术泡沫化和虚假繁荣。

"同行评议"和"量化评价"两种评价方法,只采用其中任何一种都有局限性:仅用量化评价容易产生"重量轻质""重刊不重文"等问题;仅用同行评议对评价专家的主观随意性不好控制。单独采用量化评价或同行评议中的任何一种方法都有其难以克服的局限性,两种方法相结合的综合评价日益成为学术评价领域的共识。

3. "代表作"制度

作为对学术评价体系的探索，国内部分高校如北京大学、复旦大学等在学术评定中引入"代表作"制度。具体做法是，在职称评定或绩效考核中，专门的委员会对学者提交的代表作进行评价打分。引入"代表作"制度原因非常简单，只有学术精品力作，才能反映学者的真实水平。创作精品需要积淀，很多学术大师的精品力作都是"十年磨一剑"的结果。这种评价方式在实际操作中并不排他，可以和传统的量化标准结合使用，根据不同学科、不同科研机构的特点因地制宜、最大限度地反映学者的客观水平。引入"代表作"制度，可以从源头上遏制学术浮躁之风，为高质量的学术研究提供适宜的环境。

6.3　学术侵权

学术规范要求人们潜心致力于研究方向，通过系统扎实的基础理论学习，结合丰富的文献资料和前沿问题找到新的视点，从而创作出优秀的学术论文。但现实生活中不忠实于学术规范的各种失范行为甚至学术侵权也时有发生。学术失范属于学术道德、学术法律或学术技术的失范。与学术失范行为相比，学术侵权是违反我国著作权法规定、侵犯他人著作权的行为，是一种更为严重的违反学术道德、学术失范的行为。学术侵权是指论文创作过程中的侵犯他人知识产权的行为，通常表现在违背学术规范，抄袭、剽窃他人学术论著、学术思想、学术观点。学术侵权的行为方式主要表现有抄袭、剽窃他人作品，不适当地引用他人论著，不正当署名，一稿多投等。

6.3.1　剽窃(抄袭)

1. 定义和特征

我国相关法律法规明文规定禁止抄袭、剽窃。但对其具体含义没有明确解释。对于抄袭、剽窃的概念，一般的理解是以多少改变形式与内容的方法，将他人作品全部或部分作为自己作品加以发表的行为。对抄袭、剽窃是不是同一语义的同义词，学术上有不同观点。

区别说学者认为抄袭是对他人已发表成果不加注释、不加说明地原文挪用；而剽窃则是对他人已发表成果不加注释、不加说明地套用与化用(指不改变原作者基本观点的情况下，通过话语形态的一定变动而将他人成果化为己有)；另一区别说认为抄袭是将他人作品的一部分或全部作为自己的作品发表，剽窃是将他人学术观点和学术思想作为自己的作品发表(该区别论是以国外版权法对idea/thaught与expression做的区分，认为只有expression是可以抄袭的，idea或thaught无法抄袭)。

同义说的学者根据国家版权局"著作权法所称的抄袭、剽窃，是同一概念，指将他人作品或作品的片段据为己有"的声明和著作权法只采用"剽窃"这一个概念等原因，认为"剽窃"与"抄袭"系语义基本相同的同义词，抄袭只是剽窃的一种手段而已。

不管是"区别说"，还是"同义说"，抄袭和剽窃的本质是相同的，都是非法地将他人的智力成果据为己有，用自己的名义发表该作品。所以我们认为抄袭是学术论文被剽窃的主要方式，两者在内涵和外延上有高度的重合性，鉴于人们一般将抄袭与剽窃连用并举和著作权法已经明确界定为剽窃，为规范起见，本节以下均使用剽窃一词。

关于剽窃的定义美国学者哈林西佛认为是"有意无意地使用他人的观点、意见、数据或词句等，但不注明出处，从而给读者造成一种错觉，似乎论文所述的内容都源于论文作者个人的工作。这种情况即是抄袭或剽窃"。

剽窃行为的基本特征为：① 非法占有性。行为人置学术规范和著作权法于不顾，将他人作品视为自己作品;② 学术欺诈性。行为人不付出智力劳动,通过投机取巧使读者误认为行为人的作品全部来自自己创作;③ 发表性。行为人将他人作品视为自己作品且发表(非个人学习、研究、欣赏之目的)。

2. 剽窃的形式与表现

根据《学术出版规范——期刊学术不端行为界定》(新闻出版行业标准 CY/T 174—2019),剽窃有观点剽窃、数据剽窃、图片和音视频剽窃、研究(实验)方法剽窃、文字表述剽窃和整体剽窃多种形式。

(1) 观点剽窃

不加引注或说明地使用他人的观点,并以自己的名义发表,应界定为观点剽窃。观点剽窃的表现形式包括:

① 不加引注地直接使用他人已发表文献中的论点、观点、结论等。

② 不改变其本意地转述他人的论点、观点、结论等后不加引注地使用。

③ 对他人的论点、观点、结论等删减部分内容后不加引注地使用。

④ 对他人的论点、观点、结论等进行拆分或重组后不加引注地使用。

⑤ 对他人的论点、观点、结论等增加一些内容后不加引注地使用。

(2) 数据剽窃

不加引注或说明地使用他人已发表文献中的数据,并以自己的名义发表,应界定为数据剽窃。数据剽窃的表现形式包括:

① 不加引注地直接使用他人已发表文献中的数据。

② 对他人已发表文献中的数据进行些微修改后不加引注地使用。

③ 对他人已发表文献中的数据进行一些添加后不加引注地使用。

④ 对他人已发表文献中的数据进行部分删减后不加引注地使用。

⑤ 改变他人已发表文献中的数据原有的排列顺序后不加引注地使用。

⑥ 改变他人已发表文献中的数据的呈现方式后不加引注地使用,如将图表转换成文字表述,或者将文字表述转换成图表。

(3) 图片和音视频剽窃

不加引注或说明地使用他人已发表文献中的图片和音视频,并以自己的名义发表,应界定为图片和音视频剽窃。图片和音视频剽窃的表现形式包括:

① 不加引注或说明地直接使用他人已发表文献中的图像、音视频等资料。

② 对他人已发表文献中的图片和音视频进行些微修改后不加引注或说明地使用。

③ 对他人已发表文献中的图片和音视频添加一些内容后不加引注或说明地使用。

④ 对他人已发表文献中的图片和音视频删减部分内容后不加引注或说明地使用。

⑤ 对他人已发表文献中的图片增强部分内容后不加引注或说明地使用。

⑥ 对他人已发表文献中的图片弱化部分内容后不加引注或说明地使用。

(4) 研究(实验)方法剽窃

不加引注或说明地使用他人具有独创性的研究(实验)方法,并以自己的名义发表,应界定为研究(实验)方法剽窃。研究(实验)方法剽窃的表现形式包括:

① 不加引注或说明地直接使用他人已发表文献中具有独创性的研究(实验)方法。

② 修改他人已发表文献中具有独创性的研究(实验)方法的一些非核心元素后不加引注或说明地使用。

(5) 文字表述剽窃

不加引注地使用他人已发表文献中具有完整语义的文字表述,并以自己的名义发表,应界定为文字表述剽窃。文字表述剽窃的表现形式包括:

① 不加引注地直接使用他人已发表文献中的文字表述。

② 成段使用他人已发表文献中的文字表述,虽然进行了引注,但对所使用文字不加引号,或者不改变字体,或者不使用特定的排列方式显示。

③ 多处使用某一已发表文献中的文字表述,却只在其中一处或几处进行引注。

④ 连续使用来源于多个文献的文字表述,却只标注其中一个或几个文献来源。

⑤ 不加引注、不改变其本意地转述他人已发表文献中的文字表述,包括概括、删减他人已发表文献中的文字,或者改变他人已发表文献中的文字表述的句式,或者用类似词语对他人已发表文献中的文字表述进行同义替换。

⑥ 对他人已发表文献中的文字表述增加一些词句后不加引注地使用。

⑦ 对他人已发表文献中的文字表述删减一些词句后不加引注地使用。

(6) 整体剽窃

论文的主体或论文某一部分的主体过度引用或大量引用他人已发表文献的内容,应界定为整体剽窃。整体剽窃的表现形式包括:

① 直接使用他人已发表文献的全部或大部分内容。

② 在他人已发表文献的基础上增加部分内容后以自己的名义发表,如补充一些数据,或者补充一些新的分析等。

③ 对他人已发表文献的全部或大部分内容进行缩减后以自己的名义发表。

④ 替换他人已发表文献中的研究对象后以自己的名义发表。

⑤ 改变他人已发表文献的结构、段落顺序后以自己的名义发表。

⑥ 将多篇他人已发表文献拼接成一篇论文后发表。

剽窃的手法多种多样,有原封不动地将他人作品的内容或学术观点、学术思想作为自己的创作作品使用;将他人作品改头换面作为自己的作品使用;将自己翻译出版的国外作品视为自己的创作,在个人的论著中随意引用;将国外同行的论文以中文在国内发表以及自我抄袭等。2005年,媒体曝光的南开大学世界史专业博士生博士学位论文抄袭一案,其论文《美国黑人民权运动的缘起——论美国黑人民权运动产生的原因和历史条件》就是运用了照搬摘录、编译、改写、拼接、英文论著转换成中文等多种手法。

3. 剽窃的认定标准

我国司法实践中认定剽窃一般来说遵循三个标准:第一,被剽窃(抄袭)的作品是否依法受著作权法保护。第二,剽窃(抄袭)者使用他人作品是否超出了"适当引用"的范围。这里的范围不仅要从量(形式标准)上把握,而且更主要的还要从"质"(内容标准)上确定。第三,引用是否标明出处。

内容标准,即核心论点或重要论据皆用他人的,或者即使核心论点、论据不同但是论文的一、二级目录存在绝大部分的雷同(也就是结构雷同),不论涉嫌剽窃论文是否注明了引文出处,都应当认定侵权成立。"所引用部分是否构成引用人作品的主要部分或者实质部分"是各国著作权法判定是不是合理使用的主要标准(参见本章6.4节"合理使用"),因为即使剽窃论文与被剽窃论文相同字数比例较小,但是这种结构上的重叠,说明剽窃论文不能脱离被剽窃论文而存在,是以被剽窃论文为基础和参照的,不能达到著作权法对作品独创性的要求。

形式标准,或者说是量的标准。只要剽窃论文中有一定比例或具体字数的文字与被剽窃论文相同,就认定剽窃成立。关于引用他人成果的比例多少属于合理使用范围,多少判定为剽窃,只有少数国家通过著作权法的实施细则或根据经验法则,做出规定。世界上大多数国家都遵循一个原则,即引用其他人作品的思想、观点、材料,一般不能超过 30%,换句话说,作者创作的学术作品从字面来看,原创的部分必须在 70%以上,引用的部分必须在 30%以下,这几乎成为一种识别是否作品侵权的惯例。前述南开大学博士论文案,据报道该论文的前 5 章核心观点与他人的论文观点相同或相似之处占 85%以上、文字内容与他人的论文内容相同或相似之处占 70%以上。论文的三处创新点或是归纳综合了他人观点,或是与他人观点相似。文中使用的一个模型与他人的完全相同。因此,从形式标准、量化程度看,可以判定构成学术剽窃。(由于剽窃行为的隐蔽性、欺骗性和形式的多样性,对剽窃的认定,除了对涉嫌剽窃与被剽窃的论文进行内容和形式上的比对之外,通常还采用专家鉴定等一些辅助手段。上述案例就是研究同一问题的专家对博士论文与原著仔细核对,最终认定其剽窃真相的)

对剽窃的指控,合理使用通常是抗辩的理由之一,合理使用是指在特定的情况下使用或者部分使用他人作品而不属于侵权的一项法律制度。正确理解合理使用,厘清剽窃与合理使用的界线,也是避免剽窃发生的基础。

4. 剽窃的检测手段

追求科研诚信、防治学术腐败,历来是一个世界范围的重要课题。而利用技术手段解决学术剽窃问题是重要举措。剽窃检测的技术判断主要是段落匹配或句子匹配甚至词语匹配。

(1) 国外学术不端主要检测系统

Turnitin 是全球第一个检测剽窃行为的网站。Turnitin 依靠行业中最先进的搜索技术建立的持续增长的庞大数据库,来帮助教育工作者对学生作业中含有的不恰当引用,或潜在的剽窃行为进行侦测和比对。系统提供 HTML 格式的检测结果报告,将标红抄袭的文字并表示抄袭百分比。每一份反馈的报告都提供给教师们一次教育自己的学生如何使用正确的引用方式的机会,并以此捍卫学术诚信。Turnitin 目前支持全球 140 多个国家、30 多种语言、15 000 个机构(包含学校、EI、SCI、学术单位、政府,与 ithenticate 论文检测结果一样),目前有 1 600 000 名教师和 26 000 000 名学生在用。

CrossCheck 是 CrossRef 首创,并与 iParadigms 公司共同开发的一款检测系统。使用 CrossCheck 须加入 CrossCheck 成为会员,文章上传后 CrossCheck 在其数据库和更宽的网络环境中进行相似度检测,系统会生成一份"独创性报告",显示被测文献与目标文献的文字重复度,并给出相似度指标(百分比),然后由富有编辑专长和经验的人来分析判定是不是剽窃。CrossCheck 已经引起全球学术界和出版界的广泛关注和积极响应,目前,一些大的国际科学出版集团,如 Elsevier、Springer、Wiley-Blackwell、BMJ、Taylor & Francis、牛津出版社,以及许多科学学会如美国科学进步协会(AAAS)、美国物理学会(APS)、植物生物学会等均成为 CrossCheck 的正式会员。

(2) 国内学术不端主要检测系统

国内常用的学术不端文献检测系统有中国知网科技期刊的学术不端文献检测系统、万方论文相似性检测服务系统、维普论文检测系统、PaperPass、大雅相似度分析系统等五个。

① 学术不端文献检测系统由清华同方公司研制,以中国学术文献网络出版总库为全文比对数据库,实现了对抄袭与剽窃、伪造、篡改等学术不端行为的快速检测,支持 DOC、TXT 等格式的文档。

该系统已在不少期刊编辑部、科研项目管理机构和高校使用,为相关部门鉴别学术不端文献提供了难得的技术支持。图 6.3.1 是用该系统进行论文检测的一个界面。

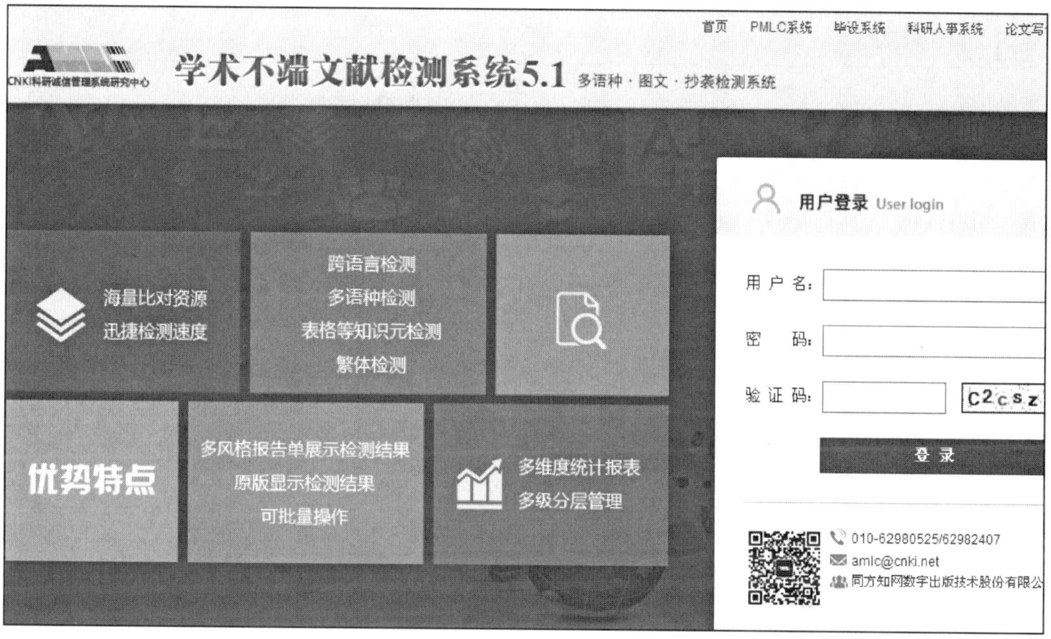

图 6.3.1　用学术不端文献检测系统进行论文检测的一个界面

② 论文相似性检测服务系统(简称 PSDS),由万方公司研制,以万方数据知识服务平台上的主要文献为论文相似性检测比对蓝本。通过受检论文与数据库中相似论文内容在“总体相似比”“参考文献相似比”“剩余相似比”“相似片段及位置分布”“相似作者列表”“相似论文列表”等方面的比对,做出比较客观的论文相似性检测报告。图 6.3.2、图 6.3.3 以及图 6.3.4 是采用本系统进行检测的系列截图片段。

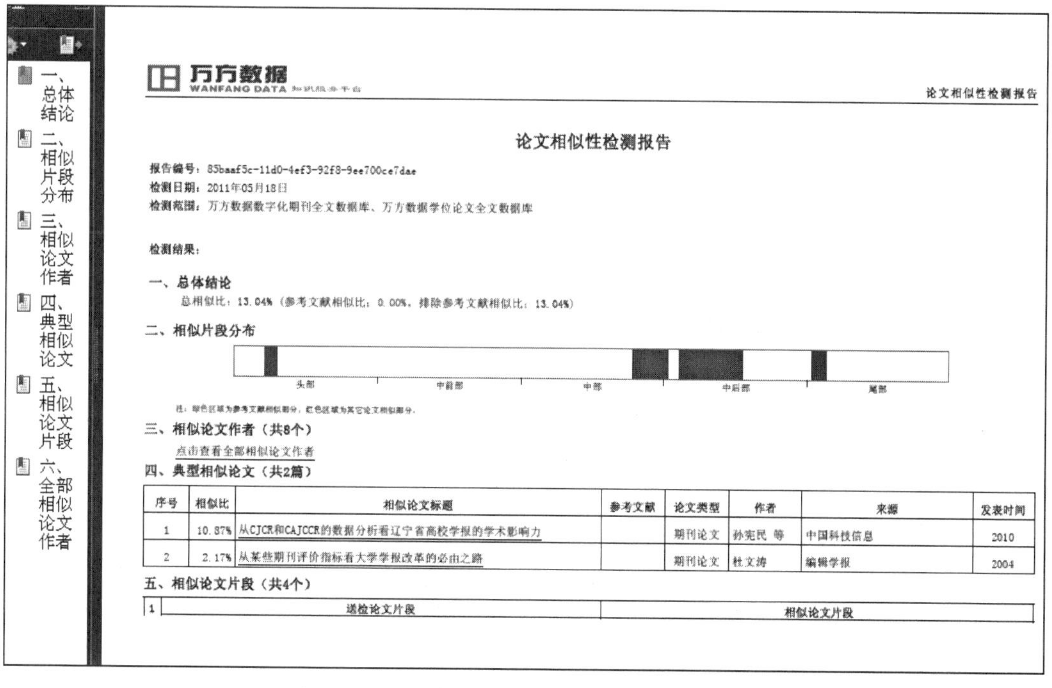

论文相似性检测报告

报告编号：85baaf5c-11d0-4ef3-92f8-9ee700ce7dae
检测日期：2011年05月18日
检测范围：万方数据数字化期刊全文数据库、万方数据学位论文全文数据库

检测结果：

一、总体结论
总相似比：13.04%（参考文献相似比：0.00%，排除参考文献相似比：13.04%）

二、相似片段分布
头部　中前部　中部　中后部　尾部
注：绿色区域为参考文献相似部分，红色区域为其它论文相似部分。

三、相似论文作者（共8个）
点击查看全部相似论文作者

四、典型相似论文（共2篇）

序号	相似比	相似论文标题	参考文献	论文类型	作者	来源	发表时间
1	10.87%	从CJCR和CAJCCR的数据分析看辽宁省高校学报的学术影响力		期刊论文	孙宪民 等	中国科技信息	2010
2	2.17%	从某些期刊评价指标看大学学报改革的必由之路		期刊论文	杜文涛	编辑学报	2004

五、相似论文片段（共4个）

1	送检论文片段	相似论文片段

图 6.3.2　受检论文与数据库中论文进行比对

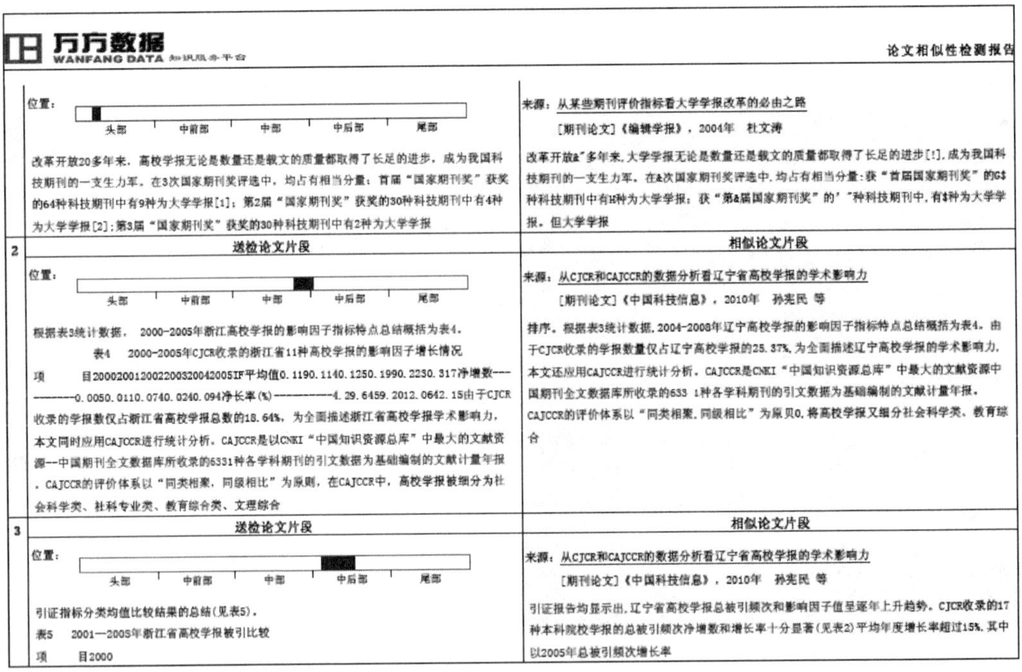

万方数据 WANFANG DATA 知识服务平台　　论文相似性检测报告

	送检论文片段	相似论文片段
	位置：头部 中前部 中部 中后部 尾部 改革开放20多年来，高校学报无论是数量还是载文的质量都取得了长足的进步，成为我国科技期刊的一支生力军。在3次国家期刊奖评选中，均占有相当分量：首届“国家期刊奖”获奖的64种科技期刊中有9种为大学学报[1]；第2届“国家期刊奖”获奖的30种科技期刊中有4种为大学学报[2]；第3届“国家期刊奖”获奖的30种科技期刊中有2种为大学学报	来源：从某些期刊评价指标看大学学报改革的必由之路 [期刊论文]《编辑学报》，2004年　杜文涛 改革开放&"多年来，大学学报无论是数量还是载文的质量都取得了长足的进步[!]，成为我国科技期刊的一支生力军。在&次国家期刊奖评选中，均占有相当分量：获“首届国家期刊奖”的G$种科技期刊中有H种为大学学报；获“第&届国家期刊奖”的' "种科技期刊中，有$种为大学学报。但大学学报
2	送检论文片段	相似论文片段
	位置：头部 中前部 中部 中后部 尾部 根据表3统计数据，2000-2005年浙江高校学报的影响因子指标特点总结概括为表4。 表4　2000-2005年CJCR收录的浙江省11种高校学报的影响因子增长情况 项　目200020012002200320042005IF平均值0.1190.1140.1250.1990.2230.317净增数---------0.0050.0110.0740.0240.094净长率(%)-----------4.29.6459.2012.0642.15由于CJCR收录的学报数仅占浙江省高校学报总数的18.64%，为全面描述浙江省高校学报学术影响力，本文同时应用CAJCCR进行统计分析。CAJCCR是以CNKI“中国知识资源总库”中最大的文献资源--中国期刊全文数据库所收录的6331种各学科期刊的引文数据为基础编制的文献计量年报。CAJCCR的评价体系以“同类相聚，同级相比”为原则，在CAJCCR中，高校学报被细分为社会科学类、社科专业类、教育综合类、文理综合	来源：从CJCR和CAJCCR的数据分析看辽宁省高校学报的学术影响力 [期刊论文]《中国科技信息》，2010年　孙宪民 等 排序。根据表3统计数据，2004-2008年辽宁高校学报的影响因子指标特点总结概括为表4。由于CJCR收录的学报数量仅占辽宁高校学报的25.37%，为全面描述辽宁高校学报的学术影响力，本文还应用CAJCCR进行统计分析。CAJCCR是CNKI“中国知识资源总库”中最大的文献资源中国期刊全文数据库所收录的633 1种各学科期刊的引文数据为基础编制的文献计量年报。CAJCCR的评价体系以“同类相聚，同级相比”为原贝0，将高校学报又细分社会科学类、教育综合
3	送检论文片段	相似论文片段
	位置：头部 中前部 中部 中后部 尾部 引证指标分类均值比较结果的总结(见表5)。 表5　2001—2005年浙江省高校学报被引比较 项　目2000	来源：从CJCR和CAJCCR的数据分析看辽宁省高校学报的学术影响力 [期刊论文]《中国科技信息》，2010年　孙宪民 等 引证报告均显示出，辽宁省高校学报总被引频次和影响因子值呈逐年上升趋势。CJCR收录的17种本科院校学报的总被引频次净增数和增长率十分显著(见表2)平均年度增长率超过15%，其中以2005年总被引频次增长率

图 6.3.3　受检论文与数据库中论文相似性比对

文本复制检测报告单

№:ADBD2008R_2011071109285709536288201107130029130343428482

检测文献	3基于大涡仿真的V锥流量计三维流场分析
作　者	
检测范围	中国学术期刊网络出版总库,中国博士学位论文全文数据库/中国优秀硕士学位论文全文数据库,中国重要会议论文全文数据库,中国重要报纸全文数据库,中国专利全文数据库,个人比对库,其他比对库
检测日期	2011-07-13

文字复制比:　6%　　重合字数：　305　　文献总字数：　5098

3基于大涡仿真的V锥流量计三维流场分析　文字复制比：6%(305)　总字数：5098

1	·合肥大剧院水源热泵排水口附近温度场模拟 徐国富;尹招琴;王玉刚; - 《建筑热能通风空调》 - 2009-12-15	6% 是否引证：否

基于大涡仿真的V锥流量计三维流场分析

朱维斌,孟金龙

(中国计量学院计量测试工程学院，浙江杭州，310018)

摘要：管路弯曲、分叉、连接等结构性质对V锥流量计测试精度有较大影响。本文针对垃圾焚烧发电过程中管路结

图 6.3.4　检测结果

以下是某大学启用学术不端检测系统对研究生申请学位的论文进行检测，以及对检测结果的分级处理，共分四级：① 无问题记录；② 轻度[重合字数>1 000 字或 0%<重合百分比<40%]；③ 中度[重合字数>5 000 字或 40%≤重合百分比<50%]；④ 重度[重合字数>10 000 字或重合百分比≥50%]。

对于重度重合，学校要求导师对学生进行批评教育，延期答辩。对于中度重合，由导师决

定是否取消本次答辩资格。若可参加此次答辩,必须在导师指导下认真修改。导师要在检测报告上签署“该论文已经按要求进行了认真修改,准予参加此次答辩”的意见。对于轻度重合,研究生需认真修改,修改后交导师审阅,导师在检测报告上签署“准予答辩”的意见。论文出现重度重合,但存在将“自引”“正常标注引用”等情况视为重合时,由学位委员会根据具体情况进行裁定。

必须指出的是: ① 以上几种检测只是形式上的检测,对“软性”抄袭还无能为力。所谓“软性”抄袭,是指抄袭人家的观点和论证方式,但用自己的语言写出来,当成自己的创新。② 国内外对系统的检测结果都只作为判断参考,不作为处理依据。对系统所得出的超过规定值的论文检测结果,一般由相应学科专家组成的评议组进行人工鉴定,是否构成抄袭的结论由专家组给出最终鉴定。③ 检测系统本身还存在需要不断完善和改进的问题,其检测结果的公允性、科学性还有待于进一步提高。

5. 论文剽窃承担的责任

剽窃一经确定,就可以认定构成了著作权侵权。依据《中华人民共和国著作权法》第 46 条的规定,剽窃者有“承担停止侵害、消除影响、赔礼道歉、赔偿损失等民事责任”。除了需追究剽窃者的侵权赔偿责任,还应当对剽窃者因剽窃所得的不当得利进行纠正。如果论文剽窃者的作品未发表,而是凭借该论文获得了有效的考试成绩,或者通过了学位论文答辩,就应当取消学生因剽窃论文所获得的资格或荣誉以及其他的不当得利,如考试成绩、学位等。自 2016 年 9 月 1 日起教育部实施《高等学校预防与处理学术不端行为办法》,明确了六类学术不端情形,包括剽窃、抄袭、侵占他人学术成果,篡改他人研究成果,伪造数据或捏造事实,不当署名,提供虚假学术信息,买卖或代写论文等,并规定高等学校依职权和规定程序,结合学术不端行为的性质和情节轻重,可对责任人给予辞退(解聘)或撤职、开除等处理。

6. 怎样避免剽窃

关于怎样做才是合理的引用,不是剽窃,以下用一案例作评析(案例引自朱希祥主编的《大学生论文写作——规范、方法、示例》)。

原文: 自从中华人民共和国成立至今,已经修建了 7 万 6 千多个大小不同的水库。到 1997 年年底总发电量大约 23 千兆瓦,年发电量 70 万亿瓦。

那么以下四种引用都属于剽窃或有剽窃之嫌。

第一种: 在中国,1997 年总发电量大约达 23 千兆瓦,年发电量 70 万亿瓦。(注: 这是明显的抄袭,因为除更换了几个词以外几乎全部摘自原句)

第二种: 1949 年后,中国修建了 7 万 6 千多个水库。到 1997 年,发电量已超过 23 千兆瓦,即年发电量 70 万亿瓦。(注: 从字面上看,此句用词变化较多,但是仍然有抄袭之嫌,因为句子引用了数据,但没注明数据的出处,尤其是作者很巧妙地借用了原作者的思路,也就是原作者组织素材的方法)

第三种: 自从中华人民共和国成立至今,已经修建了 7 万 6 千多个大小不同的水库。到 1997 年年底总发电量大约 23 千兆瓦,年发电量 70 万亿瓦。(注: 全文照抄,作者没有将此段置于括号内表示是引用,读者会误认为是作者自己撰写的词句,所以是剽窃)

第四种: 1949 年后,在中国“修建了 7 万 6 千多个水库”。“到 1997 年,发电量已超过 23 千兆瓦,即年发电量 70 万亿瓦”。(注: 这才是正确的引用,句中的一些符号明确表示这是引用句。此外,论文作者应向原作者致以谢意或在参考文献中标注,否则仍有可能被指控为剽窃)

学术研究肯定要以前人的研究作为基础，文献检索是撰写论文的必要前提，论文创作中如何合理使用前人的成就，避免学术剽窃，结合《MLA科研论文写作规范》第五版，建议如下。

① "在研究和写作过程中，可以通过认真做笔记，区别哪些是你自己的思想结果，哪些是你从他人那里搜集到的材料，尽量避免不经意的剽窃"。同时记录下引用文献的相关著录内容，为毕业论文(设计)文后参考文献著录提供准备，以免后续著录工作时再次查找出处，浪费时间。

② "引用别人的材料时，要掌握准确的方法，要掌握怎样的表述构成剽窃，怎样的表述涉嫌剽窃"。作为合理使用只有以"介绍、评论或者说明某一问题"为目的，同时要注明文献作者、文献名称和出处。

要注意文内引文的处理，使读者在阅读时能将被引用作品与"说明、评价"作品明显区别开。如果是直接引用，则须在引文的段首和段尾加注引号以示区别(如上述示例的第四种，加上双引号和引文序号即可作为正确的引用)，并著录引文(即参考文献)，也可将被引用的部分单独提行，独立成段并用不同字体或字号加以处理；如果是间接引用即意引，作者须注意引用部分和自己的说明、评价部分的区别，必须用准确无误的文字予以说明，并在引文结尾处加注引文序号。

间接引用示例(源自《MLA科研论文写作规范》)如下。

原文："温迪·马丁撰写的《美国哥伦比亚文学史》第625页的一段资料。"

引文："爱为荊·笛更生坚信，我们不能理解全部的人生除非我们能广泛理解死亡。"

注：如果写下上述句子而没有任何文献来源标注，那么是剽窃。但如果说明此句的来源，是可以运用这一材料的：

"正如温迪·马丁所指出的，爱为荊·笛更生坚信，我们不能理解全部的人生除非我们能广泛理解死亡。(625)"(注：这样就不构成剽窃。)

上例括号中的625表示此段话出现在《美国哥伦比亚文学史》的625页[此例是著者根据MLA风格，对引文(参考文献)的标注]，除引文标注，引文的详细信息在后面的参考文献中应进一步说明。根据我国《信息与文献 参考文献著录规则》(GB/T 7714－2015)，本例参考文献著录具体表述为"马丁.《美国哥伦比亚文学史》[M].纽约：哥伦比亚大学出版社，1977：609－626."。

③ 分清哪些内容应当注明，哪些则根本没有必要注明。比如，你没有必要为大家都熟悉的谚语、众所周知的引语去注明出处。一旦你对某一材料是否属于剽窃感到疑虑，也不妨清楚地做一下标示。

④ 自我抄袭，也属于剽窃，是另一种形式的学术剽窃；合作的作品、你与其他学生一起完成的某一课题，只要说明分工，则不会构成剽窃，但必须明确说明合作者之间的关系。

6.3.2 引用他人作品未注明出处

按《中华人民共和国著作权法》，作者对其创作的作品享有著作权。行为人未经他人许可使用其作品，属于侵犯著作权的行为。即使在法律规定的合理使用情况下，使用他人作品也必须指明作者姓名和作品名称。按照《信息与文献 参考文献著录规则》(GB/T 7714－2015)详细准确地著录被引文献的作者、作品名称及其出处等，这是合理引用的一道重要手续，是作者引用得到法律保护的要件，不可缺少，否则就违反了不得损害被引用作品著作权人的利益的规定，构成侵权。

引用他人作品未注明出处，可能使读者以及其他使用者误将引用部分也视为引用者的创作，本质上是将他人作品作为自己创作的作品发表，使原作者应享受的权益不能合理地实现，侵犯了著作权。引用他人的材料、观点和文字构成自己论著的核心内容或者中心论点，如果只是他人材料、观点、文字的堆集，而没有突破和创新，即便做出详细的注释和说明，本质上仍然是抄袭、剽窃行为。

引用他人作品未注明出处的另一种情况是“假引”。比如，有的文章对实际参考的文献避而不引，而是给出了一些相似或相关的文献充作所谓的“参考文献”列表。有的文章对无关紧要的引用内容做出了引用标示，而真正的核心内容的引用却回避不标示，使人以为是作者原创。

为了规避不正当使用及其带来的后果，在使用他人作品时，需要注明的“出处”(source)必须是指实际使用的作品版本，即应当避免多次转引以讹传讹。一般的做法是，引用时一定要在查看原文的基础上，准确、详细地记录被引用文献的作者及其详细的文献出处情况(包括所用引文文献或插图的页码等)。参考文献著录格式当以国家标准《信息与文献 参考文献著录规则》(GB/T 7714－2015)为准。

6.3.3　不正当署名

著作权包括发表权、署名权、修改权、保护作品完整权等。《中华人民共和国著作权法》规定：“署名权，即表明作者身份，在作品上署名的权利。”署名代表作品是谁创作的法律事实，即作者向社会声明，作者对该作品拥有了著作权，表明作者的劳动成果及作者本人都得到了社会的承认和尊重。署名也是文责自负的承诺，是指署名者对发表的作品负有政治上、经济上和法律上的责任，即如果文章中存在剽窃、抄袭的内容，或者有政治性、技术性错误，署名者愿意对此负完全责任。同时，论文署名也是编辑、读者与作者进行联系、沟通、探讨的必要信息。可见，论文的署名是件非常严肃的事情。论文的作者应在发表的作品上署名，声明权利和责任。

署名一定要正确，应不漏、不假、不虚，实事求是。《中华人民共和国著作权法》(2020年第三次修订)第十一条、第十二条以及《科学技术报告、学位论文和学术论文的编写格式》GB/T 7713－1987均规定了署名应具备的条件。如GB/T 7713－1987规定：“在学术论文正文前署名的个人作者，只限于那些对于选定研究课题和制订研究方案、直接参加全部或主要部分研究工作并作出主要贡献，以及参加撰写论文并能对内容负责的人，按其贡献大小排列名次。至于参加部分工作的合作者、按研究计划分工负责具体小项的工作者、某一项测试的承担者以及接受委托进行分析检验和观察的辅助人员等均不列入。这些人可以作为参加工作的人员一一列入致谢部分，或排于脚注。”概而述之，署名的作者应是论文内容的设计者、研究者或写作者，同时对该论文具有答辩能力。

《学术出版规范——期刊学术不端行为界定》(新闻出版行业标准CY/T 174—2019)将不当署名形式归纳为：

① 将对论文所涉及的研究有实质性贡献的人排除在作者名单外。

② 未对论文所涉及的研究有实质性贡献的人在论文中署名。

③ 未经他人同意擅自将其列入作者名单。

④ 作者排序与其对论文的实际贡献不符。

⑤ 提供虚假的作者职称、单位、学历、研究经历等信息。

具体表现有借联合署名回报导师对自己的培养和教育之恩或达到论文尽快发表的目的；为个人目的挂上单位领导姓名；为照顾亲朋好友挂名等。

以下是几种较为常见的署名情况及规范。

① 学位论文投稿时其单位名称应署攻读学位的校、系，论文发表时(因从投稿到发稿总有一定的时滞)，如果作者已走上工作岗位，他可能将原署名单位改为新的工作单位，但这是不可以的。因为论文的产出单位是他攻读学位的校、系，论文的产权也属于该校、系，与其现在的工作单位没有产权关系。为了方便读者与作者联系，可在论文的篇首地脚处注明作者现工作单位的方式进行处理，但其署名单位不能改。

② 多位作者共同完成的作品联合署名时，署名顺序按对该文的贡献大小排列，不得以某种人为目的颠倒作者署名的顺序。第一作者是主要贡献者和直接创作者，是作品的直接责任者，享有更多的权利，承担着更多的义务。除有特别声明外，第一作者就是第一权利、第一责任和第一义务者。

③ 作者姓名顺序的变更。投稿时作者的姓名和顺序在修改或定稿时需要变更，有加人、减人、换人等几种可能。有投稿时考虑不周，也有客观上作者离校等原因。不管是什么情况的变更，作者都要向编辑部说明变更原因，向编辑部提交由作者签名的变更说明书。

集体署名的论文于文题下列署名单位，于文末列整理者姓名，并于论文首页地脚注明通讯作者姓名、单位和邮政编码，集体署名的文章必须将对该文负责的关键人物列为通讯作者，通讯作者只列一位。

④ 每篇文章需要确定一位能对该论文全面负责的通讯作者，特别是向国外投稿时。通讯作者应在投稿时确定，如在来稿中未特别标明，则视第一作者为通讯作者。第一作者与通讯作者不是同一人时，在论文首页脚注通讯作者姓名、单位及邮政编码。

6.3.4　一稿多投及重复发表

《中华人民共和国著作权法》(2020年第三次修订)第三十五条规定："著作权人向报社、期刊社投稿的，自稿件发出之日起十五日内未收到报社通知决定刊登的，或者自稿件发出之日起三十日内未收到期刊社通知决定刊登的，可以将同一作品向其他报社、期刊社投稿。双方另有约定的除外"。投稿作者必须自觉遵守。

一稿多投一般是指同一作者，将内容相同或相近的论文同时投给一个以上的出版单位的行为。编辑和审稿人在不知情的情况下，将一稿多投的论文予以发表，则构成重复发表。常见的情形如下。

① 在《中华人民共和国著作权法》规定或出版单位约定的禁止再投稿期间，实施同一稿件多处投送。

② 在上述期限以外，作者已经获知自己作品将要在某刊上发表或已经发表而其他出版机构并不知情的情况下，试图在两种或多种期刊同时或相继发表内容相同或相近的论文。

③ 作者向不同编辑部投稿的文献内容，完全重复或有相当多的部分是重复自己已投稿或已发表的论著而缺乏新意和具有创建性的文章被发表的情形。比如，将同一研究成果的不同语种的稿件投向两个或多个期刊、将一篇文章从不同角度和不同方面拆分出两篇或多篇文章投稿，而不加任何标明注释。

国外著名数据库一经查核某论文属于"重复发表"的，该论文将在数据库中一直被"红榜示众"——数据库将对该论文从书目信息到文摘信息及其全文的每个页面上，全部打上大红色的"RETRACTED"(重复发表)印记，以公布和鞭笞这种学术失范行为，批评作者的学术不端态度，同时严肃处理作者本人(退回稿费、公开认错、书面道歉等)(图6.3.5)。

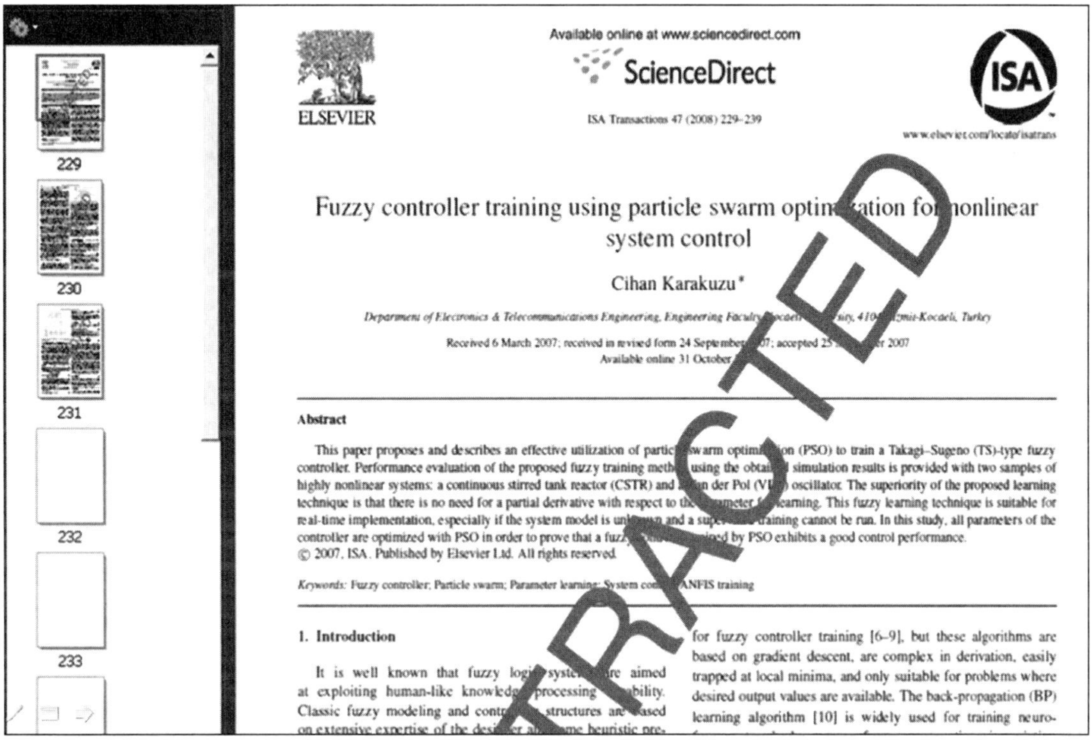
229
230
231
232
233
ELSEVIER
Available online at www.sciencedirect.com
ScienceDirect
ISA Transactions 47 (2008) 229–239
ISA
www.elsevier.com/locate/isatrans
Fuzzy controller training using particle swarm optim ation fo nonlinear system control
Cihan Karakuzu *
Department of Electronics & Telecommunications Engineering, Engineering Faculty ocaeli sity, 410 mit-Kocaeli, Turkey
Received 6 March 2007; received in revised form 24 Septembe 07; accepted 25 r 2007
Available online 31 October
RETRACTED
Abstract
This paper proposes and describes an effective utilization of partic swarm optimi on (PSO) to train a Takagi–Sugeno (TS)-type fuzzy controller. Performance evaluation of the proposed fuzzy training meth using the obtai simulation results is provided with two samples of highly nonlinear systems: a continuous stirred tank reactor (CSTR) and n der Pol (VI) oscillator. The superiority of the proposed learning technique is that there is no need for a partial derivative with respect to th rameter fo earning. This fuzzy learning technique is suitable for real-time implementation, especially if the system model is un and a sup raining cannot be run. In this study, all parameters of the controller are optimized with PSO in order to prove that a fuzz by PSO exhibits a good control performance.
© 2007, ISA. Published by Elsevier Ltd. All rights reserved.
Keywords: Fuzzy controller; Particle swarm; Parameter learning; System co ANFIS training
1. Introduction
It is well known that fuzzy logi syst re aimed at exploiting human-like knowledg processing bility. Classic fuzzy modeling and contr structures ar based
for fuzzy controller training [6–9], but these algorithms are based on gradient descent, are complex in derivation, easily trapped at local minima, and only suitable for problems where desired output values are available. The back-propagation (BP) learning algorithm [10] is widely used for training neuro-

图 6.3.5　国外著名检索系统 Elsevier Science 对重复发表论文的警示

所有严肃的期刊都不允许论文一稿两投和重复发表，事实上作者一旦向刊物投稿，就表示其接受了刊物在征稿启事（或稿约）中“请勿一稿多投”的约定或声明，依据著作权法，这样的规定具有合同效应，因此这种约定或声明是有效的。投稿作者必须自觉遵守。

如果一稿多投且被刊用了，期刊社和作者签订有论文专有许可使用或转让合同，则按合同中的约定处理；如没有签订论文出版合同，属于稿件发出之日起三十日内已收到期刊社刊登期通知，又另投其他刊的，期刊社可刊登声明撤销其论文（如已发表）或几年内不接收该作者的投稿。如中国材料表面领域《电镀与环保》等 7 种期刊早在 2004 年就联合发表声明，对一稿多投的处理如下：① 已付的版面费不再退回；② 责成一稿多投作者赔偿重刊文章的印刷费；③ 一稿多投在案，7 刊同时公布，时间持续 1 年；④ 7 刊 2 年内不再发表一稿多投作者的文章。

同样，向国外刊物投稿，一旦发现一稿多投，也会遭到报刊编辑部的抵制。有个作者，他的论文投到 APS，基本上可以被接受，但需要修改。作者在拿到修改通知后，又把稿件投到了 Anesthesiology 期刊，很快被退稿。他又把修改稿送到 APS，APS 很快给他退稿，理由是“一稿两投”。APS 是如何知道的？原来有位审稿人两次审读了这篇稿子：第一次替 APS 审，第二次替 Anesthesiology 审。由于该作者的自作聪明，失去了在 APS 上发表论文的机会。

为什么一稿多投行为会遭到众多刊物的抵制及严肃处理呢？原因是一稿多投行为带来了诸多问题及不良影响。

（1）一稿多投违背了现行《著作权法》的相关规定。参见《著作权法》（2020 年第三次修订）之第三十五条。

（2）一稿多投对所投刊物造成恶劣影响。① 它占用并浪费了刊物的版面。对学术性期刊来讲,版面十分珍贵,刊登一稿多投的文章势必使其他有价值的文章延期发表或遭淘汰。② 它影响了刊物的声誉。读者发现"一稿多投"现象后,会责怪编辑把关不严,继而认为编辑部不负责,使刊物降低了阅读价值,减少了信息量,最终影响刊物的发行,因为没有读者愿意购买或订阅缺乏个性特征、内容与其他刊物雷同的东西。③ 它辜负了编辑的辛勤工作,使得其已经付出的劳动毫无意义。

(3) 一稿多投对作者的危害不可低估。因为它属于违规行为,严重地影响了作者的声誉,起码使作者的学术品行及道德水准受到了质疑。

(4) 一稿多投影响了人们信息利用的效率。大量重复的内容加重了信息资源泛滥的程度,降低了文献资源及检索系统的质量,人为地增加了信息筛选、加工、整序的工作量。

综上所述,一稿多投既浪费资源(对编辑部而言处理重复发表的稿件实在是人力、物力、财力、声誉等多方面的损失),又不利于科学文化事业的繁荣与发展,也违背了诚信的准则,此种行为向来为学界所不齿。

6.4　合理使用

合理使用是知识产权方面的一个概念,该概念最早提出于 1741 年美国 Folsom Vs.Marsh 一案中,1976 年在美国著作权法中被法典化。现在许多国家的著作权法中有涉及合理使用。合理使用是指允许人们无须征求版权所有者的同意,就可以自由使用受版权保护的部分内容。著作权法中设立合理使用就是考虑到学术作品作为人类智力延续的特殊性,在保障作品专有权的同时,留存一个公共领域和自由使用的空间,为人类文明提供延续和发展的基础。目的是解决后续作者创作新作品时利用先前作者的作品问题。

6.4.1　传统文献的合理使用

1. 合理使用的相关法规与条款

一些国际条约和各国的著作权法对文献的合理使用都有明确的规定。学习和了解相关条款,是我们遵守著作权法,在学术活动中学会合理使用的前提。

(1)《保护文学和艺术作品伯尔尼公约》(以下简称《伯尔尼公约》)(1886 年 9 月 9 日制定)

该公约是国际范围内第一次就合理使用制度做出规定。它规定了合理使用的三步检验法,其内容是指,对于著作权人权利的任何限制或者例外,一是必须限于某些特殊情况;二是不得与受保护的作品的正常利用相抵触;三是无论如何不得损害著作权人的合法利益。这三个要件缺一不可,否则就不能称之为合理使用。《伯尔尼公约》列举的形式规定了三种具体的合理使用行为:适当引用、为教学目的的合理使用以及时事新闻的合理使用。

(2) 美国《版权法》(1790 年制定)

美国现行版权法中有关合理使用的规定:对一受著作权保护作品的合理使用,无论是通过复制、录音或其他任何上述规定中所提到的手段,以用作批评、评论、新闻报道、教学(包括在课堂上分发多份拷贝)、学术交流或研究之目的,不属于侵权。在确定任何一特定案例是否属于合理使用时,给出了更为细致的四项考量因素(又称"四要素"):① 使用的目的和性质,包括这种使用是具有商业性质或者是为了非营利的教育目的。② 有版权作品的性质。③ 同整个有版权作品相比所使用的部分的数量和内容的实质性。④ 这种使用对有版权作品的潜在市场或价值所产生的影响。"四要素"在具体案件中为著作权的合理使用提供了更加细化的判断标准。

(3)《中华人民共和国著作权法》(2020 年第三次修订)

我国 2020 年第三次修订的《著作权法》在明确规定十二种合理使用的具体情形之外，增加了“法律、行政法规规定的其他情形”。可以不经著作权人许可，不向其支付报酬，即是合理使用的范畴限制。《著作权法》列举的十三项具体情形详见每 5 章中的“参考文献著录规范”。

同时，我国《著作权法》要求合理使用者必须遵守三个一般性义务：① 但应当指明作者姓名或者名称、作品名称；② 并且不得影响该作品的正常使用；③ 也不得不合理地损害著作权人的合法权益。这是新版《著作权法》将《著作权法实施条例》第二十一条规定的“合理使用不得影响该作品的正常使用，也不得不合理地损害著作权人的合法利益”这两项规则上升为法律，即以“三步检验法”作为合理使用的一般条款。

2. 合理使用的形式与程度

对引用是否合理进行量化不是一件容易的事，因此，早前在各国著作权法中尚无具体规定。2008 年 8 月 16 日起施行的《中华人民共和国著作权法实施细则》第二十七条进一步明确，适当引用他人已经发表的作品，必须具备下列条件：① 引用目的仅限于介绍、评论某一作品或者说明某一问题；② 所引用部分不能构成引用人作品的主要部分或者实质部分；③ 不得损害被引用作品著作权人的利益。

一般来说，是否属于合理使用，我们可以从形式、目的、数量、内容四个方面考量。

① 从目的上看——引用目的必须正当。引用作品的目的仅限于介绍、评论某一作品或者说明某一问题。引用是否出于创作需要，如果不是出于创新的客观需要，而是主观上追求商业利润，必然会与原作品形成市场竞争，从而损害原作品著作权人的利益。

② 从形式上看——引用的作品是否已公开发表。如果尚未公开发表就有可能侵犯被引用者的发表权和隐私权；引用者是否准确无误地标明了出处，如果没有注明出处，或只是笼统地在文末罗列参考文献，并未在文内给出序号，就很可能是非合理使用。其中文内有“某某认为”等提示语的，能大致分辨作者系引用他人，则意味着作者没有遵循学术规范；而没有“某某认为”等提示语的，以致读者误认为文中所表达的都是作者的观点，则构成侵权行为；新作品是否有别于原作品，如果只是简单地复制就不能视为合理使用。

③ 从数量上看——如上所述，世界上大多数国家都遵循的原则是引用其他人作品的思想、观点、材料，一般不能超过 30%，换句话说，作者创作的学术作品从字面来看，原创的部分必须在 70%以上，引用的部分必须在 30%以下。这个比例也被国内一些高校在判别论文相似性时采用。

④ 从内容上看——是否引用他人作品作为自己作品的主要部分或实质部分。如果引用他人作品中的某一部分作为自己作品中的主要部分或实质部分，可能起到代替原著或干扰原作品销售的作用，则超出了合理使用范围。就作品的关系而言，新作品是否独立于原作品，如果引用的结果创造了新作品而不是取代原作品，视为合理使用，反之，则为剽窃；改头换面地将他人著述中的重要观点进行改写，得出与他人相同的观点或结论，不管是否注明了出处，都有剽窃之嫌。引用者不能歪曲被引用作品的原意。为了自己的需要，引用时歪曲、篡改作品的原意，这就侵犯了作者的作品完整权，这当然不是合理使用。

在一般情况下，从形式、内容、目的和数量的某一个标准即可判定是不是合理使用，但在特殊情况下，必须综合考虑以上几个方面的因素，才能合理地判定引用是否合理。

6.4.2 网络环境下的文献合理使用

在网络环境中,作品被以数字化形式传输、下载、复制变得非常容易。许多人认为在线材料是可以自由复制和发布的。事实上,大多数在线材料就像大多数的印刷物一样,是受法律保护的。关于网络空间合理使用制度的构建,各国也在积极地探索中。从世界范围来看,发达国家对在网络环境下合理使用的规定各不相同。

1. 国际条约对网络环境下合理使用范围的规定

世界知识产权组织的两个条约《世界知识产权组织版权条约》(WCT)、《世界知识产权组织表演和录音制品条约》(WPPT)重复了《伯尔尼公约》对于权利限制的三步检验法,声明成员可以将有关的限制和例外运用到数字化和网络环境中,这一规定确定了各国国内立法中保留合理使用的可能性,给网络环境下的法律适用以清晰的指向。

2. 欧盟、美国等对网络环境下的合理使用的规定

由于各个国家文化传统和经济发展水平的差异,也由于作品的著作权人和使用人其力量对比的不同,各个国家所规定的对于著作权的限制和例外也有很大不同。

(1)《欧盟数据库指令》

《欧盟数据库指令》缩小了合理使用的范围,将网络环境中个人为学习、研究、欣赏而使用作品的行为排除在合理使用范围之外,对个人合理使用的规定,只限于非电子数据库。

(2) 美国《数字千年著作权法》

美国 1998 年制定的《数字千年著作权法》(DMCA)详细地规范了作品的传播和使用者在利用数字化作品方面的责任与责任豁免(限制),该法为非营利性的图书馆、教育机构使用作品提供了有限的例外规则。对于希望仅拷贝一份受著作权保护的材料用于自己的研究和学习的教师或者学生来说,可以利用合理使用的原则,不过也受一些条件的限制。该法还明确指出,未经著作权人的同意,以任何形式的电子下载或上载著作权材料都是非法的。

3. 我国网络环境中合理使用判断标准

鉴于网络作品形式的多样性、使用方式的先进性以及网络技术的超前性,采用罗列的方式很难穷尽,拟对网络环境下作品的合理使用界定是一个十分复杂的问题。因此网络环境下,对著作权合理使用的判断仍然适用"三步检验法"和"四要素",两者相辅相成,以"三步检验法"为判断的一般原则,以"四要素"为判断的参考标准,同时结合实际需要,科学合理判断和规制网络环境下著作权的合理使用。建立以下三个基本要素,作为网络环境中合理使用的判断标准。

① 使用的目的及其性质。使用目的必须正当,不能借合理使用之名行剽窃之实。在网络领域,合理使用的目的须以出于善良之目的、公益之性质为判断标准,而不以是否营利为基本判断标准。② 作品的性质。由于与公共利益的关系密切程度不一样,对不同的作品合理使用可有不同的要求,如政府公共信息网上的公共事务信息可由读者自由下载,其合理使用的要求较低。③ 使用的程度。即用到的作品的部分只能占整个作品的很小部分,并且使用到的作品的内容不能是作品最关键、最精华的部分。

根据三步检验法,以下情形属侵权行为。

① 大量引用原作。一般来说,在作品中少量使用原作片段被视为合理使用。

② 照搬原作精华部分。一般来说,作品的精华部分更能体现文章的独创性特点,对精华部分的保护应优先于其他部分。

③ 对权利人经济价值造成影响。不管使用者是否取得了实质性的利益，只要给权利人造成了实质性的“市场损害”，就不属于合理使用。

面临数据网络新发展的困境，著作权制度需要寻求合理的解决方案实现数字条件下合理使用制度的改进和发展。基于此项思考，好多国家都制定了相对应的技术保护条例，法律对于著作技术保护方式正当性给予法律层面的认可，对于著作权人采取相关技术壁垒，采取认同的态度。如我国《著作权法》(2020 年第三次修订)之第四十九条规定：为保护著作权和与著作权有关的权利，权利人可以采取技术措施，并且严令限制使用方在使用著作过程中规避或者破坏著作权人技术措施。同时以第五十条列举了五种情形可以避开技术措施，但规定“不得向他人提供避开技术措施的技术、装置或者部件，不得侵犯权利人依法享有的其他权利”。这五种情形是：

① 为学校课堂教学或者科学研究，提供少量已经发表的作品，供教学或者科研人员使用，而该作品无法通过正常途径获取；

② 不以营利为目的，以阅读障碍者能够感知的无障碍方式向其提供已经发表的作品，而该作品无法通过正常途径获取；

③ 国家机关依照行政、监察、司法程序执行公务；

④ 对计算机及其系统或者网络的安全性能进行测试；

⑤ 进行加密研究或者计算机软件反向工程研究。

4. 我国电子资源合理使用的一般性规则

大型网络产品如电子期刊、网络数据库因信息含量大、检索方便、便于共享等特点，越来越受学生的欢迎，是毕业论文(设计)中使用频率最高的文献类型。电子资源供应商对购买方的一般授权原则如下。

对于高校图书馆，① 授权用户(学校真实的师生员工、访问学者、留学生)通过本校控制的 IP 使用其电子产品。学校允许进入的公众随机用户通过本校控制的 IP 地址从指定阅览室或终端进入数据库。② 授权用户允许访问电子期刊、电子数据库，可检索、浏览、查看目录、文摘、全文和其他参考内容，可下载或打印单篇文章、章节或条目，且仅供授权用户个人使用。

对于公共图书馆或科研单位图书馆，① 对所有这类图书馆办证用户，允许其从发证单位图书馆主页进入，免费使用其所订购的电子产品。② 办证用户被允许检索、浏览、查看目录、文摘、全文和其他参考内容，下载或打印单篇文章、章节或条目，且仅供授权用户个人使用。

目前，在一些大城市，城市市民在规定的区域内，经过认证后，也可以享受以上合法用户的相关权益。

按照国际惯例，高校图书馆购买的是这些网络电子产品的使用权，对于电子资源的合理使用通常要求授权用户出于个人的研究和学习目的，对电子资源进行合理使用包括(以中国科学院国家科学图书馆电子资源合理使用公告为例)：

① 对网络数据库进行检索；

② 阅读检索结果(文摘索引记录或全文文章)；

③ 打印检索结果(文摘索引记录或全文文章)；

④ 下载检索结果(文摘索引记录或全文文章)存储在自己个人的计算机上；

⑤ 将检索结果(文摘索引记录或全文文章)传送到自己的电子邮件信箱里；

⑥ 承担使用单位正常研究生教学任务的授权用户，可将作为教学参考资料的少量检索结果(文摘索引记录或全文文章)，下载并组织到供本使用单位教学使用的课程参考资料包(course pack)中，置于内部网络的安全计算机上，供选修特定课程的学生在课程进行期间通过内部网络进行阅读。

以下行为超出了合理使用范围，是侵犯网络数据库商知识产权的行为，应严格禁止：

① 使用网络下载工具批量下载图书馆购买的电子资源；

② 连续、系统、集中、批量地进行下载、浏览、检索数据库等操作；(由于各数据库商对“滥用”的界定并不一致，因此图书馆无法制订统一标准。一般数据库商认为，如果超出正常阅读速度下载文献就视为滥用，通常正常阅读一篇文献的速度至少需要几分钟)

③ 将所获得的文献提供给非授权用户、将个人网络账号提供给授权用户以外的个人或机构，利用获得的文献资料进行非法牟利；

④ 校内设置代理服务器阅读或下载电子资源。

5. 违规使用电子资源的制约措施

(1) 电子产品供应商对高校图书馆违规行为的处理

电子产品供应商特别是外国电子资源出版公司十分重视对知识产权的保护，外商对使用过程中的文献下载量有严格的规定，并有严格的监控措施和技术手段，全天候监控客户的下载数量，一旦发现违规行为，电子产品供应商对集体用户(高校图书馆)的违规行为的处理方式通常有：① 将自动停止该 IP 对数据库的访问权；② 情况严重的将诉诸法律。

(2) 高校图书馆对相关用户的违规行为的处理

高校图书馆一般地会在其网站声明电子资源使用规则，提醒广大校内用户要合理使用图书馆订购的电子资源，但对于个别我行我素、违规使用电子资源者，通常采用的处理方案有：① 在图书馆主页上公布违规者的姓名，并给予停借图书 2 个月的处罚。② 要求责任人做出书面检查。学校将视其情节轻重给予通报批评或处分。③ 对于引起知识产权纠纷的，违规者必须承担由此而引起学校一切损失的法律责任。

世界上没有一种文化或文化产品能够脱离文明进程而凭空产生和发展，任何一种学术思想和观念，无不是在继承和发展前人成果的基础上不断充实、不断提高的。所谓“站在巨人的肩膀上”的说法，就是指新的科学发现、科学发明以及学术思想的产生，都是站在一定学术高度上进行的归纳和提高。科学事业的实质是继承基础上的创新。科学地继承是科研工作必不可少的步骤，学术论文从选题开始—文献综述—开题报告—形成观点—实验证明—提出结论，每一步都离不开对文献信息的使用以及对前人成果的借鉴。

我们需要牢记的是继承前人成果及在此基础上的创新，都要求我们遵循学术之道，做到合理使用。

复习思考题

1. 国内学术不端检测系统目前主要有哪些？作用是什么？
2. 国外数据库对“重复发表”(一稿多投)行为的处理态度是什么？
3. 什么是合理使用？什么是学术侵权？学术侵权主要包括哪些情形？
4. 什么是学术规范？学术规范主要有哪些内容？遵守学术规范意义何在？
5. 我国《著作权法》对作者向报社和期刊社投稿稿件的处理时间有什么具体规定？

6. 什么是一稿多投？为什么一稿多投会受到批评和处罚？

7. 在自己的文章中适当引用他人已经发表的作品时，应当把握的原则是什么？

8. 你认为学术不端检测系统能否杜绝“学术不端”现象？为什么？怎样做才能建立更好的学术活动秩序？

9. 三步检验法的来源和主要内容是什么？

10. 新修订的《著作权法》合理使用法定情形的哪条显示了对阅读障碍者的关爱？

参考文献

[1] 徐庆宁，陈雪飞.新编信息检索与利用[M].4版.上海：华东理工大学出版社，2018.

[2] 2020年中国网络诈骗发展概况及网络诈骗治理措施分析[EB/OL].[2021-03]. https://www.chyxx.com/industry/202103/940740.html.

[3] 第47次中国互联网络发展状况统计报告[EB/OL].[2021-02-03][2021-04-04]. http://www.cac.gov.cn/2021-02/03/c_1613923423079314.htm.

[4] 周庆山.信息法[M].北京：中国人民大学出版社，2003.

[5] 朱慧，刘洪伟，刘智慧.大数据时代变革和隐忧[J].中国科技信息，2015，(01)：45-47.

[6] 徐红云，张苓.网络信息检索[M].广州：华南理工大学出版社，2018.

[7] 中文期刊服务平台[EB/OL].[2021-04-06]. http://qikan.cqvip.com.

[8] 中国知网[EB/OL].[2021-04-06]. https://www.cnki.net.

[9] 利用中国知网高效构建个人知识体系[EB/OL].[2021-04-15]. http://il.las.ac.cn/course/detail? id=4b3c0d07ca4ddbcb622f31fd27e2dcdc.

[10] 万方数据知识服务平台[EB/OL].[2021-04-12]. https://www.wanfangdata.com.cn.

[11] 国家知识产权局[EB/OL].[2021-04-12]. http://www.cnipa.gov.cn/.

[12] 国家标准化管理委员会[EB/OL].[2021-03-30].http://www.sac.gov.cn/.

[13] 中国学术会议网[EB/OL].[2021-07-01].http://conf.cnki.net/.

[14] 国务院发展研究中心信息网[EB/OL].[2021-07-30].http://www.drcnet.com.cn/www/int/.

[15] 信息素养大讲堂[EB/OL].[2021-07-30]. http://il.las.ac.cn/course.

[16] 中国科学院文献情报中心[EB/OL].[2021-07-01].http://www.las.ac.cn/index.jsp.

[17] 学位论文编写格规则(GB/T 7713.1-2006)[EB/OL].[2006-03-25][2021-03-07]. https://wenku.baidu.com/view/c9379c19fad6195f312ba6c2.html.

[18] 中国法制出版社.知识产权法：实用版法规专辑[M].6版.北京：中国法制出版社，2019.

[19] 齐晓丹等.类案检索方法指引[M].北京：法律出版社，2020.

[20] 国家标准(GB/T 7714-2015)信息与文献参考文献著录规则[EB/OL].[2015-05-15][2021-06-20]. https://www.doc88.com/p-0601390638163.html? r=1.

[21] 中国科普博览[EB/OL].[2021-06-07]. http://www.kepu.net.cn/gb/index.html.

[22] 原中华人民共和国新闻出版署.《中国学术期刊(光盘版)》检索与评价数据规范[EB/OL].[1999-01-20][2021-08-20].http://ddxb.hubtvu.net.cn/__local/B/03/64/66E92E8EF7FDF6F7CE98B7D0893_5A475C56_9DB4F.pdf? e=.pdf.

[23] 读秀学术搜索[EB/OL].[2021-04]. http://www.duxiu.com.

[24] 中国学术会议网[EB/OL].[2021-08-21]. http://conf.cnki.net/JianJie.aspx.

[25] 中国专利信息中心[EB/OL].[2021-07-04]. https://www.cnpat.com.cn/.

[26] soopat专利搜索引擎[EB/OL].[2021-07-02]. http://www.soopat.com.

[27] United States Patent and Trademark Office[EB/OL].[2021-03-03]. https://www.uspto.gov/trademarks.

[28] 欧洲专利局[EB/OL].[2021-03-03]. https://worldwide.espacenet.com.

[29] ScienceDirect[EB/OL].[2021-03-06]. https://www.sciencedirect.com/.

[30] ISO[EB/OL].[2021-03-16]. https://www.iso.org/home.html.

[31] 吴汉东.著作权合理使用制度研究[M].4 版.北京：中国人民大学出版社，2020.

[32] 叶继元.学术规范通论[M].2 版.上海：华东师范大学出版社，2017.

[33] 陈进元.科技期刊著作权讲析[M].北京：清华大学出版社，2005.

[34] Scopus[EB/OL].[2021 - 06 - 30]. https://www.scopus.com/.

[35] Engineering Village[EB/OL].[2021 - 06 - 30]. https://www.engineeringvillage.com/.

[36] PQDT[EB/OL].[2021 - 06 - 30]. http://www.pqdtcn.com/.

[37] Springer[EB/OL].[2021 - 06 - 30]. https://link.springer.com/.

[38] Web of Science[EB/OL].[2021 - 06 - 30]. http://www.webofknowledge.com/wos.

[39] 一流学术平台助推一流学术研究.[EB/OL].[2021 - 08 - 21]. http://il.las.ac.cn/course/detail?id=1109eba9610905ad3bfb64be91e7e71f.

[40] SciFinder[EB/OL].[2021 - 06 - 13]. https://scifinder.cas.org.

[41] 教育部科技查新服务平台[EB/OL].[2021 - 07 - 03]. http://www.cutech.edu.cn/cn/.

[42] 中华人民共和国著作权法.[EB/OL].[2021 - 08 - 21]. https://baike.so.com/doc/5568143 - 5783303.html.

[43] 中国学术不端文献查重检测系统[EB/OL].[2021 - 08 - 21]. http://check.53/gw.com/cnki/.

[44] 中华人民共和国专利法(2020 年修订版)[EB/OL].[2021 - 7 - 3]. http://www.cnipr.com/zy/flfg/zl_6522/gnflfg/202101/t20210127_242437.html.